Lami · Spitzenleistungen in der Steuerberatung – Acht neue Wege für eine erfolgreiche Kanzleiführung

Online-Version inklusive!

Stellen Sie dieses Buch jetzt in Ihre „digitale Bibliothek" in der NWB Datenbank und nutzen Sie Ihre Vorteile:

▶ Ob am Arbeitsplatz, zu Hause oder unterwegs: Die Online-Version dieses Buches können Sie jederzeit und überall da nutzen, wo Sie Zugang zu einem mit dem Internet verbundenen PC haben.

▶ Die praktischen Recherchefunktionen der NWB Datenbank erleichtern Ihnen die gezielte Suche nach bestimmten Inhalten und Fragestellungen.

▶ Die Anlage Ihrer persönlichen „digitalen Bibliothek" und deren Nutzung in der NWB Datenbank online ist kostenlos. Sie müssen dazu nicht Abonnent der Datenbank sein.

Ihr Freischaltcode:

FNMREBKETKKTNFHAN

Lami, Spitzenleistungen in der Steuerberatung

So einfach geht's:

① Rufen Sie im Internet die Seite **www.nwb.de/go/online-buch** auf.

② Geben Sie Ihren Freischaltcode ein und folgen Sie dem Anmeldedialog.

③ Fertig!

Die NWB Datenbank – alle digitalen Inhalte aus unserem Verlagsprogramm in einem System.

www.nwb.de

Spitzenleistungen in der Steuerberatung

Acht neue Wege für eine
erfolgreiche Kanzleiführung

Von
Stefan Lami
Steuerberater

ISBN 978-3-7073-**1934**-7 – Linde Verlag Ges. m.b.H., Wien 2011

ISBN 978-3-482-**61861**-1 (online)
ISBN 978-3-482-**60611**-3 (print)
© NWB Verlag GmbH & Co. KG, Herne 2011
www.nwb.de
Alle Rechte vorbehalten.
Dieses Buch und alle in ihm enthaltenen Beiträge und Abbildungen sind urheberrechtlich geschützt. Mit Ausnahme der gesetzlich zugelassenen Fälle ist eine Verwertung ohne Einwilligung des Verlages unzulässig.
Satz: Griebsch & Rochol Druck GmbH & Co. KG, Hamm
Druck: Beltz Druckpartner, Hemsbach

VORWORT

Mein Weg zu Spitzenleistungen in der Steuerberatung

3. Mai 2011, Lufthansa-Flug LH 425 von Boston nach München, auf der Rückreise von einer Seminarwoche in Kanada und den USA. Gerade habe ich die letzten Seiten dieses Buches geschrieben. Damit findet eine lange Reise ihr vorläufiges Ende, die vor rund fünfeinhalb Jahren begann:

27. Oktober 2005, Lufthansa Flug LH 2479 von London nach München. Die Eindrücke von vier Seminartagen in London, davon zwei Tage mit David Maister, waren derart beeindruckend, dass mir das vollständige Konzept für eine Veranstaltungsreihe innerhalb von neunzig Minuten förmlich aus der Feder floss. Das mit der Londonreise ins Leben gerufene Kanzlei.Management.Forum mündete letztlich in eine auf acht Themen basierende Veranstaltungsreihe. „Leistung auf höchstem Niveau" war – und ist – das alle Themen verbindende Motto. Jedes der acht Themen untersucht das Thema „Spitzenleistungen in der Steuerberatung" aus einer anderen Perspektive. Die unterschiedlichen Ausgangspunkte für meine Beobachtungen bilden in acht Kapiteln das Gerüst für dieses Buch.

Jedes der acht Kapitel stellt eine in sich geschlossene Einheit dar. Deshalb ist es möglich, dass Sie Ihren Weg zu Spitzenleistungen mit dem Thema beginnen, das Sie am meisten interessiert. Natürlich gibt es offensichtliche Zusammenhänge zwischen den einzelnen Kapiteln; auch folgt der gewählte Aufbau einer inneren Logik. Mit dem ersten Kapitel „Quelle Mensch" zu beginnen ist also durchaus sinnvoll, aber, wie gesagt, nicht zwingend notwendig, um von den in diesem Buch vorgestellten Ideen zu profitieren.

Viele Menschen haben direkt und indirekt dazu beigetragen, dass Sie nun das Resultat dieser mehr als fünf Jahre dauernden Reise in Ihren Händen halten. Alles, ja tatsächlich alles, dazu Notwendige habe ich von anderen erhalten. Von Kunden durch ihre an mich gerichteten Anliegen, von Seminarteilnehmern durch ihre Wortbeiträge und Fragen, von Gesprächspartnern durch ihre spezielle Sicht auf die Dinge, von Buchautoren durch ihre Werke – sie alle waren eine Quelle für mein Handeln. Vielen herzlichen Dank dafür! Ich hoffe, dass es mir gelingt, mit diesem Buch dieses bisher unausgewogene Gleichgewicht des Nehmens und Gebens ein wenig zu korrigieren – und selbst zur Quelle für andere zu werden.

VORWORT

Zwei Menschen haben besonders zum Gelingen des Buches beigetragen:

Dem unermüdlichen Einsatz von Herrn Jörg Greck als Lektor des NWB Verlages verdanke ich es, dass aus meinem Manuskript für den Leser keine Leseherausforderung wurde, sondern ein Buch entstand, das Lust auf die nächsten Seiten macht. Vielen Dank dafür!

Christine Lindenthaler, meine Lebenspartnerin, hat mir zugehört, mir hilfreiches Feedback zu meinen Gedanken gegeben, inhaltliche Ideen geliefert – und sie hat mir mit enormer Geduld und einer Riesenportion Verständnis das Schreiben an den ungewöhnlichsten Orten ermöglicht. Auf Sardinien, am Ringköbing-Fjord, an der französischen Riviera, im Engadin, am Comosee und an vielen anderen Orten ist so aus den Ideen des Kanzlei.Management.Forums dieses Buch entstanden. Liebe Christine, vielen Dank, dass Du da bist!

Meine Reise in Sachen Spitzenleistungen in der Steuerberatung ist übrigens noch lange nicht zu Ende. Dieses Buch markiert aber das Erreichen eines wichtigen Etappenziels.

Viel Erfolg auf Ihrem Weg zu Spitzenleistungen!

Landeck/Tirol, im Mai 2011

Stefan Lami

INHALTSVERZEICHNIS

Vorwort		5
Inhaltsverzeichnis		7
Literaturverzeichnis		15

I. DIE „QUELLE MENSCH"

		Rn.	Seite
1.	Konsequenzen aus der These „Quelle Mensch"	5	21
2.	Gutes Management ist nicht unmenschlich	13	25
3.	Wer ist wichtiger – Mandanten oder Mitarbeiter?	16	27
4.	Was Mitarbeiter wirklich wollen	21	30
5.	Was Mandanten wirklich wollen	30	37
6.	Kanzleistrategie: Wer vor was!	36	40
7.	Wollen Steuerberater Beziehungen?	42	42
8.	Abschied von der Work-Life-Balance?	50	47

II. WERTE UND PRINZIPIEN

			Rn.	Seite
1.	Die Macht von Werten und Prinzipien		52	49
	a)	Grundsatzentscheidungen statt Einzelfallentscheidungen	54	50
	b)	Werte – Prinzipien? Mehr als ein gradueller Unterschied!	57	51
	c)	Werte und Prinzipien im Management – Traum oder Realität?	61	53
	d)	Ein Geheimnis erfolgreicher Unternehmen	62	53
2.	Werte und Prinzipien – wo suchen und wie finden?		63	54
	a)	Expedition Wertefindung	64	54
	b)	Der Umweg über die Partnerrunde	72	58
	c)	Prinzipien finden – ein kurzer Ausflug	75	60
3.	Kanzleileitbild statt Kanzleileidbild		81	65
	a)	Das „Warum" klären	82	65
	b)	Begriffe klären	83	66

			Rn.	Seite
	c)	Werte in Balance	84	67
	d)	Verpflichtung herstellen	87	68
	e)	Treffend formulieren	88	69
4.		Kanzleileitbilder zum Leben erwecken	90	70
	a)	So tun, als ob es keinen Schlusspfiff gäbe	91	70
	b)	Vorbildfunktion	92	70
	c)	Führung ist gefordert	93	71
	d)	Mut als Führungstugend	94	71
	e)	Ziele formulieren und Einbau in die Routinen	96	72
	f)	Symbolkraft	98	73
	g)	Die Realität	99	73
	h)	Das Kanzleiwerte-Paradoxon	100	74
5.		Leben, dann reden!	101	74
	a)	Ein zweischneidiges Schwert	102	75
	b)	Die richtigen Menschen anziehen	103	75
	c)	Mehr leben – mehr reden!	106	76
6.		Bereit dafür?	107	77

III. LEISTUNG AUS LEIDENSCHAFT

1.		Vernunft versus Leidenschaft?	112	79
	a)	Die Wirkung von Leidenschaft	115	81
	b)	Arbeit als Vergnügen?	118	83
2.		Von Leistung zu Höchstleistung	120	84
	a)	Wer ist stärker? Ich oder ich?	121	84
	b)	Erfahrungen sammeln mit persönlichen Leistungsgrenzen	123	85
	c)	Höchstleistung und Spaß?	124	86
	d)	When the going gets tough the tough gets going!	125	87
3.		Leidenschaft – Leistung – Gewinn	126	88
	a)	The Causal Model	127	88
	b)	Benchmarking-Ergebnisse und Schlüsse daraus	130	91
	c)	Prüfstein Honorar	131	91
4.		Sich selbst zu Höchstleistungen bringen	133	93
	a)	Wie aus guten Vorsätzen Taten werden	134	93

			Rn.	Seite
	b)	Analysieren Sie Ihre Ausgangssituation	135	93
	c)	Definition von Schlüsselaufgaben	137	94
	d)	Prioritäten setzen	138	95
	e)	Fokussierung auf Ziele	140	96
	f)	Für was möchten Sie berühmt sein?	142	97
5.	Andere zu Höchstleistungen führen		145	99
	a)	Stärken stärken	146	99
	b)	Mut ermutigen	147	100
	c)	Feuerwehr, Bergrettung, Formel 1 und Steuerberatung?	149	101
	d)	Die Folgen der Durchschnittlichkeit	151	103
	e)	Leistungsschwache Mitarbeiter – was tun?	153	104
	f)	Eine energiegeladene Kanzlei	157	106

IV. DIE MACHT DES UNTERSCHIEDS

			Rn.	Seite
1.	Mythos Differenzierung in der Steuerberatung		162	113
	a)	Abschied vom einzigartigen Verkaufsargument?	164	114
	b)	Was nun? Was tun?	170	117
2.	Sich unterscheiden – ein Erklärungsmodell		171	118
3.	Alles einfach gut machen		173	119
	a)	Warum es Autoproduzenten leichter haben	174	120
	b)	Qualitätsmanagement in der Steuerberatungskanzlei	176	120
	c)	Führung, nicht Qualitätsmanagement ist gefragt	177	121
	d)	Probleme mit der Qualität – was tun?	180	122
	e)	Mit- und Vorausdenken statt Abhaken	181	123
	f)	Mandanteneingriffe managen	182	124
	g)	Produktivität und Qualität	184	125
	h)	Redimensionierung des Qualitätsmanagements	185	125
	i)	Warum machen wir das so?	186	125
4.	Etwas besser machen		194	131
	a)	Das erste Hindernis: Nein-Sagen können	195	131
	b)	Das zweite Hindernis: Die zweite Flasche Sekt zu Sylvester	198	132
	c)	Spezialisierung ist mehr als nur eine Option	201	134
	d)	Mehrwert erzeugen	203	135

			Rn.	Seite
	e)	Sich positionieren	205	136
	f)	Wie radikal kann man eine Spezialisierungsstrategie umsetzen?	206	137
	g)	Stärke gewinnen durch „etwas besser machen"	209	139
	h)	10.000 Stunden – Mut und Ausdauer	210	139
5.		**Es mit den besten Mitarbeitern machen**	212	140
	a)	Der ideale Mitarbeiter?	213	140
	b)	Ihre Einstellung zur Mitarbeiterführung?	214	141
	c)	Mitarbeitersuche – eine andere Perspektive	215	141
	d)	Ist Ihre Kanzlei ein attraktiver Arbeitgeber?	216	142
	e)	Internetauftritt wird beim Mitarbeitermarketing unterschätzt	217	142
	f)	Was ist ein attraktiver Arbeitgeber?	218	143
6.		**Den Unterschied leben**	220	144
	a)	Getan wird, was gemessen wird	221	145
	b)	Unterscheidung geschafft?	224	146

V. WACHSTUM! FLUCH ODER SEGEN?

1.		**Wachstum – ein Naturgesetz?**	227	150
	a)	Wachstum als Ergebnis	229	150
	b)	Stärke statt Größe	230	151
	c)	Kernprozesse in einer Steuerberatungskanzlei	231	152
	d)	Wachstum – und keine Option?	232	153
2.		**Wachstum durch Produktivität**	233	153
	a)	Produktivität ein falsch verstandener Erfolgsfaktor	234	154
	b)	Produktivitätssteigerung durch Arbeitsmethodik	236	155
	c)	Mit Prozessen die Grenzen der Produktivität immer wieder verschieben	241	157
	d)	Produktivitätskiller Unterdelegation	244	158
	e)	Produktivitätsturbo intelligente Honorargestaltung	254	163
3.		**Wachstum durch Innovation**	259	165
	a)	Missverständnisse und Grundsätze von Innovationen	260	166
	b)	Innovation durch Expertise	262	167
	c)	Innovation durch Service	264	168

			Rn.	Seite
4.	Wachstum durch Marktstellung		265	168
	a)	Markt- und Mandantensegmentierung	266	169
	b)	Wachstum mit Bestandsmandaten	267	169
	c)	Wachstum im Ökosystem	269	171
	d)	Existenzgründer und Kanzleiwachstum	271	172
	e)	Zehn Grundsätze des Marketing	274	174
	f)	Wachstum durch Kanzleikauf, Fusion oder Partnerschaft	277	176
5.	Wachstum bewältigen		284	179
	a)	Wachstum durch etwas zu große Aufgaben	285	179
	b)	Mitarbeiter schneller einstellen	287	180
	c)	Die Managementfunktion verstärken	289	181
	d)	Wachstum durch eine geringfügig zu groß bemessene Kanzleistruktur	291	182
6.	Kann David Goliath nochmals besiegen?		312	193

VI. MIT SERVICE VERDIENEN

			Rn.	Seite
1.	Service heißt dienen		316	196
	a)	Exzellenter Service – die Pflicht	317	196
	b)	Exzellenter Service – die Kür	320	198
2.	Systeme für exzellenten Service		323	200
	a)	Harte Systeme – die Zusammenarbeit erleichtern	324	201
	b)	Weiche Systeme – als Grundhaltung und immer wieder trainiert	326	202
3.	Magische Momente		327	203
	a)	Kontaktpunktanalyse	328	203
	b)	Fast keine Grenzen für das Service-Management	330	204
4.	Mitarbeiter für begeisternden Service gewinnen		331	205
	a)	Vorbild sein	332	205
	b)	Start einer Serviceinitiative	333	206
	c)	Ware ist, was wahrgenommen wird	335	207
	d)	Mäßig, aber regelmäßig	338	208
	e)	Zwei Optionen	339	209

			Rn.	Seite
5.	Vom Mandanten zum Fan		340	209
	a)	75 große und kleine Service-Ideen von A-Z	341	209
	b)	Selbstverständlichkeiten?	343	213
	c)	Der Mandant als Fan Ihrer Kanzlei	353	216
	d)	Weiterempfehlungen – ein weit verbreitetes Wunschdenken	356	217
6.	Mandantenwünsche und Betriebsergebnis		358	219
	a)	Maßstab der Servicequalität	359	219
	b)	Kanzleigewinn und Servicequalität	365	221

VII. MITARBEITERFÜHRUNG – WAS WIRKLICH FUNKTIONIERT

			Rn.	Seite
1.	Lieben Sie Mitarbeiterführung?		372	224
	a)	Führung ist lehr- und lernbar	374	225
	b)	Freiwilligkeit ist der Startpunkt des Managements	375	226
	c)	Lohnt sich Mitarbeiterführung?	378	227
2.	Trainer und Spieler		381	229
	a)	Aufgaben als „Trainer" und „Spieler"	382	229
	b)	Konflikte und Optionen	384	230
	c)	Lösungswege für „Trainer", „Spieler" und „Spieler-Trainer"	386	231
3.	Aller Anfang…		390	234
	a)	Sich selbst führen	391	234
	b)	Selbst-Test mit der wöchentlichen Führungs-Checkliste	392	234
	c)	Wer führt, braucht Feedback	396	236
	d)	Kommunikation als Führungskompetenz	398	237
4.	Was wirklich funktioniert		399	238
	a)	Vorbild sein	400	238
	b)	Nichts neu erfinden	401	239
	c)	Managementfunktion „Personal" ernst nehmen	403	240
	d)	Interne Kommunikation forcieren	404	241
	e)	Mit Feedback nicht warten – Kritikgespräche führen	406	241
	f)	Mitarbeitergespräche – die Ziele für die Mitarbeiter im Kopf haben	411	244
	g)	Gute Mitarbeiter nicht verlieren	417	246

			Rn.	Seite
	h)	Die drei goldenen Regeln der Mitarbeitersuche beachten	421	247
	i)	15 Grundsätze der Führung beachten	422	248

VIII. VOM REDEN ZUM HANDELN

			Rn.	Seite
1.	Zwischen dem Reden und dem Handeln …		427	253
	a)	Der Versuch einer Analyse – Warum wir es nicht tun?	428	253
	b)	Die Folgen	430	255
	c)	Braucht es eine Krise?	431	255
2.	Sich selbst vom Reden zum Handel bringen		432	256
	a)	Mit klaren Prioritäten zu eiserner Disziplin	433	256
	b)	Energie gewinnen, um Gewohnheiten dauerhaft zu ändern	434	257
	c)	Mit Mut die Angst besiegen	436	258
	d)	Den Wert der unproduktiven Stunden erkennen	439	260
	e)	Mit einem Spiegel schneller ans Ziel kommen	441	261
	f)	Ihr Ansatz?	442	261
3.	Andere vom Reden zum Handeln führen		443	262
	a)	Ein Rezept aus den 30-er Jahren	445	263
	b)	Für ein Klima des Vertrauens sorgen	446	264
	c)	Das große Bild malen	450	265
	d)	Sich auf den nächsten entscheidenden Schritt konzentrieren	451	266
	e)	Feedbackschleifen einsetzen	453	267
	f)	Die Wirkung einer Pilotgruppe nützen	455	268
	g)	Niemals aufgeben	456	268
4.	Los!		457	269
	a)	Menschen sind anders „gestrickt"	458	270
	b)	Welche Strategie? Welche Diät?	460	270
	c)	Erfolgskriterien für Strategie und Diät	462	272
Stichwortverzeichnis				275

LITERATURVERZEICHNIS

Bücher für Spitzenleistungen

Baker, Ronald J., Measure what matters to customers. Using key predictive indicators, 2006

Beck, Johann/Beck, Norbert, Service ist sexy! So machen Sie die Leistungen Ihres Unternehmens noch attraktiver, 2008

Buckingham, Marcus/Clifton, Donald O., Entdecken Sie Ihre Stärken jetzt! Das Gallup-Prinzip für individuelle Entwicklung und erfolgreiche Führung, 2002

Buckingham, Marcus/Coffmann, Curt, Erfolgreiche Führung gegen alle Regeln: Wie Sie wertvolle Mitarbeiter gewinnen, halten und fördern, 2002

Carnegie, Dale, Wie man Freunde gewinnt. Die Kunst, beliebt und einflussreich zu werden, 1997

Collins, Jim, Der Weg zu den Besten. Die 7 Prinzipien für dauerhaften Unternehmenserfolg, 2001

Covey, Stephen R., Die 7 Wege zur Effektivität. Prinzipien für persönlichen und beruflichen Erfolg, 2005

ders., Der 8. Weg. Mit Effektivität zu wahrer Größe, 2006

Draksal, Michael, Psychologie der Höchstleistung. Dem Geheimnis des Erfolges auf der Spur, 2005

Drucker, Peter F., Management, 2009

ders., Management. Das Standardwerk komplett überarbeitet und erweitert, 2009

Eberspächer, Hans, Gut sein, wenn's drauf ankommt. Die Psycho-Logik des Gelingens, 2004

Ferazzi, Keith with Raz, Thal, Never eat alone. And other Secrets to Success, One Relationship at a Time, 2005

Fisher, Roger/Ury, William/Patton, Bruce, Das Harvard-Konzept. Der Klassiker der Verhandlungstechnik, 2009

Von Foerster, Heinz/Pörksen, Bernhard, Wahrheit ist die Erfindung eines Lügners. Gespräche für Skeptiker, 2004

Frankl, Viktor E., …trotzdem Ja zum Leben sagen. Ein Psychologe erlebt das Konzentrationslager, 1977

ders., Der Mensch vor der Frage nach dem Sinn. Eine Auswahl aus dem Gesamtwerk, 2005

Fuchs, Helmut, Wir sind Wissensriesen, aber Realisierungszwerge, 2004

Gladwell, Malcom, Überflieger: Warum manche Menschen erfolgreich sind – und andere nicht, 2009

Green, Charles H., Trust-Based Selling. Using Customer Focus and Collaboration to Build Long-Term Relationships, 2006

VERZEICHNIS — Literaturverzeichnis

Hamatschek, Angela, Die Kunst, Mandanten zu gewinnen – Praxisratgeber Kanzleimarketing, 2010

Heskett, James L./Sasser jr., W. Earl/Schleseinger, Leonard A., The Service Profit Chain. How Leading Companies Link Profit and Growth to Loyalty, Satisfaction, and Value, 1997

Horx, Matthias, Anleitung zum Zukunftsoptimismus. Warum die Welt nicht schlechter wird, 2007

Hübner, Gunther/Lami, Stefan, Honorargestaltung gegen alle Regeln, 2006

Hübner, Gunther, Rudern Sie noch oder steuern Sie schon? Kanzleimanagement auf den Punkt gebracht, 2009

Hyken/Shep, The Cult of the Customer. Create an Amazing Customer Experience That Turns Satisfied Customers into Customer Evangelists, 2009

Lami, Stefan, Klientenwünsche systematisch erkennen und erfüllen, 2. Auflage, 2007

ders., Bilanzpräsentationen erfolgreich und wirksam gestalten, 2007

Lorsch, Jay W./Tierney, Thomas J., Aligning the stars. How to succeed when professionals drive results, 2002

Maister, David H., True Professionalism. The courage to care about your people, your clients, and your career, 1997

ders., Practice what you preach. What Managers Must Do to Create a High Achievement Culture, 2001

ders., First Among Equals. How to Manage a Group of Professionals, 2002

ders., Strategy and the fat smoker. Doing what's obvious but not easy, 2008

Maister, David H./Green, Charles H./Galford, Robert M., The Trusted Advisor, 2000

Malik, Fredmund, Führen Leisten Leben. Wirksames Management für eine neue Zeit, 2000

ders., Management. Das A und O des Handwerks, 2005

Maturana, Humberto R./Pörksen, Bernhard, Vom Sein zum Tun. Die Ursprünge der Biologie des Erkennens, 2002

Mc Kenna Patrick J./Maister David H., First among equals. How to Manage a Group of Professionals, 2002

Musold, Maria A., Brennpunkt: Steuerberater. Der Wettbewerbsfaktor Servicequalität: Fakten, Trends, Empfehlungen, Perspektiven, 2008

Von Münchhausen, Marco, So zähmen sie ihren inneren Schweinehund! Vom ärgsten Feind zum besten Freund, 2002

Ölz, Oswald, Mit Eispickel und Stethoskop, 2004

Paqué, Karl-Heinz, Wachstum. Die Zukunft des globalen Kapitalismus, 2010

Pfeffer, Jeffrey/Sutton, Robert I., Wie aus Wissen Taten werden. So schließen die besten Unternehmen die Umsetzungslücke, 2001

Reiss, Steven, Wer bin ich und was will ich wirklich? 2009

Rockefeller, John D., Die Karriere des Wirtschaftstitanen, 2000

Schultz, Mike/Doerr, John E., Professional Services Marketing. How the Best Firms Build Premier Brands, Thriving Lead Generation Engines, and Cultures of Business Development Success, 2009

Schulz von Thun, Friedemann, Miteinander Reden. 2. Stile, Werte und Persönlichkeitsentwicklung. Differentielle Psychologie der Kommunikation, 2004

Simon, Fritz B., Die Kunst, nicht zu lernen. Und andere Paradoxien in Psychotherapie, Management, Politik …, 2002

ders., Radikale Marktwirtschaft. Grundlagen des systematischen Managements, 2005

Sprenger, Reinhard K., Die Entscheidung liegt bei dir. Wege aus der alltäglichen Unzufriedenheit, 1997

ders., Vertrauen führt. Worauf es in Unternehmen wirklich ankommt, 2002

Trout, Jack, Differenzieren oder verlieren. So grenzen Sie sich vom Wettbewerb ab und gewinnen den Kampf um den Kunden, 2003

Trout, Jack/Rivkin, Steve, Die Macht des Einfachen. Warum komplexe Konzepte scheitern und einfache Ideen überzeugen, 1999

I. Die „Quelle Mensch"

An den Anfang meines Buches möchte ich eine provokante These stellen: Der Mensch ist die Quelle des Lebens, und zwar nicht nur im übertragenen, sondern auch im tatsächlichen Sinn. Alles – wirklich alles – erhalten wir von anderen Menschen. Alles?

Ich bin mir bewusst, dass das Wort „alles" Gift für eine fruchtbare Kommunikation ist und den Gedankenaustausch zwischen Autor und Leser blockieren kann; genauso wie etwa die Wörter „nichts", „immer" und „nie". Solche kommunikativen Unwörter sind daher zu Beginn eines Buches eigentlich fehl am Platz. Sie fordern nämlich zu Widerspruch heraus und es besteht das Risiko, dass der Angesprochene intensiver über mögliche Ausnahmen von der These nachdenkt als über die These selbst.[1] Man mag das bedauern, aber kommunikative Prozesse folgen nun einmal dieser Gesetzmäßigkeit.

Dennoch möchte ich dieses Risiko eingehen. Denn es ist – zugegeben – ein kalkuliertes Risiko, das darauf zielt, den Leser bewusst zu einer kritischen Auseinandersetzung mit der Ausgangsthese dieses Kapitels anzuregen:

Wir erhalten alles im Leben von anderen Menschen.

Alles? Ja, alles! Sogar das Leben selbst haben wir von anderen Menschen erhalten: Vater und Mutter. Wir haben es nicht gewollt, wir haben es jedoch erhalten. Und dieses Prinzip, etwas von anderen Menschen zu erhalten, was wir nicht bewusst gewollt haben, begleitet uns auf dem gesamten Lebensweg.

Für den flüchtigen Betrachter ist die These, dass wir ohne die anderen Menschen nichts wären, schlicht inakzeptabel. Sie fordert spontanen – meist sogar vehementen – Widerspruch heraus. Doch selbst bei intensiverem Nachdenken will es den Skeptikern dann nicht so recht gelingen, die **These** argumentativ zu **entkräften**. In Gesprächen über das Thema höre ich dann als Entgegnung Grundsätzliches wie „meinen Verstand", „mein Selbstbewusstsein", „mein eigenes Ich", „mein Verantwortungsbewusstsein", aber auch scheinbar Triviales wie „die Zuneigung und Treue meines Hundes". Dabei wird betont, man sei seines eigenen Glückes Schmied. Man gestalte sein Leben selbst, und nicht alles komme von „den anderen", fliege einem quasi ungewollt zu. Dieser Überlegung stimme ich uneingeschränkt zu: Das eigene Handeln bestimmt entscheidend darüber, was wir im Leben erhalten. Dabei wird aber häufig übersehen, dass das, was wir als Resultat unseres Handelns erhalten, von anderen Men-

---

[1] Hinweis für Mandanten- und Mitarbeitergespräche: Setzen Sie Wörter wie „alles", „nichts", „immer" oder „nie", wenn überhaupt, nur sehr bewusst ein!

schen stammt, also eine Reaktion auf unser Handeln als Individuum in einer sozialen Gemeinschaft ist.

Ein **Beispiel** soll verdeutlichen, was ich meine: John D. Rockefeller, der Mann mit der Bilderbuch-Karriere vom Tellerwäscher zum Multimillionär, war zu seiner Zeit der reichste Mann der Welt. Er hat sich emporgearbeitet. Er galt als skrupelloser Geschäftsmann, der jede sich bietende Gelegenheit nutzte, um sein Öl-Imperium aufzubauen. Er galt als rücksichtslos gegenüber seinen Konkurrenten und seiner Belegschaft sowie ausschließlich auf seine Vorteile bedacht. In seiner Biografie wird über eine bisher unbekannte Seite dieses außergewöhnlichen Mannes berichtet: Nur wenige Außenstehende wussten, dass es zu den größten Talenten Rockefellers zählte, seine Mitarbeiter zu führen und zu motivieren. Rockefeller selbst sah dies so: „Meinen Erfolg im Leben verdanke ich vor allem meinem Vertrauen in Menschen und meiner Fähigkeit, in anderen Vertrauen zu mir zu erwecken."[1]

3 Keinesfalls möchte ich behaupten, die These „Wir erhalten alles im Leben von anderen Menschen" sei die – alleinige – Wahrheit, denn dann wäre ich ein Lügner.[2] Erzeugen möchte ich mit dieser Ausgangsthese jedoch ein intensives kritisches Nachdenken darüber, was es für Inhaber bzw. Partner und das Management einer Steuerberatungspraxis bedeutete, wenn die Aussage auch nur zu 95 % zuträfe. Welche **Konsequenzen** hätte dieses Gedankenspiel für das Selbstverständnis der Kanzlei, die **Kanzleistrategie** und die ihr unterlegten Werte?

Im Grunde betreten Sie kein Neuland, wenn Sie sich auf dieses **Gedankenspiel** vom Geben und Nehmen nach der 95 %-Formel einlassen, die sowohl für materielle Güter wie Geld als auch immaterielle Werte wie Anerkennung, Wertschätzung und Liebe gilt. Denn die Zusammenhänge sind Ihnen aus Ihrem Berufsalltag vertraut: Der Inhaber einer Steuerberaterpraxis erhält von seinen Mitarbeitern die Arbeitsleistung, das Engagement, die Bereitschaft zu Veränderungen und vieles mehr; der Mitarbeiter im Gegenzug Geld, Anerkennung, Image usw. Nicht weniger offensichtlich sind die Zusammenhänge zwischen dem Mandanten und der Kanzlei. Jede bezahlte Honorarnote belegt u. a. den gelungenen Austausch von Wissen, Arbeitserleichterung, Schutz vor dem Finanzamt gegen Geld, Wertschätzung oder etwa Weiterempfehlungen.

---

[1] Entnommen aus „John D. Rockefeller – Die Karriere des Wirtschaftstitanen" von Ron Chernow.
[2] Wenn Sie das Thema „Wahrheit und Lüge" interessiert, werfen Sie einen Blick in das wirklich lesenswerte Buch „Wahrheit ist die Erfindung eines Lügners: Gespräche für Skeptiker" von Heinz von Foerster und Bernhard Pörksen.

Was den Blick dafür verstellt, dass hinter jedem in Ziffern dokumentierten Leistungsaustausch ein Mensch steht, ist die Tatsache, dass das Berufsleben des Steuerberaters fast ausschließlich um Zahlen kreist: Der aktuelle Jahresabschluss, die monatliche betriebswirtschaftliche Analyse, betriebliche Kennzahlen – in Beratungsgesprächen stehen Zahlen im Mittelpunkt. In Vergleichen, Prozent- und Steigerungssätzen bzw. Verhältniswerten werden hier Zahlen analysiert – unpersönlich, abstrakt, detailverliebt, teilweise auch realitätsfern. Dabei wird allzu leicht vergessen, dass **jede Zahl** das **Ergebnis** einer **menschlichen Aktivität** ist: Ein Kunde, der für das Produkt oder die Leistung bezahlt, ein Mitarbeiter, der das Produkt erstellt oder für den Kunden eine Dienstleistung erbringt, ein Lieferant, der das Unternehmen mit Waren versorgt. Machen wir uns also klar: Jahresabschlüsse bilden Handlungen von Menschen ab. „Sich auf die Zahlen zu konzentrieren", wie es in der Steuerberatungsbranche gefordert wird, ist also ein dramatische Verkürzung der Wirklichkeit und offenbart ein Wahrnehmungsdefizit.

Gewiss, es ist nicht leicht, die **Herausforderung** anzunehmen, die sich aus der Erkenntnis ergibt, dass der Mensch im Mittelpunkt steht. Die sich hieraus ergebenden Probleme sind komplexer und deshalb schwieriger zu lösen als fachliche Fragen zu beantworten, Entscheidungen über EDV-Systeme zu treffen, Marketingbudgets festzulegen oder etwa die Prozesse zur Qualitätssicherung zu definieren. Letztlich muss man sich dieser Herausforderung aber stellen, denn letztendlich erhalten wir „alles" im Leben von anderen Menschen.

1. Konsequenzen aus der These „Quelle Mensch"

Selbst wenn Sie nicht überzeugt sein sollten, so bitte ich Sie doch, sich auf die These von der „Quelle Mensch" als Erfolgsfaktor für erfolgreiches Wirtschaften weiter einzulassen. Es geht im Folgenden nämlich um die erstaunlichen Konsequenzen für Ihr berufliches Handeln:

Erste Konsequenz: Wenn ich im Leben „mehr" (von was auch immer) erhalten möchte, muss ich anderen Menschen mehr von dem geben, was sie wollen, damit sie mir – freiwillig – mehr von dem geben, was ich will.

Genauso wie wir im Leben alles von anderen Menschen erhalten, sind wir selbst „Quelle Mensch" für andere Menschen – mit ihnen verbunden wie in einem Modell **kommunizierender Gefäße**. Aus privaten Partnerschaften ist uns dieses Bild vertraut: Das, was man erhält, ist ziemlich genau das Resultat dessen, was man selbstlos in die Beziehung hineingibt. Warum sollte da Berufsleben anders sein?

7 **Zweite Konsequenz: Daher sollte ich erstens wissen, was ich will, zweitens wissen, was andere Menschen wollen und drittens beides kommunizieren.**

Viele scheitern schon am „wissen, was ich will". Wie aber, so muss man dann fragen, können mir andere Menschen bei der Erreichung meiner Ziele helfen, wenn ich selbst nicht einmal weiß, welches **Ziel** ich verfolge?[1] Die Antwort lautet schlicht: gar nicht! Ohne Ziel ist jeder Weg der richtige und man kommt nie an. „Wenn man nichts mehr erreichen möchte, ist man so gut wie tot." In der Unternehmenssphäre wird diese Mahnung als Aufforderung verstanden, sich ständig weiterzuentwickeln, im Privatleben verhallt dieser Appell oft ungehört.

Zu wissen, was andere Menschen erreichen möchten, ist ein Schlüssel zum Erfolg. Unternehmen, die die Wünsche und **Erwartungen** Ihrer **Kunden** und **Mitarbeiter** erfüllen, sind zwangsläufig erfolgreich. Es scheitern jene, die die Erwartungen der anderen nicht kennen und sie daher auch nicht erfüllen können; das gilt auch für den privaten Bereich. Je mehr man von „den anderen" weiß und ihnen hilft, ihre Ziele zu erreichen, desto wahrscheinlicher wird der eigene Erfolg. Ein Leitsatz im Kundenmarketing lautet: Es ist schwierig genug, bekannte Erwartungen zu erfüllen. Es ist nahezu unmöglich, unbekannte Erwartungen zu übertreffen. Wenn Sie also Ihre Mandanten begeistern wollen, müssen Sie deren Erwartungshaltung kennen.

8 Ohne **Kommunikation** ist „alles nichts". Kommunikation ist das Verbindungsglied zwischen Menschen. Erst dann, wenn der Dialog mit den anderen eröffnet ist, kann aus dem Zusammenspiel des Wissens über meine Ziele mit den Erwartungen anderer Menschen wirtschaftlicher Erfolg wachsen. Ohne Kommunikation... passiert nichts.

Die hier genannten Konsequenzen der Ausgangsthese „Quelle Mensch" erscheinen banal und trivial – thematisieren Offensichtliches. Verblüffend ist aber, dass sie die **Basis** jeder erfolgreichen **Unternehmensentwicklung** sind: Sie

▶ zeigen, dass Kanzleiziele unabweisbar wichtig sind.

▶ begründen die Notwendigkeit, kontinuierlich die Erwartungen von Mitarbeitern und Mandanten zu erforschen und das eigene Handeln daran auszurichten.

---

1 In den Kapiteln „Leistung aus Leidenschaft" (siehe unten Rn. 111 ff.) und „Vom Reden zum Handeln" (siehe unten Rn. 423 ff.) werden Wege beschrieben, wie Sie Ihre persönlichen Ziele finden können.

▶ demonstrieren die unumschränkte Macht der Kommunikation für den Erfolg.

Dritte Konsequenz: Energie gewinnt man vor allem aus der Begegnung mit den „richtigen" Menschen. Energie verliert man vor allem durch die Begegnung mit den „falschen" Menschen.

9

Menschliche **Energie** ist nicht messbar. Sie ist jedoch **spürbar.** Jede Besprechung, die Sie energiegeladen führen, wird signifikant bessere Ergebnisse bringen. Die Wirkung einer Energie versprühenden körperlichen und geistigen Verfassung ist nahezu unbegrenzt. Ein wirklich Entschiedener, der sein Ziel kennt, ist die Mehrheit. Er wird den Rest überzeugen. Fehlende Energie hingegen ist der Grund dafür, warum Veränderungsprojekte in der Umsetzungsphase häufig stecken bleiben – sie werden nur halbherzig, kraftlos und mutlos vorangetrieben. Wenn dann das Projekt auch noch unprofessionell gemanagt wird, muss es scheitern.

Analysieren Sie deshalb, an welchen Tagen Sie abends ausgelaugt und erschöpft sind. Sie werden feststellen, dass eine – vielleicht sogar die wichtigste – Ursache der Erschöpfung die **Gespräche** waren, die Sie während des Tages geführt haben: unangenehme Auseinandersetzungen mit nörgelnden Mandanten, frustrierende Personalgespräche mit unzufriedenen Mitarbeitern oder eine Besprechung im Führungskreis, die an ein Treffen profilneurotisch veranlagter Führungskräfte erinnerte. Ganz anders fühlen Sie sich hingegen nach einem Tag, an dem Sie **mit positiv eingestellten Menschen** gesprochen haben. Natürlich haben auch diese Begegnungen Kraft gekostet, gleichzeitig haben sie Ihnen aber auch zusätzliche Energie vermittelt. Sie fühlen sich gut. Sie sind beflügelt. Sie möchten weiter machen. Sie sehnen sich nach weiteren Begegnungen dieser positiven Art.

„Undenkbar, unrealistisch und überzogen!" Sind das Ihre Gedanken bei dieser Vorstellung? Oder denken Sie, „wow, das würde ich mir wünschen. Wie geht das?" Wie dem auch sei, es ist wichtig, die Zusammenhänge zu erkennen: **Energiespendende Erfahrungen** lassen sich **bewusst herbeiführen,** und zwar als zwingende Folge des eigenen Verhaltens. Stecken Sie daher Ihre ganze Energie in diese Gespräche. Alles, was Sie leisten können. Wirklich alles. Menschliche Begegnungen sind – jedenfalls auf lange Sicht – wie kommunizierende Gefäße, die man selbst füllen muss. Darauf zu warten, dass „der andere" beginnt, ist zu wenig.[1]

10

---

1 Siehe dazu bereits oben Rn. 6.

Es liegt in der Natur der Sache, dass es Menschen gibt, die trotz Ihres energievollen Engagements nur sehr wenig zurückgeben. Von diesen Menschen sollten Sie sich trennen. Es ist auf Dauer für beide der bessere Weg. Dem einen oder anderen der so genannten **C-Mandanten** zu kündigen, sorgt für einen Energieschub in der Kanzlei. Sich von einem **Mitarbeiter** zu trennen, mit dem kein gemeinsamer Weg auszumachen ist, sorgt für Motivation im Team. Aber Achtung: Machen Sie sich die Sache nicht zu einfach. Überprüfen Sie stets äußerst kritisch, ob Sie wirklich alles gegeben haben, bevor Sie sich trennen.

11 **Vierte Konsequenz: Kümmere dich um andere und es geht dir besser.**

Anderen Menschen zu helfen, ist ein wirksames Anti-Depressivum. Forschungen zeigen, dass man dadurch sogar depressionsresistent wird. Nicht die klinische Perspektive ist interessant, sondern die Tatsache, dass das eigene Wohlbefinden, der eigene Erfolg darauf fußt, andere in die Erfolgsspur zu führen. In der Beratungssituation ist dies offensichtlich. Im Zusammenhang mit der Mitarbeiterführung wird dies allerdings oft übersehen. Helfen heißt hier fördern und nicht nur fordern. Das ist eine erfüllende Führungsaufgabe. Ich spreche hier von gezieltem Vorgehen in einem klar definierten Rahmen. Ich meine **nicht** die vorbehaltlose **Selbstaufgabe** zugunsten anderer. Das würde der Ausgangsthese widersprechen.

12 **Fünfte Konsequenz: Die Frage der Work-Life-Balance stellt sich nicht, wenn man den ganzen Tag von Menschen umgeben ist, die man schätzt und die einen selbst schätzen.**

Die Vorstellung einer dauerhaften Work-Life-Balance ist absurd. Der Begriff unterstellt, dass das eine – „Work" – negativ wäre, während das andere – „Life" – positiv ist und sich die beiden Pole im Gleichgewicht – in „Balance" – befinden sollten. Wir führen **nur ein Leben,** nicht ein Berufs- und ein Privatleben. Und selbst wenn man dieser gekünstelten Unterteilung noch etwas abgewinnen kann, dann ist es doch so, dass mir das Eine Energie für das Andere geben soll. Wenn ich von den „richtigen" Menschen umgeben bin, sei es beruflich oder privat,[1] löst sich das Problem der Work-Life-Balance auf. Für alle, die ausgebrannt sind und sich leer fühlen, gibt Albert Schweitzer einen treffenden Rat:

> *„In jedem Leben kommt es irgendwann einmal vor, dass das innere Feuer erlischt. Durch die Begegnung mit einem anderen Menschen flammt es dann erneut auf. Wir alle sollten dankbar sein für jene Menschen, die den inneren Geist wieder entfachen."*

---

1 Siehe dazu oben Rn. 9 f.

2. Gutes Management ist nicht unmenschlich

Das Management im Allgemeinen hat heutzutage keinen wirklich guten Ruf. Einen großen Teil zu diesem schlechten Image tragen jene Manager bei, die schlechtes Management betreiben. Verstärkt wird dieser Eindruck durch die Massenmedien, die durch ihre Berichterstattung über selbstherrliche und raffgierige Manager den Eindruck des kollektiven Versagens einer ganzen Berufsgruppe verstärken. In dieser Situation ist die Gefahr groß in eine **Denkfalle** zu tappen, die vom Teil auf das Ganze schließt, die aus dem krassen Fehlverhalten einzelner Mitglieder einer Berufsgruppe den Schluss zieht, Management funktioniere nun mal nach missbilligenswerten Prinzipien. Management ist aber nicht per se unmenschlich. Und der Eindruck, Menschen würden als Mitarbeiter in Unternehmen lediglich ausgenutzt und ausgebeutet, um letztendlich – im Managementjargon – „freigesetzt" zu werden, ist schlicht falsch.

Selten wird in Massenmedien über jene Manager berichtet, die das Unternehmen zu Wachstum führen, Menschen Arbeit geben, sie kontinuierlich fordern und fördern, sie entwickeln. Die Minderheit der gierigen, selbstherrlichen und sich selbst überschätzenden Manager, die nach Macht, Reichtum und Ruhm streben, prägt das Bild des Managements in der Öffentlichkeit. Zahlenmäßig sind jedoch jene Manager, die mit hohem persönlichen Engagement, Pflichtbewusstsein, Umsicht und Weitblick ihre Unternehmen führen, bei weitem in der Mehrheit. Dies gilt vor allem für **inhabergeführte Unternehmen** wie Steuerberatungskanzleien.

Meine äußerst zuversichtliche Beurteilung des Managements, die sich dahin verdichten lässt, dass **Management menschlich** ist und dass Managen eine Pflicht des Menschen ist, hat ganz und gar nichts mit verklärter Sozialromantik zu tun.

> „Management ist die Transformation von Ressourcen in Nutzen. Beide liegen außerhalb des Unternehmens. Daraus resultiert der Zwang, sich nach außen zu orientieren, also das Unternehmen von außen nach innen zu führen. Nicht die einzige, aber die wichtigste Ressource ist in den entwickelten Wirtschaften schon heute Wissen. Man kann daher akzentuierend sagen, das Management sei die Transformation von Wissen in Nutzen. Auch Wissen existiert maßgeblich außerhalb des Unternehmens. Es kommt am Morgen in den Köpfen der Mitarbeiter in die Firma, und es geht abends wieder nach Hause – und ob es am nächsten Morgen wiederkommt, ist nicht garantiert... Nutzen entsteht ebenfalls nur außerhalb des Unternehmens, nämlich beim Kunden. Es ist jener Nutzen, den das Unternehmen schaffen muss, um zu existieren, jener Nutzen, durch den das Unternehmen seinen Zweck erfüllt."[1]

---

[1] Verkürzt wiedergegeben aus dem lesenswerten Buch von Fredmund Malik „Management das A & O des Handwerks".

Die zutiefst **menschbezogene Komponente** dieser **Managementdefinition** entdeckt man erst auf den zweiten Blick. Ersetzen Sie die im Zitat verwendeten technischen Begriffe „Ressource" bzw. „Wissen" und „Nutzen" durch die beiden wichtigsten Gruppen von Menschen in Unternehmen: Mitarbeiter und Kunden[1]. Andere Ressourcen – neben dem Menschen – mögen, so auch die Meinung von Fredmund Malik, zwar notwendig sein, sie sind aber nicht erfolgsrelevant.

Dieses Verständnis von Management erfüllt die **erste Konsequenz** der **Ausgangsthese** „Quelle Mensch": Wenn ich als Person, Steuerberater, Steuerberatungsunternehmen „mehr" (Gewinn, Anerkennung, nachhaltige Mandantenbeziehungen etc.) erhalten möchte, muss ich anderen Menschen (Mitarbeitern und Mandanten) mehr von dem geben, was sie wollen (Gehalt, Anerkennung, Karriere etc. bzw. erledigte Aufgaben, Sicherheit, Schutz vor dem Finanzamt etc.), damit sie mir – freiwillig – mehr von dem geben, was ich will.[2] Mitarbeiter und Mandanten haben jeden Tag die Wahl, die Kanzlei zu wechseln. So wie auch Inhaber jeden Tag die Wahl haben, sich für oder gegen einen Mitarbeiter oder Mandanten zu entscheiden. Gutes Management stellt den Menschen in den Mittelpunkt, sodass er sich täglich, als Mitarbeiter oder Mandant, für die Kanzlei entscheidet. Gutes Management kann also gar nicht unmenschlich sein.

15 Gutes Management bedeutet, wirksam zu sein. Das heißt, **von Zielen zu Resultaten** zu gelangen. Zum Menschsein gehört es nämlich, zu wachsen, sich zu entwickeln, sich etwas vorzunehmen und Vorhaben zu realisieren. Mögen diese Merkmale in der Alltagsroutine ab und an in Vergessenheit geraten, sie sind Teil des Lebens.

Und das Beste ist, dass die Grundlagen guten Managements erlernt werden können. Der Kern der Führungsaufgaben besteht auf der Basis einiger weniger Grundsätze aus klar abgrenzbaren Aufgaben, die mit den bekannten Werkzeugen umgesetzt werden.[3] Fakt ist aber, dass Führungskräfte in Steuerberatungsunternehmen auf Managementaufgaben einfach zu wenig vorbereitet sind. Die Ausbildung zum Steuerberater sieht den **Erwerb** von **Managementkompetenzen** nicht vor. Das ist bedauerlich, denn viele Fehlentwicklungen in Kanzleien könnten allein dadurch vermieden werden, dass sich Führungskräfte

---

1 Siehe hierzu unten Rn. 16 ff.
2 Siehe hierzu oben Rn. 6.
3 Lesen Sie dazu „Führen Leisten Leben" von Fredmund Malik.

(Inhaber, Partner und Teamleiter) mit den Grundlagen guten Managements befassten.

„Management handelt von Menschen. Seine Aufgabe ist es, Menschen zu ermöglichen, gemeinsam Leistung zu erbringen, Stärken zu nutzen und Schwächen zu kompensieren ..."[1] So beginnt Peter Drucker, der Begründer der modernen Managementlehre, seine Definition des Begriffs „Management".

3. Wer ist wichtiger – Mandanten oder Mitarbeiter?

Zwei Menschengruppen sind für den Erfolg einer Steuerberatungskanzlei entscheidend: **Mandanten** und **Mitarbeiter**. Alle anderen mit der Kanzlei verbundenen Menschen, wie Lieferanten, Kooperationspartner, Behörden etc. spielen – langfristig betrachtet – eine untergeordnete Rolle[2].

Bevor wir der Frage nachgehen, wer für den Erfolg der Kanzlei wichtiger ist, der Mandant oder der Mitarbeiter, möchte ich noch kurz auf die Bedeutung koordinierten Handelns in solchen Steuerberatungspraxen eingehen, die partnerschaftlich von **mehreren Berufsträgern** geführt werden. Die erste Konsequenz der Ausgangsthese „Quelle Mensch"[3] lautet für solche Konstellationen: Wenn wir (Partner) im Leben „mehr" (von was auch immer) erhalten möchten, müssen wir (Partner) anderen Menschen mehr von dem geben, was sie wollen, damit sie uns – freiwillig – mehr von dem geben, was wir wollen.

Gibt es in einem beruflichen Zusammenschluss mehrerer Berufsträger bei den Kanzleizielen keine **gemeinsame Grundüberzeugung** der Partner,[4] sondern nur mehrere „ich's", aber kein „wir", werden nach den Erfahrungen meiner beruflichen Beratungspraxis alle Initiativen und Maßnahmen zu Mitarbeiterführung, Mandantenbegeisterung, Qualitätssicherung etc. wirkungslos verpuffen. Unstimmigkeiten über die Kanzleistrategie, versteckte und offene Rivalitäten, unterschiedliches Führungsverständnis sowie mangelnde Kommunikation zwischen Partnern bedeuten, dass die positiven Effekte der „Quelle Mensch" nicht realisierbar sind. Denn es fehlt ein entscheidender Erfolgsfaktor: Wissen, was man will.[5] Die Folge sind unausgeschöpfte Potenziale. Die Defizite werden – meist noch über Jahre – durch passable Betriebsergebnisse verdeckt. Die Lang-

---

1 Peter Drucker, Management. Das komplett überarbeitete und erweiterte Standardwerk ist lesenswert für alle, die sich grundsätzlich mit Management beschäftigen möchten. Peter Drucker hat durch sein Lebenswerk das moderne Management geprägt.
2 Siehe oben Rn. 14.
3 Siehe oben Rn. 6.
4 Siehe unten Rn. 74.
5 Siehe oben Rn. 7 f.

zeitwirkung eines fehlenden Grundkonsenses ist jedoch verheerend: Die Symptome der bestehende Probleme können zwar behandelt werden, die Probleme selbst bleiben jedoch ungelöst. Die Klärung der gegenseitigen Erwartungen, das Finden gemeinsamer Ziele und die Übereinkunft aller Partner, hart an der Umsetzung der gemeinsam gefundenen Ziele zu arbeiten, sind die Grundvoraussetzungen für alles andere. Erst dann, wenn diese gemeinsame Basis geschaffen ist, stellt sich die Frage: Wer ist wichtiger, der Mandant oder der Mitarbeiter?

18   Rufen Sie sich bitte folgende **Situationen** ins Gedächtnis, die Ihnen aus dem Kanzleialltag vertraut sind: Ein Mitarbeiter möchte ein Gespräch mit Ihnen. Zum gleichen Termin wünscht ein Mandant eine Besprechung. Eine wichtige Fortbildungsveranstaltung für einen Mitarbeiter steht an. In derselben Woche läuft die Frist für die Fertigstellung eines wichtigen Mandantenprojekts ab, das dieser Mitarbeiter bearbeitet hat. Genau zum Zeitpunkt des geplanten Kanzleimeetings mit dem Team besteht ein Mandant auf einem Gesprächstermin mit Ihnen. Wie entscheiden Sie sich in diesen drei Alltagssituationen?

Ich beobachte hierzu immer wieder, dass bei **Terminkollisionen** Mandantenbelange über die Mitarbeiteranliegen gestellt werden. Das hat natürlich gute Gründe. Da ist zum einen der Honoraraspekt, zum anderen der Gesichtspunkt der Mandantenzufriedenheit. Vor diesem Hintergrund, so wird unterstellt, habe auch der Mitarbeiter für eine **Priorisierung** der **Mandanteninteressen** Verständnis. Kurzfristig betrachtet mag diese Sicht auch zutreffend sein, langfristig allerdings nicht. Jene Menschen, die die Kanzlei bezahlt (Mitarbeiter), sind perspektivisch betrachtet wichtiger, als jene Menschen, die die Kanzlei bezahlen (Mandanten).

Mitarbeiterorientierung kommt also **vor Mandantenorientierung.** Denn durch die Mitarbeiterorientierung schafft die Kanzlei erst die Voraussetzungen für eine Mandantenorientierung. Wie können Mitarbeiter dauerhaft Mandanten begeistern, wenn Sie nicht von der eigenen Kanzlei (ihrem Vorgesetzten, dem Inhaber, den Partnern) und deren Leistungen restlos überzeugt sind? Erst der radikale Fokus auf die Mitarbeiterentwicklung schafft die Voraussetzungen dafür, weitere und vor allem attraktive Mandanten zu gewinnen. Ohne Mitarbeiterentwicklung läuft jegliche Kanzleientwicklung ins Leere.

19   Sie zweifeln? Sie sind unsicher? Bisher waren die Mandanten Ihre Top-Priorität? Machen Sie mit mir bitte ein **Gedankenexperiment:** Bevor Sie nun weiter lesen, nehmen Sie sich eine Minute Zeit, um darüber nachzudenken, wer Ihr Top-Mandant, also die echte Nummer eins ist, und was Sie für ihn jetzt schon tun bzw. in Zukunft noch tun könnten.

3. Wer ist wichtiger – Mandanten oder Mitarbeiter?

Zum zweiten Teil der Frage, also den derzeitigen und möglichen **Maßnahmen,** könnten Ihnen spontan die folgenden Überlegungen in den Sinn kommen:

- Sich regelmäßig Zeit für den Mandanten reservieren
- Sofort reagieren, wenn ein Problem auftaucht
- Alle betroffenen Mitarbeiter über wichtige Änderungen beim Mandanten informieren
- Aktiv auf den Mandanten zugehen
- Den Jahresabschluss unmittelbar nach dem Bilanzstichtag erstellen
- Nicht nur steuerliche Bereiche abdecken, sondern umfassend beraten
- Kontinuierliche Begleitung und Unterstützung des Mandanten durch Planung und Abweichungsanalysen
- Besprechungen schriftlich dokumentieren und immer wieder wegen der Umsetzung nachfragen
- Vereinbarte Termine und besprochene Maßnahmen hundertprozentig einhalten
- Besondere Umgangsform bzw. Kommunikation pflegen
- Erfolge gemeinsam feiern

Ihnen werden sicher noch eine Reihe weiterer Maßnahmen eingefallen sein. Würde man ein paar Minuten Zeit investieren, dann ließe sich die Liste um dutzende Punkte verlängern.

Kommen wir jetzt zum ersten Teil der Frage zurück: „**Wer ist Ihr Top-Mandant?**". Ohne Ihre Mandantenliste zu kennen, kann ich Ihnen Ihren Top-Mandanten namentlich nennen. Mit hellseherischen Fähigkeiten hat das nichts zu tun, eher schon mit realistischer Erfolgsorientierung. Der Top-Mandant Ihrer Kanzlei, also das Unternehmen, das am meisten zu Ihrem Erfolg beiträgt, ist **Ihre eigene Kanzlei.** Das Ergebnis mag Sie verblüffen, da Ihre Kanzlei in der ABC-Analyse der Mandanten nicht erwähnt wird. Setzen Sie mit mir dennoch das Gedankenexperiment fort, was es für Ihren Erfolg bedeuten würde, wenn Sie Ihre Kanzlei als Ihren Top-Mandanten sähen und entsprechend behandeln würden.

Stellen Sie sich vor, die oben beschriebenen Maßnahmen würden Ihrer Kanzlei zugute kommen. Gleich, ob Sie noch weitere Punkte in den Maßnahmenkatalog aufgenommen haben oder nicht, allein die Tatsache, dass Sie die **Entwicklung Ihres Teams** mit der Verlässlichkeit, Präzision, Verbindlichkeit, Professionalität und Konsequenz verfolgen, die Sie bei der Betreuung Ihres besten Mandanten an den Tag legen, würde entscheidende Veränderungen bewirken. Ihre

Kanzlei ist das für Sie wichtigste Unternehmen. Und Ihre Mitarbeiter sind die wichtigsten Menschen, da sie die Treiber des Kanzleierfolgs sind. Sie gehören in Ihren Fokus!

4. Was Mitarbeiter wirklich wollen

21 „Mehr Geld!", ist im ersten Impuls oft die Antwort von Führungskräften auf die Frage „Was wollen Mitarbeiter wirklich?". Mag Ihnen diese Reaktion möglicherweise auch auf der Zunge liegen, halten Sie kurz inne. Denn diese Antwort ist verkürzend, zynisch, fast menschenverachtend. Leider höre ich sie jedoch immer wieder in Führungskräftetrainings. Noch dazu mit einem leicht sarkastischen Unterton, in dem viel Frustration über wenig engagierte und unmotivierte Mitarbeiter mitschwingt. Statt einen Vorwurf an die Adresse Ihrer Mitarbeiter zu richten, machen Sie sich bitte klar, was diese Antwort bedeutet, wenn man sie mit der Elle der Prinzipien eines guten Managements misst, nämlich dies:[1] Es ist dem Inhaber, den Partnern bzw. den Führungskräften nicht gelungen, einen attraktiven Arbeitsplatz zu schaffen und allein aus diesem Grund reduziert der Mitarbeiter seine ambitionierten beruflichen Ziele auf den Wunsch, „dass dann aber (wenn schon sonst nichts passt) wenigstens das Gehalt stimmen muss". Bei Ihnen müssten in einer derartigen Situation alle Alarmglocken schrillen. Die Zukunft der Kanzlei ist in Gefahr!

22 Der dauerhafte zukünftige Erfolg einer Steuerberatungskanzlei hängt davon ab, ob sie für die engagierten und klügsten Köpfe in ihrer Region attraktiv ist. Landen die besten Schulabgänger, Studenten, wechselbereiten Mitarbeiter und Wiedereinsteiger bei Ihnen oder bei der Konkurrenz? Nur dann, wenn Sie beim **Kampf um die Besten** die Nase vorn haben, ist nachhaltiges und dauerhaftes Wachstum für Ihre Kanzlei garantiert. Und vergegenwärtigen Sie sich außerdem, dass Sie bei diesem Wettkampf nicht nur mit anderen Steuerberatungspraxen konkurrieren, sondern auch mit den besten in Ihrer Region ansässigen Unternehmen aus anderen Branchen.

23 Was einen **attraktiven Arbeitsplatz** ausmacht, ist fundiert erforscht. Sie können inzwischen testen, wie gut Ihre Kanzlei bei den Dimensionen eines **Great Place to Work®** abschneidet.[2] Mittels Fragebögen bzw. Interviews wird die Meinung Ihres Teams zu den Dimensionen Vertrauen, das sich aus Glaubwür-

---

1 Zum Gesichtspunkt des (guten) Managements, das den Mitarbeiter in den Mittelpunkt aller Überlegungen stellt, siehe oben Rn. 18 f.
2 Alle Informationen dazu finden Sie auf www.greatplacetowork.de oder www.greatplacetowork.at.

digkeit, Respekt und Fairness zusammensetzt, sowie zu Stolz und Teamorientierung erhoben. Die unter den genannten Internetadressen verwendeten Definitionen der einzelnen Dimensionen eines großartigen Arbeitsplatzes geben ausgezeichnete Hinweise darauf, was eine Kanzlei tun kann, um als Arbeitgeber attraktiv zu sein:

▶ **Glaubwürdigkeit**

Glaubwürdigkeit bedeutet, dass die Führungskräfte regelmäßig den Mitarbeitern die Richtung und die Pläne des Unternehmens mitteilen – sowie die Ideen der Mitarbeiter erfragen und mit einbeziehen. Zur Glaubwürdigkeit gehört auch die effektive und effiziente Koordination von Menschen und Ressourcen, so dass die Mitarbeiter jederzeit wissen, wie ihre Tätigkeit die Ziele des Unternehmens beeinflusst. Was zählt ist zudem die Integrität, die das Management in das Unternehmen einbringt. Um glaubwürdig zu sein, müssen den Worten Taten folgen.

▶ **Respekt**

Respekt bedeutet, Mitarbeitern die Ausstattung, die Ressourcen und Schulungen zu bieten, die sie benötigen, um ihre Arbeit zu leisten. Dies erfordert, gute Arbeit und zusätzlichen Einsatz anzuerkennen. Respekt schließt ein, dass man die Mitarbeiter einbezieht und zu Partnern in Unternehmensangelegenheiten macht, einen Geist der Zusammenarbeit über alle Abteilungen hinweg entwickelt und ein sicheres und gesundes Arbeitsumfeld schafft.

▶ **Fairness**

In einer fairen Organisation wird der wirtschaftliche Erfolg durch Vergütungsprogramme und Sonderleistungen ausgewogen verteilt. Jeder erhält eine gerechte Chance auf Anerkennung. Einstellungs- und Beförderungsentscheidungen werden unvoreingenommen getroffen, Arbeitsplätze sind frei von jeglicher Diskriminierung, mit klaren Verfahren zur Beschwerde und Behandlung von Unstimmigkeiten. Um fair zu sein, muss man gerecht sein.

▶ **Stolz und Teamorientierung**

Die letzten zwei Dimensionen des Modells berücksichtigen die Beziehungen am Arbeitsplatz zwischen Mitarbeitern und ihrer Arbeitstätigkeit sowie dem Unternehmen bzw. der Organisation (Stolz) und zwischen Mitarbeitern untereinander (Teamorientierung).

Bei der Entwicklung zu einem ausgezeichneten Arbeitgeber verblasst die strikte Trennung zwischen Führungskräften und Mitarbeitern. Der Arbeitsplatz wird zu einer Gemeinschaft. Die Mitarbeiter sind stolz auf ihre Tätigkeit, auf ihr Team und auf ihr Unternehmen. Sie erleben, dass sie bei ihrer Arbeit „sie selbst" sein können. Sie feiern die Erfolge ihrer Kollegen und kooperieren mit anderen in der ganzen Organisation. Die Menschen haben Freude an ihrer Arbeit – und an den Menschen, mit denen sie zusammenarbeiten – in einer tiefen und andauernden Weise. Sie bleiben dem Unternehmen eng verbunden.

Die vom Great Place to Work® für die Mitarbeiterzufriedenheit identifizierten Dimensionen werden auch in anderen Studien als Erfolgsfaktoren genannt. 24

I. Die „Quelle Mensch"

Die Gallup-Organisation[1] und der ehemalige Harvard Business School Professor David Maister[2] kommen bei Ihren Forschungen – wenn auch aus einem anderen Blickwinkel – zu verblüffend ähnlichen Ergebnissen. Sie betrachten den Zusammenhang zwischen Mitarbeitermeinungen zu Führungsfragen und der Profitabilität des Unternehmens und stellen dabei eindeutige wechselseitige Abhängigkeiten fest. Alle hier genannten Untersuchungen und Studien ziehen eine gemeinsame Schlussfolgerung: Der **direkte Vorgesetzte** ist der **wichtigste Faktor für** die **Mitarbeiterzufriedenheit**. Handelt er nach den beschriebenen Kriterien erfolgreicher Mitarbeiterführung, so stellt sich der Erfolg des Unternehmens als eine logische Folge seines Tuns ein. Nichts bestimmt das Engagement und die Motivation des Mitarbeiters mehr als die Person, die ihn führt.

So hilfreich und nützlich diese Erkenntnisse zur Mitarbeiterzufriedenheit unter dem Gesichtspunkt der These „Quelle Mensch" unzweifelhaft sind, zwei Fragen sind noch offen: Erstens, wie beantworten engagierte Mitarbeiter die Frage nach der Attraktivität des Arbeitsplatzes? In den Studien sind immer die Meinungen aller Mitarbeiter eingeflossen. „Ticken" Top-Mitarbeiter etwa anders als der Durchschnitt? Und zweitens, sind die Ergebnisse der Studien überhaupt in dem Sinne verallgemeinerungsfähig, dass sie als verbindlicher Maßstab für die Wünsche und Vorstellungen eines beliebigen Mitarbeiters geeignet sind?[3]

25   Zur ersten Frage, ob der **engagierte Mitarbeiter Führung** anders versteht als der durchschnittliche Mitarbeiter, kann ich keine empirischen Grundlagen anbieten, aber eigene Beobachtungen und Wahrnehmungen schildern. In der Vorbereitung einer Veranstaltung für Führungskräfte in der Seminarreihe „Kanzlei.Management.Forum" bat ich meine Lebenspartnerin Christine, die damals in einem Team von fünf Mitarbeiterinnen hoch engagiert an der Entwicklung von Projekten arbeitete, sie sollte mir einfach „frei von der Leber weg" auflisten, was Sie sich von ihrem Vorgesetzten wünscht.

26   Das Ergebnis ihrer Arbeit ist äußerst aufschlussreich und ich gebe Ihnen den Anforderungskatalog, den ich **„Liste Christine"** nenne, 1:1 weiter:

Ich wünsche mir von meinem Vorgesetzen, dass ...

---

[1] Marcus Buckingham/Curt Coffman, Erfolgreiche Mitarbeiterführung gegen alle Regeln – Wie Sie wertvolle Mitarbeiter gewinnen, halten und fördern.
[2] David Maister, Practice what you preach – What managers must do to create a high achievement culture.
[3] Siehe zur zweiten Frage unten Rn. 28.

- **Langfristigkeit**
  - er eine Vision für das Unternehmen hat.
  - er mir vermittelt, welche Wege das Unternehmen aus seiner Sicht in Zukunft gehen will.
  - er mir vermittelt, welche Strategie das Unternehmen insgesamt verfolgt.
- **Verbindlichkeit**
  - er mir konkret vermittelt, welches Produkt bzw. welche Dienstleistung das Unternehmen derzeit seinen Kunden anbietet.
  - er mir vermittelt, was davon konkret mein Anteil der Aufgabe ist.
  - er mich auffordert, bei der Entwicklung des Unternehmens mitzudenken und mitzuarbeiten, aber nicht als zusätzliche Freizeitbeschäftigung, sondern dass das zu meinen definierten Arbeitsaufgaben zählt. Somit erwartet, gehört, evaluiert und belohnt wird.
- **Vertrauen**
  - er mir für die Erfüllung von Arbeitsaufgaben einen Spielraum erlaubt, den ich selber gestalte, verantworte und kontrolliere. Immer in Abhängigkeit zu der konkret definierten Gesamtausrichtung des Unternehmens.
  - er mir größtmögliche Autonomie zugesteht. Aber nicht nur in Bereichen, die für ihn angenehm sind, wenn er sie los ist, sondern auch in Bereichen, die für ihn, wenn ich sie als Mitarbeiter autonom löse, auch bedeuten, dass seine Kontrollmacht beschnitten wird. Dafür erwarte ich mir Regeln und Strukturen, die derart klar kommunizierbar sind, dass ein Hintergehen so offensichtlich ist, dass es nicht vorkommen wird. Meine Bindung an das Unternehmen hängt dann von meiner eigenen Selbstverpflichtung ab und nicht von der (Un-)Möglichkeit zu durchgehender Kontrolle.
- **Zeit**
  - ich gehört werde, wenn Schwierigkeiten und Probleme auftauchen und dann gemeinsam nach Lösungswegen gesucht wird, um die Situation konstruktiv zu lösen. Auf Beschwichtigungen und Vertröstungen kann ich verzichten. Wenn ein gegenseitig respektvolles und achtsames Verhältnis besteht, wird dies ohnehin nicht vorkommen. Ich möchte mich ernst genommen fühlen und nicht jedes Mal erst um Aufmerksamkeit kämpfen müssen.

- **Transparenz**
  - er seine Vorhaben für das Unternehmen transparent hält, damit ich meinen Beitrag konstruktiv dazu leisten kann. Wenn ich nicht weiß, wohin es gehen soll, wie soll ich dann (Lösungs-)Wege entwickeln oder überhaupt einen Beitrag dazu leisten können?
- **Kompetenz**
  - er Führung als sein Kerngeschäft versteht.
  - er für sein Kerngeschäft ausreichend kompetent ist.
  - auch er sich ständig weiterbildet und weiterentwickelt.
- **Verlässlichkeit**
  - er Entscheidungen trifft und diese mit Energie füllt. Ein ständiges abschwächen oder umjustieren bei den geringsten Zweifeln oder Schwierigkeiten ist für mich bei der Arbeit, als ob man mir den Wind aus den Segeln nehmen würde oder ein Gedankengebäude – im wahrsten Sinne ständig – unterhöhlen würde.
  - er bei Fehlern oder unbeabsichtigten Missgeschicken hinter mir steht. Er weiß, dass niemand absichtlich Fehler macht – aber Fehler zu machen ist menschlich und Perfektion ist ein ständiger Prozess des sich Entwickelns.
  - er sich auch vor mich stellt, wenn es gilt, insbesondere unberechtigte Angriffe von außen abzuwehren.
- **Abgrenzung**
  - er meine privaten und persönlichen Grenzen respektiert, was allerdings keineswegs bedeuten soll, dass es eine messerscharfe Trennung zwischen privat und beruflich geben muss.
- **Verbindlichkeit**
  - er getroffene Vereinbarung einhält. Dabei geht es um so „banale" Dinge wie Arbeitszeiten, Urlaubszeiten, Lohnvereinbarungen, Arbeitsaufteilungen … ganz Alltägliches und auch höchst Individuelles wie Zusagen über Beförderungen, individuelle Fortbildungsmaßnahmen usw.
  - er Arbeitsaufgaben, die er aus gemeinsamen Besprechungen heraus übernimmt, auch tatsächlich erfüllt.
  - er Gespräche, die er zusagt, auch tatsächlich führt.
  - Verhandlungen, die er und nur er auf seiner Ebene führen kann, führt und auch zu einem Abschluss bringt.

- **Förderung**
  - er an meiner beruflichen Weiterentwicklung soweit interessiert ist, wie es in den Bereich als Führungskraft eines Unternehmens fällt, Weiterbildung und Weiterentwicklung daher nur ein gemeinsames Interesse sein kann.
- **Forderung und Herausforderung**
  - er meine Stärken kennt und diese herausfordert. Mitarbeitergespräche oder Karrieregespräche sind dafür nur ein Instrument.
  - er klare Forderungen an mich als Mitarbeiter stellt und nicht in „man sollte" oder „wir könnten" Form kommuniziert.
  - er es als selbstverständlich ansieht, dass delegierte Arbeit auch konstruktives Feedback braucht. Darunter verstehe ich Kritik, die mir als Mitarbeiter hilft, mich weiter zu entwickeln. Wie soll ich sonst unterscheiden können, ob ich das Geforderte erfüllen kann und für eine Herausforderung die nötigen Kompetenzen besitze?
- **Bestimmtheit und Unbestimmtheit**
  - er Planbares in einem beruflichen Alltag, der voll von Unbestimmtheit ist, bestimmt und fixiert.
  - er langfristige Planung und Strategie als Kernkompetenz einer Führungsperson versteht.

Die „Liste Christine" ist eine Fundgrube für alle, die an erfolgreicher Führungsarbeit interessiert sind. Überprüfen Sie in Ihrem Arbeitsalltag immer wieder, ob Sie die genannten Kriterien ernst nehmen. Sicher ist zudem eines: Nicht nur Christine hat derartige Wünsche an ihren Vorgesetzen, Ihre besten Mitarbeiter denken ähnlich! Meine Erfahrung ist, dass **Leistungsträger** in der Kanzlei die **Messlatte** für die **Attraktivität des Arbeitsplatzes deutlich höher** legen, als die übrigen Mitarbeiter. Um Spitzenleute zu gewinnen und zu halten, sind Führungskräfte noch mehr gefordert, als es die dargestellten Kriterien für die Attraktivität des Arbeitsplatzes auf den ersten Blick erkennen lassen.[1]

27

„Wir sind doch nicht bei „Wünsch-Dir-Was" (Viele Leser werden sich noch an diese legendäre TV-Spielshow aus den 70ger Jahren erinnern.), könnte Ihr erster Gedanke sein. Sie haben natürlich Recht. Es geht nicht nur darum, dass der Mitarbeiter seine Wünsche definiert. Genauso wie der Mitarbeiter Wünsche äußert und Anforderungen stellt, sollten Sie als **Kanzleiinhaber**, Partner oder Führungskraft Wünsche – genauer: **Ziele** – verfolgen. Das sind die bereits beschriebenen Konsequenzen der Ausgangsthese „Quelle Mensch": Sie müssen

---

1 Zur Attraktivität der Kanzlei aus Arbeitnehmersicht siehe unten Rn. 218 f.

wissen, was Sie wollen.[1] Mitarbeiter werden Ihnen allerdings eher dabei helfen, Ihre Ziele zu erreichen, wenn sie wissen, dass Sie deren Ziele im Blick haben.

28   Die zweite der oben genannten offenen Fragen, nämlich ob die Erkenntnisse der **Studien allgemeine Gültigkeit** für jeden Mitarbeiter haben oder individuelle – auf den einzelnen Mitarbeiter bezogene – Unterschiede eine Verallgemeinerung nicht zulassen,[2] möchte ich folgendermaßen beantworten: Wie motiviert man Mitarbeiter? Jeder möchte das wissen. Doch es kann keine zufriedenstellende Antwort auf die Frage geben, weil die Frage falsch gestellt ist. Als Führungskraft interessiert es mich nicht, wie man Mitarbeiter im Allgemeinen motiviert. Was mich brennend beschäftigt, ist die Frage, was jene Mitarbeiter motiviert, die ich führe. Das herauszufinden, ist schwierig genug.

Auch die Hinweise in den Studien zu motivationsfördernden bzw. -hindernden Kriterien ersparen es einer Führungskraft nicht, sich intensiv mit der individuellen **Motivationsstruktur** jedes **einzelnen Mitarbeiters** auseinanderzusetzen. Nach Ansicht des US-amerikanischen Verhaltensforschers *Steven Reiss* hat jeder Mensch sein eigenes Motivationsprofil.[3] Die Erkenntnisse der Forschungen mögen daher den eigenen Blick schärfen. Ohne intensive Kommunikation, wie z. B. regelmäßige Mitarbeitergespräche, und ohne kontinuierliche Beobachtung des Verhaltens des Mitarbeiters ist es jedoch so gut wie unmöglich, zu wissen, was der einzelne Mitarbeiter wirklich will. Diese Herausforderung lässt sich nur durch harte Führungsarbeit bewältigen. Schnell- und Patentlösungen funktionieren hier nicht.

Nehmen Sie die Herausforderung an. Sprechen Sie mit Ihren Mitarbeitern über deren Erwartungen. Hören Sie gut zu. Beobachten Sie Ihre Mitarbeiter. Zeigen Sie, dass Sie bereit sind, das der Kanzlei Mögliche zu tun, damit der Mitarbeiter das erreichen kann, was er sich als Ziel gesetzt hat. Diese **Führungsarbeit** zahlt sich aus: Sie schaffen ein Team, das sich für die Erreichung der Kanzleiziele einsetzt, weil es weiß, dass jeder einzelne Mitarbeiter damit auch seinen eigenen Zielen näher kommt. Nutzen Sie die Mechanismen der „Quelle Mensch".

29   Aus allem zu schließen, dass **Geld** für die Attraktivität des Arbeitsplatzes gar keine Rolle spielt, wäre falsch. Das Gehalt ist ein wesentlicher Faktor, allerdings ein so genannter **Hygienefaktor**. Ohne marktkonforme Bezahlung geht nichts. Branchenübliche Gehälter sind eine Grundvoraussetzung. Die erfolg-

---

1 Siehe hierzu oben Rn. 7 f.
2 Siehe oben Rn. 24 am Ende.
3 Lesen Sie dazu Steven Reiss, Wer bin ich und was will ich wirklich?

reichsten Kanzleien bezahlen ihre Mitarbeiter besser als der Durchschnitt. Und die besten Mitarbeiter verdienen – hoffentlich – besser als der Durchschnitt. Auf Dauer werden Sie Ihre Top-Mitarbeiter aber nicht über das Geld halten können. Mittelmäßige und unterdurchschnittliche Mitarbeiter bleiben wegen des Geldes, weil sie anderswo nicht so viel verdienen können. Bezahlen Sie Ihre guten Leute gut und tun Sie dann alles, damit sie das Gehalt vergessen. Die Kanzlei existiert, um den Mitarbeitern zu helfen erfolgreich zu sein – und nicht umgekehrt!

5. Was Mandanten wirklich wollen

Jeder ist in vielfältiger Weise Kunde von Dienstleistungsunternehmen. Wir können uns daher sehr gut in Lage des Mandanten versetzen. Unsere Wünsche an den Arzt, Architekten, Versicherungsberater, Rechtsanwalt, Werbegrafiker, IT-Betreuer etc. unterscheiden sich nicht von den Anforderungen des Mandanten an „seinen" Steuerberater. Die genannten Berufsgruppen sind nicht unbedingt Vorbilder in Sachen Kundenorientierung. Das ist auch nicht der entscheidende Punkt. Wesentlich ist, dass wir als Kunden sofort den **Unterschied** zwischen **Durchschnittlichkeit** und **Spitzenleistung** erkennen und spüren.

Zu wissen, was Mandanten wirklich wollen, ist so betrachtet ziemlich einfach. Denn Mandantenorientierung ist **kein Geheimcode,** der erst entschlüsselt werden muss. Unsere eigenen Alltagserfahrungen mit Dienstleistern aus anderen Branchen weisen den richtigen Weg. Diskutieren Sie deshalb mit Ihren Mitarbeitern die Frage, was sie an Ärzten stört und was sie sich von ihnen wünschen. Sie werden verlässlich viele Ideen erhalten, die auch in Ihrer Kanzlei sofort realisierbar sind. Die meisten dieser Ideen werden nicht neu für Sie sein. Im Gegenteil, es sind meist „alte Hüte". Die Erfahrung zeigt, dass der Gesichtspunkt der Mandantenorientierung im Alltagsgeschäft leicht in Vergessenheit gerät, wenn man ihn sich nicht immer wieder ins Gedächtnis ruft.

Diese **Appellfunktion** erfüllen nach meiner Einschätzung die turnusmäßig wiederholten flächendeckenden **Studien** zu den **Mandantenwünschen** im Steuerberatungsbereich. Sie sollen Steuerberater an die Bedeutung der Mandantenorientierung erinnern, weil dieser Aspekt im Alltagsgeschäft oft untergeht. Mandantenbefragungen liefern seit Jahren keine Überraschungen mehr und bestätigen jedes Mal aufs Neue unsere eigenen Wünsche als Kunden in anderen Dienstleistungsbranchen. Die Erkenntnisse aus Mandantenstudien liegen oft an der Schmerzgrenze, so offensichtlich zutreffend sind ihre Ergebnisse:

> *„ ... Der* **Wunsch-Steuerberater** *der befragten Mandanten ist laut Studie zuverlässig und für sie gut erreichbar, er nimmt sich für sie angemessen Zeit und unterbreitet von*

sich aus sinnvolle Lösungsvorschläge, die er verständlich und prägnant erklärt. Mandanten schätzen es auch, wenn Steuerberater und ihr Team es verstehen, eine freundliche, zuvorkommende Atmosphäre in der Kanzlei herzustellen ..."[1]

Das zu lesen, muss jeden Steuerberater bis ins Mark treffen. Ist es tatsächlich so einfach, der Wunsch-Steuerberater zu sein? Sind die Ansprüche der Mandanten tatsächlich so banal, trivial und offensichtlich? Ja, das sind sie, wie alle Untersuchungen zeigen.

32 Bei der **laufenden Zusammenarbeit** mit dem Bestandsmandanten etwa steht die „persönliche Betreuung" an der Spitze der wichtigsten Merkmale eines Steuerberaters,[2] gefolgt von den Themen „Erledigungsgeschwindigkeit" und „Termintreue". Im **Entscheidungsprozess für** einen **Steuerberater** kann die persönliche Beziehung hingegen noch keine Rolle spielen, da sie erst durch die Zusammenarbeit geprägt wird. Hier zählen Kommunikationsfähigkeiten, wie Zuhören, auf Wünsche eingehen können und Erfahrung in der jeweiligen Branche. Diese Faktoren sind übrigens **regions- und kulturunabhängig.** In der US-amerikanischen Untersuchung „How Clients Buy"[3] sind die vier topgereihten Entscheidungsfaktoren für einen freiberuflichen Anbieter „Understood my situation and needs", „Understood my business", „Proposed financially feasable solution" und „Crafted an appropriate solution to my needs". Das sind genaue jene Bedürfnisse, nämlich

▶ Verständnis für meine Situation und meine Anliegen,

▶ Verständnis für mein Geschäft bzw. meine Branche,

▶ Vorschlag einer finanziell machbaren Lösung,

▶ Erstellung einer passenden Lösung für mein Anliegen,

die wir selbst als Kunden freiberuflicher Unternehmen haben.

33 All diese sofort nachvollziehbaren, verständlichen und daher offensichtlichen Wünsche des Mandanten enthalten eine gemeinsame versteckte Botschaft, die auf die Befriedigung eines Grundbedürfnisses zielt: **„Hilf mir, meine Ziele zu erreichen!"** Das wird zwar in dieser Form nicht unmittelbar ausgesprochen. Kann es auch nicht, denn die Befragungen zielen vorrangig auf Ersatzkriterien dieses elementaren Bedürfnisses.

---

1 Aus dem Resümee von „Brennpunkt Steuerberater 2008" – Straßenberger Konsens – Maria Musold; mehr dazu im Kapitel „Die Macht des Unterschieds", siehe unten Rn. 167 ff.
2 Umfrage der österreichischen Kammer der Wirtschaftstreuhänder im Jahr 2007.
3 How Clients Buy, Wellesley Hills Group.

Einen Mandant wird dann zum **Fan**[1] oder „Jünger" Ihrer Kanzlei, wenn Sie ihm geholfen haben, seine Ziele zu erreichen. Er wird Sie aktiv weiterempfehlen. Er wird gerne Ihre Honorarnoten bezahlen. Er wird von Ihnen schwärmen, wenn er mit Ihrer Hilfe seine wichtigsten Vorhaben realisiert hat. Er wird das nicht tun, wenn Sie ordentlich, pünktlich und sympathisch seine Steuerfragen klären oder sein Rechnungswesen führen. Hier kommt der entscheidende Punkt im Kontext der „Quelle Mensch". Erst wenn Sie wissen, **was der Mandant wirklich will** – und damit sind nicht die gerade beschriebenen Kriterien der Mandantenzufriedenheit gemeint, sondern seine **elementaren Bedürfnisse –,** haben Sie die Voraussetzung dafür geschaffen, ihn auf seinem Weg ans Ziel zu unterstützen. Quelle für ihn zu sein. Er wird Ihnen daraufhin mit großer Wahrscheinlichkeit mehr von dem geben, was Sie wollen.[2]

Um die individuellen Bedürfnisse des Mandanten, seine innersten Ziele kennen zu lernen, müssen Sie mit ihm intensiv kommunizieren; hier gilt nichts anderes als bei den Mitarbeitern.[3] Befragungen geben gute Hinweise, ersetzen jedoch nie das **persönliche Gespräch** über die **Erwartungen** des Mandanten.[4] Bleiben Sie in diesen Erwartungsgesprächen nicht an der Oberfläche, denn Sie wollen zum Kern der Dinge vorstoßen. Möchte der Mandant eine Lösung, die

▶ die nachhaltigste Wirkung zeigt?
▶ die schnellste Wirkung zeigt?
▶ die geringsten Kosten verursacht?
▶ sich am schnellsten bezahlt macht?
▶ am wenigsten eigenen Einsatz erfordert?
▶ am wenigsten den gewohnten Ablauf stört?
▶ am einfachsten umsetzbar ist?

Schürfen Sie dann noch tiefer. Je mehr Steuerberater und ihre Mitarbeiter über die Anliegen, Ziele und Vorhaben des Mandanten wissen, desto leichter können sie einen Beitrag zur Zielerreichung leisten.

Diese Mandantengespräche sind ohne Zweifel zeitaufwändig. Sie erfordern **kommunikative Fähigkeiten,** insbesondere die, Fragen zu stellen und zuhören zu können. Genau diese drei Kriterien,

---

1 Siehe dazu auch Rn. 353 ff.
2 Siehe zu diesem Gedanken oben Rn. 6.
3 Siehe hierzu oben Rn. 21 ff.
4 Mehr zum Erwartungsgespräch finden Sie im Buch „Honorargestaltung gegen alle Regeln", das ich gemeinsam mit Gunther Hübner geschrieben habe.

- Zeit investieren,
- Fragen stellen und
- zuhören können,

gehören zu den Kompetenzen, die typischerweise bei einem Steuerberater, der in erster Linie Fachexperte ist, erst entwickelt werden müssen. Dieses Zeitinvestment rechnet sich. Denn das gekonnte Wechselspiel aus Fragen und Zuhören entscheidet darüber, ob Sie Ihr Ziel erreichen, möglichst viel darüber zu erfahren, was Ihren Mandanten im Innersten bewegt. Wer in einem Gespräch viel redet, dominiert das Gespräch, wer viel fragt, führt es. Redet überwiegend der Mandant, sind Sie auf dem richtigen Weg. Reden überwiegend Sie, läuft etwas falsch. Beim Reden erfährt man selten etwas Neues.

Wenn Sie mit Ihrem Mandanten richtig ins Gespräch kommen, müssen Sie keine Beratungsleistungen mehr verkaufen. Denn wenn Sie den Mandanten so gut kennen und verstehen, dass Sie die Lösung vorschlagen können, die ihn seinen Zielen näher bringt, **verkaufen sich** Ihre **Leistungen von selbst**.

6. Kanzleistrategie: Wer vor was!

36 Die Festlegung einer Kanzleistrategie bedeutet, Entscheidungen zu treffen. Eine Entscheidung für etwas ist gleichzeitig auch immer eine Entscheidung gegen etwas. Strategie beinhaltet damit immer auch ein „Nein". Strategie ohne ein „Nein" ist keine Strategie. Strategie ist somit – pointiert formuliert – die **Kunst des „Nein-Sagens"**. Aber gerade das Nein-Sagen fällt uns allen schwer.[1]

37 Sich eindeutig für etwas zu entscheiden, was auch immer das ist, bedeutet also, alle anderen Alternativen abzuwählen. Genau hier liegt der Knackpunkt in der strategischen Ausrichtung vieler Kanzleien. Bei den meisten Kanzleien erfolgte die strategische Ausrichtung in den **Gründertagen**. In der Startphase war es notwendig, Aufträge – jeder Art – zu bekommen, **jeder Umsatz** war in dieser Phase **willkommen**.

38 Dieses **Konzept** wurde dann unreflektiert bis in die Gegenwart **fortgeschrieben**. Die Grundeinstellung, „Warum sollten wir einen Mandanten ablehnen, der uns Geld bringt?", ist auch heute noch in nahezu der gesamten Branche ein praktiziertes Geschäftsmodell. Eines muss man allerdings klar sehen: Diese Strategie führt dazu, dass man keine Zeit dafür hat, die wirklich guten Gelegenheiten zu nutzen, wenn sie sich bieten. Dass man kein Unterscheidungsmerkmal – welcher Art auch immer – aufbauen kann. Dass man damit aus-

---

1 Siehe dazu unten Rn. 195 ff.

tauschbar und beliebig wird – mit den bekannten Folgen wie z. B. höherem Honorardruck.

Eine weitere Tatsache der Strategieentwicklung ist, dass jede auf der Basis des Nein-Sagens entwickelte **Strategie** erfolgreich ist. Hat man sich für eine bestimmte Strategie entschieden, ist der Erfolg sicher, wenn man sie **durchhält**.[1] Abgesehen von ein paar wenigen Ausnahmen, führen tatsächlich alle Strategien zum gewünschten Ziel – vorausgesetzt, man gibt nicht auf!

39

Nach diesem Verständnis sind also das „Nein-Sagen" und „Durchhalten" die Erfolgskriterien der Strategieentwicklung und -umsetzung.

Die These von der „**Quelle Mensch**" stellt den Menschen, den Mitarbeiter und Mandanten, als Ursache des Kanzleierfolgs in den Mittelpunkt. Damit erscheint jegliche strategische Frage in einem neuen Licht. Denn nun kommt das **„Wer" vor dem „Was"**. Die bekannte Reihenfolge, erstens zu entscheiden, was man erreichen möchte und zweitens dann die passenden Mitarbeiter zu suchen, wird umgedreht. Warum? Die Antwort liegt in der eingangs formulierten dritten Konsequenz der „Quelle Mensch": Energie gewinnt man vor allem aus der Begegnung mit den „richtigen" Menschen. Energie verliert man vor allem durch die Begegnung mit den „falschen" Menschen.[2]

40

Haben Sie die „richtigen" Menschen als **Mitarbeiter** an Bord, können Sie jede Strategie umsetzen. Sie werden kraftvolle Entscheidungen treffen. Sie gewinnen täglich mehr und mehr Energie, Ihre Strategie durchzuhalten. Ihre Kanzlei kann sich schneller an geänderte Bedingungen anpassen. Mit den richtigen Menschen löst sich das Motivationsproblem, alle auf ein gemeinsames Ziel zu verpflichten, fast vollständig auf. Wenn Sie dagegen die „falschen" Menschen an Bord haben, hilft auch eine „richtige" strategische Entscheidung nichts; Sie werden immer noch keine außergewöhnlich erfolgreiche Kanzlei sein.

Was für die Mitarbeiter gilt, gilt auch für die Mandanten. Bei strategischen Entscheidungen empfehle ich Kanzleiinhabern und Partnern deshalb immer, sich an den Menschen einer potentiellen **Zielgruppe** zu orientieren. Selbst wenn objektiv betrachtet eine Branche bzw. Mandantengruppe wirtschaftlich attraktiv erscheint, wenn Sie nicht gerne mit diesen Menschen zusammen sein und mit ihnen arbeiten möchten, wird die Strategie des Spezialisierens auf diese Zielgruppe scheitern.

---

1 Mehr dazu im Kapitel „Vom Reden zum Handeln", siehe unten Rn. 423 ff.
2 Siehe hierzu oben Rn. 9 f.

41 „Quelle Mensch" heißt mit Blick auf die Kanzleistrategie: „Eine großartige Vision ohne großartige Menschen ist irrelevant!" Kanzleien, die das berücksichtigen, sind rigoros in der **Auswahl** und **Führung** ihrer **Mitarbeiter**. Die Rigorosität besteht in der Beachtung der drei folgenden **Regeln**:

- ▶ Sind Sie sich bei einem Kandidaten nicht sicher, sollten Sie ihn nicht einstellen, sondern weitersuchen. Die Schlussfolgerung daraus ist, dass letztlich das Kanzleiwachstum von der Fähigkeit abhängt, in ausreichender Zahl die „richtigen" Menschen einzustellen.
- ▶ Wenn Sie wissen, dass eine personelle Veränderung nötig ist, müssen Sie sofort handeln. Zunächst ist dann zu prüfen, ob jemand an der falschen Stelle sitzt.
- ▶ Setzen Sie Ihre besten Mitarbeiter auf die größten Chancen und nicht auf die größten Probleme an. Wer seine Probleme loswerden will, sollte aufpassen, dass er dabei nicht auch seine besten Mitarbeiter verliert.

Jim Collins beschreibt dieses **Prinzip** wie folgt: „Holen Sie die richtigen Leute an Bord. Trennen Sie sich von den falschen. Sind dann die richtigen Leute an den richtigen Positionen, kann man über den richtigen Weg an die Spitze nachdenken."[1]

7. Wollen Steuerberater Beziehungen?

42 Mit großer Wahrscheinlichkeit, werden Sie der Frage, ob Steuerberater Beziehungen wollen, uneingeschränkt zustimmen. Natürlich wollen Steuerberater genauso wie alle anderen Menschen als **soziale Wesen** Beziehungen zu anderen Menschen. Ohne Beziehungen wäre das Leben als Individuum in einer sozialen Gemeinschaft undenkbar. Nur, in welcher Intensität möchten Steuerberater Beziehungen zu ihren Mitarbeitern und Mandanten aufbauen? Ist es nicht so, dass Steuerberater dazu neigen, sich den fachlichen Herausforderungen intensiver zuzuwenden als den menschlichen Aspekten ihres Berufs?

Beobachtungen über das tatsächliche Verhalten von Inhabern, Partnern und Mitarbeitern von Steuerberatungskanzleien verleiten mich zur – unangenehmen, weil unbequemen – Annahme, dass Fachprobleme mit großer Hingabe gelöst, während **Beziehungsprobleme** als irritierender **Störfaktor** für die Facharbeit gesehen werden. Diese Einstellung ist auch nachvollziehbar, da die ausschließlich rechtlich-fachlich basierte Ausbildung zum Steuerberater das Thema „soziale Interaktion" vollständig ausklammert. In Österreich wie in

---

[1] Jim Collins, Der Weg zu den Besten.

Deutschland können Sie mit Bravour die Steuerberaterprüfung ablegen, ohne das Wort „Kommunikation" in den Mund zu nehmen. Das ist umso erstaunlicher, als Mitarbeiter oder Mandanten sich im Berufsleben vor allem über mangelnde Kommunikation bzw. fehlendes Verständnis beklagen, hier also erheblicher Nachholbedarf besteht.

Kommunikation ist wie das Öl im Motor der Kanzlei. Nur durch sie läuft alles „wie geschmiert", ohne sie gibt es einen Schaden nach dem anderen. Kommunikation funktioniert nur auf der Grundlage einer **Beziehung**. Ist die Beziehung gut, funktioniert die Kommunikation perfekt. Ist die Beziehung gestört, ist Kommunikation fast unmöglich. Jedes Wort wird auf die Waagschale gelegt, erzeugt Irritationen. In einer belastbaren persönlichen Beziehung hingegen entstehen viele Probleme erst gar nicht.

Es lohnt sich also darüber nachzudenken, nach welchen Regeln Beziehungen aufgebaut werden, damit die positive Kraft der Kommunikation ihre volle Wirkung entfalten kann. Die folgenden zwölf **Grundsätze** für den **Beziehungsaufbau mit Mitarbeitern** sind simpel, stellen aber im Alltagsgeschäft eine echte Herausforderung dar:

- ▶ Seien Sie Ansprechpartner für Ihre Mitarbeiter. Sie sollten in erster Linie nicht Kritik üben. Hören Sie zu, bevor Sie handeln.
- ▶ Hören Sie gut zu und versuchen Sie alles, um Ihre Mitarbeiter zu verstehen.
- ▶ Machen Sie ab und zu etwas Unerwartetes; seien Sie sich der Beziehung nie zu sicher.
- ▶ Diskutieren Sie Ihre gemeinsamen Werte und Prinzipien.
- ▶ Kommunizieren Sie ehrlich, offen und regelmäßig.
- ▶ Verbringen Sie Zeit miteinander – auch ohne Besprechungspunkte auf der Agenda.
- ▶ Zeigen Sie Ihre Wertschätzung regelmäßig, aber nicht auf formelle Art und Weise.
- ▶ Suchen Sie nach Wegen, um gemeinsam Spaß zu haben.
- ▶ Lassen Sie nie zu, dass sich Schwierigkeiten festigen; machen Sie aufkommende Probleme gleich zum Thema.
- ▶ Zeigen Sie Interesse.
- ▶ Verstehen Sie andere Standpunkte.
- ▶ Geben Sie sich selbst auf (nicht als Individuum, aber den Perfektionisten in Ihnen).

Am besten beantworten Sie die Frage still für sich selbst, ob Sie dieses Programm der Beziehungspflege zu Ihren Mitarbeitern konsequent umsetzen.

44 **Mandantenbeziehungen** werden, so will es jedenfalls auf den ersten Blick scheinen, im Vergleich zu Mitarbeiterbeziehungen besser gepflegt.[1] Ist das aber tatsächlich so? Es gibt im Wesentlichen zwei Ansätze, die Leistungserbringung für den Mandanten qualitativ zu bewerten, und zwar als **„Auftrag"** oder unter dem Blickwinkel einer **„Beziehung"**. Die folgende Gegenüberstellung zeigt polarisierend die Unterschiede zwischen den beiden Sichtweisen auf:

„Auftrag"	„Beziehung"
One-night-stand	„Liebe" – „Freundschaft"
Sie	Wir
Gegenüber	Auf der gleichen Seite
Kurzfristig	Langfristig
Verdacht	Vertrauen
Das Ziel ist, dass Sie attraktiv sind	Das Ziel ist, den anderen zu verstehen
Verhandeln und beklagen	Geben und hilfsbereit sein
Optionen offen halten und Verpflichtungen vermeiden	Sich verpflichten
Fokus auf die Gegenwart	Fokus auf die Zukunft
Einen detaillierten Vertrag erarbeiten	Gegenseitiges Verstehen sorgt für Wohlbefinden
Oberhand gewinnen	Die Beziehung aufrecht erhalten
Unpersönlicher Stil ist möglich	Stil muss persönlich sein
Hören, was der andere sagt	Die Gefühle verstehen und hören, was der andere sagt
Das übliche Gefühl während des Auftrags ist angespannt	Das übliche Gefühl ist entspannt

Wenn Sie vor der Entscheidung stehen, einen Arzt, Architekten, Rechtsanwalt oder Werbefachmann zu engagieren, welche der beiden Betrachtungsweisen würden Sie bevorzugen? Ich weiß nicht, wie Ihre persönliche Antwort ausfällt. Im Ergebnis erhalte ich auf diese Frage aber immer eine **deutliche Mehrheit für** die Alternative **„Beziehung"**. Selbstverständlich gibt es auch eine Reihe von Gründen, die für eine Betrachtungsweise „Auftrag" sprechen: Man möchte

---

1 Siehe hierzu die Beispiele zum Verhalten des „Chefs" bei Terminkollisionen oben Rn. 18.

z. B. einfach nur professionell bedient werden, an einem Beziehungsaufbau ist man nicht interessiert.

Wenn ich dann die Anschlussfrage stelle, „Wie beurteilen Sie diese Fragestellung im Hinblick auf Ihre eigenen Leistungen als Steuerberater?, bekomme ich darauf meist mehrheitlich die Antwort, dass man – selbstkritisch betrachtet – nach der Sichtweise „Auftrag" handele und zuwenig für die „Beziehung" tue. Diese Antwort lässt erkennen, dass ein auf gegenseitiges Vertrauen gegründetes **Beziehungsmodell** für das **Mandanten-Steuerberater-Verhältnis** als erstrebenswert angesehen wird.

Sie bauen **Vertrauen** als Grundlage einer Beziehung vor allem dadurch auf, dass Sie mit dem Menschen **sprechen, ohne** dass es dafür einen an einem bestimmten **Zweck** orientierten Anlass gibt. Das gilt nicht nur für berufliche, sondern auch für private Beziehungen. Stellen Sie sich vor, Sie würden mit Ihrem Lebenspartner nur dann reden, wenn es einen konkreten Anlass gibt, etwa um zu entscheiden, wer die Spülmaschine ausräumt oder bei Problemen mit den Kindern in der Schule. Ein solches geschäftsmäßiges und zweckorientiertes Verhalten ist keine Basis für eine dauerhaft funktionierende Beziehung zu einem Lebenspartner.

Und genauso es im **Berufsleben**: Reden Sie mit dem Mandanten, auch ohne konkreten Auftrag! Geben Sie ihm wertvolle Informationen und vermitteln Sie ihm konkreten Nutzen auch zu Themen, die nicht unmittelbar in Ihrem Leistungsangebot enthalten sind. Seien Sie hilfreich, ohne sofort ein Honorar zu verrechnen. Diesen Vorschlägen liegt folgendes **Geschäftsmodell** zugrunde:

▶ Mandanten kaufen Dienstleistungen, wenn und sobald Sie diese tatsächlich brauchen bzw. wollen. Sie können ihre eigene Situation gut einschätzen und benötigen keine Leistungsangebote zur Unzeit.

▶ Mandanten kaufen diese Dienstleistungen eher bei Ihnen, wenn Sie sich vor dem Kauf bereits um diese Mandanten gekümmert haben.

▶ Mandanten kaufen diese Dienstleistungen dann wahrscheinlich zu einem besseren Preis und verursachen für Sie keine Akquisitionskosten.

Marketing aus der Sicht des Mandanten bedeutet also, ganz im Sinne der „Quelle Mensch": Gib mir (freiwillig) mehr von dem, was ich haben möchte, und ich bin bereit, dir (freiwillig) mehr von dem zu geben, was du haben möchtest.[1]

---

1 Siehe oben Rn. 6.

48 Stellt man das Vertrauen als Basis einer funktionierenden **Beziehung** zum Mandanten in den Mittelpunkt, stellt sich nach der These von der „Quelle Mensch" der (höhere) **Gewinn automatisch** ein. Wenn man in der Beziehung zum Mandanten hingegen den Gewinnaspekt („Auftrag" und „Verkauf") betont, wird der Mandant zu einem Objekt und zu einer reinen Geldquelle. Das wiederum zerstört das Vertrauen und damit die Grundlage für höhere Gewinne. Um hohe Gewinne zu realisieren, muss man also das direkte Streben nach ihnen mit den Mitteln Auftrag und Verkauf aufgeben. Hohe Gewinne kommen nur, wenn man ihnen nicht obsessiv nachhetzt.

49 In jeder menschlichen Beziehung ist das, was man erhält, ziemlich genau ein Resultat dessen, was man selbstlos hinein gibt. Und warum sollte das im Geschäftsleben anders sein? Zu Beginn dieses Abschnitts habe ich bereits davon gesprochen.[1] Aus diesem Blickwinkel sind die meisten **„Verkaufsgespräche"**, die zu einem Auftragsabschluss führen sollten, von Grund auf falsch angelegt, denn sie finden **zu früh** statt. Einen Auftrag zu vergeben, ist eine Entscheidung für die Lösung eines Problems. Ist aber das Problem, zu dem der Verkäufer eine Lösung anbietet, noch nicht erkennbar, wird der Mandant aus der Natur der Sache heraus Einwände erheben, was dazu führt, dass der **„Verkäufer"** redet. Dadurch wird kein Vertrauen für eine belastbare Beziehung aufgebaut. Der „Verkäufer" sollte vor allem zuhören.

Wem trauen Sie die Lösung eines Ihrer Probleme eher zu? Jemandem, der die ganze Zeit spricht, oder jemandem, der Ihnen zuhört, die richtigen Fragen stellt, Ihnen selbstlos wertvolle Informationen zu Lösungsmöglichkeiten gibt und erst dann mit Ihnen die konkreten Lösungen durchgeht? Die **Beziehung** zum Mandanten in den Mittelpunkt zu stellen, hat nicht nur eine **ethische Dimension,** sondern bedeutet gleichzeitig, dass in der Folge durch gewachsenes Vertrauen auch die **Gewinne** steigen werden.

Mein **Fazit:** Geben Sie der Beziehung zu Ihren Mitarbeitern und Mandanten die höchste Priorität. Absichtslos. Stellen Sie dabei nicht auf die Wirkung ab, sondern tun Sie es, weil es für Sie wichtig ist. Der Rest – Engagement, Motivation, Anerkennung, Honorare, Gewinne etc. – wird automatisch folgen. *„Es gibt keinen anderen Weg, jemanden dazu zu bringen, dass er tut, was wir wünschen, als dass man ihm gibt, was er wünscht",* sagt Dale Carnegie.[2]

---

1 Siehe oben Rn. 6.
2 Dale Carnegie, Wie man Freunde gewinnt – Die Kunst, beliebt und einflussreich zu werden; eines der besten mir bekannten Business-Bücher, auch wenn es nicht als solches wahrgenommen wird.

8. Abschied von der Work-Life-Balance?

Wir alle führen nur ein Leben. Und Teil dieses Leben sind die Menschen, mit denen wir leben. Die Frage nach der Balance zwischen Berufs- und Privatleben stellt sich nicht mehr, wenn man die These von der „Quelle Mensch" akzeptiert und sie konsequent umsetzt.

Sie fahren nach einem Arbeitstag möglicherweise physisch müde von der Kanzlei nach Hause. Allerdings **energetisch aufgeladen,** wenn Sie „Quelle" für Menschen waren und Menschen um sich hatten, die Ihnen Energie gegeben haben. Ich halte es da mit Oswald Ölz,[1] einem der besten Bergsteiger seiner Zeit (er war u. a. mit Reinhold Messner auf dem Mt. Everest) und angesehener Arzt: *„Die Energie für die Berge hole ich mir in der Klinik – und die Energie für die Klinik geben mir die Berge."*

Leben Sie nach den Thesen von der „Quelle Mensch". Wenn Sie dann noch einen halbwegs **gesunden Lebensstil** pflegen (regelmäßige Bewegung, wenig Alkohol und eine ausgewogene Ernährung), werden Sie nie ein Wellness-Hotel brauchen. Schon gar nicht, um Energie zu tanken! Wünschen Sie anderen Menschen immer das Beste – schon deshalb, weil Schlechtes auf Sie selbst zurückwirkt.

> *„We human beings are social beings. We come into the world as the result of others actions. We survive here in dependence on others. Wether we like it or not, there is hardly a moment of our lives where we do not benefit from others activities. For this reason, it is hardly surprising that most of our happiness arises in the context of our relationships with others."*[2]

Es kann kein besseres Schlusswort zu „Quelle Mensch" geben als diesen Hinweis des Dalai Lama.

---

1 Oswald Ölz, Mit Eispickel und Stethoskop – lesenswert, nicht nur für Bergbegeisterte.
2 *„Wir Menschen sind sozial eingebundene Wesen. Wir kommen auf diese Welt als das Ergebnis des Handelns anderer. Wir überleben hier in dieser Welt in Abhängigkeit von anderen. Ob uns das nun gefällt oder nicht, es gibt kaum einen Moment in unserem Leben, in dem wir nicht von den Handlungen anderer profitieren. Aus diesem Grund kann es kaum überraschen, dass unser Wohlempfinden zum größten Teil aus unseren Beziehungen zu anderen erwächst."*

II. Werte und Prinzipien

Die **positiven Auswirkungen** klar definierter Werte und Prinzipien auf das **Alltagsgeschäft** – ausgedrückt in einem Kanzleileitbild – werden unterschätzt. Richtig eingesetzt, lösen sich über ein werte- und prinzipienorientiertes Kanzleileitbild nahezu alle Fragen und Probleme der Unternehmensführung auf. Sie sind einfach nicht mehr da. Der Großteil der Herausforderungen, denen Sie sich täglich in der Kanzlei stellen müssen, erledigt sich allein durch die strikte Orientierung an verbindlichen Werten und Prinzipien. Ist dies nicht eine äußerst attraktive Vorstellung?

51

1. Die Macht von Werten und Prinzipien

Wenn dem tatsächlich so ist, woran liegt es dann, dass die Festlegung von Werten und Prinzipien von Inhabern und Partnern einer Steuerberatungskanzlei nicht konsequent in den Fokus genommen wird? In allererster Linie ist es der **Einwand der fehlenden Zeit,** den viele Steuerberater zur Begründung ihrer zögerlichen Haltung anführen. Die Auseinandersetzung mit grundlegenden Fragen der Kanzleiführung erfordert ein erhebliches Zeitinvestment. Fehlende Zeit wird übrigens für die aufgeschobene Erledigung vieler wichtiger Dinge als Ausrede herangezogen. Nichts anderes ist es nämlich: eine **Ausrede.** Denn es liegt nicht an der fehlenden Zeit, sondern an einer falschen Priorisierung, die sich mehr am Dringlichen als am Wichtigen orientiert.

52

Auch zeigt ein im Zuge der Erstellung der Kanzlei-Homepage **unter Zeitdruck** und aus bloßen Marketing-Erwägungen erstelltes Leitbild, dessen alleiniger Zweck es ist, die Rubrik „Unsere Kanzleiphilosophie" auf der Homepage zu füllen, wenig bis gar keine Wirkung. Durch diese negative Erfahrung werden die Führungsteams vieler Kanzleien in der Annahme bestärkt, Werte und Prinzipien hätten keine besondere Bedeutung.

53

Ein weiterer Irrtum ist es, zu glauben, die Kanzleiphilosophie richte sich – als Teil des Marketingplans – nur an die Mandanten. Natürlich soll und will man mit seinen Werten und Prinzipien Mandanten interessieren; am besten jene, die identische Wertvorstellungen haben. Aber in erster Linie sollte das Leitbild die Richtung des Denkens und Handelns für die **Inhaber** und **Mitarbeiter** vorgeben. Allein schon aus diesem Grund sollte es dem entsprechen, was die Kanzlei auch tatsächlich leben möchte. Klar definierte, verbindliche und von der Kanzleileitung vorgelebte Wertvorstellungen vermitteln allen Mitarbeitern Orientierung für ihr Verhalten nach innen und nach außen.[1]

a) Grundsatzentscheidungen statt Einzelfallentscheidungen

54 Ein Unternehmen zu führen, bedeutet, Entscheidungen zu treffen. Wesenselement jeder Entscheidung ist Unsicherheit. Mit wohlüberlegten und durchdachten Grundsatzentscheidungen, also der Definition von Werten und Prinzipien als Richtschnur allen Handelns, **reduzieren** sich die **Unsicherheitsfaktoren** der täglich zu treffenden Einzelentscheidungen beträchtlich. Das hat zwei wesentliche Effekte: Erstens, dass Sie als Chef weniger entscheiden müssen, da Ihre durch das Kanzleileitbild angeleiteten Mitarbeiter bereits gehandelt haben, wodurch Sie enorm Zeit gewinnen. Und zweitens verringern Sie durch die in ein Kanzleileitbild eingebundenen Grundsatzentscheidungen auch das Risiko sich widersprechender Einzelentscheidungen!

55 Mit drei **Beispielen** aus meiner Beratungspraxis will ich diese verblüffende Wirkung eines Kanzleileitbildes demonstrieren:

- ▶ **PET:** Diese drei Buchstaben waren das Ergebnis eines ausführlichen und umfangreichen Prozesses einer Leitbilderstellung. Sie stehen für **„Perfektion"**, **„Enthusiasmus"** und **„Teamspirit"**. Nimmt man „PET" ernst, dann ist vollkommen klar, wie z. B. eine Besprechung vorbereitet und abgehalten wird, wie ein Bilanzbericht auszusehen hat, wie sich Teammeetings anfühlen sollen und welche EDV-Investitionen notwendig sind. Es gibt darüber keine langwierigen Diskussionen mehr. Weder in der Führung noch im Team.

- ▶ Schreibt sich eine Kanzlei **„Innovation"** auf die Fahnen, ist jede Entscheidung zur Hard- und Software deutlich einfacher und schneller zu treffen als in einer Kanzlei, die sich nicht klar zu Innovationen bekennt. Mitarbeiter in einer innovativen Kanzlei wissen, dass Arbeitsabläufe immer wieder hinterfragt und Neues getestet werden muss. Sie sind Änderungen gegenüber deutlich aufgeschlossener.

- ▶ Ist **„Wachstum"** als Grundsatzentscheidung festgelegt, dann sind damit auch schon eine Reihe weiterer (Folge-)Entscheidungen getroffen. Während eine Kanzlei in beengten räumlichen Verhältnissen möglicherweise monatelang überlegt, in welche Räume sie übersiedeln soll, wenn sie kein klares Wertebild hat, ist für eine wachstumsorientiert ausgerichtete Kanzlei eindeutig klar, eine Variante zu wählen, die Wachstumsreserven bietet.

56 **Unternehmenspolitik** zu betreiben, bedeutet, Grundsatzentscheidungen statt Einzelfallentscheidungen zu treffen. Das ist die hohe Schule des Managements, die oberste Stufe der unternehmerischen Willensbildung mit dem größtmöglichen Freiheitsgrad. Unternehmungspolitische Entscheide haben

---

[1] Zur Bedeutung eines Kanzleileitbilds vgl. auch Hübner, Rudern Sie noch oder steuern Sie schon?, 2009, Rn. 74 ff., 177 ff., 186 ff.

immer einen geringen Konkretisierungsgrad. Sie sind allgemein. Sie sind operationell. Sie sind auf eine langfristige Wirkung angelegt und nicht terminiert. Sie gelten „von jetzt an", ohne fixierte zeitliche Beschränkung. Und genau darin liegt ihre Stärke.

Für eine Einordnung von Werten und Prinzipien in die Unternehmenspolitik ist die folgende **Hierarchie** hilfreich:

▶ Mission einer Kanzlei – sie klärt das WARUM
▶ Vision einer Kanzlei – sie beantwortet die Frage nach dem WAS
▶ Werte und Prinzipien – beantworten die Frage nach dem WIE

Peter Drucker bringt es auf den Punkt, woran sich Führungskräfte orientieren sollen: „*Effective executives don´t make any decisions. They solve generic problems through policy.*"[1]

b) Werte – Prinzipien? Mehr als ein gradueller Unterschied!

So sehr sich Werte und Prinzipien in ihrer Wirkung für die Führung einer Kanzlei gleichen – und daher oft synonym verwendet werden –, so sehr unterscheiden sie sich in ihrer Herkunft. Und dieser grundlegende Unterschied ist bedeutsam für die **Herangehensweise** bei der **Erstellung** eines **Leitbilds**.

Was sagt denn **Wikipedia**[2] zu den zwei Begriffen „Wert" und „Prinzip"?

> „Wertvorstellungen sind Vorstellungen über Eigenschaften, die Dingen, Ideen, Beziehungen u. a. m. von einzelnen Akteuren oder sozialen Gruppen von Menschen beigelegt werden und die den Wertenden wünschenswert und wichtig sind."

> „Ein Prinzip ist ein Gesetz, das anderen Gesetzen übergeordnet ist. Im klassischen Sinne steht das Prinzip zwingend an oberster Stelle."

Diese Definitionen zeigen, dass bei der **Festlegung von Werten** eine Gruppe oder ein Individuum für sich selbst bestimmt, was richtig beziehungsweise wünschenswert ist. Werte sind bestimmt von vergangenen Erlebnissen und sind eng verbunden mit der Persönlichkeit eines Menschen, seinen Hoffnungen und Träumen. Ein extremes Beispiel soll verdeutlichen, was gemeint ist: Die Kirchen, aber auch die Mafia, vertreten klar definierte Werte. Es sind beileibe nicht dieselben. Doch zeigt dieses Beispiel die faktische Kraft von „Werten", selbst wenn diese auf kriminellen und daher abzulehnende Erwägungen beruhen. Gleichzeitig belegt dieses Beispiel auch, dass die Begriffe „Moral" und

---

1 Effizient arbeitende Führungskräfte treffen keine Entscheidungen. Sie lösen allgemeine Probleme durch firmenpolitische Entscheidungen.
2 Durch das Internetzeitalter sind Recherchen schneller geworden; sie ersetzen keinesfalls Lesen und Denken.

„Ethik" nicht notwendigerweise zum Begriffskern eines Wertes gehören, den ein Einzelner oder eine Gruppe zur Richtschnur des eigenen Handelns gemacht hat.

59 **Prinzipien** hingegen sind **allgemeingültige Regeln,** die an keinerlei persönliche Erfahrungen gebunden sind, sondern – Naturgesetzen ähnlich – als Allgemeingut für alle verbindlich sind. Sie gelten immer und für alle gleich. Die Folgen des Prinzips der Schwerkraft spürt jeder.

Mit dem folgenden Bild lässt sich der Unterschied zwischen Werten und Prinzipien anschaulich darstellen: Werte kann man sich als eine **Landkarte** vorstellen, die geprägt ist von den eigenen Erfahrungen, Wünschen und Vorstellungen. Jeder Mensch und jede Organisation hat ihre eigene Landkarte. Prinzipien dagegen sind wie **Leuchttürme,** die unveränderlich an ihrer Stelle stehen und uns Orientierung geben sollten.

Bezogen auf ein Unternehmen ließe sich sagen, dass Werte sich mit der Frage: **„Wofür stehen wir (als Kanzlei)?"** beschäftigen. Jede Kanzlei hat auf diese Frage eine ganz individuelle Antwort: Die eine wird für Tradition, die andere vielleicht für Innovation stehen, eine dritte wird sich auf die Nachhaltigkeit ihres Handelns, eine vierte auf Präzision fokussieren.

Prinzipien hingegen ergeben sich aus der Frage **„Woran orientieren wir unser Handeln?".** Die möglichen Antworten ergeben sich aus Grundregeln, die für jedes Unternehmen gelten: Kundenorientierung, Mitarbeiterorientierung, Integrität und Qualität, um nur vier Prinzipien zu nennen.

60 Ein weiterer wesentlicher Unterschied zwischen Werten und Prinzipien liegt darin, dass jeder Mensch, jedes Mitglied eines Kulturraumes, jeder Marktteilnehmer in einer bestimmten Branche die dort geltenden Prinzipien kennt und bereit ist, deren Nichtbeachtung zu sanktionieren. So haben beispielsweise Defizite beim Prinzip der Mandantenorientierung immer Beschwerden und Mandatsverluste zur Folge. Es ist lediglich eine Frage der Zeit, wann diese Konsequenzen auftreten. Dass Nachlässigkeiten in der Mandatsbetreuung die genannten Folgen haben, ist sicher. Bei der **Einhaltung von Prinzipien** geht es also um das **nackte Überleben!** Eine Kanzlei, die sich nicht an die für die Branche anerkannten Prinzipien hält, hat langfristig keine Chance am Markt zu bestehen!

c) Werte und Prinzipien im Management – Traum oder Realität?[1]

Fast täglich neue Berichte in den **Medien** über korrupte und **skrupellose Manager,** die alle Werte und Prinzipien über Bord geworfen haben, um ihre Macht und ihren Reichtum möglichst schnell zu vergrößern, erwecken das Bild, Manager und Unternehmer mit einem soliden Wertespektrum wären eine Utopie. Das Gegenteil ist der Fall. Ja, einzelne Manager haben ihre Position ausgenutzt. Das ist unbestritten. Jedoch finden jene zigtausend Manager und Unternehmer, vor allem in kleinen und mittelständischen Unternehmen, die sich täglich für das Unternehmen und die Mitarbeiter einsetzen, in der öffentlichen Wahrnehmung kaum Beachtung.

61

Besonders **inhabergeführte Unternehmen,** und das sind fast alle Steuerberatungskanzleien, kennen die Bedeutung von Werten und Prinzipien für den langfristigen Erfolg. Auch wenn der Wertekanon dieser Unternehmen nicht schriftlich fixiert ist, so orientiert sich ihr Handeln doch an diesen Fixpunkten. Nachhaltiges erfolgreiches Wirtschaften ist ohne eine klare Wertehaltung unmöglich.

d) Ein Geheimnis erfolgreicher Unternehmen

Gemeinsame Werte sind der Ausgangspunkt für das Management jeder Organisationseinheit. Gleichzeitig sind sie das wirkungsvollste Managementinstrument, das eine Steuerberatungskanzlei einsetzen kann. Erfolgreiche Kanzleien unterscheiden sich von ihren Konkurrenten nicht dadurch, dass sie geschultes Personal, bessere Marketingstrategien oder ausgefeiltere Konzepte haben. Nein, ihr „Geheimnis" liegt darin, dass sie sich konsequent **an** die von ihnen definierten **Werte** und anerkannten **Prinzipien** halten. Die Toleranzgrenze liegt insoweit nahe Null. Das bedeutet, dass **Intoleranz gegenüber Verstößen** gegen die eigenen Werte- und Prinzipienvorgaben ein entscheidender Erfolgsfaktor ist.

62

Werte und Prinzipien erleichtern einerseits die Arbeit der **Kanzleileitung,** da die getroffenen Grundsatzentscheidungen die Entscheidung im Einzelfall determinieren.[2] Andererseits sind Führungskräfte durch eine werte- und prinzipienorientiertes „Verfassung" der Kanzlei besonders gefordert, denn sie müssen – um von der positiven Wirkung dieses Managementinstruments zu pro-

---

[1] Siehe dazu auch oben Rn. 16.
[2] Siehe oben Rn. 54 ff.

fitieren – konsequent auf die Einhaltung der Regeln achten. Das Führen anhand von Werten und Prinzipien erfordert also ein genaues **Hinsehen** und **Beobachten** sowie schnelle und direkte Reaktionen bei „Verstößen". Ein **Vier-Augen-Gespräch** mit dem Mitarbeiter ist der erste Schritt, den Führungskräfte im Krisenfall machen **müssen.** Dies sind keine einfach zu führenden Gespräche, die aber, richtig angelegt, eine große Wirkung haben und auf das gesamte Kanzleiklima positiv ausstrahlen. Natürlich kann ein „Ausrutscher" passieren und dieser wird auch nicht zu einer sofortigen Entlassung des Mitarbeiters führen. Bricht aber ein Teammitglied wiederholt die vereinbarten Regeln, ist eine Trennung für beide Seiten die bessere Lösung.

2. Werte und Prinzipien – wo suchen und wie finden?

63   Genau diese Frage stellt sich jeder, sobald er beginnt, sich mit Werten und Prinzipien zu befassen. Die Antwort fällt bildhaft differenzierend so aus: Während die Suche nach Werten einer anstrengenden Expedition gleicht, die bei beruflichen Partnerschaften meist mehr Umwege erfordert als von der Expeditionsleitung geplant, ist das Finden von Prinzipien – um im Bild zu bleiben – geradezu ein kleiner Ausflug.

Werte und Prinzipien zu finden, ist eine **Führungsaufgabe,** die keiner „demokratischen" Legitimation im Sinne einer allgemeinen Übereinkunft aller Mitarbeiter der Kanzlei bedarf. Allein die Kanzleiführung ist aufgerufen, jene Werte und Prinzipien festzulegen, die sie bereit ist zu leben und einzufordern.

a) Expedition Wertefindung

64   Wer zum ersten Mal konkret und systematisch seine eigene Wertehaltung ergründet, kommt sich häufig wie ein Wanderer auf einem unbekannten Terrain vor und hält irritiert inne, wenn er erkennt, dass die schriftliche Fixierung der persönlichen Wertvorstellungen schwerer fällt als gedacht.

Ich empfehle einen strukturierten **Prozess,** der mit einer Expedition in vier Etappen verglichen werden kann. Der Expeditionsteilnehmer nimmt auf jeder Etappe eine andere Perspektive ein, was dazu dient, das Ergebnis verlässlicher zu machen.

aa) Etappe 1 – objektive Perspektive anhand von Tests

65   **Persönlichkeitstests** liefern einen guten Startpunkt für die Suche nach dem persönlichen Werteprofil. Durch die unterschiedlichsten Tests, kostenpflichtig

oder kostenfrei, mit oder ohne begleitendem Gespräch erfahren Sie mehr von sich, Ihren Werthaltungen, Charaktereigenschaften und Stärken.[1] Diese Tests liefern ein objektives Bild, sie bewerten nicht in gut oder schlecht, sondern bilden Ihre Persönlichkeit anhand eines standardisierten Verfahrens ab.

Uneingeschränkte Testgläubigkeit wäre hier allerdings fehl am Platz. Gleichwohl ist die Zeit lohnend investiert, um **erste Anhaltspunkte** für die weitere Werte-Expedition zu erhalten. Außerdem macht es Spaß, auf ungewöhnliche Fragen aus dem Bauch heraus zu antworten. Das ist nämlich eine der wichtigsten Voraussetzungen für ein aussagekräftiges Ergebnis. Beantworten Sie die Fragen spontan, ohne Rücksicht auf gesellschaftliche Korrektheit und Erwartungen Dritter. Probieren Sie es aus. Testen Sie sich und lassen Sie die Ergebnisse auf sich wirken. Ihren Wertekanon haben Sie damit zwar noch nicht vollständig entdeckt, aber die erste Etappe der Expedition bereits abgeschlossen.

bb) Etappe 2 – subjektive Perspektive anhand der Werteliste

Bevor Sie sich mit der hier angehängten Werteliste befassen, beschreibe ich kurz die zweite Etappe der Wertefindung:

▶ Streichen Sie von den in dieser Liste aufgezählten Werten jene **zehn Werte** an, die für Sie am wichtigsten sind. Antworten Sie schnell, aus dem Bauch heraus. Betonen möchte ich noch einmal, dass sie jene Werte wählen sollen, die Sie für wichtig halten. Machen Sie sich keine Gedanken darüber, welche Werte wünschenswert wären.

▶ Nachdem Sie zehn Werte ausgewählt haben, reduzieren Sie Ihre Auswahl auf **drei bis** maximal **fünf** Werte.

▶ Zum Abschluss bringen Sie diese Werte in eine **Reihenfolge** entsprechend ihrer Bedeutung, die sie in Ihren Augen haben.

Die Erfahrung zeigt, dass man mit dieser Methode den eigenen Werten schon ein gutes Stück näherkommt – vorausgesetzt man ist ehrlich zu sich selbst. Lassen Sie sich bei der Auswahl der für Sie maßgeblichen Werte durch die folgende „Werteliste" anregen.

---

1 Hier eine kleine Auswahl an Persönlichkeitstests: „Values in Action" auf www.charakterstaerken.org der Universität Zürich (dort werden auch weitere kostenfreie Tests nach einmaligem Registrieren angeboten); „Motivationsprofil nach Steven Reiss" auf www.reiss-profile.de (kostenpflichtiger Test mit Beratungsgespräch über Ihre Motive); „Entdecken Sie Ihre Stärken jetzt", ein Buch von Marcus Buckingham und Donald O. Clifton in Kombination mit www.strengthsfinder.com.

II. Werte und Prinzipien

67 **Werteliste:**

Zuversicht · Erfolg · Familienleben · Bescheidenheit · Kommunikation · Hilfsbereitschaft · Freundlichkeit · Standort · Begeisterung · Kontrolle (über andere) · Lebensfreude · zeitliche Freiheit · Leistung · Kontaktfähigkeit · Pünktlichkeit · Interessensgleichheit · Respekt · Status · Frieden · Dankbarkeit · Ehrlichkeit · Perfektion · Mut · Feiern · Demokratie · Gelassenheit · Sorgfalt · Disziplin · Führung · Engagement · Beharrlichkeit · Vielfalt · Vertrauen · Gemeinschaft · Ernsthaftigkeit · Ausgeglichenheit · Einzigartigkeit · Ruf · Geld · Behaglichkeit · Präzision · Kreativität · Sachkenntnis · Heimat · Individualität · Sparsamkeit · Kultur · Ehre · Gleichheit · Macht und Autorität · Herausforderung · Ästhetik · finanzieller Gewinn · Beständigkeit · Optimismus · Gerechtigkeit · Verbindlichkeit · Exzellenz · Nachhaltigkeit · Schnelllebigkeit · Persönlichkeit · Auffassungsgabe · Häuslichkeit · Phantasie · Hingabe · Spiritualität · Verantwortung · Neugierde · Spaß · Flexibilität · Integrität · Zufriedenheit · Menschlichkeit · Einsicht · Wissen · Einfluss (auf andere) · Ordnung · Tradition · Leidenschaft · Wechsel und Vielfalt · Ausdauer · Selbstbewusstsein · Demut · Kultiviertheit · Vernetzung · Ruhm · Großzügigkeit · Freundschaft · Innovation · Stabilität · Toleranz · Verständnis · Hoffnung · Anerkennung · Bewusstheit · Entschlossenheit · Freiheit · Effizienz · Glaubwürdigkeit · Beziehungen · Lebenskraft · Fröhlichkeit · Geduld · Akzeptanz · Klugheit · Sicherheit · Loyalität · Effektivität der Arbeit · Fairness · Wachstum (persönlich).

cc) Etappe 3 – subjektive Perspektive anhand getroffener Entscheidungen

68 Während die Expedition zur Wertefindung bisher noch wenig Zeit erforderte, ist die dritte Etappe durch ausführliches – und mitunter zeitaufwändiges – Nachdenken geprägt. Ein verregnetes Wochenende, ein ausgedehnter Spaziergang und genügend Abstand zum Alltag sind unverzichtbare Ausrüstungsgegenstände, die Sie brauchen, um folgende **Fragen** zu beantworten:

„Lasse ich meine Entscheidungen der letzten Jahre Revue passieren, gibt es da ein **Werte-Muster**, das all meinen Entscheidungen zu Grunde liegt? Wenn ja, welche Werte waren das?"

Denken Sie dabei an „große" und „kleine" Entscheidungen in Ihrem Leben. An Situationen in der Kanzlei, in der Familie, im Freundeskreis, in Organisationen, denen Sie angehören.

69 Entscheidungen werden oft nachträglich mit (rationalen) **Argumenten** unterlegt, obwohl es (intuitive) **Bauchentscheidungen** waren. Versuchen Sie herauszufinden, was Sie geleitet hat, bevor Sie Ihre Entscheidungen im Nachhinein rational begründet haben. Diese verdeckten Werte sind es nämlich, die Sie tat-

sächlich leiten und für die Sie einstehen wollen.¹ Vergleichen Sie dieses Ergebnis mit den bisherigen Ergebnissen der Werte-Expedition. Herrscht Deckungsgleichheit? Dann sind Sie auf dem richtigen Weg. Bestehen Differenzen? Dann sollten Sie diesen auf den Grund gehen.

Diese Etappe war anspruchsvoll und herausfordernd. Richtig spannend wird es jedoch auf der Schlussetappe.

dd) Etappe 4 – intersubjektive Perspektive anhand getroffener Entscheidungen

Am Ende der Werte-Expedition steht die Überprüfung der bisherigen Ergebnisse. Bekanntlich stimmen **Selbstbild** und **Fremdbild** oft nicht überein. Und oft ist das Fremdbild treffender. Stellen Sie deshalb einem Menschen, der Sie sehr gut und lange kennt, die folgenden Fragen:

„Anhand welcher Werte – glaubst Du – treffe ich meine Entscheidungen? An welchen Werten – glaubst Du – orientiere ich meine Handlungen?"

Ihr Lebenspartner, Ihr Kanzleipartner, ein sehr guter Freund, ein langjähriger Mitarbeiter oder eben jede Ihnen sehr vertraute Person kann gut einschätzen, für welche Werte Sie stehen. Erklären Sie ihm die Bedeutung der Fragen, fordern Sie ihn zu **Offenheit** auf und hören Sie dann einfach zu. Ohne sich zu rechtfertigen. Deckt sich diese Einschätzung in weiten Teilen mit den Ergebnissen der ersten drei Etappen der Werte-Expedition, dann spricht sehr viel dafür, dass Sie Ihre fundamentalen Wertehaltungen entdeckt haben. Sollten deutliche Differenzen vorhanden sein, dann ist es Zeit für eine Analyse: Worin bestehen die Unterschiede? Welche Schlüsse ziehen Sie daraus? Und möglicherweise ist es eine gute Idee, nochmals an den Start zu gehen.

Das Ziel der Expedition ist erreicht, wenn Sie das Gefühl haben, genau jene **Werte** entdeckt zu haben, für die Sie stehen, die Sie bereits **leben** und von anderen **einfordern**. Ideal ist es, wenn Sie Ihren Handlungen drei bis fünf fundamentale Werte unterlegt haben. Weniger als drei bedeuten eine enorme Einschränkung des Handlungsspektrums und mehr als fünf bergen die Gefahr des Abgleitens in die Beliebigkeit in sich.

Die **Konkretisierung** Ihrer Werte erfolgt durch drei Fragen, denen wir im Prozess der Leitbilderstellung immer wieder beggenen werden:

▶ Was verstehe ich unter _____?

---

1 Zur Bedeutung intuitiver Impulse bei der Entscheidungsfindung vgl. Hübner, Rudern Sie noch oder steuern Sie schon?, Rn. 351 ff.

- ▶ Woran erkennt man _____ ?
- ▶ Wie arbeitet ein Unternehmen, das sich _____ auf die Fahnen schreibt?

Beantworten Sie diese Fragen so konkret wie möglich für Ihre fundamentalen Werte. Damit legen Sie einen äußerst soliden Grundstein für ein klares und eindeutiges **Kanzleileitbild**, das mit Ihren **Wertehaltungen übereinstimmt**.

b) Der Umweg über die Partnerrunde

72 Die „Expedition Wertefindung" hat gezeigt, dass es schwierig genug ist, die individuellen Wertehaltungen eindeutig zu definieren.[1] Für Kanzleipartnerschaften, deren Stärke zu einem großen Teil auf den unterschiedlichen persönlichen Eigenschaften der Partner beruht, ist die **Festschreibung gemeinsamer Werte** eine mehr oder weniger große Herausforderung. Ich betone „mehr oder weniger", da diese Frage wesentlich vom Wachstumsprozess der Partnerschaft abhängt. Wurde bereits bei der Gründung der Partnerschaft bzw. bei jedem Neueintritt eines Partners die Wertehaltung offen angesprochen, so findet sich meist schnell ein Grundkonsens. Ist dies nicht geschehen, so tickt in der Kanzlei eine Zeitbombe, denn eine aufgeschobene Wertediskussion hat eine nicht zu unterschätzende Sprengkraft.

73 Um sich in einer Kanzleipartnerschaft möglichst **frühzeitig** auf **gemeinsame Werte** zu verständigen, sollte zunächst jeder Partner die bereits beschriebenen vier Etappen der Werte-Expedition[2] für sich allein durchführen. Danach ist eine ausführliche Auseinandersetzung innerhalb der Partnerrunde über die Wertehaltungen der einzelnen Partner ein Muss. Allein der Austausch der Ergebnisse bringt für die Partnerschaft einen hohen Erkenntniswert. Sind die Werte deckungsgleich bzw. ähnlich? Gibt es Abweichungen? Wie gravierend sind diese? Auf welche Werte können Sie sich einigen? Sie und Ihre Partner müssen sich die drei bereits genannten Fragen zur Feststellung eines werteorientierten Kanzleileitbildes stellen:

- ▶ Was verstehen wir unter _____ ?
- ▶ Woran erkennt man _____ ?
- ▶ Wie arbeitet ein Unternehmen, das sich _____ auf die Fahnen schreibt?

Die Diskussion im Partnerkreis soll sicherstellen, dass die Wertehaltungen nicht nur begrifflich (Beispiel: Fairness), sondern auch inhaltlich miteinander

---

1 Siehe oben Rn. 64 ff.
2 Siehe oben Rn. 64 ff.

korrespondieren (Was ist darunter im Einzelnen zu verstehen?), um ein abgestimmtes Handeln aller Partner zu ermöglichen.

Was aber ist zu tun, wenn Partner feststellen, dass ihre **Wertehaltungen** voneinander **abweichen?** Im Wesentlichen gibt es in einer derartigen Situation vier Möglichkeiten: 74

▶ Erstens, die Partner versuchen, die bestehenden Differenzen über die **Aufgabenverteilungen** innerhalb der Kanzlei auszugleichen, wobei darauf zu achten ist, das die divergierende Wertehaltungen repräsentierenden Partner nicht in demselben Funktionsbereich tätig sind, denn dann käme es früher oder später zu offenkundigen Disharmonien. Die Lösung eines Wertekonflikts auf diesem Weg ist, was auf der Hand liegt, sehr schwierig.

▶ Zweitens, alle Partner erklären sich bereit, hart an ihrem individuellen Werteverständnis im Sinne einer **Harmonisierung** mit dem **mehrheitlich gewünschten Wertekanon** zu arbeiten. Das geschieht dadurch, dass sie sich und ihre Vorstellungen hinterfragen und sich dort verändern, wo es für das Erreichen gemeinsamer Ziele notwendig ist. Auch das ist eine große Herausforderung für alle Beteiligten.

▶ Die dritte in der Praxis am häufigsten zu beobachtende Reaktion auf divergierende Wertevorstellungen der Partner ist die Variante „**Business as usual**", also mit einem zwischen den Partnern nicht harmonisierten Kanzleileitbild einfach so weiterzumachen wie bisher. Diese Partnerschaften werden mittel- bis langfristig scheitern.

▶ Die letzte – aber nicht notwendigerweise schlechteste – Option ist, **sich in Freundschaft** zu **trennen**. Sollten nämlich die grundsätzlichen Vorstellungen zum Kanzleileitbild bei den Partnern besonders unterschiedlich ausgeprägt sein, dann ist es nur eine Frage der Zeit, bis Unstimmigkeiten, Reibungsverluste und ein schlechtes Betriebsklima die Existenz der Kanzlei gefährden. Wie bereits erwähnt,[1] decken passable Betriebsergebnisse diese Tatsache oft längere Zeit zu. Sobald allerdings die Gewinne sinken, wird das Problem sehr schnell virulent.

Alfried Längle[2] bringt die Bedeutung und die Kraft von Werten auf den Punkt: „*Werte sind wie Brenngläser, die unsere Lebenskraft bündeln und ihr eine Richtung geben.*"

---

[1] Siehe oben Rn. 17.
[2] Alfried Längle, Vorsitzender und Gründungsmitglied der internationalen Gesellschaft für Logotherapie und Existenzanalyse (GLE) mit Sitz in Wien www.laengle.info.

c) Prinzipien finden – ein kurzer Ausflug

75 Verglichen mit der Herausforderung, Ihre persönlichen Werte zu finden, ist die Suche nach Prinzipien für den Kanzleierfolg eine reine Fleißarbeit. Die **herrschenden Gesetzmäßigkeiten** im **Geschäftsleben** sind bekannt und zwingend zu berücksichtigen. Denn – wie gezeigt – gerät ohne Ihre Beachtung jedes Unternehmen in existenzielle Schwierigkeiten.[1]

Während bei der Suche nach Werten ein schrittweises Vorgehen notwendig ist, reicht für das Finden von Prinzipien die Anwendung einer der nachfolgend vorgeschlagenen Methoden aus. Sind die Prinzipien identifiziert, geht es nur noch um die Konkretisierung und das gemeinsame Verständnis der Prinzipien innerhalb Ihres Teams.

aa) Methode N° 1: Empirisch ermittelte Prinzipien

76 In seinem Buch „Practice What You Preach" hat sich David Maister mit der Frage befasst, in welchem Maß die **Profitabilität** eines freiberuflichen Unternehmens von der **Einstellung** der **Mitarbeiter zu bestimmten Themen** abhängt. In einer aufwändigen empirischen Untersuchung (74 Fragen, 139 Büros von 29 Unternehmen in 15 verschiedenen Ländern) konnte er einen eindeutigen Zusammenhang nachweisen. Aus der Fülle der Daten ermittelte er diejenigen Faktoren, die mit der größten Wahrscheinlichkeit für ein außergewöhnliches finanzielles Ergebnis verantwortlich sind. Er nennt dies das „Predictive Package". Die Einhaltung dieser Prinzipien hat **geschäftlichen Erfolg zur Konsequenz**. Die Missachtung der dort genannten Faktoren führt zu deutlich schlechteren Betriebsergebnissen.

Erwarten Sie jetzt nicht, dass eines der letzten Geheimnisse des Managements von Steuerberatungskanzleien gelüftet wird, denn die Erfolgsfaktoren sind seit langem bekannt. Neu ist allerdings die Erkenntnis darüber, wie stark diese Erfolgsfaktoren den Gewinn beeinflussen. Es geht hier nicht um eine Verbesserung des wirtschaftlichen Ergebnisses um 10, 20 oder 30 %. Die Rede ist vielmehr von einem **Schritt in eine andere Dimension!** Die Untersuchung von Maister zeigt nämlich, dass Unternehmen, die bei den genannten Erfolgsfaktoren außergewöhnlich gut abschneiden, ein Vielfaches (!) des Gewinns erzielen verglichen mit solchen Unternehmen, in denen diese Faktoren nicht so stark ausgeprägt sind.

---

1 Siehe hierzu oben Rn. 60.

Unter diesem Gesichtspunkt erlangen die von David Maister identifizierten empirischen Erfolgsprinzipien ihre besondere Bedeutung, ja Faszination. Hier sind jene **neun Grundprinzipien,** deren Beachtung nach der Untersuchung von Maister mit der größten Wahrscheinlichkeit dazu beiträgt, dass eine Kanzlei wirtschaftlich erfolgreich ist:

- Mandantenzufriedenheit hat höchste Priorität.
- Die Fachkompetenz der Mitarbeiter wird den höchsten Erwartungen gerecht.
- Wir sind verpflichtet, und werden nicht nur dazu ermutigt, neue Fähigkeiten zu lernen und zu entwickeln.
- Mitarbeiter behandeln andere immer mit Respekt.
- Jene, die am meisten zum Erfolg beitragen, verdienen am besten.
- Qualitätsstandards in der Mandantenarbeit werden streng eingehalten.
- Investition eines beträchtlichen Teils der Arbeitszeit in Dinge, die sich erst in Zukunft „rechnen".
- Keine Beschäftigung von Mitarbeitern, die ihre persönlichen Interessen vor jene der Mandanten oder der Kanzlei stellen.
- Der Geschäftsführung gelingt es, das Beste aus den Mitarbeitern herauszuholen.

Diese neun Aussagen klingen ziemlich vertraut. Und sie sind es auch: Mandantenzufriedenheit, Fortbildung, Kompetenz etc. sind eben allgemein gültige Grundprinzipien.

Sieht man jedoch genauer hin, bemerkt man folgende **Besonderheit:** Es wird nicht von „gut", sondern von „am besten" gesprochen. Das Prinzip der Mandantenorientierung ist nicht „wichtig", sondern „von höchster Priorität". Respekt ist „immer" gefordert und nicht nur ab und zu. In allen Aussagen stecken **Superlative.** Sie lassen keinen Spielraum für Interpretationen zu. Und genau das macht den Unterschied aus. Schwammige, weiche Formulierungen würden unerwünschte Interpretationsspielräume offenlassen.

bb) Methode N° 2: Definition von Professionalität[1]

Unzweifelhaft ist Professionalität ein Prinzip, an dem sich eine Kanzlei orientieren soll. Professionalität lässt sich an den folgenden **Kriterien** festmachen:

---

[1] Siehe David H. Maister, True Professionalism.

- Mitarbeiter erklären sich damit einverstanden, gecoacht und an festgesetzten, vereinbarten Standards gemessen zu werden.
- Führungskräfte in einer Kanzlei werden ausschließlich an der Leistung des Teams gemessen; entsprechend sind persönliche verrechenbare Zeiten irrelevant.
- Teamarbeit ist verpflichtend und nicht der Wahl des Mitarbeiters überlassen. Jeder, der einem Team angehört, hat diesem ein Mindestmaß an nicht verrechenbarer Zeit zu widmen und seine Zeit an den Erfordernissen des Teams auszurichten.
- Jedes Team widmet eine bestimmte Anzahl nicht verrechenbarer Stunden folgenden Aufgaben: Akquisition neuer Mandanten durch innovative Dienstleistungen, Kostensenkungen bei der Erbringung bestimmter, vorher definierter Dienstleistungen und Steigerung der individuellen Fertigkeiten
- Der Mitarbeiter muss in der Lage sein, die Rentabilität eines Mandanten abzuschätzen. Er hat die Rentabilität seiner Projekte zu verantworten (Erträge und Kosten) und wird nicht nur an verrechenbaren Stunden gemessen.
- Verbindliche Befragungen der Mandanten, da ihre Zufriedenheit höchste Priorität hat. Die Ergebnisse sollen als Grundlage für Leistungs- und Gehaltsgespräche dienen.
- Persönliche berufliche Weiterentwicklung des Mitarbeiters ist eine nicht verhandelbare Mindestanforderung. Jeder muss seine berufliche Weiterentwicklung unter Beweis stellen.
- Alle Mitarbeiter der Kanzlei müssen ein echtes Interesse für die Anliegen der Mandanten entwickeln und den unbedingten Willen, ihnen zu helfen. Verpflichten Sie alle Mitarbeiter also dazu, Verständnis für die Branche ihrer Mandanten aufzubauen und somit zum Geschäftserfolg beizutragen.
- Oberste Zielsetzung ist dauerhafte Mandantenbindung.
- Seien Sie unnachgiebig, wenn es darum geht, Höchstleistungen einzufordern. Scheuen Sie nicht davor zurück, Mitarbeiter zu entlassen, die Ihre Prinzipien nicht beachten und etwa Umsetzungsmaßnahmen sabotieren.

Die beschriebenen Maßnahmen sind nicht die einzig zielführenden Kriterien, um einen hohen Grad an Professionalität zu erreichen. Der **Katalog** ist sicherlich noch **ergänzungsfähig**, erfasst aber die wichtigsten Kriterien.

cc) Methode N° 3: Ein Musterbeispiel

Der dritte Weg Prinzipien festzulegen, besteht darin, sich an einem Muster zu orientieren. Auf einigen Homepages von Steuerberatungskanzleien finden sich gut formulierte Geschäftsprinzipien. Ein Beispiel, allerdings nicht aus der Steuerberatungsbranche, möchte ich besonders hervorheben, und zwar die **Business Principles** von **Goldman Sachs,** einem weltweit tätigen Investment- und Wertpapierhandelsunternehmen mit Sitz in New York (frei übersetzt):[1]

▶ *Die Interessen unserer Kunden stehen immer an erster Stelle. Unsere Erfahrung zeigt uns, dass, wenn der Service für unsere Kunden gut ist, unser eigener Erfolg folgen wird.*

▶ *Unser Vermögen sind unsere Mitarbeiter, unser Kapital und unser Ruf. Wenn einer dieser Werte beschädigt wird, ist der letztgenannte derjenige, der am schwierigsten wiederherzustellen ist. Wir widmen uns vollkommen dem Erfüllen der gesetzlichen Vorgaben und Regeln und den ethischen Prinzipien, welche uns leiten.*

▶ *Unser Ziel ist es, ausgezeichnete Gewinne für die Eigentümer zu erzielen. Die Profitabilität ist entscheidend, um diese ausgezeichneten Gewinne zu erzielen, Eigenkapital zu bilden, die besten Mitarbeiter anzuziehen und zu halten. Signifikante Mitarbeiterbeteiligung am Unternehmenserfolg verbindet die Interessen der Mitarbeiter und der Eigentümer.*

▶ *Unser Stolz gründet auf der professionellen Qualität unserer Arbeit. Wir haben das kompromisslose Ziel, in allem was wir unternehmen, exzellent zu sein. Wir sind in einer breiten und großen Vielzahl von unterschiedlichsten Bereichen tätig, dennoch würden wir – vor die Wahl gestellt – uns dafür entscheiden, Bester und nicht Größter zu sein.*

▶ *Wir legen Gewicht auf Kreativität und Fantasie in allem was wir tun. Auch, wenn wir davon ausgehen, dass der alte Weg vielleicht immer noch der Beste sei, sind wir ständig bestrebt, eine bessere Lösung für das Problem unseres Kunden zu finden. Wir sind stolz auf uns, da wir viele der Praktiken und Techniken, die in der Industrie Standard sind, revolutioniert haben.*

▶ *Wir geben uns große Mühe, für jeden Job die beste Person zu finden und zu rekrutieren. Obwohl unsere Aktivitäten in Milliarden von Dollar gerechnet werden, suchen wir unsere Mitarbeiter einzeln aus. Als Dienstleister wissen wir, dass wir ohne die besten Leute, nicht die beste Firma sein können.*

▶ *Wir bieten unseren Mitarbeitern die Möglichkeit, schneller Karriere zu machen, als dies in den meisten anderen Firmen möglich ist. Eine Beförderung*

---

1 www.gs.com/our_firm/our_culture/business_principles.html.

ist abhängig von der Leistung, und wir müssen dauernd die Grenzen der Verantwortung herausfinden, welche unsere besten Mitarbeiter bereit sind anzunehmen. Um erfolgreich zu sein, müssen unsere Mitarbeiter die Vielseitigkeit der Gemeinschaften und Kulturen, mit welchen wir zusammenarbeiten, reflektieren. Das heißt, wir müssen Menschen mit verschiedenen Hintergründen und Perspektiven anziehen, halten und motivieren. Verschieden zu sein ist nicht eine Möglichkeit; es ist etwas, das wir sein müssen.

▶ *Wir bevorzugen Teamwork in allem was wir tun. Obwohl zur individuellen Kreativität immer ermutigt wird, fanden wir heraus, dass Teamwork oft die besten Resultate liefert. Wir haben keinen Platz für jene, welche ihre persönlichen Interessen vor die Interessen der Firma und jener der Kunden stellen.*

▶ *Die Hingabe unserer Mitarbeiter gegenüber dem Unternehmen und die intensiven Bemühungen an ihrem Arbeitsplatz sind größer als bei den meisten anderen Firmen. Wir sind überzeugt, dass dies ein wichtiger Faktor unseres Erfolges ist.*

▶ *Wir gehen davon aus, dass unsere Größe ein Wert ist, den wir unbedingt beibehalten wollen. Wir wollen groß genug sein, um das größte Projekt, an welches unser Kunde denken könnte, übernehmen zu können, dennoch auch klein genug, um Loyalität, Intimität und den „Esprit de Corps", welchen wir so schätzen und mit unserem Erfolg verbinden, beizubehalten.*

▶ *Wir sind ständig bemüht, die sich schnell verändernden Bedürfnisse unserer Kunden vorherzusehen und neue Dienstleistungen zu entwickeln, welche diesen Bedürfnissen entgegenkommen. Wir wissen, dass die Finanzwelt nicht stillstehen wird und dass Selbstzufriedenheit zum Untergang führen kann.*

▶ *Wir erhalten regelmäßig vertrauliche Informationen in unseren Kundenbeziehungen. Ein Vertrauen zu brechen oder eine vertrauliche Information ungeschickt oder sorglos zu benutzen, wäre undenkbar.*

▶ *Die Konkurrenz in unserem Geschäft ist groß, daher wir sind ständig bemüht, die Beziehung zu unseren Kunden auszubauen. Dennoch müssen wir immer faire Gegner sein und dürfen andere Firmen nicht anschwärzen.*

▶ *Integrität und Ehrlichkeit sind das Herz unseres Geschäfts. Wir erwarten von unseren Mitarbeitern ethische Standards in allem was sie tun, sowohl bei der Arbeit für ihre Firma als auch für ihr Privatleben.*

80 Unternehmensleitbilder lassen sich im www zuhauf finden. Es gibt drei Gründe dafür, dass ich die von Goldman Sachs formulierten Prinzipien als mustergültig beurteile: Erstens enthalten sie alle Elemente, die für die Festlegung von Prinzipien (und Werten) notwendig ist. Zweitens sind sie ausgezeichnet formuliert. Und drittens belegen sie mit Blick auf die aktuelle Entwicklung von

Goldman Sachs, dass **Prinzipien nicht nur formuliert, sondern auch gelebt** werden müssen. Das schönste mit hehren Prinzipien bis zum Bersten angefüllte Unternehmensleitbild führt ins Leere, wenn die Prinzipien nicht gelebt werden. „Es ist besser, hohe Grundsätze zu haben, die man befolgt, als noch höhere, die man außer Acht lässt." Mir scheint, dieser Satz von Albert Schweitzer ist ein guter Maßstab für die Festlegung und den Umgang mit Prinzipien.

3. Kanzleileitbild statt Kanzleileidbild

Werte und Prinzipien sollten die **Mitarbeiter** einer Kanzlei **leiten.** Eine überhastet entwickelte Kanzleiphilosophie, eine nicht ausreichende Kommunikation der Werte und Prinzipien, eine Diskrepanz zwischen beschriebenem und tatsächlichem Verhalten der Führungskräfte – diese Mängel lassen aus einem Kanzlei-Leit-Bild ein Kanzlei-Leid-Bild werden.

Wird beispielsweise die Aussage „Der Mitarbeiter steht bei uns im Mittelpunkt" als Grundsatz definiert, sieht die Realität jedoch ganz anders aus (keine regelmäßigen Mitarbeitergespräche, wenig oder gar keine Anerkennung der Arbeit, mangelnde Fortbildungsmöglichkeiten, wenig Flexibilität bei Arbeitszeiten etc.), reagieren die Mitarbeiter mit Verbitterung und Zynismus, denn ihre **Erwartungen** wurden **enttäuscht:** „Der Mensch ist bei uns Mittel. Punkt!" Damit hat das Leitbild nicht nur nichts bewegt, sondern es hat erheblichen Flurschaden angerichtet.

Die Kanzleiführung muss, nachdem sie die verbindlichen Werte und Prinzipien festgelegt hat, das **Kanzleileitbild** dem gesamten Team **vermitteln.** Denn ein gemeinsames Verständnis von den Werten und Prinzipien ist zwingende Voraussetzung, um diese auch leben zu können. Dies geschieht am besten in einem oder mehreren **Team-Workshops,** die – mit oder ohne externe Unterstützung – drei Pflichtaufgaben und eine optionale Küraufgabe zu erledigen haben.

a) Das „Warum" klären

Die erste Aufgabe stellt sich bei jedem **Veränderungsprojekt** in der Kanzlei. Im Zusammenhang mit dem Leitbild, bei dem es um grundsätzliche Fragen zur Unternehmenskultur geht, ist es von besonderer Wichtigkeit, dass alle Mitarbeiter der Kanzlei das „Warum" kennen, also die Gründe für die Auswahl der dem Kanzleibild unterlegten Werte und Prinzipien.

„Wer ein Warum zu leben hat, erträgt fast jedes Wie." Dieser Satz von Viktor Frankl, der in einem vollständig anderen Zusammenhang gesagt wurde, näm-

lich dem Überleben in den Konzentrationslagern, erinnert eindringlich daran, worauf es ankommt. Ab dem Zeitpunkt des Wissens um die **Sinnhaftigkeit** und Notwendigkeit eines **Vorhabens** wirft die **Umsetzung** – in welcher Form auch immer – regelmäßig keine größeren Probleme mehr auf. Das Scheitern von Veränderungsprojekten liegt oft am fehlenden Wissen über die für das Projekt sprechenden Gründe.

Was bewirkt ein sauber formuliertes und gelebtes **Kanzleileitbild** für die Dimensionen

- ▶ Mandanten,
- ▶ Mitarbeiter,
- ▶ die Kanzleiführung,
- ▶ die Kanzlei insgesamt und
- ▶ mich persönlich?

Die Beantwortung dieser Fragen macht jedem Teammitglied klar, was auf dem Spiel steht, wie bedeutungsvoll die Aufgabe ist, an der es mitarbeitet. Die durch das Kanzleileitbild ausgelösten **positiven Effekte** sollten für jeden Mitarbeiter Anreiz genug sein, engagiert und voller Pflichtbewusstsein an der im Folgenden beschriebenen Umsetzung des Leitbildes mitzuarbeiten.

b) Begriffe klären

83 Die Expedition (Wertefindung) und der Ausflug (Prinzipienfindung) haben bei der Kanzleiführung einen Denkprozess ausgelöst, den das Team bis jetzt noch nicht nachvollziehen konnte, weil ihm schlicht die Informationen fehlen. Diese **Informationen** nachzuliefern, ist die zweite Pflichtaufgabe im Rahmen der Vermittlung des Kanzleileitbildes. Nur wenn die **Kanzleiführung** das Ergebnis ihrer Überlegungen dem Team vorstellt und umfassend mit dem Team die Begriffe klärt, kann ein gemeinsames Werte- und Prinzipienverständnis entstehen. Die bereits dargestellten drei Fragen:

- ▶ Was verstehen wir unter _____ ?
- ▶ Woran erkennt man _____ ?
- ▶ Wie arbeitet ein Unternehmen, das sich _____ auf die Fahnen schreibt?

sollten in Gruppen ausführlich in Bezug auf die von der Führung festgelegten Werte und Prinzipien diskutiert werden. Nur so lassen sich Missverständnisse aufklären und Fehlinterpretationen vermeiden. Ziel dieser **Gruppenarbeit** ist es, signifikante Unterschiede zwischen den von der Kanzleiführung ins Auge gefassten Inhalten und der Interpretation dieser Inhalte durch die Mitarbeiter aufzudecken. Bestehen Abweichungen, ist nach den Gründen zu fragen.

Herrscht weitgehend Deckungsgleichheit, haben Sie Ihr Kanzleileitbild operationalisiert: Die erste Frage sorgt für ein **gemeinsames Verständnis**. Mit der zweiten Frage erhalten Sie **Messkriterien** für die Umsetzung und die Antwort auf die dritte Frage führt zu den notwendigen **Umsetzungsmaßnahmen.** Suchen Sie mit Ihrem Team Beispiele für die Umsetzung der Werte und Prinzipien im Arbeitsalltag. Werden Sie so konkret wie möglich. Und loten Sie gemeinsam mit Ihren Mitarbeitern alle bestehenden Möglichkeiten aus.

Zur Abrundung des Ergebnisses ist der Einsatz des Wertequadrates hilfreich, das nachfolgend beschrieben wird.[1]

c) Werte in Balance

Nur allzu gerne gehen wir davon aus, dass Werte – vor allem jene, die wir für unser Leben als verbindlich ansehen – per se rundum positiv sind. Dass dem gerade nicht so ist, lässt sich anschaulich mit Hilfe des **Wertequadrates** von Friedemann Schulz von Thun darstellen. Nach seiner Ansicht kann jeder Wert nur dann seine konstruktive Wirkung entfalten, wenn er sich in ausgehaltener Spannung zu einem positiven Gegenwert befindet, einer „Schwesterntugend" – wie er es nennt.

Nehmen wir als **Beispiel** einen Wert, den sehr viele Kanzleien gern auf ihre Fahnen schreiben: **Vertrauen**. In der Innensicht (auf die Kanzlei bezogen) bedeutet dies, dass alle im Team einander vertrauen. In der Außensicht bezeichnet der Begriff „Vertrauen" eine Situation, in der es darum geht, Mandanten zu gewinnen oder zu halten. So scheint das übrigens auch meine Hausbank in Landeck zu sehen, wenn sie formuliert „Vertrauen verbindet". Natürlich wollen wir alle ein Geldinstitut, dem wir absolut vertrauen können, einen Vertrauten für all unsere finanziellen Belange. Wer jedoch schon einmal Erfahrungen mit enttäuschtem Vertrauen gemacht hat, vertraut vielleicht nicht mehr vorbehaltlos, sondern nur noch nach dem Grundsatz „Vertrauen ist gut, Kontrolle ist besser". Vielleicht ist sein Grundvertrauen auch schon irreparabel beschädigt und in Misstrauen umgeschlagen.

Friedemann Schulz von Thun geht davon aus, dass sich alle werthaltigen Begriffe in einem **Quadrat** anordnen lassen. Auf der **oberen Hälfte** des Quadrates

---

[1] Friedemann Schulz von Thun, Miteinander Reden – 2. Stile, Werte und Persönlichkeitsentwicklung. Differentielle Psychologie der Kommunikation.

befinden sich dabei immer jene Werte, die wir ganz allgemein als **positiv** verstehen. So würde z. B. Vertrauen gepaart mit einer gewissen Vorsicht in der oberen Quadrathälfte abgebildet. Übersteigern wir allerdings diese Werte, denken wir sie ins Extrem, entwickeln sie sich zu Unwerten. **Unwerte** werden in der **unteren Hälfte** des Quadrates eingeordnet. Aus Vertrauen wird dort naive Vertrauensseligkeit, nahe an der Dummheit, und aus Vorsicht wird übertriebenes Misstrauen oder – dann schon ein schwerer psychischer Defekt – paranoides Misstrauen, das sich beispielsweise in übersteigerten Kontrollhandlungen manifestiert.

Die **Diagonale** des Quadrates zeigt die Gegensätze zwischen Werten und Unwerten auf. Erst das übersteigerte Vertrauen macht aus Vertrauen naive Gutgläubigkeit. Und die damit erlebten Enttäuschungen können dazu führen, dass das Vertrauen in übertriebenes, ja vielleicht sogar krankhaftes Misstrauen umschlägt, wie man es leider immer wieder einmal bei der Mitarbeiterführung beobachten kann.

86 Der größte Gewinn, der durch das „Denken im Quadrat" nach Friedemann Schulz von Thun entsteht, liegt darin, dass wir uns mir diesem Modell **vom Denken in verabsolutierenden Kategorien lösen** können und den angestrebten Idealwert nicht als statisch oder überhaupt jemals erreichbar sehen. Denn Schulz zeigt, dass Werte nur in einer **dynamischen Balance** existieren können! Für die Unternehmenskultur gibt es keinen allein erfolgversprechenden Wert, aber es gibt immer Werte, die zum Unternehmen passen. Die Leistung des Team-Workshops besteht an dieser Stelle darin, die positive Ausprägung eines Wertes anzustreben und ihn dauerhaft in einem konstruktiven und lebendigen Spannungsverhältnis mit seinen Schwesterntugenden zu halten.

d) Verpflichtung herstellen

87 Die dritte Pflichtaufgabe des „Projekts Kanzleileitbild" besteht darin, jene kritische Masse zu überzeugen, die notwendig ist, um die Umsetzung sicherzustellen. Es ist eher unwahrscheinlich, dass das ganze Team gleich voller Begeisterung bei der Sache sein wird. Man kann jedoch davon ausgehen, dass es gelingen wird, eine **positive Grundhaltung** bei der überwiegenden Mehrzahl der Mitarbeiter zu erzeugen: „Ja, wir haben verstanden, um was es geht; ja, wir wissen, was es für uns alle bedeutet; ja, wir wissen, wofür unsere Kanzlei steht und woran wir uns orientieren sollen; ja, wir wissen, dass es nicht leicht sein, es sich aber lohnen wird; und ja, wir sind dabei, es anzugehen." Und damit wäre die dritte Pflichtaufgabe erfüllt.

e) Treffend formulieren

Die vierte Aufgabe zählt nicht mehr zum Pflichtprogramm, sondern zur Kür bei der Implementierung eines Kanzleileitbildes: Ein kleines Mitarbeiterteam sollte die **Ergebnisse** des Workshops kurz und prägnant **zusammenfassen**. Die Unterstützung durch einen Journalisten, Schriftsteller, Werbetexter etc. kann eine große Hilfe sein, um die Formulierungen zu den Kanzleiwerten und -prinzipien auf den Punkt zu bringen, vielleicht sogar verbunden mit einer professionellen grafischen Aufbereitung.

Bitte achten Sie darauf, dass die Kernaussagen nicht verloren gehen. Ein schlecht formuliertes Leitbild mit einem tiefen gemeinsamen Verständnis darüber, wie es zu verstehen ist, ist immer noch besser als eine perfekt formulierte und gestaltete Kanzleiphilosophie mit groben Defiziten in den Inhalten. In einer groß angelegten **Studie** bei amerikanischen Unternehmen[1] fand man übrigens heraus, dass der Großteil der **Unternehmensphilosophien** absolut **austauschbar** ist. Das ist im Grunde nicht verwunderlich, denn besonders bei den (allgemeingültigen) Prinzipien, die die Wirtschaft insgesamt oder eine bestimmte Branche prägen, gibt es naturgemäß Deckungsgleichheiten. Insofern stellt eine Ähnlichkeit Ihrer Kanzleiphilosophie mit anderen Unternehmensleitbildern kein Problem dar. Zu warnen ist allerdings vor dem Irrglauben, Leitbilder anderer Unternehmen einfach kopieren zu können, um sich den zeitintensiven Erstellungs- und Implementierungsaufwand zu ersparen. Es gibt keine Abkürzung des Prozesses durch „copy and paste"!

Schrauben Sie Ihre Erwartungen nach der erfolgreichen Erledigung der beschriebenen Aufgaben allerdings nicht zu hoch. Wenigstens nicht zu Beginn. Zu den **drei großen Missverständnissen** zählen in diesem Zusammenhang:[2]

▶ Das Missverständnis der breiten **Akzeptanz**

Wenn alle (Partner und) Mitarbeiter dem Leitbild zustimmen, muss das noch nicht heißen, dass sie an ihrem eigenen Verhalten etwas ändern wollen. Die Zustimmung kann auch lediglich bedeuten, dass sie der Meinung sind, die anderen sollten etwas ändern.

▶ Das Missverständnis der wohlklingenden **Worte**

Die Zustimmung zu den Leitsätzen heißt noch lange nicht, dass alle das Gleiche darunter verstehen. Es heißt nur, dass jeder in diese Aussagen das

---

1 Jeremy Bullmore untersuchte die 301 Firmenphilosophien der größten US-Unternehmen und veröffentlichte einen Artikel darüber im „Marketing Magazine".
2 Siehe Winfried Berner – www.umsetzungsberatung.de.

hineinprojiziert, was er für wichtig hält und insoweit seine Erwartungen an die anderen Teammitglieder nach oben schraubt.

▶ Das Missverständnis der großen **Aufbruchstimmung**

Die Tatsache, dass man Leitbilder gefunden und verkündet hat, heißt noch lange nicht, dass sie in der Praxis auch umgesetzt werden. Vielmehr gibt der große Aufbruch allen Mitarbeitern das beruhigende Gefühl, einen wichtigen Schritt gemacht zu haben, verbunden mit der Hoffnung, dass sich daraus eine Eigendynamik entwickelt, die durch die Bemühungen der anderen Mitarbeiter getragen wird.

Vielen Kanzleien unterlaufen diese Irrtümer. Lassen Sie es in Ihrer Kanzlei nicht dazu kommen. Die alte Steuerberaterweisheit „Soll ist nicht gleich ist!" gilt auch hier.

4. Kanzleileitbilder zum Leben erwecken

90 Zwei **Kardinalfehlern** bei der Umsetzung von Kanzleileitbildern begegnen mir immer wieder. Richten Sie daher zu Beginn der Umsetzung Ihr Augenmerk auf die beiden ersten der nun folgenden Tipps.

a) So tun, als ob es keinen Schlusspfiff gäbe

91 Der erste Kardinalfehler besteht darin, dass mit der Umsetzung des Kanzleileitbilds der Eindruck erweckt wird, dieser **Status quo** sei für alle Zeiten **unverrückbar festgeschrieben.** Das aber wäre eine falsche Sicht der Dinge! Natürlich ist es notwendig, das „Projekt Kanzleileitbild" abzuschließen, das Ergebnis im Team zu präsentieren und die Kanzleiphilosophie in der Imagebroschüre und auf der Kanzlei-Homepage nach außen sichtbar zu verankern. Allen Beteiligten muss dabei jedoch klar sein, dass die Definition des Kanzleileitbilds lediglich den Beginn eines permanenten Prozesses markiert! Damit ist zum einen die ständige Überprüfung des Leitbilds in einer sich verändernden Umwelt angesprochen, zum anderen aber auch die Konkretisierung, die es in den operativen Arbeitsprozessen erfährt; auch hier ist – ganz im Sinne eines kontinuierlichen Verbesserungsprozesses – ständiges Arbeiten und ein weiterer Feinschliff notwendig.

b) Vorbildfunktion

92 Der zweite Kardinalfehler bei der Realisierung von Kanzleileitbildern passiert, wenn Inhaber, Partner und Teamleiter die vereinbarten **Werte** und **Prinzipien nicht vorleben.** Exzellente konzeptionelle Leitbildarbeit wird vollständig sabo-

tiert, wenn die Kanzleiführung nicht vorbildhaft vorangeht. Mitarbeiter sehen sich das Verhalten der Führung genau an. Wird „Wasser gepredigt, aber Wein getrunken", sinkt die Bereitschaft des Teams, sich am Leitbild zu orientieren, schlagartig gegen Null. Werte und Prinzipien können nur Top-Down – also beginnend bei den Inhabern – zum Leben erweckt werden. Daher ist es von zentraler Bedeutung, nur solche Werte und Prinzipien festzuschreiben, die die Kanzleiführung im Arbeitsalltag vorbehaltlos vorzuleben bereit ist.

„Die höchste Führungseigenschaft ist zweifellos **Integrität**. *Ohne sie kann es keinen wirklichen Erfolg geben, weder bei einem Gleisarbeitstrupp noch auf dem Fußballplatz, in der Armee oder einem Büro"* (Dwigth D. Eisenhower).

c) Führung ist gefordert

Aufbauend auf dieser durch Integrität geprägten Vorbildfunktion erfordert die Umsetzung von Kanzleiprinzipien eine **spezielle Art** der **Kanzleiführung.** Es braucht dazu Inhaber, Partner und Teamleiter, die am Ball bleiben und wissen, was in der Kanzlei bzw. im Team vorgeht, sodass ihnen die Nichteinhaltung der Prinzipien umgehend auffällt. Nur wer genau hinschaut, kann erkennen, ob die „Verfassung" der Kanzlei auch gelebt werden. 93

d) Mut als Führungstugend

Mut ist nicht irgendeine Tugend, sondern die **Kardinaltugend,** wenn es darauf ankommt, Kanzleileitbilder umzusetzen. Mit Mut meine ich Courage, Entschlossenheit, Beherztheit und die Fähigkeit, seinen Überzeugungen treu zu bleiben. Dies klingt wie eine bare Selbstverständlichkeit, ist aber, wie wir alle wissen, im Alltagsgeschäft nicht immer problemlos umzusetzen. 94

Haben Sie sich beispielsweise zu **„außergewöhnlicher Servicequalität"** verpflichtet, werden Sie immer wieder in Situationen geraten, in denen Sie dahin tendieren, Ihr Potenzial doch nicht vollständig abzurufen, etwa weil die Serviceleistung nicht verrechenbar ist oder Sie den Eindruck gewonnen haben, dass der Mandant diese Serviceleistung nicht hinreichend würdigt. Es kommen nahezu täglich Entscheidungen auf Sie zu, in denen Sie zwischen den Optionen „Umsatz jetzt" oder „langfristige strategische Kanzleientwicklung durch außergewöhnliche Servicequalität" wählen müssen.

Ist z. B. eines Ihrer Prinzipien, dass jeder Mitarbeiter verpflichtet ist – und nicht nur ermuntert wird –, sich weiterzubilden? Wie entscheiden Sie sich dann, wenn es darum geht, ob ein Mitarbeiter ein dringendes Mandantenprojekt abschließen oder ein für seine Entwicklung wichtiges Seminar besuchen soll?

Wir finden alle immer eine Menge „guter Gründe", warum wir in bestimmten Situationen anders – unseren **Überzeugungen zuwider – handeln** können. Und genau da liegt der Knackpunkt. Exakt in diesem Moment brauchen Sie den Mut, die Entschlossenheit, das Engagement und die Begeisterung, zu Ihren Überzeugungen zu stehen. In diesen Momenten sind die Augen aller Mitarbeiter auf Sie als Kanzleiinhaber, Partner oder Teamleiter gerichtet. Wird das Kanzleileitbild gelebt oder ist es ein bloßes Lippenbekenntnis?

95 Erfolgreiche Kanzleien zeichnen sich nicht dadurch aus, dass Sie bessere Ideen oder gar geniale Konzepte haben. Nein, sie halten sich einfach an jene Werte und Prinzipien, die sie nach ihrer Überzeugung zum Erfolg führen. Entscheidend ist also, dass Sie sich sofort einschalten, wenn die Werte und Prinzipien des Kanzleileitbildes nicht beachtet werden. Der erste Schritt wird ein **persönliches Gespräch** mit Ihrem **Mitarbeiter** sein. Dabei müssen Sie auf die Balance zwischen „förderndem" und „forderndem" Verhalten achten. Diese Gespräche sind nicht einfach zu führen, auch deshalb, weil Steuerberater in dieser Beziehung in vielen Fällen zu wenig geschult sind. Eines ist aber klar: Es braucht Mut, diese Gespräche zu führen. Bitte beherzigen Sie dabei, dass nichts die Entwicklung Ihrer Kanzlei stärker prägt, als die Entschlossenheit, die Begeisterung und die Leidenschaft, die Sie als Kanzleiinhaber bzw. Partner täglich Ihren Mitarbeitern vorleben.

Das Kanzleileitbild steht unvermeidlich immer im Spannungsfeld von **Überregulierung** und **Unverbindlichkeit**. Eine gute Führungskraft beherrscht die Kunst, diese Gegensätze miteinander zu harmonisieren.

e) Ziele formulieren und Einbau in die Routinen

96 Kanzleiwerte und -prinzipien werden zum Leben erweckt, wenn sie mit konkreten Maßnahmen und Zielen verknüpft sind, z. B. auf einzelne Leistungsprozesse heruntergebrochen werden. Auf diesem Weg ist es möglich, die Zielverfolgung und -erreichung mit der täglichen Arbeit zu verbinden. Der Team-Workshop zum Kanzleileitbild sollte genügend Stoff und Ideen geliefert haben, um das Leitbild so weit wie möglich durch **messbare Indikatoren** zu präzisieren.

Feedbackschleifen helfen entscheidend bei der Umsetzung. Außergewöhnlicher Mandantenservice sollte regelmäßige Analysen zur Mandantenzufriedenheit einschließen. Innovation muss sich im Verhältnis neuer Leistungen zu traditionellen Leistungen ausdrücken. Termintreue lässt sich messen. Schnelligkeit drückt sich in Durchlaufzeiten aus. Aktive Beratung sollte Beratungsaufträge zu Folge haben. Mitarbeiter können monatlich anonym die Einhaltung der Kanzleigrundsätze bewerten. Wie Sie sehen, gibt es vielfältige Möglichkeiten Feedbackschleifen zu installieren.

Die Wirkung von Routinen wird meist unterschätzt. Nutzen Sie die Kraft der **bestärkenden Wiederholung,** um Ihr Kanzleileitbild zum Leben zu erwecken! Hierzu einige Ideen:

▶ Ihre Werte und Prinzipien sind Tagesordnungspunkt bei jedem Teammeeting.
▶ Bestimmen Sie in der Kanzlei einen oder mehrere „Wertewächter". Diese Mitarbeiter erklären sich für eine gewisse Zeit dazu bereit, die Umsetzung einzelner Werte und Prinzipien in der Kanzlei zu beobachten und über Erfolge und Missstände zu berichten.
▶ Stellen Sie jeden Monat einen anderen Wert in den Mittelpunkt. Vergeben Sie dazu ein Motto, zu dem sich das Team verpflichtet.

Erst wenn die Kanzleiwerte und -prinzipien **in den Köpfen** aller Mitarbeiter fest **verankert** sind, sind Sie auf dem richtigen Weg. Feststellen lässt sich das dadurch, dass Sie bei spontanen Befragungen immer die richtigen Antworten erhalten.

f) Symbolkraft

Mousepads, Bildschirmschoner, Poster, Würfel bieten sich dazu an, Ihre Werte und Prinzipien (be-)greifbar zu machen. Mit bedruckten Kaffeetassen etwa sind Ihre Kanzleigrundsätze ständig präsent. Jeder Mitarbeiter wird immer wieder an das Leitbild erinnert. Die Botschaften sind allgegenwärtig.

Dabei geht es weniger um das „Branding" Ihrer Kanzlei, den Auftritt gegenüber Ihren Mandanten, sondern vielmehr darum, permanent an das gemeinsam verabschiedete Leitbild zu erinnern. Menschen lieben Symbole. Nutzen Sie diese Kraft!

g) Die Realität

Im Jahr 2007 hatte ich eine **Studie** zum Thema „Werte und Prinzipien" durchgeführt, die ich im Frühjahr 2011 wiederholt habe. Insgesamt beteiligten sich rund 90 Steuerberater daran. Es stellte sich heraus, dass knapp die Hälfte der Kanzleien ein mehr oder weniger ausformuliertes Leitbild hatte. Immerhin, so dachte ich. Allerdings lebten nur knapp 60 % der Kanzleien mit Leitbild auch ihre Werte und Prinzipien. Dann aber förderte die Frage, ob die Einhaltung der Kanzleiwerte regelmäßig überprüft wird, für mich etwas wirklich Erschreckendes zu Tage: Nur 4 % verhielten sich konsequent in der Umsetzung und Überprüfung des Kanzleileitbildes, wohingegen dies bei 8 % komplett in Vergessenheit geraten war.

Vor diesem Hintergrund überraschte dann auch nicht mehr die Antwort der Leitbild-Kanzleien auf die Frage, ob klar definierte Kanzleigrundsätze für den Kanzleierfolg wichtig sind? Fast 100 % der Kanzleien bejahten diese Frage. Allerdings vertraten rund 40 % die Meinung, dass alles in Ordnung wäre, solange der Mitarbeiter seine Arbeit erledige und ausreichend verrechenbare Stunden generiere, und zwar selbst dann, wenn er sich nicht an die Kanzleigrundsätze hielte! Genau das ist aber der Knackpunkt: Als Führungskraft dürfen sie keine Mitarbeiter tolerieren, die zwar Ihre fachliche Arbeit gut machen, sich aber nicht an die verbindlich festgesetzten Regeln halten! Denn dieser Denkansatz, nicht korrigierend eingreifen zu müssen, solange das wirtschaftliche Ergebnis stimmt, führt bestenfalls zu Mittelmäßigkeit, aber nie zu Spitzenleistungen.

h) Das Kanzleiwerte-Paradoxon

100 Wenn in einer Kanzlei ein Wertesystem einschließlich der Überwachungsprozesse fest verankert ist, muss die Kanzleiführung nach meinen Erfahrungen kaum Anstrengungen unternehmen, um es aufrecht zu erhalten, weil **jeder weiß, „wie die Dinge hier laufen"**. Die Mitarbeiter wissen auch, dass eine Missachtung der Werte und Prinzipien Konsequenzen hat. Für Inhaber, Partner und Teamleiter ist nur ein relativ geringer Zeitaufwand erforderlich, die Kanzleigrundsätze im Bewusstsein aller wach zu halten. Wenn jedoch das Wertesystem schwach ausgeprägt ist bzw. keines existiert, ist der Zeitaufwand der Führungsmannschaft sehr groß, um das Verständnis aller Mitarbeiter für Maßnahmen zu gewinnen, die auf der Einhaltung der Kanzleiprinzipien basieren.

Michael Jordan, jener Sportler, der in seiner Karriere bestehende Grenzen im Basketball nicht nur verschoben, sondern geradezu pulverisiert hat, fordert klar und eindeutig, was notwendig ist, um Werte und Prinzipien zu leben: „*I can accept failure. Everyone fails at something. But I can´t accept not trying.*"[1]

5. Leben, dann reden!

101 Die Kraft von Werten und Prinzipien richtet sich in erster Linie nach innen, also auf die Kanzlei. Jeder, der für die Kanzlei arbeitet, soll wissen, wofür die Kanzlei steht und woran sie sich orientiert und messen lassen will. Die **Außen-**

---

[1] „Ich kann Fehlschläge akzeptieren. Jeder versagt mal bei irgendeiner Gelegenheit. Aber ich kann es nicht akzeptieren, es nicht wenigstens zu versuchen."

wirkung eines **Leitbilds** ist lediglich eine Folge der Innenwirkung. Allerdings darf diese Wirkung nicht unterschätzt werden.

Liest man die Kanzleileitbilder auf Homepages von Steuerberatern, hat man den Eindruck, in der besten aller Unternehmenswelten zu leben. In wohlklingenden Worten wird dort z. B. von Servicequalität und Mandantenorientierung gesprochen. Ernüchterung stellt sich jedoch schon oft beim ersten (telefonischen) Kontakt mit der Kanzlei ein.

a) Ein zweischneidiges Schwert

102 Das Veröffentlichen der Kanzleiphilosophie auf der Homepage, in der Imagebroschüre oder bei Kanzleipräsentationen hat für die Identifikation des Mitarbeiterteams mit den propagierten Werten und Prinzipien eine einschneidende Bedeutung. Denn jetzt weiß „die ganze Welt", wofür die Kanzlei steht. Damit ist gleichzeitig jedes **Teammitglied in** die **Pflicht genommen;** ab sofort wird man an den eigenen Vorgaben gemessen.

Genau darin liegt aber auch eine Gefahr. Der Interessent, sei es ein Mandant oder ein zukünftiger Mitarbeiter, der auf die Kanzlei zukommt, gleicht seine persönlichen Erfahrungen mit den Inhalten des kommunizierten Leitbilds ab. Ist die Lücke zwischen Anspruch und Wirklichkeit zu groß, ist es schwer bis unmöglich, den **Glaubwürdigkeitsverlust** auszugleichen. Nur selten bekommt man eine zweite Chance. Eine noch nicht in den Köpfen aller Mitarbeiter verankerte Kanzleiphilosophie überhastet zu kommunizieren, kann fatale Folgen haben. Stellen Sie also sicher, dass die Kanzlei ihre Werte und Prinzipien auch tatsächlich lebt, bevor Sie die Kanzleiphilosophie ins Schaufenster stellen.[1]

b) Die richtigen Menschen anziehen

103 Werte ziehen Menschen an. Ist eine Unternehmenskultur nicht nur auf der Kanzlei-Homepage dokumentiert, sondern wird sie tatsächlich gelebt und ist sie von allen, die mit der Kanzlei in Kontakt kommen, zu spüren, dann werden Menschen mit **ähnlichen Wertvorstellungen** zwangsläufig angezogen.

104 Achten Sie bei jeder **Mandatsannahme** darauf, ob der neue Mandant zu den Wertvorstellungen Ihrer Kanzlei passt. Wenn dem nicht so ist, erweisen Sie – jedenfalls langfristig betrachtet – der Kanzlei einen Bärendienst, wenn Sie das Mandat trotzdem annehmen. Die Zusammenarbeit wird sich wegen der unter-

---

[1] Zu den Erfolgsfaktoren beim ersten Anruf/Besuch eines Interessenten in der Steuerberatungskanzlei siehe Hamatschek, Die Kunst, Mandanten zu gewinnen, 2010, Rn. 647 ff.

schiedlichen Wertvorstellungen schwierig gestalten. Darunter werden insbesondere Ihre Mitarbeiter leiden, die diesen Mandanten betreuen (müssen). Wie soll es ihnen gelingen, die beiden „Welten" miteinander zu versöhnen? Faule Kompromisse einzugehen, ist kein Ausweg, denn im Ergebnis bedeutet dies eine schleichende Aufgabe der Werte und Prinzipien des Kanzleileitbilds. Umgekehrt verstärken Mandanten, die Ihre Wertvorstellungen teilen, die dem Leitbild innewohnenden Kräfte und unterstützen jedenfalls indirekt den Umsetzungsprozess. Und diese Mandanten werden auch positiv von Ihrer Kanzlei sprechen, mit der Konsequenz, dass Sie wie ein Magnet beständig mehr Menschen aus dieser Gruppe anziehen.

105 Zumindest genauso wichtig ist es, dass Sie bei der **Einstellung** von **Mitarbeitern** Ihr Leitbild deutlich vor Augen haben. Kann – und will – der neue Mitarbeiter das leben, was dort festgelegt ist? Wenn Sie daran zweifeln, ist es besser, diesen Mitarbeiter nicht einzustellen. Tun Sie es dennoch, müssen Sie sich bewusst sein, dass Sie einen Großteil Ihrer Arbeit als Kanzleichef oder Führungskraft darauf verwenden werden, das Leitbild durchzusetzen. Dieser „Betreuungsaufwand" entfällt hingegen bei den Kandidaten, die Ihre Kanzleiwerte und -prinzipien teilen und verinnerlicht haben.

c) Mehr leben – mehr reden!

106 Je besser es Ihrer Kanzlei gelingt, die Programmsätze des Kanzleileitbilds in den Tätigkeiten des Arbeitsalltags konkret zu verankern, desto mehr sollten Sie darüber reden, und zwar an allen Kontaktpunkten mit (potenziellen) Mandanten: in Mandantengesprächen, Dienstleistungsangeboten oder bei Vorträgen. So entsteht sukzessive eine **Unternehmenskultur,** Ihre Unternehmenskultur.

Sprechen Sie auch mit Ihrem Mandanten darüber, wie weit ihrer Einschätzung nach der Umsetzungsprozess gediehen ist. Auch schriftliche **Mandantenbefragungen** können mit diesem Fokus durchgeführt werden. Diese Maßnahmen liefern wertvolle Erkenntnisse darüber, wo Ihre Kanzlei insoweit steht. Und wenn Sie hier immer wieder erfolgreich nachjustieren, Überzeugungsarbeit leisten, Ihre Partner und Mitarbeiter durch Authentizität, Begeisterung und Konsequenz mitreißen, werden Sie eines Tages – vielleicht ein wenig überrascht – feststellen: Unternehmenskultur ist das, was passiert, wenn man nicht mehr hinsehen muss.

6. Bereit dafür?

Zusammenfassend kann man feststellen, dass hinter der Festlegung auf Werte und Prinzipien in einem Kanzleileitbild mehr steht, als man auf den ersten Blick erkennen kann:

- ▶ Vor der Befassung mit Kanzleileitbildern steht der Prozess der individuellen Wertefindung.
- ▶ Partnerschaften verlangen einen Abgleich der Wertvorstellungen der Berufsträger, um einen gemeinsamen Weg festzulegen.
- ▶ Die Erstellung eines Kanzleileitbildes ist ein Gemeinschaftsprojekt des ganzen Teams.
- ▶ Bevor Werte und Prinzipien nach außen kommuniziert werden, müssen sie nach innen gelebt werden.
- ▶ Das „Projekt Kanzleileitbild" ist ein fortlaufender Prozess, der nie beendet wird.
- ▶ Das Feedback von Mitarbeitern und Mandanten ist notwendig.

Wagen Sie sich an diesen aufwändigen Prozess, der – richtig ausgeführt – extrem lohnenswert ist? Die **Vorteile** sind offensichtlich: Das Leben und Arbeiten in der Kanzlei wird einfacher, schneller und zielgerichteter. Grundsatzentscheidungen erleichtern die Entscheidung im Einzelfall, d. h. auch, mehr Zeit für strategisches Handeln statt operativer Hektik.

Haben Sie sich auf ein Kanzleileitbild eingelassen, müssen Sie **konsequent sein.** Seien Sie nicht zaghaft oder handeln Sie nicht halbherzig, wenn es darum geht, Ihre Werte und Prinzipien im Alltagsgeschäft durchzusetzen. Tun Sie das nicht, läuft nicht nur das Kanzleileitbild ins Leere, sondern Sie richten einen beträchtlichen Schaden an. Die Nichteinhaltung von Prinzipien wird jedenfalls von den Marktteilnehmern streng sanktioniert.[1]

Ob Sie tatsächlich die Authentizität, Begeisterungsfähigkeit und Konsequenz aufbringen, sich auf die Einführung eines Kanzleileitbildes mit Aussicht auf Erfolg einlassen zu können, testen Sie am besten mit einem **gedanklichen Experiment,** das Ihnen deutlich vor Augen führt, welche Auswirkungen ein solches Projekt auf Ihre Position als Chef oder Führungskraft hat. Ausgangspunkt ist, dass Sie als Inhaber, Partner oder Teamleiter einer Steuerberatungskanzlei

- ▶ entsprechend den Werten und Prinzipien leben, die Sie vertreten,
- ▶ als Vorbild handeln, das Mitarbeiter kopieren möchten,

---

1 Siehe oben Rn. 60.

- eine Person höchster Integrität sind,
- die Kanzleiwerte und -prinzipien forcieren.

Stellen Sie sich vor, dass Sie unter dieser Prämisse eine **Rede an Ihr Kanzleiteam** halten. In dieser Rede stellen Sie zehn durchaus fordernde Kriterien vor, die Sie verantworten, um das Leitbild Realität werden zu lassen. Darüber hinaus erklären Sie sich bereit, sich von Ihren Mitarbeitern im Hinblick auf diese Kriterien beurteilen zu lassen. Ausgehend von einer anonymen Bestandsaufnahme, die allen Mitarbeitern der Kanzlei bekannt gegeben wird, holen Sie vierteljährlich ein Feedback zum Entwicklungsstand des „Projektes Kanzleileitbild" ein. Um Ihre vorbehaltlose Identifikation mit dem Projekt unter Beweis zu stellen, kündigen Sie Ihren Rücktritt für den Fall an, dass nicht binnen eines Jahres eine Verbesserung der genannten Kriterien um 20 % eingetreten ist. Klar, der Einzelinhaber einer Kanzlei kann nicht so einfach „zurücktreten". Das ist offensichtlich. Auch Partner können dies nicht ohne weiteres tun. Das ist auch nicht der Punkt. Entscheidend ist Ihr Gefühl bei diesem Gedankenexperiment.

110 Letztendlich müssen Sie dazu bereit sein, für das „Projekt Kanzleileitbild" **zwei** fundamental wichtige **Dinge gleichzeitig** zu tun:

- Erstens, damit aufhören, über zukünftige Ziele zu reden und damit beginnen, über Regeln nachzudenken, nach denen man leben muss, um die zukünftigen Ziele zu erreichen.
- Und zweitens, die allgemeinen Programmsätze Ihres Leitbilds konkret auf das herunterzubrechen, was sie für jeden einzelnen Mitarbeiter bedeuten und dabei sicherstellen, dass alle darauf vorbereitet sind, an diesen Regeln gemessen zu werden.

Gleichgültig an welchem Punkt man beginnt, über die Umsetzung von Werten und Prinzipien nachzudenken, man endet immer damit, über die Regeln zu reden, die zielführend sind! Findet man keine verbindlichen Regeln, dann hat die Kanzlei wahrscheinlich keine Werte oder Prinzipien. Auch das ist in Ordnung. Nur sollte man dann nicht so tun als ob! Groucho Marx, einer der drei US-amerikanischen Komödianten, die sich Marx Brothers nannten, hat das Problem auf seine unverwechselbare Weise so beschrieben: *„Ich habe eiserne Prinzipien. Wenn sie Ihnen nicht gefallen, habe ich auch noch andere!"*

III. Leistung aus Leidenschaft

Erst in der unmittelbaren Vorbereitung meines Kanzlei.Management.Forums „Leistung aus Leidenschaft", nachdem der Titel für diese Veranstaltung schon seit langem feststand, entdeckte ich bei Recherchen, dass der Begriff „Leistung aus Leidenschaft" bereits von der Deutschen Bank als Slogan verwendet wird.[1] Ich werte das als Bestätigung meiner Ansicht, dass es zwischen exzellenten Banken und exzellenten Steuerberatungskanzleien viele Parallelen gibt.

Der **Zusammenhang** zwischen **Leistung** und **Leidenschaft** ist faszinierend. Eine von Sportlern, Wissenschaftlern, Artisten und Musikern erbrachte Höchstleistung ist für jeden leicht erkennbar. Alle Menschen, die, gleich auf welchem Gebiet auch immer, über einen längeren Zeitraum Spitzenleistungen erbringen, verfügen über ein gemeinsames Merkmal: Sie handeln mit Leidenschaft! Freude, Hingabe, Enthusiasmus und Engagement für das, was sie tun, und zwar kombiniert mit Disziplin. Der Mix aus diesen Tugenden macht den Unterschied aus zwischen Mittelmaß und Exzellenz.

Besteht diese Verbindung zwischen Leistung und Leidenschaft auch in der Steuerberatung? Ist für Leidenschaft in diesem nach allgemeinem Verständnis so nüchternen Beruf überhaupt Platz? Falls ja, wie kann Leidenschaft erzeugt, vermittelt und weitergegeben werden? Wo liegen mit Blick auf die Familie und das gesamte soziale Umfeld die Grenzen gelebter beruflicher Leidenschaft? Worin besteht der Unterschied zwischen Leistung und Höchstleistung? Wo liegen die eigenen Leistungsgrenzen? Können diese verschoben werden?

Große Fragen, für die ich in diesem Kapitel Antworten suchen werde. Doch gleich dies vorweg: Es wird mir nicht gelingen, für alle Leser die individuell passende Lösung zu finden. Dazu sind Menschen einfach zu verschieden. Die folgenden Gedanken können jedoch dazu beitragen, dass Sie Ihren persönlichen Weg finden, um die Flamme der Leidenschaft zu entzünden, sie am Lodern zu halten, sich jedoch nicht an ihr zu verbrennen.

1. Vernunft versus Leidenschaft?

Unzweifelhaft sind Menschen in Steuerberatungskanzleien vernunftbegabte Menschen. Großflächig angelegte Untersuchungen zeigen immer wieder, dass die **Denkstile „logisch, analytisch, rational, strukturiert, organisiert, konser-**

---

[1] Siehe dazu auch www.deutschebank.de und die Ausführungen zu Leitbild, Marke und Claim; das Leitbild der Deutschen Bank ist großartig formuliert und kann auch als Muster für Steuerberatungskanzleien dienen.

vativ, kontrolliert" im Berufsstand extrem stark ausgeprägt sind.[1] Natürlich bestätigen Ausnahmen die Regel. Diese Kolleginnen und Kollegen – so meine Beobachtungen – gelten in der Branche als Exoten. Beim Besuch jedes großen Steuerberater-Kongresses können sie sofort in der Masse erkannt werden. An der Kleidung, an der Art und Weise, wie sie auf Menschen zugehen, an den Gesprächsthemen, die sie beschäftigen.

113 Es geht hierbei keinesfalls um eine Bewertung nach den Kategorien „gut" oder „schlecht". Das eine – die Vernunft – wäre gut, während das andere – die Leidenschaft – schlecht wäre; auch geht es nicht darum, zu entscheiden, ob es andersherum richtig sein könnte. Einen **Fingerzeig**, wie das Problem „Vernunft versus Leidenschaft" richtigerweise zu sehen ist, gibt uns Kahlil Gibran, ein libanesischer Maler, Philosoph und Dichter, in seiner Betrachtung „Von Vernunft und Leidenschaft":[2]

… Eure Vernunft und eure Leidenschaft
sind Ruder und Segel eurer zur See fahrenden Seele.
Sind Segel oder Ruder gebrochen,
werdet ihr hin und her geworfen
und abgetrieben,
oder ihr werdet zum Stillstand
auf der Mitte des Meeres kommen.
Wenn die Vernunft allein regiert,
ist sie eine Macht, die gefangen setzt.
Und eine unbeaufsichtigte Leidenschaft
ist eine Flamme, die sich selbst zerstört.
Darum lasst eure Seele
eure Vernunft zur Höhe der Leidenschaft erheben,
dass sie singen kann.
Und lasst die Seele die Leidenschaft
mit Vernunft dirigieren,
damit eure Leidenschaft
durch ihre tägliche Auferstehung lebendig bleibt,
und wie ein Phönix aus der Asche aufsteigt.
Betrachtet euer Urteilsvermögen und eure Gelüste

---

1 So z. B. DSWR 1-2/2005 über die Ergebnisse des Hermann-Dominanz-Instrument-Tests bei deutschen Wirtschaftsprüfern; weitere Informationen zu Denkstilen finden Sie auch auf www.hdi.de.
2 Khalil Gibran (1883 – 1931). Den vollständigen Text „Von Vernunft und Leidenschaft" finden Sie im Anhang zu diesem Kapitel (siehe unten Rn. 159).

> *wie zwei geliebte Gäste in eurem Haus*
> *Sicherlich würdet ihr nicht einen Gast*
> *höher als den anderen behandeln,*
> *weil der, der sich einem mehr zuwendet,*
> *die Liebe und den Glauben beider verliert ...*

Es mag gewagt, vielleicht sogar verwegen sein, in einem Buch über das Management von Steuerberatungskanzleien einen libanesischen Maler, Philosophen und Dichter zu zitieren. Lassen Sie die Worte Kahlil Gibrans jedoch in aller Ruhe auf sich wirken. Bei mir entsteht dabei im Kopf folgendes **Bild:** Ein **Schiff** auf hoher See braucht beides, **Ruder** und **Segel**. Das eine wäre ohne das andere nutzlos. Ein Schiff ohne Ruder kann keinen Hafen gezielt ansteuern, und fehlt das Segel, treibt es auf hoher See, chancenlos, dem Ziel auch nur ein Stück näherzukommen. Die meisten mir bekannten Steuerberatungskanzleien erscheinen mir in diesem Zusammenhang wie Schiffe mit einem extrem überdimensionierten Ruder und deutlich zu kleinen Segeln. Ließen sich die Ziele dieser Kanzleien mit einem etwas kleineren Ruder, sprich etwas weniger Vernunft (Analyse, Logik, Rationalität, Kontrolle etc.), aber größerem Segel, sprich Leidenschaft (Enthusiasmus, Begeisterung und Engagement etc.) nicht schneller und sicherer erreichen?

114

Khalil Gibran schließt übrigens sein Gedicht mit dem Hinweis:

> *... darum sollt auch ihr*
> *in Vernunft ruhen,*
> *und euch mit Leidenschaft bewegen.*

Darauf möchte ich hinaus: Nicht der Sieg der Vernunft über die Leidenschaft – oder umgekehrt – ist anzustreben, sondern die **Harmonisierung** dieser beiden Kräfte.

a) Die Wirkung von Leidenschaft

Mit welcher Stimmung betreten Sie jeden Morgen die Kanzlei? Sie glauben, das wäre nicht besonders bedeutsam? Nun, wir werden sehen. Die **persönliche Stimmungslage** hängt von vielen Faktoren ab, wie z. B. dem Gespräch beim Frühstück mit dem Lebenspartner, den Verkehrsbedingungen bei der Fahrt zur Kanzlei etc. Mitarbeiter erzählen mir immer wieder, dass sie bereits am Klang der Eingangstür zur Kanzlei, wenn sie ins Schloss fällt, an der Geschwindigkeit der Schritte des Kanzleiinhabers oder Partners und an vielen weiteren Details einschätzen können, wie der Tag verlaufen wird. Enthusiasmus, Begeisterung, Engagement, aber auch Disziplin sind für die Menschen in unserer unmittel-

115

baren Umgebung wie die Schwingungen eines Energiefeldes messbar und spürbar, genauso übrigens wie eine eingetrübte, negative Stimmungslage.

116 Lassen Sie sich bitte auf die Behauptung ein, dass Ihre **innere Einstellung** Ihr **Leistungsvermögen** maßgeblich beeinflusst. Was denken Sie, welche Konsequenzen es bei Mitarbeitern und Mandanten auslöst, wenn Sie etwa nicht nur in einer „O.K.-Stimmung", sondern hochengagiert in die nächste Mandantenbesprechung gehen, Sie sich nicht nur ausreichend, sondern höchst professionell auf das anstehende Mitarbeitergespräch vorbereiten, Sie auch noch den letzten entscheidenden Mosaikstein für die Begründung des Einspruchs suchen, Sie Mandanten und Mitarbeiter Ihre Freude an dem, was Sie tun, deutlich spüren lassen? Es ist ziemlich wahrscheinlich, dass Mandanten und Mitarbeiter Ihr hohes Engagement positiv erleben und Ihnen dazu **Feedback** in Form von Anerkennung, Dankbarkeit und Wertschätzung geben.

Diese positive Resonanz wird Sie ermutigen, Ihr bisheriges Verhalten konsequent beizubehalten und sich für die Mandantenanliegen und die Mitarbeiterentwicklung noch stärker zu engagieren. Jetzt sind Sie in einer Phase, in der Sie Ihre Umgebung mit Ihrer Begeisterung regelrecht anstecken. **„Willst Du das Feuer in anderen entfachen, musst Du selbst brennen!"** ist ein bekannter Motivationslehrsatz. Ihr Team entwickelt mittlerweile eine ähnliche „Leidenschaft" für die gemeinsame Sache. Sie müssen Ihr Team nun nicht mehr motivieren, es ist nämlich schon motiviert. Ihre Mandanten erleben Ihre Kanzlei als Vorbild für ihr eigenes Unternehmen. Und wieder springt der Funke über: Genauso – mit dieser Leidenschaft – möchten auch sie ihr Unternehmen führen und voranbringen. Folge: Die Unternehmen Ihrer Mandanten wachsen beständig und werden von Jahr zu Jahr ertragreicher, trotzen den kommenden Krisen, weil sie ihre Leistungen mit Leidenschaft erbringen. Genauso wie Sie es in Ihrer Kanzlei tun. Das ganze System hat sich inzwischen zu einem sich eigendynamisch antreibenden Schwungrad entwickelt.

Und alles beginnt mit der Stimmung, die Sie verströmen, wenn Sie morgens die Kanzlei betreten ...

117 Achtung! Die dargestellte **Dynamik** wirkt auch in der **Gegenrichtung.** Schlechte Stimmung, fehlendes Engagement, kein Brennen für die Sache, missmutige Mandanten etc. – diese Symptome sind lange Zeit nicht zu erkennen; es läuft doch ganz gut. Die Fakten, stagnierender Umsatz, leicht rückläufige Ergebnisse, weniger Neumandate, werden selbstzufrieden nicht als Alarmsignale gedeutet. Das Schwächeln wird an externen Faktoren festgemacht; mit besseren Mitarbeitern und dem Rückenwind eines allgemeinwirtschaftlichen Aufschwungs sei die Talsohle bald durchschritten. Diese untauglichen Erklärungs-

b) Arbeit als Vergnügen?

Khalil Gibran zu zitieren, war ein Wagnis.[1] Die Frage „Arbeit als Vergnügen?" zu stellen, ist ein vergleichbares Risiko. Kann die Arbeitswelt eines Steuerberaters tatsächlich mit Vergnügen angereichert werden? Nach meiner Einschätzung ist diese Frage uneingeschränkt zu bejahen. Das Fragezeichen muss daher durch ein Ausrufezeichen ersetzt werden: „Arbeit als Vergnügen!" – so lautet die korrekte Aussage.

118

Ich behaupte nicht, dass Arbeit immer Spaß machen soll und kann. Das wäre eine Illusion und führte sicher nie zu Spitzenleistungen.[2] In diesem Moment geht es mir um eine **kritische Selbstanalyse** Ihrer Situation, und zwar mit diesen Fragen:

▶ Wie stark zieht es mich morgens beim Aufstehen zur Arbeit?

▶ Wie gerne arbeite ich; nur der beruflichen Tätigkeit wegen und nicht nur wegen des Geldes, das ich zum Leben brauche?

▶ Wie weit und wie intensiv harmoniert der Inhalt meiner Arbeit mit meinen Lebenszielen, Werten und Wünschen?

Meine Beobachtungen haben mich zu der Ansicht geführt, dass jene Menschen, die diese Fragen mit einem hohen Grad an Zustimmung beantworten, die **persönlichen Voraussetzungen für Höchstleistungen im Beruf** mitbringen. Sie erleben ihre Arbeit trotz aller Mühen, Anstrengungen und Herausforderungen als Vergnügen. Ihre Arbeit betrachten sie als Geschenk, das das Leben für sie bereitgestellt hat. Bei genauerem Hinsehen erkennt man, dass sie nicht trotz, sondern wegen der Mühen, Anstrengungen und Herausforderungen Vergnügen an ihrem Tun haben. Ihre Geisteshaltung ist geprägt von der Überzeugung, dass Arbeit die unattraktivste Form des Geldverdienens ist. Das erzielte **Einkommen** ist ein eher zufälliger und angenehmer **Nebeneffekt.** Und erstaunlicherweise – oder je nach Standpunkt logischerweise – ist ihr Einkommen deutlich höher als das im Branchendurchschnitt erzielte.

Ich will hier weder verklärter Sozialromantik noch Workaholics oder gar der Selbstaufgabe des Privatlebens durch exzessives Arbeiten das Wort reden.

119

---

1 Siehe oben Rn. 113.
2 Zu Höchstleistung und dem Faktor „Spaß" siehe unten Rn. 124 ff.

III. Leistung aus Leidenschaft

Meine Ausführungen zur so genannten Work-Life-Balance im ersten Kapitel haben das bereits unterstrichen.[1] Aber die **Freude an** den **Ergebnissen der täglichen Arbeit** ist der entscheidende Motivator, der zu Spitzenleistungen führt. Disziplin und Pflichtbewusstsein ergänzen diese Einstellung fast zwangsläufig, da Arbeit als Vergnügen – als Leidenschaft – erlebt wird.

„Die Wissenschaft war die größte Leidenschaft meines Lebens. Ich käme mir vor wie ein Dieb, wenn ich einen Tag verlebt hätte, ohne zu arbeiten." Dieses Zitat belegt exemplarisch die für Spitzenleistungen von mir beschriebene Einstellung. Es stammt von Louis Pasteur, einem Naturwissenschaftler, dessen Forschungsergebnisse uns auch heute noch das tägliche Leben erleichtern. Teilen Sie seine Meinung in Bezug auf die Steuerberatung?

2. Von Leistung zu Höchstleistung

120   Physikalisch ist der Begriff „Leistung" klar definiert. Es ist das Verhältnis von Energieumsatz zur Zeiteinheit. Auch Höchstleistung ist – mathematisch betrachtet – eindeutig festgelegt: Sie soll nach herkömmlicher Definition vorliegen, wenn die gemessene Leistung mehr als drei **Standardabweichungen** über dem Mittelwert liegt. So beginnt beispielsweise bei einem Mittelwert des Intelligenz-Quotienten (IQ) der Bevölkerung von 100 und bei einer Standardabweichung von 15 Punkten ab einem IQ von 145 der Höchstleistungsbereich.

Für den **Berufsalltag** gibt es keine vergleichbaren eindeutigen und damit verlässlichen **Messverfahren** und Definitionen von Standardabweichungen wie in der Physik oder z. B. im Sport (Meter, Sekunden, Punkte etc.). Betriebswirtschaftliche Kennzahlensysteme liefern zwar Anhaltspunkte für die wirtschaftliche Leistungskraft eines Unternehmens, ermöglichen aber keine exakte Leistungsmessung wie mit einem Metermaß. Leistungsmessung erfolgt letztlich immer durch einen Vergleich mit internen oder externen Größen. Eine Höchstleistung liegt nach dem herkömmlichen Begriffsverständnis vor, wenn die Leistung deutlich über dem Durchschnitt vergleichbarer Leistungserbringer liegt. Mit diesem **absoluten Leistungsbegriff** stoßen wir bei den weiteren Überlegungen, wie man zu Höchstleistung gelangt, allerdings schnell an **Grenzen**.

a) Wer ist stärker? Ich oder ich?

121   „Ich möchte morgen besser sein als heute." Diese Grundeinstellung – auch **relativer Leistungsbegriff** genannt – ist als Messlatte geeigneter als der absolute

---

1 Siehe oben Rn. 12 und 50.

Leistungsbegriff, um auf dem Weg von der Leistung zur Höchstleistung verlässlich Schritt für Schritt voranzukommen.

Doch wir alle stoßen immer wieder an die **Grenzen** unserer **Leistungsfähigkeit**. So jedenfalls das subjektive Gefühl. Tatsache ist jedoch, dass jeder Mensch über seine Grenzen hinauswachsen und deutlich mehr leisten kann, als er selbst es für möglich hält. Diese Aussage mag den einen oder anderen hoffnungsfroh stimmen, wiederum anderen als blanker Zynismus erscheinen in Anbetracht von 60-Stunden-Wochen, operativer Hektik, dauerndem Zeitdruck, Frustration bei der Realisierung von Projekten und der Gefahr eines Burn-Outs. Schnell tauchen dann Fragen auf, wie z. B.:

- ▶ Wie soll ich denn noch mehr leisten?
- ▶ Wohin führt diese ständige Leistungssteigerung?
- ▶ Warum reicht meine bisherige Leistung nicht aus?

Unzweifelhaft sind jedem Menschen in seiner Leistungsfähigkeit Grenzen gesetzt. Ich gehe ganz und gar nicht davon aus, dass jeder alles erreichen kann. Ich bin aber davon überzeugt, dass Menschen deutlich mehr leisten können, als sie es sich selbst zutrauen. Ja, es ist möglich, Menschen zu überfordern, aber das ist deutlich schwieriger, als es den Anschein hat. Viel häufiger werden sie nach meiner Erfahrung unterfordert. Und immer wieder passiert es, dass Menschen Dinge vollbringen, die nur wenige für möglich gehalten haben. Am Beispiel der Spitzensportler ist diese Tatsache am einfachsten nachzuvollziehen; sie **verschieben** immer wieder ihre relativen **Leistungsgrenzen** – und manchmal sogar die absoluten.

b) Erfahrungen sammeln mit persönlichen Leistungsgrenzen

Auch wenn man selbst nicht Leistungssport betreibt, kennt doch jeder den Begriff „toter Punkt". Der Körper signalisiert, dass man aufhören und sich nicht weiter anstrengen sollte. Wahrscheinlich hat jeder schon mehr als einmal in seinem Leben diesen **toten Punkt überwunden** und dabei festgestellt, dass es doch noch ein gutes Stück(chen) weitergeht. Im Sport kann man die Überwindung der subjektiven Leistungsgrenze perfekt üben und dieses Wissen dann auf andere Lebensbereiche übertragen.

Gewiss, Grenzen sind notwendig, um sich seiner Leistung bewusst zu werden. Doch erst durch das Ausloten und bewusste Überschreiten der subjektiven Leistungsgrenzen wird das wahre Ausmaß der eigenen Leistungsfähigkeit erkennbar. Natürlich hat nicht jeder Mensch die Einstellung, seine Leistungsgrenzen verschieben zu wollen. Wer aber an einer Verbesserung seiner Leistung interessiert ist, muss **mit** seinen **Leistungsgrenzen experimentieren** und immer wieder die **Komfortzone verlassen,** um seine wahre Größe zu erkennen. Welche Motive ihn dabei antreiben, ist nicht wichtig: Sei es die Karriere, sei es das intellektuelle Vergnügen, seine Aufgaben schneller und besser zu erledigen, sei es die Lust daran, mehr Geld zu verdienen oder mehr Freizeit zu gewinnen.

c) Höchstleistung und Spaß?

124   Vielleicht haben Sie bereits einmal die drei typischen Rollenmuster im Sport beobachtet:

▶ Der „Abbrecher":
- Er freut sich nicht auf das Training.
- Das Training macht ihm keinen Spaß.
- Er freut sich nicht nach dem Training.
- ... und er bricht ab!

▶ Der „Durchschnittssportler":
- Er freut sich auf das Training.
- Er hat Spaß beim Training.
- Er freut sich über seine Leistung.
- ... er wird ganz gut – aber nie Weltklasse!

▶ Der „Weltklasse-Sportler":
- Er freut sich riesig auf das Training.
- Und er empfindet danach große Freude.
- Er hat aber nicht wirklich Spaß während der Trainingseinheit. Uta Pippig, Marathonläuferin, sagte: *„Das schönste am Training ist die Dusche danach."*
- Er beschreibt seine Empfindungen während des Trainings mit „hochkonzentriert", „besonders aufmerksam", „diszipliniert", „analytisch", „angestrengt".
- ... und er wird Weltklasse!

Diese Rollen-Muster aus dem Bereich des Sports lassen sich auf den Kanzleialltag übertragen. Natürlich ist „Spaß an der Arbeit" ein positiver Faktor. Eine Kanzlei, in der gelacht wird, in der mit Spaß gearbeitet wird, ist sicher erfolgreicher, als eine Kanzlei, in der das nicht der Fall ist. **Spitzenleistungen erfordern** aber wie das Beispiel zeigt **Konzentration, Disziplin** und **Anstrengung.** In Spitzenkanzleien freut man sich auf die Arbeit und über das Ergebnis. Die Arbeit selbst wird jedoch „hochkonzentriert", „besonders aufmerksam", „diszipliniert", „analytisch" und „angestrengt" erledigt. Mit dieser Vorgehensweise macht man den Weg vom Durchschnitt zur Höchstleistung frei.

d) When the going gets tough the tough gets going!

Wenn der Weg schwierig wird, macht sich der Entschlossene auf den Weg! Diese innere Einstellung, der der US-amerikanische Pop-Sänger Billy Ocean im Jahr 1985 ein musikalisches Denkmal setzte, zeichnet die echten Leistungsträger aus. Sie kamen jedoch nicht mit dieser Einstellung auf die Welt. Konsequent und zielgerichtet entwickelte Kompetenzen sind der Schlüssel zum Erfolg. Michael Draksal[1] hat die **zehn Erfolgsfaktoren für Höchstleistung** treffend so beschrieben:

125

- ▶ Entwicklungsgemäße Ausbildung: angstfreies, spielerisches Lernen im Kindesalter gefolgt von zunehmender Professionalisierung.
- ▶ Lange Lehrjahre bei den besten Mentoren und Ausbildungsorten.
- ▶ Parallel zur Karriereentwicklung am zweiten Standbein arbeiten. Zur Abwechslung, Erholung und für das Gefühl der Absicherung, falls es mit dem Wunschberuf doch nicht wie geplant läuft.
- ▶ Später dann uneingeschränkte Motivation, sich zu hundert Prozent auf sein Fach zu spezialisieren.
- ▶ In der Arbeit aufgehen, sie gar nicht als Arbeit empfinden, sondern den Lebensstil eines echten Profis einfach voll auskosten.
- ▶ Sich vom Durchbruch, der durch den gesteigerten Einsatz aller Wahrscheinlichkeit nach nun bald kommen wird, nicht überraschen lassen.
- ▶ Immer wieder Phasen der ausgiebigen Entspannung einschieben.
- ▶ Sich von besonderen Orten inspirieren lassen. Offen und sensibel bleiben für Neues, Ergebnisse deutlich visualisieren können.
- ▶ Kommunikationskompetenz fördern, Austausch mit Kollegen forcieren.
- ▶ Arbeit an den bekannten personenexternen Faktoren: Präsentation der eigenen Leistung vor Fachleuten, Pressearbeit, neue Verbindungen suchen und pflegen.

Der ein oder andere Erfolgsfaktor mag für Spitzenleistungen in der Steuerberatung auf den ersten Blick unpassend erscheinen. Doch dem ist nicht so. Soweit

---

1 Michael Draksal, Psychologie der Höchstleistung – Dem Geheimnis des Erfolgs auf der Spur.

ich die Biografien erfolgreicher Steuerberater kenne und einschätzen kann, enthalten sie alle der genannten Erfolgsfaktoren.

„Alles Große in der Welt wird dadurch Wirklichkeit, weil irgendwer mehr tut, als er müsste." Dass ich in diesem Kontext Hermann Gmeiner zitieren kann, freut mich besonders, da er das erste SOS-Kinderdorf in Imst – nur knapp 20 Kilometer von meinem Wohnort entfernt – gegründet hat.

3. Leidenschaft – Leistung – Gewinn

126 Es ist nicht möglich, den wissenschaftlich abgesicherten **Beweis** anzutreten, dass Leidenschaft zu Höchstleistung führt und in der Folge auch zu höheren Gewinnen in der Steuerberatung. Das liegt an den vorhandenen Unschärfen der Begriffe „Leidenschaft" und „Leistung". Und selbst wenn beides exakt zu bestimmen wäre, bliebe doch ein Rest an Unsicherheit über den eindeutigen ursächlichen Zusammenhang bestehen. Menschen, Organisationen und die Wirtschaftswelt sind zu vielfältig und komplex, als dass man ihre Entwicklungschancen auf einen einzelnen Erfolgsfaktor reduzieren könnte.

Wenn schon keinen Beweis, so gibt es aber meines Erachtens doch überzeugende **Indizien** für einen Zusammenhang zwischen Leidenschaft, Leistung und Gewinn. Ich habe sie durch die Beobachtung von Spitzenkanzleien und Topexperten gewonnen, durch Erfahrungen in meiner täglichen Beratungspraxis, aber auch in Studien, Forschungsergebnissen und Branchenanalysen.

a) The Causal Model

127 Von David Maisters Buch „Practice What You Preach" habe ich im Kapitel „Von Werten und Prinzipien" bereits berichtet.[1] Das wesentliche Ergebnis dieser aufwändigen Studie über freiberufliche Unternehmen war ein **Kausalmodell** zur Erklärung des **wirtschaftlichen Erfolgs** von Freiberuflern.

---

1 Siehe oben Rn. 76 f.

3. Leidenschaft – Leistung – Gewinn

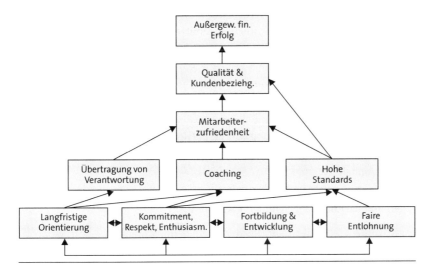

Die in der Studie verwendeten 74 Aussagen wurden jeweils einem der **neun Themenfelder** zugeordnet, die die vorstehende Grafik abbildet. David Maister, der in seiner Karriere auch eine Professur für Statistik in Harvard innehatte, wies nicht nur nach, dass die genannten Themenfelder den Gewinn beeinflussen, sondern belegte auch, dass sie dies in einem signifikanten Ausmaß tun.[1]

Vier Elemente bilden die **Basis** des Kausalmodells:

► Langfristige Orientierung
► Kommittment (Identifikation einer Person mit einer Organisation), Respekt und Enthusiasmus (also die „Leidenschaft" für die Sache!)
► Fortbildung & Entwicklung
► Faire Entlohnung

Diese vier Elemente beeinflussen sich gegenseitig. Darauf aufbauend ergeben sich die folgenden **kausalen Zusammenhänge:**

► Die Übertragung von Verantwortung im Unternehmen wird bestimmt durch langfristige Orientierung der Geschäftsführung.

---

1 Jene Unternehmen, die in den Themenfeldern gut abschnitten, erzielten nicht nur leicht höhere Gewinne, sondern deren finanzielles Ergebnis lag ein Vielfaches über dem Durchschnitt. Alle Details finden Sie im Anhang von „Practice What You Preach".

- ▶ Das notwendige Coaching der Mitarbeiter wird bestimmt durch die langfristige Orientierung sowie durch Kommittment, Respekt und Enthusiasmus („Leidenschaft").
- ▶ Hohe Standards in der Zusammenarbeit werden bestimmt durch eine faire Entlohnung sowie durch Kommittment, Respekt und Enthusiasmus („Leidenschaft").
- ▶ Die Mitarbeiterzufriedenheit wird bestimmt durch hohe Standards, Coaching und die Übertragung von Verantwortung.
- ▶ Qualität und Kundenbeziehungen werden bestimmt durch die Mitarbeiterzufriedenheit.
- ▶ Und letztlich wird das finanzielle Ergebnis durch die Qualität der Leistungen und die Kundenbeziehungen bestimmt.

Woran können Kommittment, Respekt und Enthusiasmus nun festgemacht werden, woran sind diese **Erfolgsfaktoren erkennbar**? Die folgenden acht Aussagen hat David Maister dazu getroffen:

- ▶ 1. Aussage: Die Begeisterung und die Moral in unserer Kanzlei waren noch nie so hoch.
- ▶ 2. Aussage: Der Geschäftsführung gelingt es, in unserer Kanzlei einen Nährboden für Engagement und Loyalität zu schaffen.
- ▶ 3. Aussage: Es macht Freude, hier zu arbeiten.
- ▶ 4. Aussage: Mitarbeiter unserer Kanzlei behandeln andere immer mit Respekt.
- ▶ 5. Aussage: Wir haben hier keinen Platz für Menschen, die ihre persönlichen Interessen vor jene der Mandanten oder der Kanzlei stellen.
- ▶ 6. Aussage: Der Geschäftsführung gelingt es, das Beste aus den Mitarbeitern herauszuholen.
- ▶ 7. Aussage: Unsere Geschäftsführung genießt unser Vertrauen.
- ▶ 8. Aussage: Wir schwören hier auf Teamarbeit. Einzelkämpfer werden bei uns nicht toleriert.

Drei dieser Aussagen, nämlich 4, 5 und 6, sind übrigens auch im „Predicitive Package"[1] enthalten, bezeichnen also die Faktoren, die mit der größten Wahrscheinlichkeit für ein außergewöhnliches finanzielles Ergebnis verantwortlich sind.

---

1 Siehe oben Rn. 76 f. – Prinzipien für den Geschäftserfolg.

Wenn Sie die vorhandene **Leidenschaft** in Ihrer Kanzlei **messen** möchten, lassen Sie Ihr Team diese acht Aussagen anonym bewerten. Wenn Sie mehr erreichen möchten, dann tun Sie alles Notwendige, damit Ihre Mitarbeiter diesen Aussagen uneingeschränkt zustimmen können. Bestnoten werden Sie vor allem dann erhalten, wenn Sie Ihre eigenen Aufgaben genauso mit Respekt und Enthusiasmus erfüllen.

129

b) Benchmarking-Ergebnisse und Schlüsse daraus

Steuerberater lieben – berufsbedingt – **Branchenvergleiche.** Über Gewinn, Umsatzrentabilität, Personalquote und Produktivität wird gern und ausführlich diskutiert. Besonders, wenn es sich um Zahlen aus der eigenen Branche handelt. Das ist auch gut so, wie sonst ließe sich die finanzielle Leistungskraft einer Kanzlei messen.

130

Mehr als 15 Jahre Steuerberater-Benchmarking von Hübner & Hübner[1] bestätigen ein eindeutiges Bild: Die **Top-Kanzleien,** gemessen am **Gewinn je Inhaber,** der letztendlich relevanten Kennzahl, unterscheiden sich vom Rest der Kanzleien durch einen höheren Leverage-Faktor und einen höheren erzielten Stundensatz. Im Anteil der produktiven Stunden und in der Kostenstruktur bestehen keine signifikanten Unterschiede. Die Top 25-Kanzleien erzielen mit ca. 450.000 € einen rund fünfmal so hohen Gewinn je Inhaber wie die Low 25-Kanzleien. Und verbuchen immer noch doppelt so viel Gewinn wie der Durchschnitt!

In meiner Beratungspraxis konnte ich einige Steuerberater kennenlernen, die es regelmäßig unter die besten zehn Kanzleien dieses Benchmarks schaffen. Dies gelingt ihnen mit den unterschiedlichsten Kanzleigrößen, Organisationsstrukturen, Methoden und Tätigkeitsschwerpunkten. So unterschiedlich dieser Kanzleien sind, eine **Gemeinsamkeit** stelle ich bei allen fest: Ihre **Leidenschaft** für das, was sie tun.

c) Prüfstein Honorar

Der Einzige, der in letzter Konsequenz die Leistung Ihrer Kanzlei beurteilt, ist der Mandant. Das finanzielle Ergebnis, ausgedrückt in der Größe „Gewinn", ist lediglich die Folge dieser Beurteilungen.

131

Sind Sie der Überzeugung, dass Sie bereits tolle Leistungen für Ihre Mandanten erbringen? Falls ja, wagen Sie ein **Gedankenexperiment,** um diese Ein-

---

1 Weitere Informationen dazu finden Sie auf www.huebner.at.

schätzung zu überprüfen: Stellen Sie sich vor, Sie **erhöhen** ab morgen Ihre **Honorare um 10 %.** Was würde geschehen? Zwei fundamental gegensätzliche Szenarien sind denkbar:

▶ Sie verlieren massiv Mandanten, weil diese nicht bereit sind, ein höheres Honorar zu zahlen. Diese Reaktion könnte zwei Ursachen haben, nämlich auf Leistungsdefizite hinweisen oder zeigen, dass Sie die Honorarobergrenze bereits erreicht haben, was nach meiner Erfahrung die Ausnahme darstellt.

▶ Würden dagegen nur einzelne oder nahezu keine Mandanten kündigen, so bieten Sie ausgezeichnete Leistungen an und/oder Sie haben vorhandene Honorarspielräume einfach brachliegen lassen, was nach meiner Einschätzung die Regel ist.

Übrigens, Steuerberater beklagen immer wieder die **niedrige Weiterempfehlungsquote.** Sie ist ein deutlicher Hinweis darauf, dass die Leistungen des Steuerberaters nicht so gut sind, wie er es selbst einschätzt.[1]

132 Nutzen Sie dieses Gedankenexperiment als Ausgangspunkt für eine Initiative zur **Leistungs- und Gewinnsteigerung** in Ihrer Kanzlei. Diskutieren Sie mit Ihrem Team, welche Maßnahmen notwendig sind, damit

▶ Mandanten gerne 10 % mehr Honorar zahlen oder

▶ dieselbe Leistung mit 10 % geringeren Kosten erbracht werden kann.

Das ist Leistungsdenken. Besonders spannend wird die Diskussion, wenn Sie die beiden Forderungen auf 30 % erhöhen. Reagiert Ihr Team daraufhin mit dem Hinweis: „Da müssten wir ja alles ganz anders machen", dann haben Sie es geschafft. Jetzt kann der **Prozess** der **Leistungsoptimierung** gestartet werden. Mit Energie, Entschlossenheit, Enthusiasmus und Disziplin verfolgt, landet Ihre Kanzlei unter den Top-Kanzleien der Branche.

„Das einzige Profit-Center einer Steuerberatungskanzlei ist der einzelne Mandant, dessen Zahlung pünktlich eingeht". In Anlehnung an Peter Drucker[2] macht diese Aussage deutlich, dass es letztlich immer der einzelne Mandant ist, der Ihre (Höchst-)Leistung beurteilt und Ihren Gewinn bestimmt.

---

1 Siehe dazu unten Rn. 356.
2 *„Das einzige Profit-Center eines Unternehmens ist der einzelne Kunde, dessen Scheck nicht platzt."*

4. Sich selbst zu Höchstleistungen bringen

Regelmäßig zum Jahresende werden in vielen Kanzleien Überlegungen für das nächste Jahr angestellt, die in **Strategie-** und **Partnermeetings** auf den Weg gebracht werden. Planungen und Budgets werden vorbereitet, Maßnahmen beschlossen, damit das kommende Jahr noch besser verläuft, als das gerade zu Ende gehende. Höchstleistungen sind dabei das Ziel.

133

a) Wie aus guten Vorsätzen Taten werden

Ein Phänomen ist in dieser Zeit des sich jährlich wiederholenden planvollen Aufbruchs immer wieder zu beobachten. Bereits mit dem Beginn der Umsetzung der beschlossenen Maßnahmen kommen dem einen oder anderen Mitglied des Führungsteams oft schon die ersten Zweifel an deren Wirksamkeit oder – noch fundamentaler – an deren Berechtigung. Vordenker, stumme Wortführer dieser Schule sind meist die Führungskräfte, deren **strategisches Verständnis** sich darin erschöpft, unter Berufung auf ihre langjährige Berufserfahrung einer **schrankenlosen Flexibilität** das Wort zu reden, die auf eine konkrete Planung und aktive Gestaltung der Unternehmensentwicklung verzichten kann. Vor einer solchen grob fahrlässigen Vorgehensweise warne ich ausdrücklich. Sie ist Gift für eine zielgerichtete Kanzleientwicklung und verhindert zwingend das Erreichen einer Spitzenposition.

134

Wenn Sie sich auf den Weg machen, bedenken Sie bitte, dass der Ausgangspunkt für Höchstleistungen in der Zukunft immer die kritische Analyse der Vergangenheit ist. Also: Haben Sie bereits einmal Überlegungen angestellt, wann und wie Sie für das ablaufende Jahr einen **Rückblick in eigener Sache** machen wollen? Oder bezweifeln Sie die Sinnhaftigkeit eines solchen Vorhabens, weil der Erfolg ja in der Zukunft liegt?

b) Analysieren Sie Ihre Ausgangssituation

Die Analyse der Ausgangsposition ist meine eindeutige Empfehlung, wenn es darum geht, das Projekt „Höchstleistungen" zu starten. Tun Sie es jetzt und tun Sie es besonders gründlich! Sind die letzten zwölf Monate zu Ihrer vollständigen Zufriedenheit verlaufen? Oder geht es Ihnen so wie vielen anderen Berufsträgern, die mit den zu erwartenden Ergebnissen nicht glücklich sind? Aber gibt es überhaupt Kriterien, an denen Sie messen können, ob und wie erfolgreich Sie gearbeitet haben?

135

Vielleicht wenden Sie jetzt ein, dass es eine Menge Zeit und Arbeit kostet, einen gewissenhaften und genauen Rückblick zu machen. Ja, das ist richtig. Ich

136

möchte Ihnen aber zeigen, dass sich dieser Arbeitsaufwand lohnt. Eine **professionelle Rückschau** auf das vergangene Jahr liefert Ihnen alle **Basisdaten** für die notwendigen Schritte zur **Höchstleistung** im Sinne des relativen Leistungsbegriffs, der besagt „Was muss ich tun, um morgen besser als heute zu sein".[1] Stellen Sie sich deshalb folgende **Fragen:**

- ▶ Welche Ziele habe ich im vergangenen Jahr verfolgt?
- ▶ Welche habe ich erreicht?
- ▶ Warum habe ich sie erreicht, und warum vor allem nicht?
- ▶ Was hat im vergangenen Jahr gut funktioniert? Was weniger und was gar nicht?
- ▶ Welche Dinge haben mehr Energie/Zeit/Geld gekostet, als sie jemals einbringen werden?
- ▶ Welche Gelegenheiten habe ich versäumt, welche Chancen nicht genutzt?
- ▶ Wo lagen meine Prioritäten und welche hätten es eigentlich sein müssen?

Nehmen Sie sich ausreichend Zeit für Ihre Überlegungen. Von größter Bedeutung ist, dass Sie diese Fragen **ehrlich** und **gewissenhaft** beantworten. Bemühen Sie sich um Objektivität sich selbst gegenüber. Sie werden von den gewonnenen Einsichten profitieren.

Es ist wichtig, die Ergebnisse der Analyse **schriftlich** festzuhalten, denn es ist eine Binsenweisheit, dass Gedanken flüchtig sind. Nur Geschriebenes hinterlässt deutliche Spuren, denen man folgen kann. Und das ist wichtig, wenn Sie auf Ihrem Weg zur Höchstleistung voranschreiten.

c) Definition von Schlüsselaufgaben

137 Die Rückschau mag mitunter ein unangenehmer und schmerzlicher Prozess sein, da sie Versäumnisse und Fehleinschätzungen offenbart. Die erarbeiteten Daten stellen jedoch einen wertvollen „Wissenspool" für Sie dar, mit dessen Hilfe Sie Ihre Schlüsselaufgaben festlegen. Legen Sie **größtmögliche Sorgfalt** an den Tag, wenn Sie diese Schlüsselaufgaben definieren. Sie zu identifizieren, hat entscheidende Bedeutung für Spitzenleistungen. Das folgende Arbeitsjahr wird sich dann eng an diesen Aufgaben orientieren, Erfolg oder auch Misserfolg lassen sich direkt am Grad der Zielerreichung ablesen.

---

1 Siehe oben Rn. 121 f.

d) Prioritäten setzen

Meist ist die Liste der Schlüsselaufgaben zu lang. Zu viele Aufgaben erscheinen als „sehr" wichtig und drängen sich als unaufschiebbar auf. Prioritäten zu setzen, ist daher unerlässlich. Höchstleistungen sind nämlich nur dann möglich, wenn Sie sich auf wenige, aber **wesentliche Dinge konzentrieren.** Man kann sich zwar mit zahlreichen Aufgaben gleichzeitig befassen, aber wirklich erfolgreich wird man nur, wenn man sich auf wenige Dinge fokussiert! Denken Sie an den Laufsport. Sprinter (100 m, 200 m), Mittelstreckler (400 m, 800 m 1.500 m), Langstreckler (5.000 m, 10.000 m) und Marathonläufer (42.195 m). Die besten Läufer laufen eine oder maximal zwei Strecken. Kein Sprinter wird im Marathon Spitzenleistungen bringen, kein Marathonläufer im Sprint. Für Effizienz und Erfolg ist Konzentration unabdingbar. Sie ist das **„Geheimnis"** aller **erfolgreichen Unternehmer.** Prioritäten festzulegen, erfordert Entscheidungen – risikoreiche und schwierige Entscheidungen. Wer damit Probleme hat, ist kein Unternehmer und keine Führungskraft.

138

Wenn Sie sich damit befassen, Prioritäten zu setzen, müssen Sie auch Ihren **konkreten Aufgabenbereich** kritisch **analysieren.** Dafür gibt es kein Patentrezept und keine Checklisten, die nur abgehakt werden müssen. Einzig eine gründliche Auseinandersetzung und ein gewissenhaftes Entscheiden bereiten den Weg zum Erfolg. Ein Coach kann Sie auf diesem Weg unterstützen und begleiten. Die Entscheidungen müssen Sie aber selbst treffen. Denn nur das garantiert den Erfolg in der Umsetzungsphase. Methodisch sind die folgenden **sechs Schritte** notwendig:

139

▶ **Erster Schritt:**

Auflisten aller derzeitigen **Aufgaben.** Das entspricht der bisher beschriebenen vollständigen Bestandsaufnahme.

▶ **Zweiter Schritt:**

Streichen Sie von dieser Liste die

- Aufgaben, die nicht von Ihnen zu erledigen sind, also solche, für die nicht viele Jahre Berufserfahrung, die Inhaber- oder Partnerstellung oder die Geschäftsführungsbefugnis notwendig sind;
- Aufgaben, die delegierbar sind. Delegieren Sie diese Aufgaben. Mehr dazu lesen Sie im Kapitel „Wachstum! Fluch oder Segen?", in dem ich darstellen werde, dass Unterdelegation in Steuerberatungskanzleien typisch und Wachstumsbremse sowie Produktivitätskiller ist.[1]

---

1 Siehe dazu unten Rn. 244 ff.

▶ **Dritter Schritt:**

Ergänzen sie diese **Liste** um wirklich wichtige Aufgaben, die bisher noch nicht festgehalten wurden. Das sind meist Aufgaben wie Strategieentwicklung, Mitarbeiterführung, Mandantenakquisition etc.

▶ **Vierter Schritt:**

Die nach der Subtraktion und Addition von Aufgaben in den vorhergehenden Schritten neu zusammengestellte Aufgabenliste reduzieren Sie auf die **drei** aus Ihrer Sicht **wichtigsten Aufgaben.** Das sind jene Aufgaben, in denen Sie Höchstleistungen erzielen müssen.

▶ **Fünfter Schritt:**

Dokumentieren Sie das Ergebnis schriftlich und konkretisieren Sie so weit wie möglich Ihre **Erwartungen,** die Sie an die erfolgreiche Erledigung dieser Kernaufgaben knüpfen.

▶ **Sechster Schritt:**

Überprüfen Sie in regelmäßigen Abständen die **Umsetzung.** Betreiben Sie Ihr persönliches Erfolgsmonitoring. Organisieren Sie sich Feedback durch Ihre Partner und Mitarbeiter.

e) Fokussierung auf Ziele

140   Die Kärrnerarbeit haben Sie damit hinter sich, nun geht es lustvoller weiter. Es geht jetzt nämlich darum, Ihre mit der Zielerreichung, der Erledigung der drei Schlüsselaufgaben, verbundenen **Erwartungen** möglichst exakt zu **definieren.**

Auch hier gilt das bereits zuvor Gesagte: Halten Sie Ihre Erwartungen **schriftlich** fest, um sie messbar und damit den Grad der Zielerreichung nachprüfbar zu machen. Das schriftliche Festhalten „zwingt" Sie dazu, genau zu formulieren. Beschreiben Sie möglichst konkret, welche Ergebnisse erreicht werden sollen. Je konkreter Ihre Vorstellungen von den zu erreichenden Zielen sind, desto intensiver werden Sie sich auf die Erledigung der Schlüsselaufgaben konzentrieren können. Ihre **Energie** kann dann **gebündelt zur Zielerreichung** verwendet werden: „Energy flows, where attention goes".[1] Mit dieser gedanklichen Ausrichtung auf die zu erwartenden positiven Ergebnisse – unter dem Strich eine erhoffte Gewinnsteigerung oder mehr Freizeit bei gleichem Gewinn – halten Sie Ihre **Motivation** auf Dauer hoch.

---

1 Die Energie fließt dahin, worauf die Aufmerksamkeit gerichtet ist.

Ich bin mir sicher, dass uns nur unsere Stärken zum Erfolg führen. Deshalb kehre ich jetzt zu den Überlegungen zurück, mit denen ich diesen Abschnitt eingeleitet habe.[1] Es ist unbedingt notwendig, „**Rückschau in eigener Sache**" zu halten, um die eigenen Stärken zu erkennen. Stellen Sie sich im Rahmen dieses Erkenntnisprozesses nicht nur die Frage:

▶ **Was habe ich erreicht?**

Sondern erweitern Sie diese Fragestellung um den Aspekt:

▶ **Was ist mir besonders leichtgefallen?**

Um Höchstleistung zu erzielen, ist es wichtig, dass Sie Ihre **besonderen Kompetenzen** bewusst **wahrnehmen**. Erkennen Sie den Zusammenhang? Nicht dort, wo wir mühsam unter hohem Einsatz von Energie vorankommen, liegen unsere Stärken. Wir müssen vielmehr dahin schauen, wo wir uns leichttun und uns die Dinge locker von der Hand gehen.

Verzahnen Sie nun die Frage „Was ist mir besonders leichtgefallen?" mit den von Ihnen definierten Schlüsselaufgaben. Stützen Sie sich dabei auf Ihre schriftlichen Aufzeichnungen, denn es ist nicht ganz einfach, eine zielführende Antwort zu finden. Der Satz, „Was einem leichtfällt, fällt einem nicht leicht auf", enthält nicht nur ein Wortspiel, sondern zeigt auf, wo hier das Problem liegt. Erst, wenn Sie bewusst Ihre Aufmerksamkeit auf diese besonderen, manchmal verdeckten Kompetenzen lenken, können Sie sie erkennen und für sich nutzbar machen. Hierzu kann es hilfreich sein, die im folgenden Abschnitt gestellte Frage zu beantworten.

f) Für was möchten Sie berühmt sein?

Wischen Sie bitte die Frage, für was Sie berühmt sein möchten, nicht aus falsch verstandener Bescheidenheit einfach vom Tisch, weil Sie Ihre Person nicht in die gedankliche Nähe zum Begriff „Ruhm" rücken möchten. Die Frage dient dazu, Ihre (verdeckten) Kompetenzen, Ihre von Begeisterung getragenen **Wunschvorstellungen** mit den identifizierten **Schlüsselaufgaben** so zu **harmonisieren**, dass Sie von Ihrer eigenen Motivation und Begeisterung getragen ans Ziel kommen.

Um Ihnen die Antwort auf die Frage zu erleichtern, denken Sie dabei vielleicht an Ihre Region, an Ihr Marktumfeld, an Ihre unmittelbaren Konkurrenten und beantworten Sie die Frage in diesem Kontext: Wodurch möchten Sie **unverwechselbar** sein? Hier einige mögliche Antworten:

---

1 Siehe dazu oben Rn. 133 ff.

- ▶ Experte, Meinungsführer in einer speziellen Dienstleistung
- ▶ Branchenkenner/Branchenexperte
- ▶ Ausgezeichnete Mandantenberatung bzw. -betreuung
- ▶ Ausgezeichnete Fähigkeiten im Führen von anderen Menschen
- ▶ Spezielle Fähigkeiten im Entwickeln von Geschäftsmethoden
- ▶ Spezielle Fähigkeiten in der Zusammenarbeit mit besonderen Mandanten (z. B. große Unternehmen, vermögende Privatpersonen)
- ▶ Ausgezeichnete Fähigkeiten im Vermitteln von Kenntnissen und Fähigkeiten an andere Personen

143 Oder gehen Sie die Ausgangsfrage anders an und fragen sich: Worin möchte ich **besonders gut werden?** Die Möglichkeiten sind vielfältig. Hier eine kurze Auswahl an Spezialisierungen:

- ▶ Branchen: Freie Berufe, Industrie, Handel, Gastronomie, Bauwirtschaft etc.
- ▶ Steuerrechtliche Fachgebiete: Umsatzsteuer, Steuerstrafrecht, Umwandlungsteuerrecht, internationales Steuerrecht etc.
- ▶ Weitere Fachgebiete: Betriebswirtschaftliche Beratung, private Vermögensplanung, Arbeits- und Sozialversicherungsrecht etc.
- ▶ Beratungssituationen: Unternehmensgründung, Unternehmensverkauf, Sanierung, Unternehmensübergabe etc.
- ▶ Beraterrollen: Coach, Mediator, Gutachter, Sachverständiger etc.
- ▶ Unterstützungsprozesse: EDV, Qualitätsmanagement, Organisation, Marketing etc.
- ▶ Weitere Möglichkeiten: Sprachen, Regionen, Altersgruppen, Rechtsformen etc.

Und alle möglichen Kombinationen aus den genannten Spezialisierungen![1]

144 Ohne eine klare, mutige Entscheidung für etwas sind Höchstleistungen nicht erreichbar. Sich für etwas zu entscheiden, bedeutet gleichzeitig, „den Rest abzuwählen". Wer dazu nicht bereit ist, wird im Mittelmaß hängen bleiben und nie Spitzenleistungen erbringen. Umgekehrt jedoch, mit einer klaren Entscheidung und Konzentration auf Weniges, ist die Hälfte des Weges bereits gemacht. Bitte machen Sie sich klar: Allein nur dadurch, dass Sie eine **Auswahlentscheidung** treffen, haben Sie einen entscheidenden **Positionsvorteil** erlangt, denn die Mehrheit verzettelt sich und bleibt damit Durchschnitt. Haben Sie

---

1 Im Kapitel „Die Macht des Unterschieds" stelle ich die Wirkung der Spezialisierung auf die Kanzleientwicklung vor, siehe dazu unten Rn. 201 ff.

„das Richtige" für sich gefunden, wird Höchstleistung möglich. Ihr **Enthusiasmus**, Ihr Engagement wird die für Höchstleistungen notwendige **Disziplin** freisetzen. Sie bleiben leichter dran. Geben nicht auf. Sie entdecken Sie Möglichkeiten, die Sie vorher nie gesehen haben. Die Fokussierung auf ein Ziel sorgt für eine selektive Wahrnehmung mit der Folge, dass Ihnen erfolgsbringende Dinge einfach zufallen.

„Wenn Du liebst, was du tust, musst du dein ganzes Leben nicht mehr arbeiten" (Konfuzius). Kann man es noch schöner sagen?

5. Andere zu Höchstleistungen führen

Echte Leidenschaft ist ansteckend. Menschen werden entweder von der Energie, vom Engagement und der daraus resultierenden Disziplin, die Spitzenleister ausstrahlen, förmlich mitgerissen. Oder sie wenden sich ab und gehen einen anderen Weg, weil das angestrebte Ziel, Spitzenleistungen zu erbringen, nicht ihr Ziel ist bzw. ihnen der Weg dorthin als zu anstrengend erscheint. Auch diese Variante ist letztlich eine Folge der gedanklichen Auseinandersetzung mit dem Thema „Leistung aus Leidenschaft", das – so betrachtet – auch für die Nein-Sager Früchte trägt. Denn Sie wissen nun, was sie nicht wollen.

145

Mit der eigenen Leidenschaft haben Sie einen soliden Grundstein gelegt, um Ihr Team zu Höchstleistungen zu führen. Ich erinnere an den bereits erwähnten Motivationslehrsatz: „Du musst selbst brennen, um das Feuer in anderen entfachen zu können".[1]

a) Stärken stärken

Dieselbe Logik, die Sie zu Ihren Höchstleistungen befähigt, wirkt auch auf Ihr Team. Die **Kunst des Führens** liegt im Erkennen der Stärken des Mitarbeiters. Durch das Abstellen von Schwächen erreicht er bestenfalls Mittelmaß. Erst des Erkennen der Stärken und die Konzentration auf wenige Aufgaben bringt Spitzenergebnisse bei der Erfüllung der Anforderungen am Arbeitsplatz.

146

Die Stärken des Mitarbeiters zu erkennen, setzt eine intensive Beobachtung durch die Führungskraft voraus. Nur durch genaues Hinsehen, welche Aufgaben der Mitarbeiter wie erledigt, erhalten Sie Anhaltspunkte, um die entscheidende Frage zu beantworten: **„Was fällt dem Mitarbeiter leicht?"**.[2] Oft wird mir an dieser Stelle entgegengehalten, es wäre im Arbeitsalltag nicht

---

1 Siehe oben Rn. 116.
2 Siehe auch oben Rn. 141.

möglich, Menschen zu einhundert Prozent mit solchen Aufgaben zu befassen, die ihren Stärken entsprechen. Ja, das ist zutreffend, doch sollte diese Tatsache Sie als Führungskraft nicht davon abhalten, den Aufgabenbereich so zu organisieren, dass der Mitarbeiter seine Stärken voll ausspielen kann.

Auch leistungsstarke Mitarbeiter agieren nicht immer auf einem gleich hohen Niveau und müssen entwickelt werden. Hier ist sauber zwischen bloßen „**Schwächen**" und „schlechten Gewohnheiten" zu unterscheiden. Fachliche Defizite können durch Fortbildung und Studium verringert und beseitigt werden. Persönliche Schwächen, wie z. B. das Kommunikationsverhalten, können bis zu einem gewissen Maße trainiert und verbessert werden. Doch sollte man es sich gleichwohl gut überlegen, einen introvertierten und zurückhaltenden Menschen in der Auftragsakquisition einzusetzen, und zwar selbst dann, wenn sich sein Kommunikationsverhalten durch Schulungen verbessert hat. **Schlechte Gewohnheiten** aber, wie beispielsweise unvorbereitet in ein Gespräch zu kommen oder Unpünktlichkeit, sind keinesfalls zu tolerieren. Die Einschätzung, „das sind eben meine Schwächen", kann nicht geduldet werden, wenn der Fokus auf Spitzenleistungen gerichtet ist!

b) Mut ermutigen

147 „Mut tut gut", ist nicht nur eine alte Volksweisheit, sondern **Grundlage für Höchstleistungen**. Jedes Lernen, jede Entwicklung spielt sich außerhalb der Komfortzone ab. Nur wer mutig ist, wagt sich zu Unbekanntem vor und ist bereit, sich auf diesem Weg Entbehrungen auszusetzen.

Leider treffe ich immer wieder auf mutlose Steuerberatungskanzleien, die durch ständiges **Nörgeln, Meckern** und **Kritisieren** zermürbt sind. Der Grund für die Effizienz der zerstörerischen Wirkung einer negativen Grundhaltung, die sich wie Mehltau über das Kanzleiklima legt, liegt darin, dass sie die zutiefst im Menschen verwurzelte Einschätzung bedient, nicht zu genügen, nicht gut genug zu sein. Dass Perfektionismus kein guter Ratgeber ist, leuchtet vor diesem Hintergrund ein, denn Perfektionismus definiert ein nicht erreichbares Ziel. Nun ist es aber nicht so, dass mutlose Kanzleien nicht handeln. Sie tun es, jedoch mutlos, kraftlos – und letztlich auch erfolglos. Ermutigung – genauso wie Selbstermutigung – ist weniger eine Technik als eine **innere Haltung**. Sich am eigenen Haarschopf aus dem Sumpf zu ziehen, wie Münchhausen es tat, widerspricht zwar den Gesetzen der Physik, nicht aber denen der Psychologie. Offensichtlich wird die Mut-Kultur einer Kanzlei beim Umgang mit Fehlern. Werden Sie unter den Teppich gekehrt? Wie schnell und leicht wird der aufgetretene Fehler mit dem Inhaber, Partner oder Teamleiter besprochen? Eine Mut zulassende und fördernde Kanzleikultur zieht mutige Mitarbeiter an.

Jeder Mensch kann andere ermutigen. Allerdings nur bis zur Grenze seines eigenen Mutes. Einen Feigling einen Feigling zu nennen, wendet für den Betroffenen nichts zum Positiven, macht ihn nicht ein Jota mutiger! Eine **Ermutigungskultur** ist auch kein Wohlfühlprogramm, das das Tragen von Samthandschuhen für alle zur Pflicht macht. Vielmehr ist eine auf Offenheit und Konfliktfähigkeit ausgerichtete Kanzleikultur der entscheidende Erfolgsfaktor für ein Kanzleiklima, das den Mutigen Mut macht. Höchstleistungen werden das Ergebnis sein, wenn Sie folgende Verhaltensregeln beachten:

148

- ▶ Nehmen Sie das Positive wahr. Ja, es ist vorhanden, wenn Sie nur hinsehen. Und kommunizieren sie es!
- ▶ Ermutigen Sie direkt: „Ja, ich weiß, dass Du das schaffst". Voraussetzung dafür ist gegenseitige Akzeptanz. Sie ist gegeben, wenn der Angesprochene sich innerlich sagt: „Ok, wenn Du mir das zutraust, dann will ich es versuchen."
- ▶ Fordern Sie immer den größtmöglichen – und nicht den geringsten – Beitrag.
- ▶ Machen Sie Schluss mit entmutigenden Gewohnheiten! Über Beharrungsvermögen und Überängstlichkeit zu jammern, trägt zur weiteren Entmutigung bei.
- ▶ Keine üble Nachrede! Niemals! Sie ist Gift für eine ermutigende Kultur.
- ▶ Beziehen Sie alle Mitarbeiter in die Kanzleientwicklung mit ein.
- ▶ Loben und befördern Sie Mitarbeiter, die Ihnen schlechte Nachrichten bringen.
- ▶ Ermöglichen Sie schnelle Erfolge.

c) Feuerwehr, Bergrettung, Formel 1 und Steuerberatung?

Um Ihre Mitarbeiter zu Höchstleistungen zu führen, kann ein Modell nützlich sein, das von folgender Grundüberlegung ausgeht: Forschungen zeigen, dass **Hochleistungsteams** wie Feuerwehr, Einsatzkommandos der Polizei, medizinische Rettungseinheiten oder Formel 1-Crews **Gemeinsamkeiten** haben.[1] Ihnen gelingt es, trotz struktureller und personeller Restriktionen auch in un-

149

---

1 Technische Universität Chemnitz „Auf dem Weg zur Hochleistung" – erschienen unter „Hochleistung unter Lebensgefahr" in der Sonderausgabe November 2005 des Harvard Business Manager.

überschaubaren Situationen innerhalb kürzester Zeit zu entscheiden sowie flexibel und situationsgerecht zu handeln. Wo liegen die Gemeinsamkeiten und was können Steuerberatungskanzleien daraus lernen?

▶ **Zielklarheit und Zielorientierung**

Alle im Team kennen das Ziel der Gruppe. Vor jedem Auftrag gibt es – situationsabhängig – eine Einsatzbesprechung.

Ist das Ziel Ihrer Kanzlei genauso eindeutig definiert, wie das der Bergrettung? Verwenden Sie, obwohl Sie unter geringerem Zeitdruck stehen, genügend Zeit für die Besprechung neuer Aufträge?

▶ **Achtsamkeit und Wahrnehmungskompetenz**

Bereits schwache Signale für potenzielle Fehler werden erkannt. Diese Kompetenz beruht auf dem Faktor „Erfahrung", sie wird allerdings auch systematisch durch realitätsnahe Übungen trainiert. Denken Sie an Übungen von Feuerwehren im Zusammenhang mit dem Betreten von Räumen.

Üben Sie Jahresabschlussbesprechungen mit Ihren Mitarbeitern? Trainiert das Team videounterstützt die Reaktion auf eine Mandantenbeschwerde?

▶ **Flexible Einsatzstrukturen**

Abhängig von der Aufgabenstellung übernehmen auch hierarchisch unterstellte Teammitglieder die Einsatzleitung.

Wie viel Verantwortung übergeben Sie an Ihre Mitarbeiter? Und wie viel, wenn es brenzlig wird?

▶ **Ganzheitliches Rollenkonzept**

Die Teammitglieder haben eine eindeutige Rollenverteilung, wissen jedoch exakt, was die anderen tun und können notfalls deren Rolle übernehmen.

Wie gut und ausführlich kennen Ihre Mitarbeiter die Schnittstellen zwischen Lohn, Finanzbuchführung, Jahresabschluss etc.?

▶ **Reflexion und erfahrungsbasiertes Lernen**

Einsätze werden immer nachbesprochen. Nur so können die Erfahrungen gesammelt und weitergegeben werden.

Gibt es ein kurzes Feedback-Gespräch mit Mitarbeitern nach dem Abschluss eines Projekts? Oder bleibt dafür keine Zeit, weil man schon mit dem nächsten beschäftigt ist?

▶ **Einsatzbereitschaft und Motivation**
Im Formel 1-Team wollen alle gemeinsam Weltmeister werden. Auch wenn nur einer das Auto steuert. Die Motivation des Einzelnen verschmilzt mit der Aufgabe der Organisationseinheit.

Müssen Sie Ihre Mitarbeiter motivieren? Fehlen möglicherweise attraktive Ziele?

Hochleistungsteams stellen hohe Anforderungen an ihre Mitglieder; ein exklusiver Kreis, fast ein wenig elitär, denn längst nicht jeder ist gut genug für das Team. Die genannten Gemeinsamkeiten lesen sich wie ein Rezept für Höchstleistungen. Vielleicht erfragen Sie dazu einmal die Meinungen Ihrer Mitarbeiter. Wahrscheinlich hat jeder von ihnen schon einmal in irgendeiner Weise mit einem „Hochleistungsteam" zu tun gehabt. Verankern Sie die **Erfolgsfaktoren** für Hochleistungsteams in den Köpfen Ihrer Mitarbeiter und prüfen Sie, ob sich aus diesen Erfahrungen konkrete Maßnahmen für Ihre **„Hochleistungskanzlei"** ableiten lassen.

d) Die Folgen der Durchschnittlichkeit

Angenommen, eine Steuerberatungskanzlei hat Schwierigkeiten bei der Mitarbeitersuche und stellt über zwei oder drei Jahre nur durchschnittliche Mitarbeiter ein. Mit „durchschnittlich" ist nicht „inkompetent" oder „unfähig" gemeint (von solchen Mitarbeitern wird sich die Kanzlei ohnehin kurzfristig wieder trennen). Mit „durchschnittlich" ist gemeint, dass diese Mitarbeiter nicht über die Qualitäten der besten Mitarbeiter des Unternehmens verfügen. Nennen wir der Einfachheit halber die beiden Gruppen **„A-Mitarbeiter"** (die ausgezeichneten Mitarbeiter) und **„B-Mitarbeiter"** (durchschnittliche Mitarbeiter).

Zu Beginn wird es nicht auffallen, wenn B-Mitarbeiter mit an Bord sind, weil diese meist noch keinen unmittelbaren Mandantenkontakt haben und Arbeiten im Team mit den A-Mitarbeitern erledigen. Mit der Zeit aber werden **B-Mitarbeiter** sukzessive die operative **Arbeit allein übernehmen** und Mandanten unmittelbar betreuen. Was passiert dann? Im besten Fall werden sich die Mandanten über das gesunkene Leistungsniveau beschweren und der Inhaber oder Partner kann eingreifen. Im schlimmsten Fall berichten die Mandanten Dritten über ihre Unzufriedenheit und suchen sich möglicherweise einen neuen Steuerberater.

Wenn die Geschichte hier enden würde, wäre sie teuer genug. Aber sie endet nicht hier, weil möglicherweise **B-Mitarbeiter** inzwischen die Rolle übernommen haben, **neue Mitarbeiter einzuarbeiten.** Neue (talentierte) Mitarbeiter arbeiten aber nun einmal nicht gerne für und mit Kollegen, die weniger talentiert sind. Das kann zur Folge haben, dass die neuen – möglicherweise sogar außergewöhnlich talentierten – Mitarbeiter frustriert sind und die Kanzlei alsbald wieder verlassen. Den schmerzlichen personellen Verlust über die Akquisition neuer talentierter Mitarbeiter auszugleichen, führt nur dann zum Ziel, wenn Sie gleichzeitig gemeinsam mit Ihren – inzwischen älteren – B-Mitarbeitern einen Weg finden, diese für die Entwicklung der Kanzlei nicht hinnehmbare Situation zu bereinigen.

152 Eine – vielleicht die einzige – Alternative, die negativen Folgen der Durchschnittlichkeit zu vermeiden, besteht darin, **nur die talentiertesten Mitarbeiter einzustellen.** Viele von Ihnen werden jetzt denken: „Mir wäre schon geholfen, wenn ich überhaupt Mitarbeiter finden würde ...". Wenn auch Ihnen dieser Gedanke gerade spontan in den Sinn gekommen ist, so stellen Sie sich einmal in selbstkritischer Reflexion folgende Fragen:

▶ Was mache ich (als Inhaber oder Partner) täglich dafür, dass sich die derzeitigen Mitarbeiter optimal entwickeln können?

▶ Was unternimmt die Kanzlei, um am Arbeitsmarkt als attraktiver Arbeitgeber wahrgenommen zu werden?

▶ Wie oft hat in den letzen drei Jahren ein Mitarbeiter einen neuen Mitarbeiter geworben (weil der Job in der Steuerberatung so herausfordernd, spannend etc. ist)?

▶ Wie oft haben wir in den letzten Jahren aus Not und in Eile Mitarbeiter eingestellt?

▶ Was würde es für unser Steuerberatungsunternehmen bedeuten, wenn wir die Suche nach den besten und talentiertesten Mitarbeitern kontinuierlich betreiben würden?

Gerade eben haben wir eine der **Schlüsselaufgaben** für Inhaber und Partner von Steuerberatungskanzleien definiert. Wenn Sie an Höchstleistung in Ihrer Kanzlei interessiert sind, kommen Sie nicht daran vorbei, **Durchschnittlichkeit** zu **vermeiden,** und zwar auf allen Feldern. Vor allem auch im personellen Bereich!

e) Leistungsschwache Mitarbeiter – was tun?

153 Eine der größten **Herausforderungen** des **Managements** besteht darin, leistungsschwache Mitarbeiter zu besseren Ergebnissen zu führen. Im Folgenden möchte ich Ihnen eine Prozedur vorstellen, die mit Fragen, Feststellungen und Schritt-für-Schritt-Anweisungen ein Monitoring ermöglicht, auf dessen Grund-

lage leistungsschwache Mitarbeiter entwickelt werden können. Im Einzelnen sieht das abgestufte **Vorgehen** so aus:

▶ Bestehen klare **Erwartungen** gegenüber dem Mitarbeiter – und kennt er diese Erwartungen? Falls der Mitarbeiter Ihre Erwartungen nämlich nicht kennt, ist es für ihn nahezu unmöglich, sie zu erfüllen.

154

▶ Oft wird das Leistungsproblem verdrängt. **Managen** heißt aber, handeln wenn noch kein Druck besteht. Handeln Sie also rasch, wenn Sie mit der Leistung Ihres Mitarbeiters nicht zufrieden sind.

▶ Sind die Gründe für schlechte Leistung bekannt? Hier eine Auswahl möglicher **Ursachen** für **Leistungsdefizite:**

- Schwierigkeiten im privaten Umfeld (Scheidung, Alkoholismus, Depressionen, Sorgen um die Kinder etc.)
- Der Mitarbeiter ist körperlich und psychisch ausgebrannt und empfindet die Arbeit nicht mehr als spannende Herausforderung.
- Angst vor Fehlern beim Ausprobieren neuer Wege und Karrierefortschritten.
- Der Mitarbeiter entscheidet sich für mehr Lebensqualität und will nicht mehr Energie oder auch Zeit in die Arbeit investieren.
- Mandatskündigung oder Geschäftsrückgang speziell im Aufgabenbereich des Mitarbeiters.
- Der Mitarbeiter wurde in seinem Aufgabenbereich zu wenig eingesetzt und auch zu wenig gefordert.
- Der Mitarbeiter ist gestresst, weil sein Zeitmanagement verbesserungsfähig ist oder er ineffizient arbeitet, weil er z. B. falsche Schwerpunkte setzt.
- Der Mitarbeiter weiß eigentlich nicht was er tun soll, um erfolgreich zu sein.
- Der Mitarbeiter ist schlecht geführt.
- Der Mitarbeiter ist tatsächlich inkompetent.

▶ Bevor Sie nicht den Grund der Leistungsschwäche kennen, können Sie keine Leistungssteigerung erwarten. Meist hat schlechte Leistung nichts mit den fachlichen Fähigkeiten des Mitarbeiters zu tun. Sie sollten das Monitoring mit **informellen Gesprächen** einleiten, um mehr über mögliche **leistungshemmende Faktoren** zu erfahren. In diesen informellen Gesprächen bieten Sie dem Mitarbeiter Hilfe und Unterstützung an und vereinbaren mit ihm Maßnahmen, die eine Verbesserung der Situation erwarten lassen.

155

III. Leistung aus Leidenschaft

▶ In der Folge beobachten Sie das das Verhalten des Mitarbeiters. Falls sich keine Verbesserungen ergeben, müssen Sie handeln, bevor sich das Problem wie oben beschrieben auswächst.[1] Also führen Sie auf dieser Stufe des Prozesses ein **Gespräch** mit dem Mitarbeiter zu den **Gründen** für die **schlechten Arbeitsleistungen**. Vereinbaren Sie Verbesserungsmaßnahmen und bieten Sie ihm Unterstützung an. Beobachten Sie wieder das Verhalten des Mitarbeiters.

▶ Falls sich keine Verbesserung einstellt, kündigen Sie ein **weiteres Gespräch** an, für das der **Mitarbeiter** geeignete **Vorschläge** entwickelt, mit denen sich das Defizit beheben lässt. Üblicherweise reagiert der Mitarbeiter auf diesen Auftrag zurückhaltend bis ablehnend. Bleiben Sie gleichwohl im Mitarbeitergespräch positiv eingestellt, denn im Kern geht es darum, das Entwicklungspotenzial des Mitarbeiters im wohlverstandenen beiderseitigen Interesse auszuloten. Welche Ideen liefert der Mitarbeiter? Das angestrebte Ergebnis ist ein vom Mitarbeiter selbst erstellter Maßnahmenplan für Leistungsverbesserungen.

▶ Einen leistungsschwachen Mitarbeiter zu entwickeln, ist eine extrem fordernde Führungsaufgabe, die auf der letzten Stufe weitere Mitarbeitergespräche (Follow Ups) sowie systematisches regelmäßiges **Coaching** beinhaltet. Nehmen Sie Verbesserungen wahr, sollten Sie dies dem Mitarbeiter sofort mitteilen, um seine Motivation zu stärken.

156 Sollte trotz aller Maßnahmen keine Leistungsverbesserung eintreten, ist eine Trennung die für beide Seiten beste Lösung. Sind Sie nun nach allem der Auffassung, dass dieser Führungsstil äußerst anstrengend ist, dann lautet meine Antwort: „Herzlich willkommen in der Welt des Managements!"

f) Eine energiegeladene Kanzlei

157 Mitarbeiter, die mit Elan, Energie und Engagement etwas erreichen möchten. Wünschen Sie sich ein solcherart gepoltes Team auch für Ihre Kanzlei? Auf dem Weg dorthin müssen Sie sich echten Herausforderungen stellen. Mit den Antworten auf diese **fünf Fragen** laden Sie Ihre Kanzlei energetisch auf:

▶ Welchen durchschlagenden Erfolg wollen wir erreichen?
▶ Welches komplexe Problem wollen wir lösen?
▶ Welche Dienstleistung wollen wir entwickeln, die es bisher noch nicht gab?
▶ Welchen Mitkonkurrenten wollen wir übertreffen?

---

1 Siehe oben Rn. 151 f.

5. Andere zu Höchstleistungen führen

- Haben wir ausreichend Energie und Leidenschaft, etwas Außergewöhnliches zu Stande zu bringen?

Um hohe Ziele zu erreichen, müssen in ausreichender Anzahl **leistungsorientierte Menschen** gewonnen werden, die sich den Herausforderungen stellen, echte Mitstreiter. Es geht nicht darum, sofort alle im Team für diese Idee zu begeistern. Eine kritische Masse Entschlossener reicht. Sie zieht den Rest mit.

Ideen für eine **energiegeladene Kanzlei** gibt es genug. Hier zwanzig davon zur Auswahl, um Sie zu inspirieren:

- Veranstalten Sie Erlebnistage außerhalb der Kanzlei (Ausflüge, Reisen, Aktivitäten, etc.).
- Bewerben Sie gegenüber Ihren Mitarbeitern kontinuierlich Ihre eigene Kanzlei.
- Kreieren Sie Merchandising-Produkte für Ihre Kanzlei.
- Schaffen Sie „Momente der Freude".
- Essen Sie als Gruppe täglich gemeinsam zu Mittag.
- Gestalten Sie einen „Kanzleitag" nur für Ihre Mitarbeiter.
- Gestalten Sie einen „Charity-Tag", an dem Ihre Kanzlei sich verpflichtet, einer sozial orientierten Organisation aus Ihrer Umgebung zu helfen.
- Gestalten Sie eine Auszeichnung für außerordentliche Leistungen Ihrer Mitarbeiter. Der Gewinner wird durch außenstehende Experten ermittelt.
- Entwerfen Sie eine selbstkritische, satirische und lustige Kanzleizeitung.
- Gestalten Sie Spontan-Veranstaltungen, wie z. B. eine Kanzleiparty oder einen Tag der offenen Tür.
- Hören Sie nicht auf Dinge zu tun, die andere überraschen.
- Lachen Sie über Ihre eigenen Fehler und scherzen Sie gemeinsam mit Ihren Mitarbeitern.
- Bieten Sie kostenlose Massagen an, Schuhpflege, Bücherclubs, Übungsklassen, Sprachkurse, Überraschungseisbecher, einen Flipperautomaten im Wartebereich, Überraschungen zum Muttertag u.s.w.
- Organisieren Sie Kanzleipräsentationen bei Filmpremieren, bei Musikveranstaltungen oder anderen Shows.
- Komponieren Sie einen Werbesong für Ihre Kanzlei.
- Bestimmen Sie ein Budget, um den Besprechungsraum für die täglichen Meetings zu dekorieren.
- Veranstalten Sie einen Elterntag: Laden Sie die Kinder Ihrer Mitarbeiter in die Kanzlei ein.

III. Leistung aus Leidenschaft

▶ Fördern Sie großzügig die Unterhaltung für Ihre Mandanten, sei es durch Veranstaltungen in der Kanzlei oder durch kleine Aufmerksamkeiten.
▶ Gestalten Sie den Arbeitsablauf so lustvoll wie nur möglich. Der Arbeitsplatz ist der Ort, an dem Sie viel Zeit verbringen.
▶ Geben Sie regelmäßig Partys. Das erhöht die Mandantenbindung und damit auch den Umsatz.

Können Sie jetzt mein Bild zur Bedeutung von Ruder und Segel für den Erfolg einer Steuerberatungskanzlei besser nachvollziehen?[1] Mehr **Enthusiasmus, Energie, Freude** und ein bisschen weniger Vernunft, Analyse und Kontrolle bringen die Kanzlei schneller und sicherer voran. Leistung aus Leidenschaft ist die Folge, wenn Sie bereit sind, für dieses Ziel selbst sehr viel zu tun.

Ein Fan sagte zu Vanessa Mae, der britischen Violinistin: „Ich würde mein Leben dafür geben, wenn ich so gut Geige spielen könnte." Vanessa Mae antwortete: „Ich habe mein Leben dafür gegeben!"

159 Ich schließe dieses Kapitel mit den Versen von Khalil Gibran (1883 – 1931), auf die ich Sie bereits eingangs auszugsweise hingewiesen habe.[2]

Von Vernunft und Leidenschaft
Und die Priesterin sprach wieder und sagte:
Sprich zu uns von Vernunft und Leidenschaft.
Und er antwortete:
Eure Seele ist oft ein Schlachtfeld,
auf dem eure Vernunft und euer Urteilsvermögen
Krieg führen mit eurer Leidenschaft
und euren Gelüsten.
Gerne wäre ich der Friedensstifter in eurer Seele,
um den Missklang und den Wettstreit in euch
in Harmonie und Einheit zu verwandeln.
Aber wie wird es mir gelingen,
wenn ihr nicht selbst
auch die Friedensstifter,
ja, sogar die Liebenden
eurer verschiedenen Seiten seid?
Eure Vernunft und eure Leidenschaft
sind Ruder und Segel eurer zur See fahrenden Seele.
Sind Segel oder Ruder gebrochen,

---

1 Siehe oben Rn. 114.
2 Siehe oben Rn. 113.

*werdet ihr hin und her geworfen
und abgetrieben,
oder ihr werdet zum Stillstand
auf der Mitte des Meeres kommen.
Wenn die Vernunft allein regiert,
ist sie eine Macht, die gefangen setzt.
Und eine unbeaufsichtigte Leidenschaft
ist eine Flamme, die sich selbst zerstört.
Darum lasst eure Seele
eure Vernunft zur Höhe der Leidenschaft erheben,
dass sie singen kann.
Und lasst die Seele die Leidenschaft
mit Vernunft dirigieren,
damit eure Leidenschaft
durch ihre tägliche Auferstehung lebendig bleibt,
und wie ein Phönix aus der Asche aufsteigt.
Betrachtet euer Urteilsvermögen und eure Gelüste
wie zwei geliebte Gäste in eurem Haus.
Sicherlich würdet ihr nicht einen Gast
höher als den anderen behandeln,
weil der, der sich einem mehr zuwendet,
die Liebe und den Glauben beider verliert.
Wenn ihr zwischen den Hügeln
im kühlen Schatten der weißen Pappeln sitzt
und den Frieden und die Gelassenheit
ferner Felder und Wiesen teilt,
dann lasst euer Herz in Stille sagen,
„Gott ruht in der Vernunft".
Und wenn der Sturm kommt,
und der gewaltige Wind den Wald schüttelt,
und Blitz und Donner
die Majestät des Himmels ausrufen,
dann lasst eurer Herz in Ehrfurcht sagen,
„Gott bewegt sich in der Leidenschaft".
Und weil ihr ein Atemzug in Gottes Welt seid
und ein Blatt in Gottes Wald,
darum sollt auch ihr
in Vernunft ruhen,
und euch mit Leidenschaft bewegen.*

IV. Die Macht des Unterschieds

Fünfzehn Jahre nach Abschluss des Studiums treffen sich zwei ehemalige Kommilitonen anlässlich eines Wirtschaftskongresses wieder. Der eine, ausgebildeter Business-Coach und Top-Unternehmensberater in Sachen Strategieentwicklung und Marketing bei einer renommierten Consulting-Firma, ist als Experte einer der Referenten bei der Veranstaltung; der andere ist Steuerberater auf dem Sprung in die Selbständigkeit und möchte als Zuhörer mehr zu Managementfragen und Unternehmensentwicklung erfahren. Nach dem kurzen Austausch von Erinnerungen an lang vergangene Hochschulzeiten wenden sie sich ihrer aktuellen beruflichen Situation zu. Der Steuerberater berichtet von seiner Absicht, sich selbständig zu machen, worauf sich folgendes Gespräch entwickelt.

160

Business Coach: Wow, das klingt ja klasse, dass du den Sprung in die Selbständigkeit wagst. Erzähl ein bisschen mehr davon.

Steuerberater: Eigentlich gibt es nicht viel zu erzählen. Ich habe zehn Jahre lang in renommierten Kanzleien gearbeitet und nun möchte ich mit einigen meiner Kollegen weg. Ich werde mit ihnen meine eigene Kanzlei hier in der Stadt gründen.

BC: Wäre es o.k., wenn ich dir einige Fragen stelle, um die Realisierbarkeit und das Potenzial deiner neuen Kanzlei abschätzen zu können. So könnte ich dir bei der Entwicklung deiner Marketingstrategie helfen. Bist du bereit?

StB: Sehr gerne, als Steuerberater habe ich ja keine Erfahrung mit Marketingstrategien, darum bin ich ja hier.

BC: Wie groß ist der Markt für Steuerberater in der Region?

StB: Das weiß ich nicht. Und, ehrlich gesagt, ich habe auch nicht vor, es herauszufinden. Ich meine, es ist nicht notwendig, das zu wissen, weil es nicht wirklich wichtig ist. Es sollte doch ausreichen, dass es genügend potenziell beratungsbedürftige Unternehmen gibt, um eine Kanzlei zu eröffnen und sie sukzessive zu vergrößern.

BC: O.k. Weißt du, welchen Marktanteil du mit deiner Firma erreichen willst?

StB: Keine Ahnung. Ich nehme mal an, dass er, zumindest für ein paar Jahre, unter 3 % hier in der Region liegen wird.

BC: Gut. Gibt es konkurrierende Steuerberatungsunternehmen auf diesem Markt?

StB: Ja, und sie machen das größtenteils sehr gut.

BC: Inwiefern werden die Leistungen, die ihr anbieten werdet, einzigartig und anders als die der anderen Wettbewerber sein?

StB: Werden sie nicht. Ich werde im Großen und Ganzen die gleichen Dienstleistungen anbieten wie die anderen Kanzleien. Dabei werde ich mich auf mein Fachgebiet konzentrieren. Die Partner, die mit mir anfangen, werden das ebenfalls so handhaben. Steuerberatung, Jahresabschlüsse und Beratung bei typischen Vorgängen wie Rechtsformentscheidungen, Übergaben etc.

BC: Verstehe. Mit welchen Maßnahmen der Marktforschung werdet ihr untersuchen, wie ihr eure Kanzlei und eure Dienstleistungen richtig gegen die Konkurrenz positioniert?

StB: Mit gar keinen. Wir werden uns nicht an den Meinungen des Marktes orientieren, um zu erfahren, was die potenziellen Kunden von einer Kanzlei erwarten. Wenn wir versuchen, etwas anderes zu sein, als wir sind, wirken wir nicht mehr authentisch und das wollen wir nicht. Was wir täglich in unserem Beruf leisten, wird eher wahrgenommen als das, was wir sagen. Wir werden also einfach wir selber sein und diese Botschaft in unseren Marketingunterlagen vermitteln. Dann werden wir unablässig versuchen, unseren Versprechen durch perfekten Service gerecht zu werden.

BC: Also werdet ihr keine Marktforschung betreiben, um das Image eurer Kanzlei und eure Marke zu gestalten?

StB: Nein, wir sehen das so: Keiner mag Politiker, die ihre Wähler befragen, um dann ein politisches Programm zu entwickeln, das dem Zeitgeist entspricht. Menschen wünschen sich von ihren gewählten Vertretern vielmehr Aufrichtigkeit und feste Grundüberzeugungen. Dasselbe, so meinen wir, gilt auch für Freiberufler wie beispielsweise Steuerberater. Natürlich können wir der Form halber unsere Mandanten befragen, um sicherzugehen, dass sie mit den Dienstleistungen, die sie erhalten, zufrieden sind, und basierend auf den Ergebnissen der Befragungen unsere Arbeitsweise anpassen.

BC: Könnt ihr eure Konkurrenz preislich unterbieten, um an Marktanteile zu kommen?

StB: Nein, und das würden wir auch nicht wollen. Unser Service ist von höchster Qualität, unsere Mitarbeiter sind top ausgebildet. Damit sind wir unseren Preis wert. Es ist also angemessen, dass wir hohe Honorare verrechnen.

BC: Wenn eure Kanzlei gut läuft und ihr einen gewissen Marktanteil habt, was wird andere Kanzleien davon abhalten, einen ähnlichen Service anzubieten und euch damit Mandanten abzuwerben?

StB: Nichts wird andere Kanzleien davon abhalten, ähnliche Dienstleistungen anzubieten oder unsere Mandanten abzuwerben. Um unsere Mandanten zu halten, werden wir unsere besten Mitarbeiter an uns binden, sodass wir großartige Arbeit leisten, stets unsere Kosten im Blick haben und uns bemühen, die Erwartungen unserer Mandanten täglich zu übertreffen.

BC: Das klingt ja richtig toll. Ich wünsche dir viel Glück und Erfolg mit deiner Kanzlei. (Dabei denkt er sich: „So wirst du es nie schaffen".) Und jetzt muss ich los, meine Zuhörer warten auf mich.

Der Business-Coach sieht die Zukunft der Kanzlei seines Studienfreundes vermutlich nicht besonders rosig. Jede erfolgsentscheidende Kernfrage, die man ihm in seiner Ausbildung zu stellen beigebracht hat, wurde falsch beantwortet oder – wegen angeblich fehlender Relevanz – als unerheblich qualifiziert. Zweifelsfrei kann die beabsichtigte Kanzleigründung – aus seiner Sicht – keinen Erfolg haben. Wird er mit dieser negativen Einschätzung Recht behalten? Oder ist der angehende Kanzleigründer auf dem richtigen Weg? Am Ende dieses Kapitels werden Sie die Frage beantworten können.

1. Mythos Differenzierung in der Steuerberatung

In unserem Wirtschaftsleben gleicht sich alles in immer stärkerem Maß an: Produkte, Dienst- und Serviceleistungen, ja sogar Unternehmensstrategien. Kunden fällt es bei der Fülle **kaum** noch **markant unterscheidungskräftiger Angebote** zunehmend schwerer, sich argumentativ für einen bestimmten Anbieter zu entscheiden. Unternehmen stecken eine Menge Geld, Zeit und Energie in die Differenzierung ihrer Produkte, Dienst- und Serviceleistungen gegenüber den Angeboten ihrer Mitbewerbern. „Differenzieren oder verlieren"[1], so lautet die Maxime. Wer sich nicht unterscheidet, kann nur über den Preis am Markt bestehen. Wer jedoch vom Preis lebt, kann am Preis sterben.

Wie jedes andere Unternehmen steht auch eine Steuerberatungskanzlei vor der Herausforderung, ihren Mandanten und potenziellen Kunden gute Gründe dafür zu liefern, warum sie – und nicht ein anderer Steuerberater – die richtige

---

[1] Jack Trout, Differenzieren oder verlieren – So grenzen Sie sich vom Wettbewerb ab und gewinnen den Kampf um den Kunden.

Wahl ist. Für die Entwicklung einer **Differenzierungsstrategie** in der **Steuerberatung** stellen sich die folgenden Fragen:

- ▶ Greifen bekannte Differenzierungsmethoden auch bei Wissens- und Servicedienstleistungen?
- ▶ Welche Wirkung hat ein unterscheidungskräftiges Kanzleiprofil überhaupt?
- ▶ Wollen Mandanten wirklich einen Steuerberater, der sich von den anderen unterscheidet?
- ▶ Ist eine Differenzierung daher sinnvoll und notwendig? Falls ja, wie und in welchem Ausmaß?
- ▶ Reicht es nicht aus, „etwas" einfach besser zu können?
- ▶ Sind es nicht die Menschen, die den Unterschied ausmachen?
- ▶ Was kann eine Steuerberatungskanzlei tatsächlich tun, um für attraktive Mandanten die beste Alternative zu sein?

Diesen Fragen widmet sich dieses Kapitel. Das fiktive Gespräch zwischen Business-Coach und Steuerberater diente als erster Denkanstoß.

a) Abschied vom einzigartigen Verkaufsargument?

164 Das einzigartige Verkaufsargument (Unique Selling Proposition – USP), das ein Angebot wegen der mit ihm verbundenen Produktvorteile aus der grauen Masse aller anderen mehr oder weniger gleichförmigen Angebote heraushebt, ist ein viel benutzter Marketingbegriff. Unbestritten ist die enorme verkaufsfördernde Wirkung eines USP, unbestritten ist aber auch die Schwierigkeit, die Stufe der Einzigartigkeit zu erreichen und sich dort dann auch dauerhaft zu halten. Gleichwohl sehen auch viele **Steuerberater** in einer **Differenzierungsstrategie** über Alleinstellungsmerkmale einen Erfolg versprechenden Weg, sich erfolgreich im Markt zu positionieren.[1]

Doch sehen das die **Mandanten,** für die die Marketingbotschaften ja schließlich entwickelt werden, genauso? Neuere Studien aus den USA, Deutschland und Österreich kommen hier zu erstaunlichen Ergebnissen, die die bisher geltenden Grundsätze zur Bedeutung von Alleinstellungsmerkmalen in Frage stellen.

---

1 Bei einer Kurzumfrage im Rahmen des Kanzlei.Management.Forums stimmten über 90 % der Befragten dieser Aussage zu.

aa) Erste Studie: How Clients Buy – USA[1]

In regelmäßigen Abständen werden mehrere tausend Entscheider in US-amerikanischen Unternehmen nach den für sie maßgeblichen Kriterien für die **Auswahl** eines **freiberuflichen Dienstleisters** befragt. Im Wesentlichen, so das Ergebnis der Studie, sind für die Auswahlentscheidung die folgenden zwölf Punkte relevant:[2]

165

- **Verlässlichkeit – Reliability.** Halte deine Versprechen. Das ist der erste Punkt. Wenn doch nur meine bisherigen Steuerberater ihre Zusagen eingehalten hätten!

- **Erreichbarkeit – Accessibility.** Sei für mich da, wenn ich dich brauche.

- **Wirksamkeit – Impact.** Hilf mir bei der Auswahl deines Leistungsangebots, sodass ich dadurch mehr Erfolg in meinem Unternehmen habe.

- **Passgenaue Leistungen – Fit.** Passe deine Leistungen an meine spezifischen Wünsche an. Und falls du einmal nicht die passende Leistung hast, hilf mir, den richtigen Berater dafür zu finden. Versuche nicht, mir Leistungen zu verkaufen, die nicht meinen Bedürfnissen entsprechen.

- **Bedeutung – Importance.** Gib mir das Gefühl, das ich als Mandant wichtig für dich und dein Team bin.

- **Service – Service.** Ich erwarte eine ausgezeichnete Leistung kombiniert mit einem tollen Service.

- **Umsicht – Prudence.** Sei vorsichtig und erledige deine „Hausaufgaben", bevor du mir Ratschläge erteilst.

- **Aktualität – Research.** Sei immer über die neuesten Entwicklungen in deiner und meiner Branche informiert.

- **Zuhören – Listening.** Verstehe mein Geschäft, mein Team und meine Kunden, damit du mir nützliche Ideen für mein Unternehmen liefern kannst.

- **Lernen und Entwickeln – Teaching.** Hilf mir zu verstehen, was du tust. Ich bin vielleicht kein Experte im Steuerrecht, aber intelligent und treffe die Entscheidungen. Hilf mir zu verstehen, was sich in deinem Gebiet tut, sodass ich dieses Wissen für mein Unternehmen verwenden kann.

- **Effizienz – Business Management.** Arbeite effizient und optimiere deine Abläufe, damit ich nicht für deine Ineffizienz bezahle.

---

[1] Michael Schultz/John Doerr/Andrea Meacheam, How Clients Buy: The Benchmark Report on Professional Services Marketing and Selling from the Client Perspective, 2008.
[2] Sinngemäße Übersetzung aus der US-Studie „How Clients Buy".

► **Beziehung – Relationship Management.** Sei freundlich und fair zu mir. Sprich regelmäßig mit mir. Behandle mich wie einen Menschen.

166 Als Fazit dieser Untersuchung ist festzuhalten, dass es ausschließlich **Basismerkmale** sind, die von den Entscheidungsträgern eingefordert werden. Von Alleinstellung, Unterscheidung und Besonderheit ist nicht die Rede. Eine Besonderheit der Verhältnisse in den USA? Ich glaube nicht, wie die nächsten beiden Studien zeigen.

bb) Zweite Studie: Brennpunkt Steuerberatung – Deutschland[1]

167 Auf die Frage „Welche **Eigenschaften** schätzen Sie an Ihrem **Steuerberater** besonders?" antworteten deutsche Unternehmer:

► Stets ein kompetenter Ansprechpartner für Steuerfragen sein
► Auf Vorteile für den Mandanten hinweisen
► Alternative aufzeigen
► Sich die notwendige Zeit nehmen
► Flexibel auf Wünsche reagieren
► Gut erreichbar sein und auch Hausbesuche anbieten
► Viel für seine Mandanten „rausholen"
► Zu 100 % zuverlässig sein
► Nicht zu „teuer" sein (stimmiges Preis-Leistungsverhältnis)

Das **Resümee** der Studie sollte man sich Wort für Wort auf der Zunge zergehen lassen:

„ ... *Der Wunsch-Steuerberater der befragten Mandanten ist laut Studie zuverlässig und für sie gut erreichbar, er nimmt sich für sie angemessen Zeit und unterbreitet von sich aus sinnvolle Lösungsvorschläge, die er verständlich und prägnant erklärt. Mandanten schätzen es auch, wenn Steuerberater und ihr Team es verstehen, eine freundliche, zuvorkommende Atmosphäre in der Kanzlei herzustellen* ..."

168 Das Resümee wirft viele Fragen auf: Ist die Erwartungshaltung des Mandanten an den Steuerberater tatsächlich viel bescheidener als allgemein unterstellt? Wird man also schon zum Ideal-Steuerberater, wenn man die für eine geordnete Beziehung zum Mandanten zu fordernden Selbstverständlichkeiten erfüllt? Kann man also (schon) **mit grundsätzlichen Leistungskriterien punkten**? Oder ist dieses Ergebnis auf die Besonderheiten im Beratermarkt in Deutschland zurückzuführen? Antworten Unternehmer in Österreich, wo der Steuerbe-

---

[1] Maria A. Musold, Brennpunkt: Steuerberater. Der Wettbewerbsfaktor Servicequalität: Fakten, Trends, Empfehlungen, Perspektiven. Straßenberger Konsens-Training®, 2008.

ratungsmarkt in Sachen Wettbewerbsrecht deutlich deregulierter als in Deutschland ist, anders? In jedem Fall zeigt auch diese Studie, dass nach Auffassung der befragten deutschen Unternehmer der Gesichtspunkt der unterscheidungskräftigen Differenzierung keine Bedeutung hat.

cc) Dritte Studie: Umfrage der Kammer der Wirtschaftstreuhänder – Österreich[1]

Diese aufwändige Meinungserhebung, bei der sowohl Steuerberater als auch Mandanten anonym zu branchenrelevanten Problemen befragt wurden, führte im Zusammenhang mit der hier erörterten Frage zu einem verblüffenden Ergebnis: „Steuerberatung" und „Vertretung bei Betriebsprüfungen" wurden von Mandanten mit großem Vorsprung als jene **Leistungsbereiche** genannt, die in Zukunft wichtiger werden. Die Leistungsbereiche „Planungsrechnung, Budgetierung und Controlling", „Gründungs- und Umgründungsberatung", „Unternehmensberatung", die von vielen Steuerberatern als ertragreiche zukünftige Geschäftsfelder gesehen werden, folgten nach der Bedarfseinschätzung der Mandanten den **Kernkompetenzen** mit deutlichem Abstand.

169

Fazit: Die Botschaft der Mandanten ist ziemlich eindeutig und klar: „Liebe Steuerberater, macht das, was ihr auf dem Kanzleischild stehen habt, einfach gut. Weitere Leistungen bzw. Differenzierungsmerkmale spielen für uns nur eine sekundäre Rolle."

b) Was nun? Was tun?

Die beschriebenen Ergebnisse der Studien sind aber kein Anlass, sich entspannt zurückzulehnen. Denn der durchaus mögliche Schluss aus den drei Studien, mit der Erfüllung von Grundleistungsmerkmalen sei eine Kanzlei dauerhaft überlebensfähig, ist nur zum Teil richtig. Bei der Bewertung der Ergebnisse ist nämlich zu berücksichtigen, dass Marktstudien, Befragungen und Analysen im Grunde wie ein Rückspiegel beim Autofahren funktionieren. Und der zeigt nur, was war und nicht das, was sein wird – und das auch noch aus verzerrter Perspektive, denn Objekte im Rückspiegel erscheinen dem Betrachter näher als sie es tatsächlich sind. Ich gehe davon aus, dass die genannten **zukunftsorientierten Geschäftsfelder** – vor allem in der betriebswirtschaftlichen Beratung – auf breiter Front schneller wachsen werden, als dies im Moment den Anschein hat.

170

---

1 Kammer der Wirtschaftstreuhänder, Wien, im März 2007 – an der Gestaltung dieser Umfrage durfte ich mitarbeiten.

Die Grundleistungsmerkmale der Steuerberatung, das **Kerngeschäft,** bilden dabei die wirtschaftliche Basis, die ein organisches Wachstum hin zu den neuen Geschäftsfeldern erst ermöglicht. Diese Basis zu festigen, kommt deshalb eine entscheidende Bedeutung zu. Das zu erreichen ist schwierig genug und – so meine Einschätzung – bereits ein vom Markt wahrgenommenes **Unterscheidungsmerkmal.** Das ist eine wesentliche Erkenntnis aus den Studien. Und erst wenn das Kerngeschäft funktioniert, sollte über weitere Unterscheidungs- und Alleinstellungsmerkmale entschieden werden.

2. Sich unterscheiden – ein Erklärungsmodell

171 Ich möchte Ihnen im Folgenden eine sehr persönliche Erklärung für die „Macht des Unterschieds" in der Steuerberatung geben. Zugegeben, das von mir vorgestellte Modell hat keine statistisch belastbare Grundlage, es gründet auch nicht auf einem exakten wissenschaftlichen Fundament oder einer ausdifferenzierten Methodik. Die Basis des Erklärungsversuchs bilden vielmehr **Beobachtungen,** die ich in meiner langjährigen **Beratungspraxis** gemacht habe. Diese Erkenntnisse lassen sich nach meiner Einschätzung zu einem schlüssigen Erklärungsmodell verdichten.

Das Modell ermöglicht – in einem strukturierten Prozess – eine **schrittweise Annäherung** an die zu Ihrer Kanzlei passenden **Unterscheidungsmerkmale** einschließlich einer Beurteilung der Wirksamkeit der vorgeschlagenen Profilierungsmaßnahmen. Das Schaubild stellt die drei Aktionsfelder dar:

- ▶ Die erste Möglichkeit, sich zu unterscheiden, ist **„alles einfach gut zu machen"**. Das bedeutet, die bekannten Erwartungen, die Mandanten an den Steuerberater explizit stellen, exzellent zu erfüllen.[1]
- ▶ Die zweite Möglichkeit der unterscheidungskräftigen Profilierung besteht darin, **„etwas besser zu machen"** als die anderen Kanzleien im Marktumfeld. Spezialisierung, Fokussierung, Nischenpolitik und die Identifizierung profitabler Mandantensegmente sind dafür unerlässlich.[2]
- ▶ Die dritte Option besteht darin, **„es mit den besten Mitarbeitern zu machen"**. Gleich, wie und was sie anbieten, wenn Sie die besten Mitarbeiter haben, unterscheidet sich Ihre Kanzlei vom Rest. Voraussetzung ist eine hohe Kompetenz in der Mitarbeiterführung und -entwicklung.[3]

Jeder der drei vorgestellten Wege führt verlässlich zu Wettbewerbsvorteilen für Ihre Kanzlei. Das **Ausmaß** dieser **Vorteile** schätze ich wie folgt ein:

172

- ▶ Bei der Erfüllung eines Merkmals (z. B. „Alles einfach gut machen") unterscheidet sich Ihre Kanzlei bereits von 80 % der übrigen Kanzleien am Markt.
- ▶ Bei der Erfüllung zweier Merkmale heben Sie sich von 90 % aller Kanzleien ab.
- ▶ Gelingt Ihnen die Umsetzung aller drei Kriterien, ist Ihre Kanzlei nahezu unschlagbar und Sie differenzieren sich von 95 % des Marktes.

Es mag sein, dass Marketingexperten gegen mein Erklärungsmodell und dessen Wirksamkeit erhebliche Vorbehalte haben. Entscheidend ist letztendlich jedoch, ob es nützt. Die einzig wahrhaftige Methode dies zu überprüfen, ist das **Experiment**. Dieser Grundsatz aus der Physik gilt auch für das Kanzleimanagement. Testen und überprüfen Sie das hier vorgestellte Modell. Und beurteilen Sie erst dann dessen Wirksamkeit.

3. Alles einfach gut machen

Ein scheinbar trivialer Anspruch. Doch in letzter Konsequenz eine enorme Herausforderung. Es steht außer Frage, dass die Leistungen einer Steuerberatungskanzlei fachlich richtig sein müssen. Auf diesem Anspruch basiert ihre Existenz. **Fachliche Qualität** wird – auch wenn sie nicht immer (auf gleich hohem Niveau) gegeben ist – stillschweigend von allen Marktteilnehmern vorausgesetzt. Qualitätsmanagement ist aber nur eine Seite der Medaille. Die

173

---

1 Siehe hierzu unten Rn. 173 ff.
2 Siehe hierzu unten Rn. 194 ff.
3 Siehe hierzu unten Rn. 212 ff.

Kunst des Steuerberaters besteht vielmehr darin, nicht nur unter einem objektiv fachlichen Blickwinkel, sondern auch aus der **Sicht** des **Mandanten** „alles einfach gut zu machen". Und das verlangt mehr als ein fachlich richtiges Ergebnis.

a) Warum es Autoproduzenten leichter haben

174 Stellen Sie sich vor, dass Sie als Neuwagenkäufer durch die Werkshallen gehen und sich bei der Produktion Ihres soeben bestellten Autos beteiligen: Hier noch ein kleines Extra. Den Rückspiegel bitte weiter unten anbringen. Die Sportsitze vom alten Auto einbauen. („Ich habe mich so an sie gewöhnt.") Wäre nicht die Elektronik des Premium-Modells vorzuziehen? Dazwischen ein kurzes Gespräch mit den freundlichen Mitarbeitern am Fließband, die Produktion Ihres Autos vorzuziehen, weil „es so pressiert." „Könnten wir eine Probelackierung vornehmen, damit ich mir den Metallic-Effekt besser vorstellen kann?" Sie legen beim Einbau des Motors selbst Hand an. Eine groteske, **bizarre Situation** dieses Szenario einer **„interaktiven Autoproduktion"** unter Beteiligung des Kunden. Denn letztlich ist jedem klar, dass eine solche Organisation des Produktionsprozesses niemandem nützt. So müsste der Autohersteller z. B. ungleich höhere Preise für seine Autos verlangen und gleichzeitig würde die Qualität sinken.

175 Was für einen Autoproduzenten unvorstellbar ist, ist für **Steuerberatungskanzleien** Alltag! Hier ist der **Mandant** am **„Produktionsprozess"** beteiligt. Nicht nur, dass er sich (ungefragt) immer wieder einmischt, Fakt ist, dass er integrativer und notwendiger Bestandteil der „Produktion" von Lohnabrechnungen, Buchhaltungen, Jahresabschlüssen und Steuererklärungen ist. Ohne seine Mitarbeit – in unterschiedlicher Intensität – kann die Dienstleistung gar nicht erbracht werden.[1]

b) Qualitätsmanagement in der Steuerberatungskanzlei

176 Ich bin überzeugt, dass das Managen der Qualität eine unverzichtbare Bedingung für den Kanzleierfolg ist. Immer wieder erzähle ich in meinen Vorträgen von McDonalds als Sinnbild für die Standardisierung von Prozessen zur Erreichung einer einheitlich hohen Qualität. Immer öfter nehme ich allerdings wahr, dass der Einsatz von Werkzeugen des Qualitätsmanagements in Steuerberatungskanzleien **überbetont** und auch in seiner **Wirkung überschätzt** wird. Manche Kanzleien scheinen inzwischen dem Credo zu folgen, dass Qualitäts-

---

[1] Zum Management von „Mandanteneingriffen" siehe unten Rn. 182 f.

management alles ist, ja sogar Führung ersetzen kann. Deutsche Steuerberatungskanzleien sind hier wohl besonders gefährdet, wie ein Blick auf die doch sehr unterschiedliche Ausstattung der Muster-QM-Handbücher der Berufsvertretungen zeigt. Das Handbuch zur Qualitätssicherung des Instituts Österreichischer Steuerberater ist ein schmaler Ordner mit rund 100 Vorlagen, Mustern und Checklisten. Das vergleichbare deutsche Musterwerk zur Qualitätssicherung ist eine echte Herausforderung mit einem geschätzten 10- bis 15-fachen Umfang des österreichischen QM-Handbuchs.

Der „Dokumentationswahn" in der Wirtschaftsprüfung – ich entschuldige mich für diesen Begriff bei allen Wirtschaftsprüfern – schlägt mehr und mehr auf die Steuerberatung durch. Was für die Wirtschaftsprüfung durchaus noch sinnvoll sein mag, obwohl es auch hier genügend kritische Stimmen gibt, ist für Steuerberatungsleistungen in vielen Fällen purer Formalismus. Ohne Checklisten geht anscheinend gar nichts mehr. Wird kein Kontrollkästchen abgehakt, ist die Qualität der Leistung gefährdet. So der Tenor.

c) Führung, nicht Qualitätsmanagement ist gefragt

Ich bin der festen Überzeugung, dass Mitarbeiterführung nicht an das Qualitätsmanagement delegiert werden kann. Auch noch so detaillierte Handbücher ersetzen nicht das **Anleiten, Einschulen, Begleiten, Fordern** und **Fördern** eines neuen Mitarbeiters. Selbstverständlich braucht eine Kanzlei Arbeitshilfen, mit denen immer wiederkehrende Prozesse standardisiert bearbeitet werden. Man muss sich allerdings als Chef bewusst sein, dass eine Checkliste nicht das Gespräch über die Qualität der Arbeit ersetzen kann.

177

Beschränken Sie auch die Anzahl der Checklisten und Muster auf das unvermeidbar Notwendige. Kommt es in Ihrer Kanzlei vor, dass gewisse Checklisten von einzelnen Mitarbeitern nicht verwendet oder nach der Erledigung des Auftrags „en bloc" abgehakt werden? Gibt es vielleicht sogar Checklisten, die nie verwendet werden? Welche Schlüsse sind daraus zu ziehen? Eine **Checkliste** wird dann, aber auch nur dann **benötigt,** wenn Mitarbeiter danach verlangen, weil sie nützlich ist und ihnen die Arbeit erleichtert. Eine Checkliste ist entbehrlich und sollte von der Kanzleiführung schleunigst aus dem Verkehr gezogen werden, wenn sie nur selten oder nie verwendet wird.

Und auch diesen Aspekt sollten Sie als Mitglied der Führungsmannschaft zum Thema „Checklisten" im Blick haben: Wenn ein Mitarbeiter aus der Finanzbuchführung, der seit vielen Jahren 25 Mandanten betreut, was bedeutet, dass er jährlich 300 Monatsbuchhaltungen erstellt, eine Checkliste braucht, um qualitativ hochwertige Arbeitsergebnisse zu liefern, dann stimmt etwas

178

nicht! Ein **erfahrener Mitarbeiter** braucht eine ganz andere Dimension des Qualitätsmanagements und eine andere Art der Führung als ein **Berufseinsteiger**. Ein erfahrener Mitarbeiter ist das personifizierte Qualitätsmanagement. Er sollte Mängel in der Qualität aufgrund seiner Erfahrung erkennen. Hierbei verstellt ihm eine Checkliste nur den Blick auf die Optimierung des Arbeitsprozesses.

179   Welche **Konsequenzen** sind aus dieser Bewertung zu ziehen? Aufgabe der Kanzleiführung ist es, das Arbeitsumfeld eines Berufseinsteiger so zu organisieren, dass er möglichst schnell und umfassend Erfahrungen sammelt, um die Arbeitsroutinen für seinen Tätigkeitsbereich zu verinnerlichen. Das gelingt nur bedingt bis gar nicht, durch die Beachtung bzw. das Abarbeiten von Checklisten, sondern durch gezielte Mitarbeiterführung und -entwicklung. Wenn ein Mitarbeiter nach einer soliden und sauberen Einarbeitung immer noch eine Checkliste braucht, um gute Qualität zu liefern, dann liegt ein Managementfehler im Bereich der Mitarbeiterführung vor!

Ich sehe die große **Aufgabe** des **Qualitätsmanagements** darin, Arbeitshilfen zu liefern, die für alle Mitarbeiter nützlich sind, gern angewendet und ständig aktualisiert werden. Hingegen handelt es sich nicht um Qualitätsmanagement, sondern kontraproduktiven Bürokratismus, wenn aus Sorge um die Qualität der Arbeitsergebnisse die Mitarbeiter in das Korsett von Checklisten gezwungen werden, die eigenverantwortliches Entscheiden zum Wohl des Unternehmens erschweren oder sogar verhindern.

d) Probleme mit der Qualität – was tun?

180   Weisen die Arbeitsergebnisse Ihrer Kanzlei Qualitätsmängel auf, müssen Sie genau hinsehen. Stellt sich das Qualitätsproblem **kanzleiweit** oder gibt es nur bei einzelnen Mitarbeitern Defizite? In ersterem Fall kann das Qualitätsmanagement sinnvolle Lösungen liefern, im zweiten Fall ist das auf diesem Weg nicht möglich. Denn die Mitarbeiter, die sauber arbeiten, fragen sich, was denn nun die „neue Arbeitsanweisung" (so wird das oft genannt) bringen soll, sie fühlen sich gegängelt und sind frustriert. Und jene Mitarbeiter, die Schwierigkeiten haben, werden mit großer Wahrscheinlichkeit auch diese Arbeitsanweisung nicht in dem erforderlichen Ausmaß umsetzen. Im Ergebnis haben Sie dann nichts erreicht.

Qualitätsdefizite bei **einzelnen Mitarbeitern** werden behoben durch ein klärendes Gespräch mit den Betroffenen, eindeutige Zielvereinbarungen und das Nachverfolgen der Umsetzung. „Das ist ja richtig anstrengend", werden jetzt viele Chefs sagen. Sie kennen meine Antwort bereits:[1] „Herzlich willkommen in der Welt des Managements!"

e) Mit- und Vorausdenken statt Abhaken

Die Grenzen des mit Hilfe von standardisierten Checklisten organisierbaren Qualitätsmanagements liegen vor allem dort, wo der Mandant ins Spiel kommt. Ein kleines **Beispiel**: Bei den Buchhaltungsunterlagen fehlen Belege, die der Mandant noch liefern muss. Im QM-Handbuch gibt es einen stilistisch perfekten Brief zur Anforderung von beim Mandanten **steckengebliebenen Belegen**, den der Mitarbeiter auch verwendet und dann das Kästchen „fehlende Belege anfordern" auf der Checkliste abhakt. Nur – es geschieht nichts, der Mandant liefert die Belege nicht. Der Mitarbeiter schreibt im folgenden Monat wieder den perfekt formulierten Musterbrief. Und wieder geschieht nichts! So kann das über einen längeren Zeitraum gehen.

181

Der Mitarbeiter hat gemessen an den **Maßstäben** des **Qualitätsmanagements** alles richtig gemacht und kann mit gutem Gewissen von sich behaupten, im Rahmen der definierten Anforderungen eine gute Leistung erbracht zu haben. Möglicherweise steht im QM-Handbuch auch eine Anweisung, wie vorzugehen ist, wenn der Mandant angeforderte Belege nicht liefert: Ein Telefongespräch führen? Der Kanzleileitung den Vorgang melden? Einen eingeschriebenen Brief schicken? Nur – es kann die unterschiedlichsten Gründe geben, warum der Mandant die Belege nicht liefert bzw. nicht liefern kann. Das kleine Beispiel, ein alltägliches Problem mit den Mitteln des Qualitätsmanagements (Standards, Routinen, Vorlagen etc.) zu lösen, zeigt, dass die gängigen Instrumente hier häufig versagen. Dies hängt schlicht damit zusammen, dass die gesamte Variationsbreite aller denkbaren Maßnahmen, die Erfolg versprechen, in einem QM-Handbuch nicht abgebildet werden kann.

Gefragt ist in solchen Situationen vielmehr intelligentes, **am Einzelfall orientiertes Mit-** und **Vorausdenken**. Das heißt, den Mandanten gut einschätzen zu können, sich über Lieferanten oder die Bank die notwendigen Informationen zu holen, den Mandanten zu besuchen und die Belege selbst zu suchen, ein Gespräch mit dem Kanzleiinhaber/Partner zu führen etc. pp.

---

[1] Siehe oben Rn. 156.

f) Mandanteneingriffe managen

182 Der typische Mandant einer typischen Steuerberatungskanzlei greift laufend in die „Produktion" der Dienstleistungen ein: Anrufe zur Lohnabrechnung, Nachfragen zu einem Zahlungsvorgang, Gespräche über die BWA, Nachreichen von Reisespesenabrechnungen usw. Spitz formuliert ist er ein „permanenter Störfaktor" in einem ansonsten auf maximale Effizienz ausgelegten Produktionsprozess der Dienstleistungen. Das Management dieser unvermeidbaren „Eingriffe"[1] ist die Herausforderung Nummer eins, um – nicht nur objektiv, sondern auch subjektiv aus der Sicht des Mandanten[2] – qualitativ hochwertige Arbeitsergebnisse zu erreichen. Dafür ist es notwendig, das **richtige Verhältnis** zu finden **zwischen**

- ▶ Planung und Flexibilität,
- ▶ Standards und individuellen Lösungen,
- ▶ Vorgaben und Freiräumen,
- ▶ dem ungestörten Arbeiten und der Erreichbarkeit,
- ▶ eigenen Entscheidungen und der Delegation von Entscheidungen an die Mitarbeiter.

183 Für die durch den Mandanten in den Produktionsprozess hineingetragenen **Unwägbarkeiten** lassen sich fünf **Ursachen** identifizieren, die allerdings – abhängig vom Typus des Mandanten – unterschiedlich stark sein subjektives Qualitätsempfinden prägen:[3]

- ▶ Zeitrahmen des Mandanten
- ▶ Erwartungen des Mandanten
- ▶ Kompetenzen des Mandanten
- ▶ Engagement des Mandanten
- ▶ Qualitätsempfinden des Mandanten

Die Auflistung verdeutlicht, dass das **Qualitätserlebnis,** das der Mandant mit einer Dienstleistung verbindet, nicht an die Erfüllung objektivierter und standardisierter, für alle Mandanten im gleichen Maße geltender Kriterien geknüpft werden kann. Entscheidend sind vielmehr die **subjektiv geprägten** individuellen Präferenzen. Dieser Befund bedeutet gleichzeitig, dass der Steuerberater – von Glückstreffern einmal abgesehen – mit den objektivierten, also für

---

1 Siehe hierzu oben Rn. 175, 182 f.
2 Siehe hierzu oben Rn. 173.
3 Frances X. Frei, So werden Sie ein erstklassiger Dienstleister, Harvard Business Manager, Februar 2007.

alle Mandanten gleichermaßen geltenden Vorgaben des Qualitätsmanagements nicht per se qualitativ hochwertige Dienstleistung generiert. Ohne ein klärendes Gespräch mit dem betroffenen Mandanten ist Qualität – so wie er sie subjektiv für sich definiert – also gar nicht möglich!

g) Produktivität und Qualität

Im Kapitel „Wachstum! Fluch oder Segen?"[1] stelle ich das Thema Produktivität für „Kopfarbeiter" ausführlich vor. Für die Qualität der Arbeitsergebnisse und damit die in diesem Kapitel behandelte „Macht des Unterschieds" haben die dort getroffenen Aussagen eine enorme praktische Bedeutung. Insbesondere das **„ungestörte Arbeiten"** ist ein entscheidender Qualitätsfaktor, um „alles einfach gut zu machen". 184

Fehler passieren aber nun einmal und oft sind es so genannte **Flüchtigkeitsfehler**. Ein großer Teil dieser Fehler ließe sich durch konzentriertes Arbeiten, d. h. weniger Ablenkungen und Störungen, vermeiden. Eine höhere Produktivität und Qualitätssteigerungen wären die Folge. Auch dieser Aspekt wird in den herkömmlichen Grundsätzen des **Qualitätsmanagements** nicht berücksichtigt.

h) Redimensionierung des Qualitätsmanagements

„Alles einfach gut zu machen" bedeutet auch, die kanzleiinternen Grundsätze des Qualitätsmanagements immer kritisch im Blick zu behalten, um **Wildwuchs zu verhindern**.[2] 185

Meine Empfehlung zur angemessenen Dimensionierung des Qualitätsmanagements verbinde ich mit dem bekannten Bild vom Wald und den Bäumen. Steuerberater sollten in Sachen Qualitätsmanagement den Wald und nicht die einzelnen Bäume sehen. Dann werden sie erkennen, dass immer wieder einmal Bäume gefällt werden müssen, damit die Orientierung erhalten bleibt und der Wald auch gesund wächst.

i) Warum machen wir das so?

Um dem Ziel, aus der Sicht des Mandanten „alles einfach gut zu machen", schrittweise näherzukommen, muss diese Frage „warum machen wir das so?" permanent gestellt und überzeugend beantwortet werden. Nur so wird Ihnen 186

---
1 Siehe dazu unten Rn. 233 ff.
2 Siehe hierzu auch oben die Bemerkungen bei Rn. 177 zu verzichtbaren Checklisten.

eine unterscheidungskräftige Positionierung Ihrer Kanzlei gelingen. Stellen Sie diese Frage in Ihrer Kanzlei, Ihrem Team, Ihrer Arbeitsgruppe, und zwar mit Blick auf die **angebotenen Dienstleistungen**. Tolerieren Sie keinesfalls Antworten wie „ …weil wir das schon immer so gemacht haben …" oder „ … wie sonst sollten wir es machen …". Wenn Sie aus den hier vorgestellten Studien[1] oder aus Einzelgesprächen[2] mit Ihren Mandanten wissen, was Ihre Kunden wirklich wollen, wird es Ihnen mit der Frage „warum machen wir das so?" gelingen, eine überzeugende **Qualitäts-** und **Serviceinitiative** zu starten.

Für die Optimierung von Standardleistungen möchte ich Ihnen ein paar **Beispiele** geben, die Ihnen vertraut vorkommen werden. Perfekt umgesetzt – eben „einfach gut gemacht" – werden sie allerdings nur von wenigen Steuerberatungskanzleien.

aa) Beispiel 1: Laufende Betreuung in Buchführung und Lohn

187 Gibt es in Ihrer Kanzlei

- ▶ einen viertel- oder halbjährlichen Check zur Zufriedenheit und zu den Erwartungen des Mandanten?
- ▶ eine professionelle und systematische Unterstützung der Belegorganisation im Unternehmen des Mandanten?
- ▶ für den Mandanten eine Unterstützung bei seiner innerbetrieblichen Zeiterfassung?
- ▶ eine kurze Chefübersicht (sog. One-Page-Info), die den Mandanten aktuell und leicht verständlich über die wirtschaftliche Situation seines Unternehmens informiert?
- ▶ laufende Vorschläge zur Vereinfachung der Zusammenarbeit mit den Mandanten?
- ▶ regelmäßige BWA-Gespräche mit einem Ausblick auf das restliche Wirtschaftsjahr?

Gemeinsam mit Ihrem Buchführungs- und Lohnteam werden Sie viele weitere Ideen finden, um **bedarfsgerecht** die Qualität Ihrer **Dienstleistungen** zu optimieren. Erstellen Sie dann für Ihre Mandanten individuelle Aktionspläne, schaffen Sie klare Verantwortlichkeiten für die Umsetzung und verfolgen Sie konsequent die Realisierung der vereinbarten Maßnahmen. Ihre Mandanten werden Sie und Ihre Mitarbeiter lieben.

---

1 Siehe oben Rn. 165 ff.
2 Siehe oben Rn. 183.

bb) Beispiel 2: Die perfekte Mandantenbesprechung

Jede Mandantenbesprechung ist eine ausgezeichnete Gelegenheit, „alles einfach gut zu machen". Fünf **Regeln** sollten Sie dabei beachten:

▶ Klare und eindeutige Ziele für die Besprechung fixieren.
▶ Professionelle Vorbereitung und Tagesordnung festlegen.
▶ Informationen und Unterlagen zur Vorbereitung der Besprechung an den Mandanten schicken, so dass gleich zur Sache gesprochen werden kann.
▶ Das Ergebnis der Besprechung zusammenfassen und dem Mandanten das Besprechungsprotokoll schicken.
▶ Ein paar Tage nach der Besprechung den Mandanten anrufen und fragen, ob die Ziele der Besprechung erreicht wurden.

Simpel? Ja! Leicht umzusetzen? Nein! Bei konsequenter Anwendung der Regeln können Sie beim Mandanten viele Punkte sammeln.

188

cc) Beispiel 3: Die mandantenorientierte Bilanzbesprechung

Wie viele Bilanzpräsentationen machen Sie pro Jahr in Ihrer Kanzlei? 30, 50, 100 oder sogar mehr? Routinesachen für Sie und Ihre Mitarbeiter. Aber wie erlebt es Ihr Mandant? Für ihn ist die jährliche Bilanzpräsentation die einzige Veranstaltung dieser Art im laufenden Jahr, für ihn ist es deshalb ein **besonderes Erlebnis,** das schon mit der Terminvereinbarung beginnt. Und dann erscheint Ihr Mandant mit hohen Erwartungen in der Kanzlei; er freut sich darauf, von Ihnen die aktuellsten Tipps zu erhalten; er fiebert der prägnanten Analyse des abgelaufenen Jahres entgegen und hat den Kopf voller Ideen, die er gern mit Ihnen besprechen würde. Ist es so anregend bei Ihren Präsentationen oder ist die Besprechung des Jahresabschlusses nur noch ein Ritual, das nach festen Regeln zu einem voraussehbaren Ergebnis kommt?

189

Dabei ist es so einfach, aus dieser Besprechung ein Erlebnis für Ihren Mandanten zu machen, ihn zu **begeistern:** Gegenwart und Zukunft statt Vergangenheit. Grafiken statt Zahlenreihen. Chancen statt Risiken. Gestalten statt verwalten. Vorschläge statt Vorwürfe. Fragen und zuhören statt unablässig reden.

Die Bilanzbesprechung bietet ein nahezu unendliches Optimierungspotenzial, das nur die wenigsten Kanzleien in allen Aspekten nutzen.[1]

---

1 Lesen Sie dazu mein Buch „Bilanzpräsentationen erfolgreich und wirksam gestalten", 2005.

dd) Beispiel 4: Die Betreuung eines neuen Mandanten

190 Der **Wert** Ihrer **Kanzlei** definiert sich maßgeblich über die Mandantenliste. Wollen Sie den Wert Ihrer Kanzlei erhöhen, müssen Sie an Ihrer Mandantenliste arbeiten. Fragen Sie sich deshalb, welche Mandanten Sie eigentlich betreuen wollen.[1]

Neumandate bieten große **Weiterempfehlungschancen**. Denn vor allem in der Anbahnungsphase und der ersten Zeit der Zusammenarbeit spricht der Mandant viel mit potenziellen Kunden über „seinen" (zukünftigen) Steuerberater. Schon allein aus diesem Grund sollten Sie

- ▶ vor dem ersten Gespräch alle Informationen über den Mandanten präsent haben;
- ▶ auf die perfekte Vorbereitung des Erstgesprächs achten;
- ▶ einen professionellen ersten Eindruck hinterlassen;
- ▶ so schnell wie möglich eine Betriebsbesichtigung beim Mandanten durchführen;
- ▶ den neuen Mandanten in den ersten Monaten wie ein Top-Mandat betreuen;
- ▶ kanzleiintern den Neumandanten vorstellen, sodass alle Mitarbeiter über den neuen Umsatzträger informiert sind.

Achten Sie bei der Anbahnung von Neumandaten vor allem auf zwei Punkte: Erstens, Fehler, die zu Beginn des Auftragsverhältnisses gemacht werden, können in der laufenden Zusammenarbeit nur schwer korrigiert werden. Zweitens, ist ein Mandant zu Ihnen gewechselt, sollten ihm sofort und unmittelbar die positiven Unterscheidungsmerkmale im Vergleich zu seinem bisherigen Steuerberater auffallen.

ee) Beispiel 5: Die mandantenorientierte Honorargestaltung

191 Mandantenorientierte Honorargestaltung ist schnell erklärt, jedoch nicht leicht umgesetzt: Der Mandant darf in Honorarfragen einfach keine „Überraschungen" erleben. Die Leistungen und das damit zusammenhängende Honorar sind im Vorhinein so weit wie nur eben möglich fixiert.

Jeder Mensch, Kunde, Mandant möchte bei seinen Kaufentscheidungen **Auswahlmöglichkeiten** und **Preissicherheit** haben. Nur die wenigsten Kanzleien

---

1 Eine Checkliste zur Mandatsaufnahme finden Sie auf www.stefanlami.com, dort: „Neuer Mandant – Ist er qualifiziert für unsere Kanzlei?"

können das ihren Mandanten derzeit über das gesamte Dienstleistungsprogramm anbieten. Diejenigen, die es können, haben einen entscheidenden Wettbewerbsvorteil.[1]

ff) Beispiel 6: Die perfekte Betriebsprüfung

Die professionelle Begleitung einer Betriebsprüfung ist eine Dienstleistung, mit der sich der Steuerberater profilieren kann. Nichts schätzen Mandanten mehr als eine perfekt abgewickelte Betriebsprüfung. Bei einer Betriebsprüfung ist der **Steuerberater besonders gefordert**. Nicht nur fachlich, sondern auch in der Beziehungspflege und der Kommunikation vor, während und nach der Betriebsprüfung sowie in der Organisation rund um diese Dienstleistung.

192

„Alles einfach gut zu machen" bedeutet, jede **Phase** der Betriebsprüfung zu **optimieren**. Hier ein paar Ideen dazu:

▶ **Phase 1: Vorbereitungen beim Jahresabschluss**
  – Saubere Dokumentation der Problemfelder
  – Betriebsprüfung als Punkt in die Bilanzbesprechung aufnehmen
  – Problemfelder in der Bilanzbesprechung diskutieren
  – Risiken bewusst machen und klären
  – Nutzen der beschlossenen Maßnahmen darstellen

▶ **Phase 2: Ankündigung der Betriebsprüfung**
  – Ausgangslage: Erste Betriebsprüfung für den Mandanten oder hat er bereits Erfahrung?
  – Betriebsprüfungsankündigung kanzleiintern kommunizieren
  – Verantwortung für die Betriebsprüfungsbetreuung eindeutig bestimmen
  – Informationen an den Mandanten schicken (Brief ankündigen, Fragen zur Betriebsprüfung, Hörbuch zur Betriebsprüfung etc.)
  – Dem Mandanten Sicherheit vermitteln
  – Ort, Beginn und Umfang eindeutig klären

▶ **Phase 3: Vorbereitung der Betriebsprüfung**
  – Ausreichend Zeit für die Vorbereitung nehmen (in der Kanzlei und beim Mandanten)
  – Unterlagen sichten

---

[1] Mehr dazu im Buch „Honorargestaltung gegen alle Regeln", das ich gemeinsam mit Gunther Hübner verfasst habe.

- Betriebsbesichtigung mit dem Mandanten durchführen
- Risikofelder detailliert durchgehen und vorweg Optionen, Strategien, worst-case und best-case etc. besprechen
- Ansprechpartner für den Betriebsprüfer festlegen

▶ **Phase 4: Beginn der Betriebsprüfung**
- Anwesenheit bei Prüfungsbeginn
- Ansprechpartner mit dem Prüfer klären
- Vorgehensweise mit dem Prüfer abstimmen
- Termin für Betriebsbesichtigung festlegen

▶ **Phase 5: Betriebsprüfung inklusive. Betriebsbesichtigung**
- Regelmäßiger Kontakt mit dem Mandanten über den Fortschritt
- „Hellwach sein" für die Befindlichkeiten des Betriebsprüfer
- „Richtige" Zeitpunkte für das Gespräch mit dem Prüfer wählen
- Prüfungsfeststellungen analysieren und Zwischenstände bzw. -ergebnisse besprechen
- Bei der Betriebsbesichtigung anwesend sein
- Für die Schlussbesprechung verbleibende Punkte eindeutig klären

▶ **Phase 6: Schlussbesprechung**
- Sich exzellent auf die Schlussbesprechung vorbereiten
- Mit dem Mandanten die Optionen detailliert besprechen
- Steuerliche Auswirkungen der Schlussbesprechungspunkte berechnen und kommunizieren
- Den Mandanten ausführlich „briefen"
- Sachgerecht verhandeln (Harvard-Konzept)[1]
- Die Zufriedenheit des Mandanten abfragen
- Unmittelbar nach dem Ende der Schlussbesprechung das Honorar klären

▶ **Phase 7: Abschluss der Betriebsprüfung**
- Honorarnote der Betriebsprüfung sofort erstellen
- Betriebsprüfungsabschluss kanzleiintern kommunizieren
- Anschlusstelefonat mit dem Mandanten ca. zwei bis drei Tage nach der Betriebsprüfung
- Für die Berichtskontrolle keine eigene Honorarnote erstellen
- Im Falle eines Rechtsmittels auch dafür vorweg das Honorar klären

---

[1] Das Harvard-Konzept, 2004. Der Klassiker der Verhandlungstechnik von Roger Fisher, William Ury, Bruce Patton.

Die hier vorgestellten sechs Beispiele für eine wirksame Profilierung über das Prinzip „alles – aus der Sicht des Mandanten – einfach gut zu machen" ließen sich nahezu unbegrenzt vermehren. Das ist auch plausibel, denn im Kern geht es um nichts anderes, als bekannte und **bewährte Dienstleistungen** des Steuerberaters zu **perfektionieren**. Um dieses Ziel zu erreichen, sind Checklisten und Arbeitshilfen durchaus geeignete Hilfsmittel aus dem Werkzeugkoffer des herkömmlichen Qualitätsmanagements. Konsequent zu Ende gedacht bedeutet der Programmsatz „alles einfach gut zu machen" jedoch mehr: Er beschreibt eine Geisteshaltung, einen **Anspruch an sich selbst**.

193

Es gibt keine „gewöhnlichen" Dienstleistungen, sondern nur Menschen, die hartnäckig darauf bestehen, Dienstleistungen auf eine gewöhnliche Art und Weise zu erbringen. Bitte beherzigen Sie diesen Gedanken. Dann wird sich auch in Ihrer Kanzlei die „Macht des Unterschieds" bemerkbar machen.

4. Etwas besser machen

Die zweite Alternative des Modells zur Macht des Unterschieds[1] – „etwas besser machen" – beschreibt eine vollständig andere Herangehensweise, um bestehenden und potenziellen Mandanten gute Gründe für die Wahl eines bestimmten Steuerberaters zu liefern. Nicht durch das Perfektionieren typischer Leistungen – „alles einfach gut machen" –,[2] sondern durch eine klare Entscheidung für Spitzenleistungen, also bis zum Status der Exzellenz ausgeformte Dienstleistungen in einem oder mehreren Bereichen – und unter Inkaufnahme von möglichen Defiziten bzw. Mittelmaß in übrigen Leistungsbereichen –, sollen die Mandanten den Unterschied zur Konkurrenz spüren. Das Modell forciert also **Spitzenleistungen in klar definierten Bereichen** und nimmt dafür Schwachpunkte in anderen Leistungsbereichen in Kauf. Wollen Sie die Kanzlei mit dem Anspruch positionieren, bei bestimmten Dienstleistungen besser zu sein als die Mitbewerber, müssen Sie zunächst zwei Hindernisse überwinden.

194

a) Das erste Hindernis: Nein-Sagen können

Schon als Kind bzw. Jugendlicher lernte man:

195

▶ „Du kannst nicht auf zwei Hochzeiten tanzen", z. B. wenn man sich nicht zwischen zwei am gleichen Tag stattfindenden Parties entscheiden konnte.

---

1 Siehe hierzu oben Rn. 171.
2 Siehe hierzu oben Rn. 173 ff.

- „Wenn du alles gleichzeitig willst, dann wirst du am Schluss gar nichts erreichen."
- „Man kann es nie allen recht machen."

196 Diese scheinbar trivialen Erkenntnisse des gesunden Menschenverstandes gehen im Geschäftsleben oft verloren bzw. man glaubt, sie würden dort nicht gelten. Und das, obwohl seit fast 40 Jahren nachgewiesen ist, dass die „Focused Factory", das auf bestimmte Leistungsbereiche konzentrierte Unternehmen, der „Complex Factory" überlegen ist.[1] Die Kernaussagen des Konzepts der **„Focused Factory"** sind:

- Es gibt außer den geringsten Kosten noch weitere Möglichkeiten, um am Markt zu bestehen.
- Ein Unternehmen kann nicht in allen Bereichen außergewöhnlich sein.
- Einfachheit und Wiederholung erzeugen Wettbewerbsvorteile.

Diese Regeln haben immer gegolten und werden immer gelten: Man kann nicht überall besser sein als die Mitbewerber. Es reicht absolut, wenn man ein oder zwei Dinge besser kann als der Rest.

197 Denken Sie jetzt an Ihre **strategische Entscheidung,** eine unterscheidungskräftige Positionierung über Spitzenleistungen in klar definierten Bereichen herzustellen. Es ist leicht, sich für etwas zu entscheiden (z. B. ein neues Geschäftsfeld zu erschließen oder sich auf eine besondere Aufgabe zu konzentrieren), aber es ist wirklich schwer, sich von etwas zu trennen. Sich eindeutig für etwas zu entscheiden, was auch immer das ist, bedeutet, dass Sie alle übrigen Alternativen damit abwählen. Diesen Knackpunkt für die strategische Ausrichtung Ihrer Kanzlei müssen Sie klar vor Augen haben und den Willen entwickeln, Qualitätsansprüche in den nicht forcierten Leistungsbereichen herunterzuschrauben bzw. Geschäftsfelder ganz aufzugeben.

b) Das zweite Hindernis: Die zweite Flasche Sekt zu Sylvester

198 Nur die wenigsten Steuerberater haben ihre zukünftige **Marktposition,** ihre Unterscheidungsmerkmale, ihre zukünftigen Zielmandanten, ihre strategi-

---

1 Wickham Skinner, Harvard Business Review, 1974 und http://www.strategosinc.com/focused_factory.htm.

schen Erfolgsfaktoren etc. schriftlich **dokumentiert**.[1] Und? Was ist das Problem? Diese Reaktion erhalte ich häufig, wenn ich mit Kollegen über diese Tatsache spreche. Der Steuerberatungsmarkt sei schließlich relativ stabil, wird mir dann entgegengehalten. Die Wachstumsraten seien zwar nicht berauschend, lägen aber immerhin deutlich über denen in anderen Branchen. Die Gesetzgebung sorge für einen kontinuierlichen Auftragseingang und sie, die Steuerberater, seien glücklich, wenn es ihnen gelinge, die Aufträge termingerecht abzuwickeln. Die größte Herausforderung bestehe darin, qualifizierte Mitarbeiter zu finden.

Ja, in der Tat, diese jedenfalls im Großen und Ganzen **günstigen Rahmenbedingungen** sind der Grund dafür, warum Steuerberater zu Silvester zurzeit noch eine Extra-Flasche Sekt köpfen können. In jener Sekunde nämlich, in der am 31.12. die Uhr von 24:00 auf 00:01 umspringt, kann jeder Steuerberater schon ca. 90 - 95 % des letztjährigen Umsatzes in seine Auftragsbücher schreiben. Warum sich also mit strategischen Fragen beschäftigen?

Doch diese Bestandsaufnahme zeigt nur die eine Seite der Medaille, auf der anderen Seite steht u. a. Folgendes geschrieben: Unbestreitbar wird der Steuerberater zunehmend als umfassender Berater des Unternehmers wahrgenommen und gesucht. Nach modernem Selbstverständnis der Berufsausübung ist es auch das Ziel vieler Steuerberater – über die klassische Aufgabenstellung hinausgehend – nicht nur die Vergangenheit (in steuerlicher Hinsicht) zu dokumentieren, sondern auch erster Ansprechpartner des Mittelständlers für unternehmerische Entscheidungen aller Art zu sein. Hier entsteht aber nun ein **Bruch** in der **Glaubwürdigkeit,** wenn der Berufsstand zwar im Verhältnis zum Mandanten alle Register der betriebswirtschaftlichen Beratung zieht, das eigene Haus in dieser Hinsicht aber derart schlecht bestellt hat, dass nicht einmal ein schriftlich fixiertes strategisches Konzept zur Kanzleientwicklung besteht.

199

Auf der anderen Seite der Medaille ist auch etwas über die **kritisch zu sehende Entwicklung** des **Marktes** zu lesen. Die Zeiten nahezu automatischer Umsatz- und Gewinnsteigerungen sind längst vorbei. Der Steuerberatungsmarkt ist zu einem Verdrängungsmarkt mutiert mit allen negativen Folgeerscheinungen. Die Zahl der Kanzleineugründungen hält sich die Waage mit der Zahl der Verkäufe, Übernahmen durch Konzerne, Schließungen und Betriebsaufgaben in Folge von Pensionierung etc. Der Trend zu größeren Kanzleien ist offensicht-

200

---

1 Nur jede fünfte österreichische Steuerberatungskanzlei verfügt über ein schriftliches Strategiekonzept. So das Ergebnis der bereits erwähnten Befragung der Kammer der Wirtschaftstreuhänder im März 2007, siehe oben Rn. 169; die Verhältnisse sind in Deutschland ähnlich.

lich. Mittelgroße Kanzleien laufen Gefahr, Mandanten durch aggressive Akquisitionsbemühungen kleiner spezialisierter Kanzleien und Großkanzleien zu verlieren. Mandanten sind preissensibler geworden. Diese Marktentwicklung schlägt sich im Gewinn der Kanzleien nieder; in vielen Fällen ist diese negative Entwicklung nur durch höheren Arbeitseinsatz (des Inhabers bzw. der Partner) wieder auszugleichen. Gewinn zu halten durch eine Erhöhung des Stundenpensums, ist aber keine dauerhaft erfolgreiche Strategie! Dies wird jedem Steuerberater spätestens dann klar, wenn er sich intensiv mit der strategischen Entwicklung seines Unternehmens befasst; die klare Festlegung der Strategie ist also auch aus diesem Grund ein Muss.

c) Spezialisierung ist mehr als nur eine Option

201 Spricht man mit Steuerberatern über das Thema „Spezialisierung" als eine Alternative für eine unterscheidungskräftige Positionierung, so erlebt man einerseits große Zustimmung und Bewunderung für all jene Kollegen, die diesen Weg erfolgreich beschritten haben. Andererseits ist aber auch Zurückhaltung und Ablehnung – bezogen auf sich selbst und die eigene Kanzlei – erkennbar, was mit den **(vermeintlichen) Risiken** einer Spezialisierung begründet wird.

Mein Eindruck ist, dass die Annäherung an das Thema „Spezialisierung" in vielen Fällen unter einem zu engen Blickwinkel erfolgt. Viele Kollegen denken hierbei nur an eine Branchenspezialisierung. In Wahrheit gibt es, wie bereits dargestellt,[1] ein **breites Spektrum** an Chancen für eine Spezialisierung, z. B. nach

- ▶ Branchen: Freie Berufe, Industrie, Handel, Gastronomie, Bauwirtschaft etc.;
- ▶ steuerrechtlichen Fachgebieten: Umsatzsteuer, Steuerstrafrecht, Umwandlungssteuerrecht, internationales Steuerrecht etc.;
- ▶ nicht-steuerrechtlichen oder steuerrechtsverwandten Fachgebieten: Betriebswirtschaftliche Beratung, private Vermögensplanung, Existenzgründungsberatung etc.;
- ▶ Beratungssituationen: Unternehmensgründung, Unternehmensverkauf, Sanierung, Unternehmensübergabe etc.;
- ▶ Beraterrollen: Coach, Mediator, Gutachter, Sachverständiger etc.;
- ▶ Unterstützungsprozesse: EDV, Qualitätsmanagement, Organisation, Marketing etc.

---

1 Siehe dazu oben Rn. 143.

▶ Weitere Möglichkeiten: Sprachen, Regionen, Altersgruppen, Rechtsformen etc.

Berücksichtigt man noch, dass auch **Kombinationen** aus den aufgezählten Optionen möglich sind, wird deutlich, welch großes Potenzial eine Spezialisierung bietet.

Ausgangspunkt für die Entscheidung einer Spezialisierung ist eine solide **Analyse** der **Mandantenstruktur** und der eigenen – persönlichen und kanzleispezifischen – Stärken. Hierzu stellen Sie sich folgende Fragen: 202

▶ Wo liegen meine Stärken, Neigungen, Interessen, besonderen Fähigkeiten?

▶ Was treibt mich an? Womit verbringe ich meine Zeit?

▶ Habe ich schon ein Alleinstellungsmerkmal, auf dem ich – entsprechend meiner identifizierten Stärken – aufbauen kann?

▶ In welchem Bereich (Branche, Tätigkeit etc.) bzw. mit welchen Mandanten mache ich derzeit die höchsten Umsätze?

▶ Für welche Mandanten möchte ich durch meine besonderen Fähigkeiten wertvoller werden?

▶ Gibt es einen ausreichend großen Markt für meine Spezialisierungsabsichten?

Offen diskutiert, schonungslos analysiert und gut durchdacht erarbeiten Sie sich so die Grundlagen für die strategische Entscheidung, auf dem Weg über eine Spezialisierung „etwas besser zu machen" als die Konkurrenz.

d) Mehrwert erzeugen

Aus der von Ihnen angestrebten Positionierung der Kanzlei über Spitzenleistungen auf bestimmten Themenfeldern muss **für** den **Mandanten** ein für ihn **erkennbarer** Mehrwert entstehen; andernfalls sollten Sie Ihre Strategieüberlegungen noch einmal überdenken. „Etwas besser zu machen" muss immer zur Folge haben, dass Sie und Ihre Kanzlei für den Mandanten wertvoller werden. Dies sind die von mir mit Beispielen illustrierten Fragen, die von Ihnen überzeugend beantwortet werden müssen: 203

Beschreibung der Besonderheit Ihres Angebots bzw. Ihrer Leistungen (mehrere Merkmale sind möglich)	Differenzierung Warum, wie und wodurch unterscheidet es sich?	Mehrwert Und was bringt das den Mandanten?	Nachweis Welche „Beweise" haben Sie für den Mehrwert?
Beispiel 1: Durchführung des vollständigen Rechungswesens für mittlere Unternehmen	FiBu, Lohn, Zahlungsverkehr und Mahnwesen werden 4-mal pro Monat im Unternehmen des Mandanten abgewickelt	- Weniger Risiko – bei Krankheit, Mutterschutz, etc. - Variable statt fixe Kosten - EDV-Unabhängigkeit - Sicherheit, Schnelligkeit	x Referenzmandate seit y Jahren
Beispiel 2: Unternehmens- und Steuerberatung für Existenzgründer	- Komplettlösung für die Unternehmensgründung - Businessplan mit Finanzierungsgarantie	- Sicherheit bei der Unternehmensgründung - Gründerbonus beim Honorar für die ersten 3 Jahre	x Existenzgründer in den letzten y Jahren, von denen alle die ersten 5 Jahre erfolgreich absolviert haben
Beispiel 3: Steuerberatung für die x-Branche	- Komplett-Leistungsangebot für die Branche - Branchenspezifische BWA mit Vergleichszahlen - Beste Kontakte in der Branche x	- Externer Unternehmensvergleich - Berater und Mandant sprechen die Branchensprache - Schnelle Lösungen durch Netzwerk	- x Unternehmen aus der Branche - y Vorträge für x-Branche in den letzten 5 Jahren - y Publikationen für x-Branche in den letzten 5 Jahren

204 Nach meiner Erfahrung aus vielen Beratungsprojekten schlummert in den meisten Kanzleien enormes **unentdecktes Potenzial** für eine Positionierung mit dem Ziel „etwas besser zu machen" als die Konkurrenz. Die nachfolgende Übung soll Ihnen dabei helfen, den in Ihrer Kanzlei verborgenen Schatz zu entdecken und zu heben.

e) Sich positionieren

205 Ergänzen Sie die fehlenden Felder:

_____ ist _____ für _____ + _____

Kanzlei   Anbieter/Leistung   Mandantengruppe   Beweis

Sie müssen kein Marketing-Experte sein, um eine klare Marktpositionierung für Ihre Kanzlei zu entwickeln. Die Spielregeln verlangen von Ihnen allerdings, dass Sie die **Realität beschreiben** und keine Luftschlösser bauen, was zu Lasten Ihrer Authentizität und Glaubwürdigkeit ginge.

Bitte denken Sie bei Ihren Überlegungen auch daran, dass „etwas besser zu machen" nicht bedeutet, nur neuartige bzw. bisher noch nicht existierende Dienstleistungen anzubieten. Auch die Tatsache, dass es bereits Kanzleien gibt, die die von Ihnen anvisierte **Nische besetzt** oder eine **Spezialisierung** bereits auch für sich **entdeckt** haben, sollte Sie nicht davon abhalten, mit Ihrem Angebot einen Mehrwert zu generieren, der dem Angebot der Konkurrenz überlegen ist. Denn die Vorstellung einer vollständigen Alleinstellung am Markt ist illusionär. Das Bild vom (Wochen-)Markt passt übrigens sehr gut, um die Zusammenhänge zu verdeutlichen: Sie vermeiden mit der Strategie „etwas besser zu machen" die Konkurrenzsituation des (großen) Wochenmarktes mit seiner vielfältigen, kaum überschaubaren Angebotspalette, um zukünftig mit einem überlegenen Angebot die Wettbewerber – vielleicht – aus dem Obst- und Gemüsebereich zu verblüffen.

f) Wie radikal kann man eine Spezialisierungsstrategie umsetzen?

Fokussierung, Spezialisierung und Nischenstrategie können unterschiedlich stark ausgeprägt sein, es gibt viele **Umsetzungsvarianten** dieser auf Spitzenleistungen zielenden Strategie, maßvolle, aber auch radikale.

▶ Vorsichtige Naturen belassen es bei der etwas halbherzigen Erwähnung der Spezialisierung im Organisationshandbuch der Kanzlei. „Mutigere" Steuerberater verlautbaren Ihre Spezialisierung (auch) auf der Kanzlei-Homepage, um diese Botschaft in den Markt zu senden.

▶ Eine stärkere Ausprägung hat Ihre Fokussierung dann erfahren, wenn die Organisationsstruktur der Kanzlei eine Kanalisierung aller Neuaufträge auf Spezialisten bzw. Spezialistenteams zulässt.

▶ Wenn Sie Ihr Ziel, „etwas besser zu machen", darüber hinaus noch stärker forcieren möchten, dann kann das dadurch geschehen, dass Sie Ihre Marketingaktivitäten auf diesen Bereich konzentrieren.

▶ Die nächste Stufe auf dem Weg hin zu Spitzenleistungen haben Sie dann erreicht, wenn Sie nur noch Aufträge aus dem Spezialgebiet annehmen und alle übrigen Aufträge ablehnen.

▶ Die radikalste Strategie besteht schließlich darin, sich von allen nicht zum Spezialgebiet gehörenden Aufträgen/Mandanten durch einen Verkauf zu trennen. Allerdings entschließen sich nur wenige Inhaber bzw. Partner zu diesem Schritt. Diejenigen, die den Mut dafür aufbringen, legen meist eine Erfolgsstory hin, um die sie die gesamte Branche beneidet.

207 Für **kleinere Kanzleien** stellt eine Strategie, die auf Spitzenleistungen in bestimmten Bereichen abhebt, eine enorme Herausforderung dar. Den Generalistenstatus zu verlassen, erfordert die bereits beschriebene schmerzvolle **Auswahlentscheidung** die eine kleine Focused Factory in besonderem Maß trifft.[1] Das vom Inhaber wahrgenommene Risiko ist entsprechend groß.

208 Größere Kanzleien verfügen insoweit über Wettbewerbsvorteile, die sie jedoch oft gar nicht nutzen. Sie sind zwar größer, aber nicht besser als ihre kleineren Mitbewerber. Der Königsweg für **mittlere** und **größere Kanzleien** liegt in der **Mehrfachspezialisierung** rund um die Kernkompetenz „Steuerberatung", in der sie nicht auf absolute Spitzenleistungen zielen, sondern auf Perfektionierung der Dienstleistungen im Sinne eines „alles einfach gut machen".[2] Ein Bild veranschaulicht diese – aus meiner Sicht – nahezu ideale strategische Ausgangslage für diese Kanzleitypen:

Wenn dann auch noch die zwischen den Spezialgebieten existierenden **Wechselwirkungen genutzt** werden, was vor allem durch offene Kommunikation, gelungene Abstimmung zwischen den verantwortlichen Partnern und einem fairen Gewinnverteilungsmodell erreicht werden kann, hebt sich diese Kanzlei am Markt deutlich vom Rest ab. Sie wird nur sehr schwer einzuholen sein.

---

1 Siehe oben Rn. 196 f.
2 Siehe hierzu oben Rn. 173 ff.

g) Stärke gewinnen durch „etwas besser machen"

Die Positionierung über Spitzenleistungen wirkt aber nicht nur nach außen in den Markt hinein, die Strahlkraft dieser Strategie belebt auch das **Kanzleiklima**. Jeder im Team spürt, „wir sind etwas Besonderes", „wir sind in mindestens einer Sache besser als unsere unmittelbaren Konkurrenten", „wir arbeiten nicht in einer gewöhnlichen Steuerberatungskanzlei".

Dieses **positiv aufgeladene kollektive Bewusstsein** aller Kanzleimitarbeiter sollte man kultivieren. Denn der Stolz auf das eigene Leistungsvermögen motiviert zu Höchstleistungen. Immer wieder erlebe ich es, dass hoch spezialisierte Teams ihre wirklich ausgezeichneten Leistungen als vollkommen normal ansehen. Was sie wegen des hohen Leistungsanspruchs an sich selbst ja auch sind. Aber im Vergleich zur Konkurrenz sind ihre Leistungen jedoch herausragend.

h) 10.000 Stunden – Mut und Ausdauer

Sich zu unterscheiden erfordert Mut. Ausdauer ist notwendig, um langfristig „etwas besser zu machen".

Malcolm Gladwell[1] lüftet das **Geheimnis der Professionalität**. Auf den Punkt gebracht, lautet es: **üben, üben, üben**. Das Sprichwort „Ohne Fleiß kein Preis!" bezeichnet die Situation treffend. Nach seinen Untersuchungen ist der entscheidende Erfolgsfaktor für Spitzenleistung nicht das Talent. Nein, es sind 10.000 Stunden oder rund zehn Jahre intensiver Beschäftigung mit einer Sache nötig, um ein Spitzenkönner zu werden.

Akzeptiert man diese These, so kann dies leicht Frustrationen auslösen, denn nicht jeder Mensch hat die Einstellung eines Marathonläufers verinnerlicht. Das Wissen um das Geheimnis der Professionalität kann aber planvoll für das **Erreichen** dieses **Ziels** eingesetzt werden:

▶ Früh zu beginnen (mit welcher Sache auch immer), erhöht die Chancen, eine Sache wirklich gut zu tun.

▶ Was können Sie in der Kanzlei tun, damit sich Ihre Mitarbeiter „früh genug" auf den Weg machen können? Vielleicht durch die Delegation von besonderen Aufgaben, um in zehn Jahren einen echten Profi an der Seite zu haben.

▶ Wie müssen Mitarbeiter gecoacht werden, um mehr Freiräume für Übungseinheiten zu haben?

---

1 Malcolm Gladwell, Überflieger – Warum manche Menschen Erfolgreich sind – und andere nicht, 2009.

▶ Wie könnten Sie selbst mehr Freiräume für die Befassung mit Ihrem Fachgebiet gewinnen bzw. Ihre besonderen Fähigkeiten entwickeln?

Gladwells Aussage „üben, üben, üben" kann ich nur unterstreichen. Meine Wahrnehmung ist, dass die echten Profis in der Steuerberatungsbranche tatsächlich mehr „üben", sei es in Ihrem (Spezial-)Fachbereich, sei es im Kanzleimanagement.

„Wann immer du dich bei der Mehrheit wiederfindest, ist es Zeit innezuhalten und nachzudenken." Lassen Sie diesen Satz Mark Twains auf sich wirken. Halten Sie inne, denken Sie über sich selbst und Ihre Kanzlei nach. Es besteht die Chance, in Ihrer Kanzlei „etwas besser zu machen". Tun Sie es. Jetzt. Und spüren Sie die Macht des Unterschieds!

5. Es mit den besten Mitarbeitern machen

212 Welche Differenzierungsstrategie Sie mit Ihrer Kanzlei auch immer verfolgen, das Kerngeschäft perfektionieren oder sich spezialisieren, wenn Sie die besten Mitarbeiter an Bord haben, werden Sie sich am Markt unterscheidungskräftig positionieren können. Diese dritte Variante im Erklärungsmodell zur Macht des Unterschieds ist am schwierigsten umzusetzen, wirkt jedoch **am nachhaltigsten.**

a) Der ideale Mitarbeiter?

213 **Stellenanzeigen** spiegeln die Wünsche und Erwartungen des Chefs an den „idealen" Mitarbeiter einer Steuerberatungskanzlei wieder: Fachlich top ausgebildet, kommunikativ, sicheres Auftreten, teamfähig, Berufserfahrung etc. Das Problem ist, dass es von diesen Mitarbeitern nicht viele gibt. Und in der Regel haben diese „idealen Mitarbeiter" bereits alle einen guten Job. Sie zu gewinnen, ist also äußerst schwierig.

Zielführender ist es deshalb nach meiner Meinung, die **Fähigkeiten** des bestehenden **Mitarbeiterteams** bis zum Limit zu **entwickeln**. Das kann allerdings nur gelingen, wenn es wenigstens eine Führungsperson in der Kanzlei gibt, der es ein echtes Anliegen ist, Mitarbeiter zu führen, sich mit Menschen zu befassen. Denn Führung „funktioniert" nur, wenn man wirklich an Menschen interessiert ist! Sich darüber zu beklagen, keine guten Mitarbeiter zu haben bzw. zu finden, ist – in letzter Konsequenz – das Eingeständnis eines Führungsdefizits. Jeder Mensch hat Talente. Sie zu finden und zu fördern sowie gleichzeitig den Mitarbeiter durch die zu ihm passenden Aufgaben zu fordern, gelingt nur, wenn man das Thema „Mitarbeiterführung" in den Mittelpunkt des beruflichen Wirkens stellt. „Nebenher" ist diese Aufgabe nicht zu erfüllen.

b) Ihre Einstellung zur Mitarbeiterführung?

Bei Veranstaltungen zum Thema Mitarbeiterführung bitte ich die Teilnehmer immer wieder, über die folgende Aussage nachzudenken: „**Ich liebe es, meine Mitarbeiter zu führen.** Es gibt nichts Schöneres für mich."

Die Antworten, die ich erhalte, zeigen mir, dass es nur eine Minderheit der Inhaber/Partner einer Steuerberatungskanzlei „liebt", Mitarbeiter zu führen![1] Das ist einerseits – u. a. wegen der Vielschichtigkeit und Brisanz des Themas – nachvollziehbar, andererseits jedoch schockierend, weil diese Einstellung zeigt, dass die **Bedeutung** der **Mitarbeiterführung** für den Kanzleierfolg von der Mehrzahl der Chefs noch **nicht erkannt**, zumindest aber nicht ausreichend gewürdigt wird.

Ein Kapitel dieses Buches ist dem Thema Mitarbeiterführung gewidmet.[2] Schlagen Sie bitte dort nach, wenn Sie wissen wollen, wie auch durchschnittliche Mitarbeiter zu Höchstleistern entwickelt werden können. Einen Aspekt möchte ich aber bereits jetzt hervorheben.

c) Mitarbeitersuche – eine andere Perspektive

Sie suchen gute Mitarbeiter? „Willkommen im Club", kann ich da nur sagen. Nahezu alle Inhaber/Partner, mit denen ich in letzter Zeit gesprochen habe, wollen ihr Team verstärken. Es sieht ganz so aus, als würde die ganze Branche unter einem akuten Mangel an qualifizierten Mitarbeitern leiden. Oder habe ich nur eine selektive Wahrnehmung, da ich während meiner Beratungstätigkeit fast ausschließlich mit wachstumsorientierten Kanzleien arbeite?

Oft werde ich gefragt, wie denn das perfekte Stelleninserat aussieht. Wie man es attraktiv gestalten kann, welche Informationen es enthalten, wie groß es sein sollte etc. Ja, da gibt es sicherlich eine ganze Menge an Optimierungsmöglichkeiten. Letztlich geht es aber nicht um die Attraktivität des Inserats, sondern um die **Attraktivität** des **Arbeitsplatzes** in der Kanzlei.

Eines ist klar, die Steuerberatungsbranche ist insgesamt sicher nicht so „cool", „in" oder „hip" für junge, smarte Menschen, die etwas erreichen möchten; an-

---

1 Das Spektrum der Antworten ist im Kapitel zur Mitarbeiterführung dargestellt, siehe unten Rn. 372.
2 Siehe unten Rn. 367 ff.

dere Branchen sind da im Vorteil. Über das Image der Steuerberaterbranche am Mitarbeitermarkt könnte man jetzt lang und ausführlich debattieren. Was jedoch zählt ist, wie Ihre **Kanzlei** im Markt potenzieller Mitarbeiter **wahrgenommen** wird. Das ist eine gute Nachricht, denn an Ihrem persönlichen Image können Sie feilen.

d) Ist Ihre Kanzlei ein attraktiver Arbeitgeber?

216 Der Quick-Test für die Attraktivität Ihrer Kanzlei ist die Art und Weise wie Ihre Mitarbeiter mit **Berufskollegen** aus anderen Kanzleien über ihren Arbeitsplatz reden. Leider sind Sie regelmäßig nicht anwesend, wenn etwa während der Pause einer Fortbildungsveranstaltung in kleinen Gruppen Kaffee getrunken und Ihren Mitarbeitern die Frage gestellt wird, wie es denn in der Kanzlei so läuft. Geraten Ihre Mitarbeiter ins Schwärmen oder lautet die Antwort lapidar „ist schon ganz O.K." Sicher ist, dass die Antwort entscheidend das Image Ihrer Kanzlei am Mitarbeitermarkt beeinflusst.

Aus Mitarbeitersicht spiegelt sich der Marktwert Ihrer Kanzlei auch in den **Weiterempfehlungen** der letzten beiden Jahre wieder. Ich spreche hier nicht von Weiterempfehlungen durch Ihre Mandanten. Nein, ich meine Ihre Mitarbeiter, die ihren Freunden raten, sich bei Ihnen zu bewerben.

Oder testen Sie, ob Ihre Mitarbeiter bereit sind, ein persönliches **„Testimonial"** abzugeben, das auf Ihrer Kanzlei-Homepage (mit dem Foto des jeweiligen Mitarbeiters) an prominenter Stelle platziert wird? „Jetzt bin ich schon seit x Jahren bei … und ich habe das keinen einzigen Tag bereut …". Oder: „Mich bei … zu bewerben, war die beste berufliche Entscheidung meines Lebens …".

e) Internetauftritt wird beim Mitarbeitermarketing unterschätzt

217 Steuerberater investieren viel Zeit und Geld in die Gestaltung der Kanzlei-Homepage, um für Mandanten attraktiv zu erscheinen. Eine Homepage ist aber auch eine interessante Plattform, um sich **als Arbeitgeber ins Schaufenster zu stellen**. Meist wird dieser Aspekt bei der Gestaltung der virtuellen Präsenz einer Kanzlei allerdings übersehen.

Beginnen Sie deshalb am besten noch heute damit, Ihre Website in dieser Hinsicht zu optimieren. Jeder – ja wirklich jeder – **Berufseinsteiger**, der ein Engagement in Ihrem Unternehmen in Erwägung zieht, wirft einen Blick auf Ihre Homepage! Und man liegt sicherlich nicht falsch, wenn man davon ausgeht, dass sich viele **qualifizierte**, aber **unzufriedene Mitarbeiter** Ihrer **Konkurrenten** auf diesem Weg nach einer beruflichen Alternative umsehen. Wenn Ihre Webpräsenz in dieser Hinsicht optimiert ist, kann sich ein Stelleninserat z. B. in einer Tageszeitung auf zwei Aussagen beschränken: Erstens, eine kurze Stellenbeschreibung und zweitens Ihre Webadresse.

f) Was ist ein attraktiver Arbeitgeber?

Umfragen zeigen, dass das Maß der Zufriedenheit am Arbeitsplatz vor allem durch den unmittelbaren Vorgesetzten bestimmt wird. Das ist eine enorme Herausforderung für alle, die Mitarbeiter führen. Der Bewerber kann die Qualität der Mitarbeiterführung allerdings im Vorfeld einer Anstellung nicht überprüfen (außer anhand der Testimonials Ihrer Mitarbeiter[1]). Deshalb zieht er regelmäßig (auch) diese **Kriterien für** seine **Entscheidung** heran:[2]

218

1. Größe der Kanzlei	11. Kommunikativer Auftritt	21. Stellenwert der Familie	31. Kantine/Essensbons	41. Notebook
2. Lage des Büros	12. Hierarchische Struktur	22. Kindergarten	32. Mitarbeitergespräche	42. Technischer Standard
3. Verkehrsanbindung	13. Gliederung der Abteilungen bzw. Teams	23. Arbeitszeiten	33. Teambildung	43. Raumgestaltung
4. Terrasse/Garten	14. Zuständigkeiten	24. Zeiterfassung	34. Handschlagsqualität der Führung	44. Bilder
5. Finanzielle Situation der Kanzlei	15. Betriebsklima	25. Überstundenregelung	35. Aus- und Fortbildung	45. Pflanzen
6. Eigentümerstruktur	16. Internationaler Bezug	26. Zeitausgleichsregelung	36. Mitarbeiterteste	46. Schreibtisch
7. Jahr der Kanzleigründung	17. Entlohnung	27. Urlaub	37. Mobiltelefon	47. Ausblick
8. Fluktuationsrate	18. Kunden/Lieferanten-Beziehungen	28. Betriebsarzt	38. Firmenauto	48. Persönliche Gesprächskultur

---

1 Siehe oben Rn. 216.
2 Grundlage dieser Kriterien ist eine Sammlung von Ideen, die eine Mitarbeiterin innerhalb von rund 30 Minuten notierte, während Inhaber und Partner der Kanzlei sehr abstrakt über einen attraktiven Arbeitsplatz diskutierten.

IV. Die Macht des Unterschieds

9. Bekannt-heitsgrad der Kanzlei	19. Kennt man dort jemanden?	29. Sportmöglichkeiten	39. Parkplatz	49. Pausenkultur
10. Image der Kanzlei	20. Verantwortungsbereich	30. Obst und Getränke	40. Jahresnetzkarte	50. Mittagsgestaltung

Kein Bewerber erwartet, dass Sie alle 50 Kriterien gleichermaßen optimal erfüllen. Aber die genannten Kriterien bezeichnen wichtige Themenbereiche, die Sie bei einer Erhöhung der Attraktivität der Arbeitsplätze **beachten** und auch in den Bewerbermarkt hinein **kommunizieren** müssen, um die Besten für Ihre Kanzlei zu gewinnen.

219 Besonders ans Herz legen, möchte ich Ihnen in diesem Zusammenhang auch die „**Liste Christine**"[1]: Gelingt es Ihnen, die dort genannten Anforderungen – gemeinsam mit einigen Punkten aus der vorangestellten Liste – zu erfüllen, dann sind Sie bei der Mitarbeiterakquisition auf der sicheren Seite.

„Talent is the only sustainable source of competitive strategy" (Jay Lorsch[2]). Menschen mit ihren Fähigkeiten sind die einzige dauerhafte Quelle für den Erfolg im Wettbewerb. Über das beste Team in Ihrem Markt zu verfügen, ist in der Tat jenes Differenzierungsmerkmal, das nachhaltig wirkt und am schwierigsten zu kopieren ist.

6. Den Unterschied leben

220 Für jede der drei vorgestellten Profilierungsstrategien gilt: Versprechen Sie nur das, was Sie auch halten können! Es ist schwierig genug, **Vertrauen** zu **gewinnen** und zu **erhalten**. Verlorenes Vertrauen zurückzugewinnen ist fast unmöglich. Diese Grundlegel der Mandantenbetreuung müssen Sie bei der Umsetzung einer Differenzierungsstrategie immer im Auge behalten. Die Versuchung ist groß, mit Versprechen, z. B. auf der Homepage, über das Ziel hinauszuschießen. Groß ist allerdings auch der Imageschaden, wenn der vollmundig behauptete Unterschied zur Konkurrenz nicht gelebt, und daher vom Mandanten nicht wahrgenommen wird.[3]

---

1 Siehe oben. Rn. 26 f.
2 Koautor von „Aligning the Stars". How to succeed when Professionals drive Results, Harvard Business School press, Boston, 2002.
3 Der Realisierung von Vorhaben ist ein eigenes Kapitel gewidmet: „Vom Reden zum Handeln", siehe unten Rn.423 ff.

a) Getan wird, was gemessen wird

Der betriebswirtschaftlichen These, „Nur was Sie messen können, können Sie auch managen", stimmen die meisten Steuerberater vorbehaltlos zu. Genau darin liegt ja auch eine ihrer Kernkompetenzen. Für eine erfolgreiche Umsetzung Ihrer Differenzierungsstrategie sollten Sie diese Grunderkenntnis zu einem Imperativ verdichten: **„Messen Sie, was Sie managen möchten"**. Meiner Meinung hilft Ihnen dieser Blickwinkel dabei, die aus Kundensicht wirklich wichtigen Kriterien im Auge zu behalten und damit auch besser steuern zu können.

Lassen Sie mich diese Vorgehensweise mit zwei **Beispielen** – aus anderen Branchen – darstellen:

1. **Fluglinien:** Continental Airlines, über lange Zeit eine Erfolgsstory im heiß umkämpften Luftfahrtmarkt, fokussiert sich vor allem auf drei **Kennzahlen:**

▶ Pünktliche Ankunft

▶ Verlorenes Gepäck

▶ Passagierbeschwerden

Jeder, der immer wieder per Flugzeug reist, wird bestätigen, dass diese Kennzahlen drei **aus Kundensicht entscheidenden Kriterien** bezeichnen. Natürlich sehen sich die Manager auch die finanzwirtschaftlichen Zahlen an. Die Tatsache, dass die genannten drei Kennzahlen täglich beobachtet werden, sorgt dafür, dass bei Continental Airlines alles dafür unternommen wird, pünktlich anzukommen, kein Gepäck zu verlieren und die Passagiere zufrieden zu stellen.

2. **Computer:** Dell hat den PC-Markt revolutioniert. Dell steht für kundenspezifische PC-Ausstattung mit Lieferung bis zur Haustür und technischen Support in bisher nicht bekannter Schnelligkeit. Damit das erreicht wird, schaut Dell (neben den typischen Finanzkennzahlen) immer auf die

▶ Erfüllung der Bestellungen

▶ Produktleistung

▶ Qualität und Schnelligkeit des Supports

Steuerberater können von der Vorgehensweise dieser Unternehmen lernen. Die beiden Beispiele zeigen nämlich, dass die **Unternehmensziele mit** konkreten – aus Kundensicht wichtigen – **Messgrößen verknüpft** werden müssen. Die Beachtung und Optimierung dieser so genannten Key Performance Indicators (KPI) bringt die Unternehmen ihren Zielen näher. Und in der Folge verbessert sich damit auch ihr wirtschaftliches Ergebnis. Daraus ergibt sich die Frage: „Welche – aus der Sicht des Mandanten betrachteten – wichtigen Ziele verfolgen Sie mit der Differenzierungsstrategie Ihrer Kanzlei?" Erst wenn Sie auf diese Frage eine klare Antwort geben können, ist die Voraussetzung dafür geschaffen, passende Messgrößen für die Zielerreichung zu definieren. Auch hierzu ein paar **Beispiele:**

▶ Ist Ihr Ziel eine **Branchenspezialisierung,** bedeutet dies nicht nur, Ihre Umsätze in diesem Segment, sondern auch die Zufriedenheit der branchenzugehörigen Mandanten zu messen. Mit Fragen an den Mandanten im Anschluss an jede Bilanzbesprechung, durch Mandantenbesuche, durch Mandantenbefragungen, mittels eines Mandantenbeirats – um nur einige Beispiele zu nennen – erfahren Sie zuverlässig, wie die Zielmandanten Ihre Leistung beurteilen. Und: Da jeder im Team weiß, dass die Kundenzufriedenheit gemessen wird, jeder die Beurteilungskriterien kennt, sind die Weichen für eine erfolgreiche Umsetzung der Kanzleistrategie gestellt.

▶ Ist Ihr Differenzierungsmerkmal, den Mandanten durch ein umfangreicheres **Beratungsangebot** mehr **Nutzen** zu stiften, ist ein aussagekräftiges Messverfahren, die Umsätze aus der klassischen Steuerberatung den Umsätzen aus Beratungsleistungen gegenüberzustellen (am besten täglich!).

▶ Ist **Termintreue** ein Ziel, dann sollten Sie diese Kennzahl auch messen. Ein einfaches Mittel dafür ist, in Ihrer Kanzlei eine Aufstellung mit den Rubriken „zugesagter Termin" und „Terminerledigung" zu führen. Täglich können alle den Grad der Zielerreichung erkennen!

Hinter diesen Überlegungen steht, wie gesagt, der Grundgedanke „Getan wird, was gemessen wird!" Überlegen Sie daher genau, welche Faktoren sich am besten dazu eignen, die Umsetzung Ihrer Differenzierungsstrategie zu belegen. Behalten Sie diese Faktoren im Fokus. Kommunizieren Sie sie. Immer wieder. Dann ist es ziemlich wahrscheinlich, dass sie von Ihren Mitarbeitern auch gelebt werden.

b) Unterscheidung geschafft?

224 Um zu überprüfen, ob Sie Differenzierung nicht nur behaupten, sondern auch leben, beantworten Sie diese beiden Fragen:

1. Frage: Wie antworten Ihre Mandanten auf die Frage: „Wodurch unterscheidet sich ____ (Name Ihrer Kanzlei) von anderen Kanzleien?"

2. Frage: Wie antworten Ihre Mitarbeiter auf die Frage: „Wodurch unterscheidet sich unsere Kanzlei von anderen Kanzleien?"

Bezeichnet die Antwort exakt das von Ihnen angestrebte Unterscheidungsmerkmal, sind Sie am Ziel. Die „Macht des Unterschieds" kann ihre volle Wirkungskraft entfalten.

Das Gespräch zwischen dem Business-Coach und dem angehenden Kanzleiinhaber zu Beginn dieses Kapitels[1] werden Sie – so hoffe ich – jetzt unter einen anderen Blickwinkel sehen. Und damit auch markante Ansatzpunkte für ein unterscheidungskräftiges Profil Ihrer Kanzlei im Steuerberatermarkt gefunden haben.

---

1 Siehe oben Rn. 160 ff.

V. Wachstum! Fluch oder Segen?

„Wachstum" ist fixer Bestandteil nahezu jeder Strategie von Steuerberatungskanzleien. Als Kanzleiberater habe ich kaum eine Strategiesitzung erlebt, in der nicht die Themen „Auftragsgewinnung" oder „Umsatzsteigerung" auf der Agenda standen. Nur wenn existenzielle Fragen drängen, wie z. B. die Lösung von Konflikten zwischen den Partnern oder die Bewältigung massiver Probleme mit Mitarbeitern, rückt das Kanzleiwachstum in den Hintergrund.

225

Dieser Fokus auf Wachstum ist verständlich, da erwiesenermaßen die **Profitabilität** einer Kanzlei stark von ihrer **Größe** beeinflusst wird. Im Branchenvergleich ist der Leveragefaktor[1], das Verhältnis Inhaber zu vollbeschäftigten Mitarbeitern, ein signifikantes Unterscheidungsmerkmal zwischen den Top-Kanzleien und dem Rest der Branche, die extrem kleinteilig strukturiert ist: Mehr als 80 % aller deutschen Steuerberatungs- und Wirtschaftsprüfungskanzleien beschäftigen weniger als zehn Mitarbeiter.[2] Über 98 % aller deutschen Kanzleien erzielten im Jahr 2008 weniger als zwei Mio. € Umsatz.[3] Diese Verhältnisse sind auch aktuell im Jahr 2011 zu erwarten und entsprechen der Situation in Österreich.

Der **Trend** zu **größeren Kanzleien** hält an. Fusionen, Kanzleikäufe und Partnerschaften bestimmen in einem deutlich größeren Ausmaß den Markt, als dies noch vor wenigen Jahren der Fall war. Wachstumsziele sind der überwiegende Treiber dieser Entwicklung.

226

Die Orientierung am **Faktor „Wachstum"** ist allerdings in die **Kritik** geraten. Immer lauter werden jene Stimmen, die eine Abkehr von dem auf Wachstum fokussierten Denken fordern. Wachstum wäre schädlich, führe zu irreparablen Schäden, vergrößere die Kluft zwischen Arm und Reich. Karl-Heinz Paqué hält diese Kritik an der volkswirtschaftlichen Bedeutung der Größe „Wachstum" für unberechtigt.[4] Wachstum – richtig verstanden – sei nicht der falsche Weg. Im Gegenteil, es sei der einzige Weg, auf dem überhaupt im Weltmaßstab die großen Ziele der Menschheit erreicht werden könnten.

---

1 Der Benchmarking-Report von Hübner & Hübner (www.huebner.at) zeigt seit mehr als 15 Jahren, dass die Top-Kanzleien überwiegend größere Kanzleien sind; ihr Leveragefaktor beträgt 15 und mehr.
2 BranchenReport Wirtschaftsprüfung und Steuerberatung 2010, Deutscher Sparkassen Verlag.
3 VR-Branchenspezial Steuer-, Rechts- und Unternehmensberater September 2010, Institut für Wirtschaftsforschung an der Universität München.
4 Karl-Heinz Paqué, Wachstum! Die Zukunft des globalen Kapitalismus, 2010 – ein lesenswertes Buch, das das Thema „Wachstum" einmal aus einem anderen Blickwinkel darstellt.

1. Wachstum – ein Naturgesetz?

227 Was nicht wächst, stirbt. Eine unveränderbare Tatsache in der **Natur**. Mag es unterschiedliche Wachstumsgeschwindigkeiten und kürzere oder längere Wachstumspausen geben, letztendlich kennzeichnet der anhaltende Stillstand des Wachstums den Beginn des Verschwindens eines Organismus. Wem dies unbarmherzig erscheint, mag sich vor Augen halten, dass ethisch-moralische Werturteile kein tauglicher Bewertungsmaßstab für Naturgesetzlichkeiten sind, die übergeordneten Zwecken dienen.

228 Im wirtschaftlichen Kontext bildet der **Produktlebenszyklus** die Phasen des „organischen" Wachstums und Verfalls einer Ware oder Dienstleistung ab. Das Konzept beschreibt den Prozess zwischen dem Marktstart eines Produkts bis zu seiner Herausnahme aus dem Markt. Der Produktlebenszyklus wird in unterschiedlichen Varianten als Kurve oder als Matrix abgebildet. Die wohl bekannteste Variante ist die der Boston Consulting Group, die in ihrer Portfoliomatrix nach Question Marks, Stars, Cash Cows und Poor Dogs unterscheidet. Unternehmen unterliegen in Bezug auf das Entstehen und den Verfall ihrer Produkte der gleichen dynamischen Logik. Wie lange die jeweiligen Phasen eines Produktlebenszyklus dauern (Einführungs-, Wachstums-, Reife-, Sättigungs- und Degenerationsphase), ist extrem unterschiedlich. Mit welchen Maßnahmen die Unternehmen auf den Wechsel von der einen in die andere Phase reagieren, ist genauso unterschiedlich, jedoch erfolgsentscheidend. Eines ist allerdings allen Unternehmen gemeinsam: Gelingt in einer längeren **Phase** der „**Sättigung**" kein **Neustart** mit innovativen **Produkten**, die weiteres Wachstum versprechen, ist das der Anfang vom Ende. Dann ist es lediglich eine Frage der Zeit, bis das Unternehmen vom Markt verschwindet.

a) Wachstum als Ergebnis

229 Wachstum als Prämisse für die Kanzleistrategie ist äußerst gefährlich. „*Wachstum um des Wachstums willen ist die Ideologie der Krebszelle.*" Dieser Ausspruch von Edward Abbey[1] im Zusammenhang mit der Zerstörung der Natur prägte sich mir tief ein. Kanzleien, die **Wachstum per se** anstreben, geraten früher oder später in enorme **Schwierigkeiten**. Ich beobachte immer wieder, dass die mit dieser Wachstumsphilosophie verbundenen Probleme meist sehr schnell auftreten: Qualitätsmängel. Kommunikationsdefizite, Kulturunterschiede bei Fusionen etc. werden zunächst oft noch durch passable Ergebnisse zugedeckt. Sobald allerdings die ersten Ertragsprobleme auftauchen, ist Feuer

---

[1] Edward Abbey, Autor der Wildnis- und Umweltschutzbewegung der USA, 1927-1989.

am Dach. Dann ist die gesamte Kanzlei, trotz oder besser gesagt wegen ihres Wachstumskurses, in Gefahr.

Wachstum allerdings, das dadurch entsteht, weil die Kanzlei „etwas richtig macht" oder sogar „etwas besser macht als die Konkurrenz",[1] das also das **Ergebnis** und nicht das Ziel einer Strategie ist, dieses Wachstum führt zu nachhaltigen und sicheren Erfolgen.

b) Stärke statt Größe

Größe imponiert natürlich. An Mitarbeiterzahlen, Honorarumsätzen und Rankings lässt sich die Bedeutung einer Kanzlei im Markt problemlos festmachen. Und viele kleine und mittlere Kanzleien schauen andächtig nach oben – auf die Großen der Branche.

Größe mag zwar eine von mehreren Optionen für hohe Kanzleigewinne sein. Größe bedeutet aber nicht automatisch Profitabilität. Solange es großen Kanzleien nicht gelingt, ihre Größe in Stärke zu transformieren, sind sie zwar größer, aber eben nicht besser als die Konkurrenten. Stärke hat dagegen immer hohe Gewinne zur Folge. Ein **starkes Unternehmen** entsteht durch

▶ eine hohe **Produktivität,**
▶ ein ordentliches Maß an **Innovationen,**
▶ eine ausgeprägte **Marktstellung** und
▶ ausgezeichnete **Managementfähigkeiten.**[2]

Häufig, intensiv und leidenschaftlich wird in Strategiemeetings über quantitatives und qualitatives Wachstum diskutiert. Oft wird von gesundem und ungesundem Wachstum gesprochen. Vieles bleibt dabei nach meinen Beobachtungen unklar oder missverständlich. Die genannten **Erfolgsfaktoren** für ein starkes Unternehmen weisen in jeder Strategiediskussion den richtigen Weg: Wachstum, das durch diese zu Stärke führenden Faktoren erzielt wird, ist ein **gesundes** und **qualitatives Wachstum.** Wachstum, das nicht durch diese Faktoren, sondern z. B. durch Senkung der Preise oder bloßen Zukauf von Marktanteilen erreicht wird, ist ungesundes Wachstum.

---

1 Siehe oben Rn. 194 ff.
2 Fredmund Malik – m.o.m.-Letter 5/06 „Größe allein garantiert keinen Erfolg", wobei er diese Faktoren in zwei Gruppen von Wachstumstreibern einteilt: 1. Produktivität, Innovation, Marktstellung und 2. Systemische Fähigkeiten – das Management von Komplexität.

c) Kernprozesse in einer Steuerberatungskanzlei

231 Die Erkenntnisse zu den genannten allgemeinen Erfolgsfaktoren für ein nachhaltiges Unternehmenswachstum sind der Ansatzpunkt für die Identifizierung der wesentlichen Prozesse in einer Steuerberatungskanzlei, die auf das **qualitative Wachstum** einwirken. David Maister, weltweit der führende Experte für freie Berufe, hält die Steuerung folgender **Prozesse** für erfolgsentscheidend:[1]

- ▶ Entwicklung innovativer Lösungen für Kundenprobleme
- ▶ Finden neuer, wirksamer Möglichkeiten, (unsere) Kosten für die Ausführung fachlicher Aufgaben zu senken
- ▶ Erhöhung des Bekanntheitsgrades durch erfolgreiche Projekte
- ▶ Umwandlung einzelner Kundenaufträge in langfristige Geschäftsbeziehungen
- ▶ Kontinuierliche Beschaffung von Marktinformationen und Ermittlung neu entstehender Kundenbedürfnisse
- ▶ Entwicklung eines Bewusstseins, die Chancen auf wichtigen Märkten zu erkennen
- ▶ Umwandlung von Anfragen in Aufträge
- ▶ Entwicklung neuer Leistungen
- ▶ Gewinnung hoch qualifizierter neuer Mitarbeiter
- ▶ Vermittlung von Fähigkeiten und Kenntnissen an jüngere Mitarbeiter
- ▶ Förderung und Heranführung jüngerer Mitarbeiter an größere Aufgaben
- ▶ Verbreitung und Nutzbarmachung von Fähigkeiten und Wissen für alle Mitarbeiter
- ▶ Unterstützung der Mitarbeiter bei ihrem beruflichen Fortschritt und der Weiterentwicklung ihrer Fähigkeiten während ihrer gesamten Karriere

Jeder dieser dreizehn Kernprozesse lässt sich einem der vier oben genannten Treiber für gesundes Wachstum (Produktivität, Innovation, Marktstellung und Managementfähigkeiten) zuordnen.[2]

Sowohl die fundierte theoretische Auseinandersetzung mit dem Thema „Wachstum" als auch die praktischen Erfahrungen und Beobachtungen in meiner Tätigkeit als Berater für Steuerberatungskanzleien bringen mich zu der Erkenntnis, dass die zielgerichtete Verfolgung der vier Faktoren gesunden

---

[1] David Maister, True Professionalism – The Key Processes of a Professional Service Firm.
[2] Siehe oben Rn. 230.

Wachstums für Steuerberatungskanzleien nicht nur sinnvoll, sondern extrem nützlich ist. Sie sollen in diesem Kapitel daher näher betrachtet werden.[1]

d) Wachstum – und keine Option?

Wachstum ist ein existenziell wichtiger Grundsatz in der Natur wie auch im Geschäftsleben, der das Überleben sichert. Bei Lichte betrachtet, ist es die **einzige Option,** und zwar für alle Beteiligten, die Person des Kanzleiinhabers bzw. Partners, die Mitarbeiter und die Mandanten. *„Jeder Wandel in der menschlichen Natur ist ein Wandel zum Wachstum hin; ohne Wachstum ist das Leben nicht lebenswert."* Der Begründer der tiefenpsychologischen Marktforschung, Ernest Dichter, betont die äußerst positive Seite des Wachstums.

232

Um dauerhaft zu bestehen, muss eine Kanzlei für Mitarbeiter und Mandanten attraktiv bleiben. Das gelingt, indem sie produktiver und innovativer ist, sich im Zielmarkt besser verankert hat und auf ausgezeichnete Managementfähigkeiten zurückgreifen kann. Wer nicht in dieser Art und Weise wächst, verschwindet im Ergebnis vom Markt. Es ist nur eine Frage der Zeit.

2. Wachstum durch Produktivität

Unter **Produktivität** versteht man nach allgemein gültiger **Definition** das Verhältnis zwischen Einsatz und Ergebnis bzw. zwischen Input und Output. Die Kernfrage lautet: Wie gelingt es, in möglichst kurzer Zeit oder mit möglichst wenig Einsatz ein bestimmtes Produkt zu erzeugen?

233

Frage ich Kanzleiinhaber nach der Produktivität in ihrer Kanzlei, erhalte ich fast immer prozentuelle Angaben als Antworten. Einige Steuerberater sind stolz auf ihre hohe Produktivität, vor allem wenn sich der Wert der 80-%-Marke nähert.[2] Andere dagegen beklagen sich, dass das Verhältnis der produktiven zu den unproduktiven Stunden aus dem Gleichgewicht geraten sei. Branchenvergleiche zeigen seit Jahren, dass sich die erfolgreichsten Kanzleien von den am wenigsten profitablen Kanzleien im **Verhältnis** der **produktiven** zu den **unproduktiven Stunden** so gut wie gar nicht unterscheiden![3] Ist Produktivität daher bedeutungslos für den Erfolg? Nein, aber der Benchmarking-Report zeigt,

---

1 Siehe unten Rn. 233 ff. (Produktivität), 259 ff. (Innovation), 265 ff. (Marktstellung) und 284 ff. (Managementfähigkeiten).
2 Siehe dazu unten Rn. 439 f. – Den Wert der nicht verrechenbaren Stunden erkennen (Kapitel „Vom Reden zum Handeln").
3 Der Benchmarking-Report von Hübner & Hübner (www.huebner.at) zeigt seit mehr als 15 Jahren, dass sowohl die Top-Kanzleien als auch die Low-Kanzleien bei der Anzahl der produktiven Stunden bei rund 70 % liegen.

dass ein bestimmter Prozentsatz an verrechenbaren Stunden nur eine Grundvoraussetzung ist, die jede Kanzlei erreichen muss, um ihr Überleben zu sichern.

a) Produktivität ein falsch verstandener Erfolgsfaktor

234 Sowohl mit der allgemein gültigen Definition als auch mit dem Verständnis von Produktivität in der Steuerberatungsbranche stößt man schnell an Grenzen. Die Produktivität von Kopfarbeitern, wie es die Handelnden in der Steuerberatung sind, wird durch ganz andere Faktoren bestimmt. Wissensarbeiter sind umso produktiver, je genauer sie im Vorhinein die Zeit für eine Aufgabe abschätzen können, die sie brauchen, um diese ungestört zu erledigen. Die Logik dieser **Definition** von **Produktivität** besagt:

▶ Je besser es gelingt, **abzuschätzen,** wie viel **Zeit** man für eine gewisse Tätigkeit braucht, desto besser kann man seine Arbeiten planen und vermeidet Leerläufe. Und noch viel wichtiger:

▶ Je **ungestörter** eine **Tätigkeit** erledigt werden kann, desto wahrscheinlicher ist eine hohe Produktivität!

235 Jeder – ja, wirklich jeder – weiß, dass **Unterbrechungen** und **Störungen** ein enormer **Produktivitätskiller** sind. Ein Telefonat mit dem Finanzamt, ein paar E-Mails zwischendurch, eine Frage des Kollegen und der Chef will auch noch was wissen – wie kann man dabei produktiv einen Jahresabschluss, eine Steuererklärung oder eine Buchhaltung erledigen? Ganz zu schweigen von der Abfassung eines Einspruchs oder dem Entwurf eines Rechtsformenkonzepts für den Mandanten. Betrachtet man den Arbeitsalltag in Steuerberatungskanzleien, grenzt es daher fast schon an Zynismus, wenn im Mitarbeitergespräch von „zu wenig produktiven Stunden" die Rede ist.

Selbstverständlich kann die Produktivität in Steuerberatungskanzleien durch eine Optimierung der Arbeitsprozesse verbessert werden.[1] Zu allererst jedoch hängt die Produktivität von Kopfarbeitern von der **persönlichen Arbeitsmethodik** ab. Jeder Ihrer Mitarbeiter wird Ihnen bestätigen, dass ungestörtes Arbeiten enorm dazu beitragen würde, seine Produktivität zu verbessern. Verfügt der Mitarbeiter dann auch noch über die Fähigkeit, exakt einschätzen zu können, wie lange er für die jeweilige Tätigkeit braucht (wenn er ungestört arbeiten kann), dann funktioniert die Arbeitsplanung und die Produktivität steigt,

---

[1] Siehe unten Rn. 236 ff. und oben Rn. 176 ff. zu den Grenzen des Qualitätsmanagements.

selbst wenn sich das Verhältnis der produktiven zu den unproduktiven Stunden nicht ändert.

b) Produktivitätssteigerung durch Arbeitsmethodik

Wer an Produktivität interessiert ist, kommt nicht umhin, sich intensiv mit seiner **persönlichen Arbeitsmethodik** zu befassen. Das gilt für alle in der Kanzlei – vom Inhaber bis zum Auszubildenden! Jeder in der Kanzlei sollte Antworten auf die folgenden Fragen finden:

▶ Verwende ich eine Aufgabenliste? Und wie setze ich sie zielgerichtet ein?

▶ Inwieweit kann ich meine Aufgaben planen?

▶ Wie gelingt es mir, unnötige Störungen zu vermeiden?

▶ Welche Tätigkeiten kann ich während des Tages bündeln (z. B. die Bearbeitung von E-Mails, die Erledigung von Rückrufen, das Klären von offenen Fragen mit meinem Arbeitskollegen)?

236

Neben dieser persönlichen Seite gibt es auch eine **organisatorische** Seite der **Arbeitsmethodik,** die die gesamte Kanzlei betrachtet. Hier sollten Sie sich als Mitglied des Führungsteams einer Kanzlei folgende Fragen stellen:

237

▶ Wie stellen wir organisatorisch sicher, dass innerhalb der Kanzlei bzw. des Teams jedem Mitarbeiter störungsfreie Zeiten zur Verfügung stehen, in denen er sich schwierigen Aufgaben widmen kann?

▶ Wie kommunizieren wir innerhalb der Kanzlei, damit jeder produktiv arbeiten kann?

▶ Welche Unterstützung bieten wir jedem Mitarbeiter zur Verbesserung seiner persönlichen Arbeitsmethodik?

▶ Wie bewerten wir methodisches Vorgehen in der Leistungsbeurteilung des Mitarbeiters?

▶ Mit welchen Methoden professionalisieren wir jede Besprechung (interne und mit Mandanten), damit sie Ergebnisse liefert?[1]

Viele – wenn nicht die meisten – Mitarbeiter in Steuerberatungskanzleien klagen über den hohen Arbeitsdruck. Erschöpft und unzufrieden mit ihren Arbeitsergebnissen gehen sie abends nach Hause. Was auch nicht verwundert, wenn der **Arbeitstag zerhackt, unstrukturiert** und **hektisch** verläuft. Arbeitszeitstudien zeigen, dass Mitarbeiter im Durchschnitt pro Tag gerade einmal

---

1 Siehe dazu oben Rn. 188.

rund 15 Minuten ungestört an einer Sache arbeiten können. Das geht auch anders!

238 Kanzleien, die sich mit dem Thema „Arbeitsmethodik" systematisch befasst haben, berichten mir von enormen **Produktivitätssteigerungen**. 30 bis 50 % bessere Arbeitsergebnisse bei gleichem Zeiteinsatz! Das allein ist schon eine unglaubliche Dimension. Und ein Effekt, dessen positive Auswirkungen fast nicht quantifizierbar sind, kommt noch hinzu: Die Motivation für Mitarbeiter, die durch den erzielten Arbeitsfortschritt ausgelöst wird.

239 Eine groß angelegte Studie zur **Motivation** von **Wissensarbeitern** bestätigt,[1] was man beim genauen Hinsehen in jeder Steuerberatungskanzlei entdecken kann. Erzielte Arbeitsfortschritte sind der größte Motivator! Überprüfen Sie diese Erkenntnis in Ihrer Kanzlei bzw. Ihrem Team durch eigene Beobachtungen. Unzweifelhaft hängen Motivation und positive Emotionen der Mitarbeiter von fünf grundsätzlichen Faktoren ab:

- Anerkennung für gute Arbeit
- Finanzielle Anreize
- Persönliche Unterstützung
- Fortschritte bei der Arbeit
- Klare Ziele

In der Studie setzten die rund 600 befragten Manager „Anerkennung für gute Arbeit" an die erste Stelle der Motivationsskala. Und damit lagen sie falsch! Bitte schließen Sie jetzt nicht daraus, dass Anerkennung unbedeutend wäre. Im Gegenteil, sie ist wichtig. Wichtiger für die Motivation ist allerdings, ob der Mitarbeiter während des Tages **Arbeitsfortschritte** erzielen konnte oder nicht. Diese Erkenntnis ist keine wirkliche Überraschung, wenn Sie sich Folgendes vergegenwärtigen: Wann gehen Ihre Mitarbeiter gut gelaunt am Abend aus der Kanzlei? Wenn sie eine Aufgabe, ein Projekt zügig, effizient und effektiv erledigen konnten. Wenn der Jahresabschluss so richtig „geflutscht" ist. Wenn die Datenübernahme problemlos funktioniert hat. Wenn die Besprechung mit dem Mandanten einfach gut gelaufen ist. Wenn die Formulierung des komplizierten Schreibens gut gelungen ist ...

240 Falls Sie in Ihrer Kanzlei dieselben Beobachtungen machen, und das ist sehr wahrscheinlich, dann hat das für die **Mitarbeiterführung** folgende Konsequenz: Sie müssen Ihren Mitarbeitern Erfolgserlebnisse verschaffen. Denn

---

[1] Teresa M. Amabile und Steven J. Kramer, Was Mitarbeitern wirklich hilft, Harvard Business Manager Mai 2010.

wo auch immer Sie Mitarbeiter unterstützen, Arbeitsfortschritte zu erzielen, erreichen Sie nicht nur eine höhere Produktivität, sondern stiften auch noch jede Menge Motivation.

c) Mit Prozessen die Grenzen der Produktivität immer wieder verschieben

241 Alle Grenzen der Produktivität bei abrechnungsorientierten Leistungen der Steuerberatung wurden durch **technologische Verbesserungen** der Geschäftsprozesse in einem nicht für möglich gehaltenen Maß verschoben. Diese Entwicklung wird sich fortsetzen und beschleunigen. Die jetzt zur Verfügung stehende Technologien sind erst der Anfang: Techniken wie Datenschnittstellen, Belegerkennung und die vielfältigen Möglichkeiten, Informationen zum Mandanten zu bringen, werden sich weiter dynamisch entwickeln, Neues wird hinzukommen. Steuerberater sind sich dieser Situation bewusst.[1]

242 Ein Teil des insoweit vorhandenen Produktivitätspotenzials liegt innerhalb der Kanzlei. Mit einem angepassten **Qualitätsmanagement**[2] kann dieses Potenzial erschlossen werden. Dabei geht es weniger darum, die Kanzleiabläufe noch detaillierter zu beschreiben, sondern mehr darum, nicht notwendige **Arbeitsschritte wegzulassen**.[3] Dazu ein Beispiel aus der Lohnbuchhaltung: Stellen Sie sich vor, Sie könnten pro Abrechnung eines Arbeitnehmers drei Handgriffe sparen (z. B. durch einen effizienteren Einsatz der Software, durch eine andere Art der Ablage bzw. Dokumentation etc.), so ergibt das bei 1.000 monatlichen Abrechnungen pro Jahr 36.000 Handgriffe weniger!

243 Der viel größere Teil an unerschlossener Produktivität liegt aber außerhalb der Kanzlei, und zwar beim Mandanten. Kanzleien, die es verstehen, mit technologischen Innovationen bereits bei der **Daten-** und **Belegorganisation** des **Mandanten** anzusetzen, erzielen exorbitant große Produktivitätsschübe. So reduziert sich etwa die manuelle Bearbeitung von Belegen in der Finanzbuchhaltung bei optimaler Organisation auf gerade einmal 5 %. Das ist wirklich produktives Arbeiten!

---

1 Über 80 % der befragten Steuerberater sehen mehr als 10 % Produktivitätspotenzial in der IT und den entsprechend angepassten Arbeitsprozessen. Mehr als 30 % der Steuerberater schätzen das Potenzial auf über 25 % ein, so die Umfrage „Puls 2010", siehe www.stefanlami.com.
2 Siehe oben Rn. 176 ff.
3 Siehe oben Rn. 186.

d) Produktivitätskiller Unterdelegation

244 Falls Sie nun glauben, mit einer verbesserten Arbeitsmethodik und technologischen Innovationen die größten Produktivitätspotenziale in Ihrer Kanzlei identifiziert zu haben, so ist das falsch. Denn der größte Produktivitätskiller ist die Unterdelegation! Stellen Sie sich dazu die beiden folgenden Fragen:

- ▶ „Wie viel Prozent meiner Zeit verbringe ich derzeit mit Tätigkeiten, die ein weniger qualifizierter Mitarbeiter übernehmen könnte, wenn wir die entsprechende Organisationsstruktur hätten und der weniger qualifizierte Mitarbeiter so in die Arbeit eingeführt worden wäre, dass kein Qualitätsverlust entsteht?" (Davon ausgenommen sind selbstverständlich Tätigkeiten, von denen der Mandant erwartet, dass Sie sie ausführen.)

- ▶ „Wie viel Prozent unserer gesamten Tätigkeiten in der Kanzlei werden von zu hoch qualifizierten Mitarbeitern ausgeführt?"

Sie werden feststellen, dass es dabei um enorme Potenziale geht, die durch professionelles Delegieren erschlossen werden können.[1] Unterdelegation, d. h. die **Erledigung einfacher Arbeiten durch** für diese Tätigkeit **überqualifizierte Mitarbeiter** bzw. den **Kanzleiinhaber**, kostet Kanzleien ein Vermögen. Will man Unterdelegation vermeiden, ist es notwendig, Aufträge und Mandatsverantwortung an jüngere, weniger erfahrene, Mitarbeiter weiterzugeben. Selbstverständlich birgt jeder Wechsel des Ansprechpartners Risiken für das Mandatsverhältnis. Allerdings überwiegen die Chancen, wie die folgenden Anmerkungen zeigen.

aa) Ein neuer Betreuer – Risiko oder Chance?

245 Wohl jeder Steuerberater kennt die Situation: Ein Mitarbeiter, der schon seit Jahren selbständig Mandanten betreut, verlässt die Kanzlei oder bekommt in der Kanzlei eine neue Aufgabe. Den Mandanten muss also ein **Betreuerwechsel** nahegebracht werden, was durchaus problematisch werden kann. Denn die Mandanten haben die Zusammenarbeit mit diesem Mitarbeiter geschätzt, haben sich an ihn „gewöhnt" und erhalten nun einen neuen Dienstleister. Unabhängig vom Grund des Betreuerwechsels sind damit für das Mandatsverhältnis zahlreiche **Risiken** entstanden, wie z. B.:

- ▶ Der Mandant ist schon allein deshalb unzufrieden, weil er sich auf einen neuen Betreuer, einen anderen Menschen einstellen muss.

---

1 Mehr zum professionellen Delegieren im Kapitel zur Mitarbeiterführung, siehe unten Rn. 367 ff.

- Der Mandant befürchtet, dass spezielles Know-how in Bezug auf seine Person oder sein Unternehmen verloren geht.
- Der neue Betreuer stellt Fragen, die der Mandant dem alten Betreuer schon beantwortet hat, was er als Zeitdiebstahl empfindet.
- Der Mandant hat noch kein Vertrauen zu seinem neuen Betreuer gefasst. Er ist unsicher, ob sich die bisherige professionelle und vertrauensvolle Zusammenarbeit zukünftig fortsetzt.

Risiken bergen aber auch immer Chancen in sich. Betrachten wir daher die **positiven Aspekte** eines „Betreuerwechsels", wie z. B.:

246

- Der neue Betreuer bringt Schwung und frische Ideen in eine vielleicht schon etwas verkrustete Mandantenbeziehung.
- Es werden zusätzliche Beratungsfelder entdeckt, weil der Blick des neuen Mitarbeiters auf die Bedürfnisse des Mandanten ein anderer ist.
- Der Mandant nutzt die Gelegenheit des Betreuerwechsels, seine Erwartungen eindeutiger zu konkretisieren oder gar gänzlich neu zu definieren. Das führt dazu, dass seine Wünsche zukünftig noch besser erfüllt werden können.
- Der neue Betreuer hinterfragt die juristischen Sachverhalte und entdeckt zum Nutzen des Mandanten bisher nicht beachtete Aspekte.

Ob ein Betreuerwechsel erfolgreich verläuft, hängt von den menschlichen und fachlichen **Kompetenzen** des neu zuständigen Mitarbeiters ab. Ein Berufsanfänger, dem die Aufgaben eines „alten Hasen" übertragen werden, ist damit jedenfalls dann überfordert, wenn er nicht ausreichend aus dem Kreis der Mitarbeiter heraus unterstützt wird und auch Rückendeckung von der Kanzleileitung erhält. Wird der Mitarbeiter dem Anforderungsprofil der ihm übertragenen Mandate nicht gerecht, sind die entstehenden Probleme nicht dem Mitarbeiter anzulasten, sondern eine Konsequenz mangelhafter Aus- und Fortbildung, die von der Kanzleileitung verantwortet wird.

bb) Was Steuerberater von guten Banken lernen können

Vor Kurzem war ich selbst in der Rolle eines Kunden, der sich auf einen neuen Betreuer einstellen musste. Dies gleich vorweg, der „alte" und der „neue" **Firmenkundenbetreuer** meiner **Hausbank** haben diese Situation derartig gut gelöst, dass ich mich auf die weitere Zusammenarbeit freue. Ich meine, Steuerberater können insoweit von Banken lernen. Aber ganz der Reihe nach. Wie es der Bank gelungen ist, die Phase der Anbahnung und Durchführung des Betreuerwechsels für mich nicht nur angenehm zu gestalten, sondern den **Aus-**

247

tausch der handelnden Personen als vorteilhafte Entscheidung zu vermitteln, beschreibe ich im Folgenden.

Zuerst möchte ich betonen, dass ich mich bei meinem bisherigen Betreuer, nennen wir ihn der Einfachheit halber C sehr gut aufgehoben fühlte. Er kannte meine **private Situation** bestens, meine **beruflichen Aktivitäten** und meine „**Sonderwünsche**" bei den verschiedensten Finanzierungen und Veranlagungen. Gab es einmal außergewöhnliche Probleme, war der Vorstand der Bank für mich immer auf kurzem Weg erreichbar.

248 Bei einem unserer regelmäßigen Treffen schilderte mir C im Oktober, dass er zum Jahreswechsel eine neue Aufgabe in der Bank übernehmen werde. Mich freute es, dass C ein weiterer Karriereschritt gelungen war und ich gratulierte ihm. Er betonte, ihm wäre selbstverständlich klar, dass der Wechsel des Firmenkundenbetreuers für mich nicht angenehm wäre, er sich aber schon eine Menge Gedanken gemacht habe, wer aus seiner Sicht als **Nachfolger** für ihn in Frage käme. Er nannte mir die Namen der möglichen **Kandidaten** (es waren vier) und fragte mich, ob ich Präferenzen hätte. Da ich keinen der möglichen Betreuer näher kannte, hörte ich auf seinen Rat, D zu nehmen. Er würde sehr gut zu mir passen. C schloss das Gespräch mit dem Hinweis, dass er sich freue, mir D beim nächsten Gespräch Anfang Dezember vorzustellen. So weit so gut. Ich wusste fürs Erste, dass ich einen neuen Betreuer bekommen würde und immer noch die Möglichkeit hatte, mich beim nächsten Gespräch Anfang Dezember gegen den von C vorgeschlagenen Kandidaten zu entscheiden.

249 Anfang Dezember war es dann so weit. Und, ganz ehrlich gesagt, schon nach den ersten Minuten war mir klar, dass mich auch D in Zukunft gut betreuen würde. Ich dachte also nicht einmal eine Sekunde darüber nach, den neuen Betreuer nicht zu akzeptieren und schon ganz und gar nicht zog ich in Erwägung, die Bank zu wechseln, die mich über Jahre hinweg ausgezeichnet bedient hatte. Woran lag es, dass ich mich **sofort wieder gut aufgehoben** fühlte? Es muss wohl an der Art und Weise gelegen haben, wie mich die beiden Bankmitarbeiter durch das **Kennenlern-Gespräch** geführt haben, das folgendermaßen **strukturiert** war:

- ▶ Nach einer herzlichen Begrüßung stellte sich D kurz vor und schilderte mir seinen beruflichen Werdegang.

- ▶ Danach forderte C den D auf, einfach einmal zu erzählen, was er von mir und meinem Unternehmen schon wusste. Natürlich hat sich D zuvor meine Homepage angesehen. Die Übersicht meiner Kredite, Konten, Depots etc. hatte er vor sich und kannte auch alle notwendigen Details.

2. Wachstum durch Produktivität

- D stellte mir immer wieder Fragen zu Details, die bisher noch nie Gegenstand gemeinsamer Überlegungen zwischen mir und meiner Bank gewesen waren.
- Er ermunterte mich auch, ihm weitere Einzelheiten von mir und meinem Unternehmen zu erzählen.
- Auch bat er mich, meine besonderen Wünsche an die Geschäftsbeziehung zu formulieren, denn der Betreuerwechsel sei eine ideale Gelegenheit, Bewährtes zu überdenken und ggf. auch um Neues zu ergänzen.
- So legten wir auch fest, welche Verfahrensweisen wir unbedingt beibehalten wollten (z. B. den direkten Weg zum Vorstand bei außergewöhnlichen Anliegen) und welche Teile der Zusammenarbeit jedenfalls teilweise auf neue Füße gestellt werden sollten.
- D fragt mich auch, ob er sich für meinen Newsletter anmelden könnte, was er am darauf folgenden Tag auch tatsächlich gemacht hat.
- Wir konnten sofort gemeinsam auch das ein oder andere Problem lösen, das keinen Aufschub duldete.
- C hielt sich beim gesamten Gespräch eher im Hintergrund und ergriff nur die Initiative, um D zu unterstützen.
- C versicherte mir auch, dass er – falls notwendig – immer noch für Fragen zur Verfügung stünde.

Insgesamt betrachtet war es ein äußerst angenehmes Gespräch, in dem mir das **Gefühl** vermittelt wurde, dass sich ein jüngerer Mitarbeiter enorm für mich mit dem Ziel einsetzen wird, eine ohnehin **gute Zusammenarbeit** noch **weiter** zu **verbessern**. Ein wirklich perfekt inszenierter Betreuerwechsel, der als Lehrstück taugt!

cc) Tipps für den gelungenen Betreuerwechsel

Selbstverständlich gehen nicht alle Betreuerwechsel so erfolgreich über die Bühne, wie der vorstehend beschriebene. Dies schon deshalb, weil nicht alle Steuerberater die personellen und sächlichen Ressourcen haben, über die mein Kreditinstitut verfügt. Trotzdem ist es wichtig, einmal die **Erfolgsfaktoren** für einen Betreuerwechsel abstrakt herauszuarbeiten, um sie allgemein nutzbar zu machen:

- Der Wechsel des Betreuers muss aktiv gemanagt werden. Sie sollten immer in der aktiven Rolle bleiben.
- Der Mandant muss frühzeitig informiert werden.

- ▶ Sie sollten ein persönliches Gespräch führen. Das kostet natürlich Zeit. Motivieren Sie sich mit dem Gedanken an die Umsätze, die in den nächsten Jahren aus dieser Zusammenarbeit entstehen werden.
- ▶ Bieten Sie dem Mandanten Optionen für die Zusammenarbeit an, die Sie mit konkreten Vorschlägen untermauern.
- ▶ Die exzellente Vorbereitung des „Überleitungsgesprächs" gehört zum Pflichtprogramm eines Betreuerwechsels. Hierzu gehört auch der umfassende Know-how-Transfer vom alten auf den neuen Betreuer. Zeigen Sie, dass das mandantenspezifische Wissen lückenlos übergeben wurde.
- ▶ Rücken Sie den neuen Betreuer „ins rechte Licht".
- ▶ Gerade zu Beginn der Zusammenarbeit sind Engagement und Einsatzbereitschaft des neuen Betreuers im Gespräch für den Mandanten erkennbar zu machen.
- ▶ Fragen Sie den Mandanten offen nach Verbesserungswünschen und setzen Sie diese um.

252 Zusammenfassend lässt sich feststellen, dass bei einem professionell gestalteten Betreuerwechsel die Chancen für die Kanzlei größer sind als die Risiken, wenn die Beziehung zum Mandanten – jedenfalls im Großen und Ganzen betrachtet – auf gesunden Füßen stand. Die selbstkritische Analyse der mit einem Betreuerwechsel verbundenen **Probleme** zeigt, dass es **häufig** nicht die Ausrichtung des Mandanten auf den neuen Betreuer ist, die Probleme bereitet, sondern **allgemeine Defizite** in der Zusammenarbeit mit der Kanzlei die beabsichtigte Neuorientierung erschweren. Hier bietet ein Betreuerwechsel die Möglichkeit, die Beziehung zum Mandanten auf den Prüfstand zu stellen. Beschwerden sind als Chance zu betrachten. Aktiv gemanagte Betreuerwechsel können also unter der genannten Voraussetzung nur Erfolge bringen. Nützen Sie die sich bietende Chance!

dd) Ein ungewöhnlicher Gedanke eines Kunden?

253 Zum Schluss möchte ich noch einen – vielleicht etwas gewagten – Gedanken formulieren, der das Thema „Betreuerwechsel" einmal aus einem anderen Blickwinkel betrachtet: Sollte ich mir als Mandant einer Steuerberatungskanzlei nicht Sorgen machen, wenn ich über Jahrzehnte hinweg vom gleichen Mitarbeiter betreut werde? Könnte dies nicht den Schluss zulassen, dass die Entwicklung dieses Mitarbeiters stagniert? Und ließe sich daraus nicht folgerichtig die Befürchtung ableiten, dass **Bearbeitungsroutinen** den Weg zu einer für mich als Mandant steuerlich vorteilhafteren Lösung versperren?

Ich weiß, dass langjähriges Vertrauen enorm wertvoll ist. Umgekehrt sehe ich aber auch, dass ich in meinem oben geschilderten Banken-Fall[1] die letzten Jahre von einem sehr guten Mitarbeiter betreut wurde. Seine **Leistungen** waren sogar so überzeugend, dass er einen **Karrieresprung** gemacht hat. Und ich wünsche mir und meinem neuen Betreuer für die nächsten Jahre eine ähnliche Entwicklung. Ist er nämlich so gut, wie ich ihn einschätze, wovon ich in der Phase der Zusammenarbeit profitiere, dann werden ihm in den nächsten Jahren größere Aufgaben gestellt.[2] Und das ist gut so! Für ihn und für mich.

Mein Erlebnisbericht aus dem Bankenbereich sollte Ihnen Mut machen und Ideen dafür liefern, wie Situationen der Unterdelegation in Ihrer Kanzlei durch gut geplante Wechsel des Ansprechpartners in den Griff zu bekommen sind. Die Produktivität der Kanzlei wird sich massiv verbessern, wenn qualifizierte Mitarbeiter mehr Zeit für wertvollere Aufträge haben.

e) Produktivitätsturbo intelligente Honorargestaltung

Alle bisher genannten Produktivitätsfaktoren werden in ihrer Wirkung aber durch eine unintelligente Honorargestaltung konterkariert. Sie ist der allergrößte Profit- und Produktivitätskiller in der Steuerberatung! Der Preis ist erwiesenermaßen der größte Hebel für Profitsteigerungen. In einer typischen Steuerberatungskanzlei führt **ein Prozent Preiserhöhung** zu einem **Mehrergebnis** von rund **drei Prozent**. Meines Erachtens bleibt durch eine ziellose Honorargestaltung (d.h. Verrechnung im Nachhinein, Verrechnung nach Stunden, kein Fokus auf den Wert der Dienstleistung etc.) im großen Ausmaß Produktivität brachliegen.

254

Meine Erfahrung aus unzähligen Beratungsprojekten zur Honorargestaltung ist, dass das ungenutzte Honorarpotenzial in Steuerberatungskanzlei durchschnittlich bei 15 % und mehr liegt.[3] Das bedeutet, dass durch eine intelligente Honorargestaltung der **Gewinn um** ca. **50 % gesteigert** werden kann! Und dabei sogar die Zufriedenheit der Mandanten zunimmt.

---

1 Siehe oben Rn. 247 ff.
2 Anmerkung: Zwischen der beschriebenen Begebenheiten und heute liegen rund 2 $^{1}/_{2}$ Jahre. D hat inzwischen seinen nächsten – großen – Karrieresprung innerhalb meiner Hausbank gemacht!
3 Einen Online-Check zu Honorarpotenzialen finden Sie auf meiner Homepage www.stefanlami.com. Honorare und Preise – um wie viel geht es?

255 Der Einzige, der ein Problem mit dem Honorar hat, ist der Steuerberater selbst. Zahlen aus **Mandanten-** und **Steuerberaterbefragungen** belegen diese Feststellung:[1]

- ▶ 74 % der österreichischen Mandanten erachten das Honorar als angemessen (23 % als zu hoch, 3 % als sehr günstig).
- ▶ Preisdumping durch Mitbewerber wird als größte Gefahr für die Weiterentwicklung der Kanzlei gesehen (von elf Auswahlmöglichkeiten).
- ▶ Der Preis rangiert aus Sicht des Mandanten erst an sechster Stelle in der Wichtigkeitsskala (1. Persönliche Betreuung, 2. Erledigungsgeschwindigkeit/Termintreue, 3. Ideenreichtum, 4. Spezielle Fachkenntnisse und 5. Erreichbarkeit).
- ▶ Das Fixhonorar ist die am meisten gewünschte Honorarform.
- ▶ 76 % der Mandanten wollen keine Verrechnung nach Zeit.
- ▶ Die Honorartransparenz und das Preis-/Leistungsverhältnis werden bei der Zufriedenheit am schlechtesten von den Mandanten bewertet. Und trotzdem halten 74 % der Mandanten das Honorar für angemessen.

Die maximale Produktivitätssteigerung erzielen Sie, wenn Sie in Ihrer Kanzlei einen **CVO (Chief Value Officer)** bestimmen. Er sorgt dafür, dass die Bedeutung der Werthaltigkeit Ihrer Dienstleistungen allen bewusst ist und auch in den Markt kommuniziert wird. Die Werkzeuge für eine mandantenorientierte Honorargestaltung sind bekannt, man muss sie nur nutzen.[2]

256 Und eine Erkenntnis müssen Sie unbedingt verinnerlichen: Sie als Steuerberater bestimmen die **Honorarobergrenze**. Haben Sie schon einmal darüber nachgedacht, dass man Ihnen nie mehr zahlen wird, als Sie selbst glauben, wert zu sein. Der Preis, den Sie dem Mandanten nennen, ist die Honorarobergrenze. Der Mandant bezahlt niemals mehr. Arbeiten Sie also, wenn nötig, an Ihrem **Selbstbewusstsein**, denn hier liegt der Schlüssel für die Höhe des Honorars und damit für die Produktivität Ihrer Kanzlei.

257 **Preisfindung** ist eine **Kunst** und keine Analyse. Natürlich müssen Sie bestehende Preisstrukturen analysieren, um herauszufinden, bei welchen Aufträgen bzw. Mandanten Sie Geld verdienen bzw. verlieren. Kleben Sie aber nicht an

---

[1] Umfrage der österreichischen Kammer der Wirtschaftstreuhänder 2007, an der sich rund 700 Steuerberater und rund 3.700 Mandanten beteiligten.

[2] Siehe „Honorargestaltung gegen alle Regeln" – Gunther Hübner und Stefan Lami; ferner die Beiträge zur Honorargestaltung sowie die Erkenntnisse zum jährlich stattfindenden Honorar-Circle auf meiner Homepage (www.stefanlami.com).

Ihren Preisen, seien Sie offen für neue Ideen. Die Neujustierung von Preisen und Preismodellen erfordert

- Neugierde,
- die Bereitschaft, Althergebrachtes aufzugeben und auch einmal Neuland zu betreten,
- Experimentierlust,
- die Fähigkeit, ein ganzes Berufsleben lang auf der Suche nach dem wahren Wert einer Leistung zu bleiben und
- ein besseres Verständnis für die aus Mandantensicht den Wert einer Dienstleistung prägenden Faktoren zu entwickeln.

Ungezählte Beratungsprojekte, Gespräche und Erfahrungsberichte haben in mir die Überzeugung wachsen lassen, dass sowohl die Zusammensetzung der Dienstleistungspakete als auch das verwendete Preismodell für den durch eine intelligente Honorargestaltung gezündeten Produktivitätsturbo nahezu irrelevant sind. Die unterschiedlichsten Dienstleistungsstrukturen und Preismodelle funktionieren. Voraussetzung ist lediglich, dass das strukturierte **Dienstleistungsangebot** und das **Preismodell in sich schlüssig** sind. Ist diese Voraussetzung gegeben, hängt der Erfolg einer derart mandantenorientierten Honorargestaltung nur vom Selbstbewusstsein und der Überzeugungskraft der Personen ab, die mit dem Mandanten über die Honorare verhandeln.

258

Produktivität in den hier beschriebenen Dimensionen ist ein **Wachstumstreiber.** Die durch Produktivität ausgelösten Impulse beeinflussen nicht nur die Anzahl der produktiven Stunden positiv. Produktivitätsschübe werden auch dadurch ausgelöst, wenn Aufträge mit der richtigen Arbeitsmethodik, mit optimalen Prozessen, vom richtigen Mitarbeiter und im Rahmen einer intelligenten Honorargestaltung erledigt werden. Das gesunde Wachstum der Kanzlei ist dann eine logische Folge.

3. Wachstum durch Innovation

Innovation ist, wenn der Markt „Hurra" schreit. iPod und Navigationsgerät stehen stellvertretend für solche Produktinnovationen, die binnen kürzester Zeit das **Verhalten** und **Lebensgefühl** der **Kunden revolutioniert** und den Markt dramatisch verändert haben. Wer in seinem Innovationsbemühen nachlässt, also in dem betreffenden Markt bereits Bekanntes (re-)produziert, wird zwar

259

größer, jedoch nie stärker.[1] Mehr vom Gleichen zu bieten, kann Kunden niemals begeistern.

Steuerberatungskanzleien verfügen üblicherweise nicht über eine Forschungs- und Entwicklungsabteilung. Sie ist auch keine zwingende Voraussetzung dafür, innovative Unternehmensführung zu betreiben. Innovationen in der Steuerberatung sind in einem viel größeren Ausmaß möglich, als das auf den ersten Blick erscheinen mag. Professionell generiert und konsequent umgesetzt sind sie eine nie versiegende Quelle gesunden Wachstums.

a) Missverständnisse und Grundsätze von Innovationen[2]

260 Den Begriff „Innovation" verbinden die meisten Menschen mit technologischen Aspekten, etwa IT-Lösungen oder dem Internet. Sie denken an High-Tech-Innovationen. Dabei wird übersehen, dass es auch **Low-Tech-** oder sogar **No-Tech-Innovationen** gibt. Wer z. B. einmal Kunde in einem McCafe war, sieht, dass es für die Umsetzung dieses Geschäftsmodells keiner technologischen Meisterleistungen bedurfte. McDonalds hat es einfach nur ausgezeichnet verstanden, die bestehenden **Kundenwünsche** in der Fastfood-Branche um eine **innovative Idee** zu **bereichern**. Gleichzeitig ist es dem Unternehmen auf diesem Weg gelungen, für Kunden attraktiv zu werden, die bisher nicht zur Kernzielgruppe gehörten. Ein echter innovativer Glücksgriff.

Innovationen haben mehr mit **Ausdauer** und **Disziplin** zu tun als mit Kreativität. Eine gute Idee braucht es zu Beginn allerdings. Diese kann allein schon darin bestehen, in anderen Branchen bereits Vorhandenes für einen neuen Geschäftskreis zu übernehmen. Dann ist Durchhaltevermögen gefragt. Die produktreife Durchsetzung von Innovationen ist eine Disziplin für Marathonläufer. Die Produktidee des iPod setzte auf einem bereits vorhandenen Wandel im Markt auf; MP3-Player gab es bereits in jeder Größe und Farbe. Sie hatten die CD-Geräte abgelöst. An diesem Beispiel lässt sich deutlich machen, dass Innovatoren nicht den Ehrgeiz haben müssen, den (technischen) Wandel im Markt selbst anzustoßen. Diese schwierige, kostspielige und risikobehaftete Aufgabe überlassen sie anderen. Innovative Erfolgsrezepte nehmen bereits **vorhandene Veränderungen** im Markt als **Ausgangspunkt** für die Entwicklung darauf basierender (Produkt-)Innovationen. Die Innovation ist aus unternehmerischer Sicht dann erfolgreich, wenn die erste Rechnung geschrieben wird

---

1 Zum qualitativen Wachstum durch Innovation siehe bereits oben Rn. 230.
2 Grundlage dieser Gedanken ist der Vortrag „Das Management von Innovationen" von Fredmund Malik.

und der Kunde diese mit der Überzeugung bezahlt, die richtige Wahl getroffen zu haben.

Innovationen – besonders im Zusammenhang mit Dienstleistungen – entstehen nicht in Forschungs- und Entwicklungsabteilungen, sondern durch die **Zusammenarbeit** mit dem **Kunden**. Genaues Beobachten, Zuhören, sich selbst durch die Brille des Mandanten sehen, das sind hier die Erfolgsfaktoren für Innovationen. 261

b) Innovation durch Expertise

Kennen Sie auch die eine oder andere Kanzlei, in der ein regional **anerkannter Steuerrechtsexperte** arbeitet, dessen Renommee sich darauf gründet, exzellente Gestaltungslösungen zu finden, oder der durch seine Zugehörigkeit zu wichtigen **Gremien** einen **Informationsvorsprung** hat? Diese Kanzlei hat verlässlich große Wachstumsvorteile gegenüber den Mitbewerbern. Selbst wenn dieser Experte seine Arbeit niemals als innovativ bezeichnen würde, Chancen im Steuerrecht aufzudecken und Insiderwissen zum Vorteil der Mandanten zu nutzen, ist das, was er tut, kennzeichnend für Innovation durch Expertise. Äußerst komfortabel an seiner Situation ist, dass die Steuergesetzgebung kontinuierlich Anlässe für Innovationen durch Expertise liefert und damit die Wettbewerbsvorteile für diese Kanzlei dauerhaft zementiert. 262

Den Wachstumsvorteil haben allerdings nur jene Steuerberater, denen ein echter **Expertenstatus** in ihrem jeweiligen Fachgebiet zuerkannt wird. Und das sind Steuerberater, die

- ▶ zu Vorträgen über ihr spezifisches Fachgebiet eingeladen werden,
- ▶ Artikel in Fachzeitschriften publizieren,
- ▶ von anderen Kollegen Aufträge in ihrem Fachbereich erhalten,
- ▶ in ihrem Spezialgebiet weiterempfohlen werden und
- ▶ von anderen Kollegen sowie von Mandanten als Experte bezeichnet werden.

Nur auf den Themenfeldern, deren Stofffülle man verinnerlicht und tief durchdrungen hat, kann man innovativ tätig sein. Ich breche daher nochmals eine Lanze für die **Spezialisierung** in der Steuerberatung.[1] Sei es im Kerngeschäft der Steuerberatung, wie das Beispiel zur Gestaltungsberatung zeigt, oder anderen vielleicht heute noch exotisch anmutenden Geschäftsfeldern. Ziel bei der Innovation durch Expertise ist immer, etwas besser zu machen als die Kon- 263

---

1 Siehe oben Rn. 201 ff. (Spezialisierung ist mehr als nur eine Option).

kurrenz. Spezialisierung, richtig umgesetzt, ist der Wegbereiter für Innovationen und damit ein Treiber gesunden Wachstums.

c) Innovation durch Service

264 Die Dienstleistung „Steuerberatung" muss nicht neu erfunden werden. Ganz im Gegenteil. Es genügt, die bereits seit Langem **bekannten Wünsche** der **Mandanten** zu erkennen und sie auf professionelle Art und Weise zu erfüllen. Den Ansatz „Alles einfach gut zu machen" habe ich bereits ausführlich beschrieben.[1] Im anschließenden Kapitel „Service verdienen!" beschreibe ich eingehend den Dienstleistungscharakter der Steuerberatung.[2] Hier bieten sich enorm viele Chancen für Innovationen, die das Wachstum der Kanzlei stärken können. Die Kunst besteht darin, sich zu bescheiden und aus der Fülle der potenziell möglichen Maßnahmen die „richtigen", also die zur Kanzlei passenden auszuwählen.

Wer sich mit Innovationen befasst, sollte sich das ermutigende Zitat von George Bernard Shaw spätestens dann ins Gedächtnis rufen, wenn er an seiner Innovationsstrategie zweifelt: *„Der vernünftige Mensch passt sich der Welt an. Der unvernünftige Mensch besteht darauf, dass sich die Welt nach ihm zu richten hat. Deshalb hängt jeder Fortschritt von dem unvernünftigen Menschen ab."*

4. Wachstum durch Marktstellung

265 Ohne Zweifel, eine **Marktführerschaft** bietet enorme **Wachstumschancen:** Beispielsweise wird die führende Kanzlei einer Region stärker wahrgenommen, sie hat Größenvorteile, verfügt über mehr Kontakte, genießt bei Banken und anderen Kooperationspartnern eine höhere Aufmerksamkeit, ist attraktiv für größere Mandate etc.

Sich mit den Vorteilen einer hervorgehobenen Marktstellung als Treiber gesunden Wachstums zu befassen, scheint auf den ersten Blick keine unternehmensstrategische Bedeutung für die Kanzleien zu haben, die noch nicht an der Spitze sind, sondern erst darüber nachdenken, wie sie zu den Top Ten ihrer Region aufsteigen können. Sie sind daran interessiert, mehr über den **Ablauf** der **Wachstumsphase** zu erfahren, die **ursächlich** für das Erreichen der **Marktführerschaft** war. Wie also kommt eine Kanzlei in den Genuss der Wachstumsvor-

---

1 Siehe oben Rn. 187 (Beispiele).
2 Siehe unten Rn. 313 ff.

teile einer Marktführerschaft, wenn diese Position nur durch Wachstum zu erreichen ist?

a) Markt- und Mandantensegmentierung

Erst ab einer gewissen Größe ist der **relative Marktanteil** der Kanzlei wachstumsfördernd. Im kleinstrukturierten Steuerberatermarkt, den ich zu Beginn des Kapitels skizziert habe,[1] können nur ein paar wenige Kanzleien von sich behaupten, bundesweit über einen signifikanten Marktanteil zu verfügen. Bei einer auf die Region beschränkten Betrachtung erweitert sich allerdings der Kreis der Schwergewichte.

266

Ausgangspunkt für eine zielgerichtete Vorgehensweise, die Marktstellung als Wachstumstreiber zu nutzen, ist eine ehrliche **Analyse** der **Mandantenstruktur.** Ohne zu wissen, für welche Branchen und welche Unternehmensgrößen die Kanzlei tätig ist und Kenntnisse darüber, welches Profil der Mandantenstamm im Übrigen hat, lässt sich keine Wachstumsstrategie zur Erlangung einer führenden Marktstellung festlegen. Nicht nur aus diesem Grund sollten Sie regelmäßig Ihre Mandantenstruktur analysieren. Der Wert Ihrer Kanzlei wird maßgeblich durch die Qualität Ihrer Bestandskunden geprägt. Um den Wert der Kanzlei zu erhöhen, muss deshalb ständig die Qualität der Mandate überprüft und nötigenfalls verbessert werden. Ohne regelmäßige ABC-Analyse mit einem klar definierten Maßnahmenkatalog, wie z. B. der konsequenten Trennung von C-Mandanten oder dem kritischen Überprüfen jedes Neumandats, überlassen Sie den Wert Ihrer Kanzlei dem Zufall. Ihr Ziel, eine führende Marktstellung zu erreichen, bleibt dann unerreichbar.

b) Wachstum mit Bestandsmandaten

Ausgangspunkt für alle Überlegungen, eine führende Marktstellung zu erreichen, sind die Bestandsmandanten. In erster Linie geht es darum, sie im harten Konkurrenzkampf nicht zu verlieren. Das ist nicht einfach, denn die Mandantentreue nimmt kontinuierlich ab. Mandanten sind heute deutlich wechselbereiter, als sie es noch vor einigen Jahren waren.

267

Das folgende **Sieben-Punkte-Programm** zeigt Ihnen, wie Sie Ihren **Mandantenstamm** gegenüber der Konkurrenz verteidigen und sich selbst in schwierigen Zeiten die Treue der Mandanten erhalten können:

---

1 Siehe oben Rn. 225.

- Notieren Sie die **wichtigsten 20 Mandanten/Ansprechpartner** in Ihrem Netzwerk und nehmen Sie während der nächsten vier Wochen mit jedem Einzelnen Kontakt auf. Ziel des Gesprächs ist es nicht, einen neuen Auftrag zu gewinnen, im Gegenteil: Bieten Sie unaufgefordert eine Idee an, machen Sie einen **Verbesserungsvorschlag**, geben Sie ihm einen interessanten Artikel oder schenken Sie ihm ein Buch. Wichtig ist, dass es sich um etwas handelt, das dem Mandanten hilft, sein Geschäft noch erfolgreicher zu betreiben.

- Verbringen Sie mehr Zeit mit Ihren **A-Mandanten**. Behandeln Sie Ihre langjährigen Mandanten so, als wären Sie neue Mandanten. Ihre Mandanten müssen Ihre **Begeisterung** und Ihr Engagement **spüren**. Suchen Sie das persönliche Gespräch mit dem Mandanten, stellen Sie Fragen und hören Sie einfach zu, wo ihn der Schuh wirklich drückt.

- Erwägen Sie ernsthaft, Ihre Honorare zu erhöhen, statt sie zu senken. Führen Sie mit Ihren Mandanten **Honorargespräche**, in denen Sie die Erwartungen des Mandanten klären. Bieten Sie Fix-Honorar-Vereinbarungen im Vorhinein an. Hohe Honorare stehen für hohe Qualität. Lassen Sie sich von der Tatsache ermutigen, dass trotz der bestehenden wirtschaftlichen Schwierigkeiten vor allem teure Luxusautos die Gewinner am Automobilmarkt sind.

- Versetzen Sie sich in die Lage Ihres **Konkurrenten** und denken Sie über eine **Strategie** nach, wie er Ihnen die besten Mandanten wegnehmen könnte. Beispielsweise dadurch, dass er den Wert der Dienstleistungen für den Mandant erhöht, ihnen ein verbessertes Serviceangebot macht oder neue zeit- und kostensparende Technologien einsetzt. Setzen Sie jetzt diese Strategie dann mit Ihren Mandanten um.

- Verringern Sie das Risiko für Ihre Mandanten. Denken Sie darüber nach, wie Sie eine **Zufriedenheitsgarantie** formulieren können.

- Führen Sie ein **Feed-Back-System** ein. Fragen Sie Ihre Mandanten systematisch, ob sie mit Ihren Leistungen zufrieden waren und was Sie noch besser machen könnten.

- Machen Sie das Thema „**Mandantenbeziehung verbessern**" zu einem regelmäßigen Besprechungspunkt in Ihren Mitarbeiterbesprechungen.

Sieben simple Maßnahmen? Ja! Einfach umzusetzen? Leider, nein! Kanzleien, denen es allerdings gelingt, nach den Grundsätzen des Sieben-Punkte-Programms zu handeln, werden durch gefestigte Beziehungen zu den Bestandsmandanten kontinuierlich wachsen.

268 Eine weitere Strategie, dem Trend abnehmender Mandantentreue entgegenzuwirken, ist die **Ausdehnung** des **Leistungsangebots**. Durch das Mehr an Leistungen verdichtet sich das Beziehungsgeflecht, das den Mandanten an die Kanzlei bindet. Der Zusammenhang zwischen der Anzahl der in Anspruch genommenen Leistungen und der Treue der Mandanten lässt sich in etwa wie folgt darstellen:

Anzahl der Dienstleistungen	Wahrscheinliche Mandantentreue
Eine Art von Dienstleistungen	ca. 15 %
Zwei Arten von Dienstleistungen	ca. 25 %
Drei Arten von Dienstleistungen	ca. 60 %
Vier Arten von Dienstleistungen	ca. 80 %
Fünf Arten von Dienstleistungen	ca. 95 %

Analysieren Sie daher, wie Sie gegenüber den Bestandsmandanten Ihr Leistungsangebot ausdehnen können. Das sichert das Mandatsverhältnis ab und eröffnet gleichzeitig Wachstumschancen. Erfahrungsgemäß schlummern in Kanzleien insoweit beträchtliche noch nicht erschlossene Wachstumspotenziale.

c) Wachstum im Ökosystem

269 Eine sauber durchgeführte **ABC-Analyse** der Mandanten sollte mit den folgenden Fragen kombiniert werden:

- ▶ Wer sind die derzeit attraktivsten Mandanten der Kanzlei?
- ▶ Welche gemeinsamen Kriterien zeichnen diese Mandanten aus?
- ▶ Welche Kriterien gibt es für attraktive Neumandanten?

Über diese Fragen lassen sich regelmäßig **attraktive Zielgruppen** festlegen. Und ist die Zielgruppe identifiziert, gewinnen Marketing und Auftragsgewinnung klare Konturen. Sie müssen jetzt „nur noch" ins Ökosystem Ihrer Zielgruppe eintauchen, es kennenlernen und zu nutzen wissen. Ein bildhafter Vergleich mit dem Angeln verdeutlicht die Situation: Werfen Sie Ihre Angel im Atlantik aus, so wäre es ein reiner Zufall, den richtigen – und großen – Fisch an Land zu ziehen. Angeln Sie dagegen in einem Teich oder einem bestimmten Fluss, den Sie sehr gut kennen, von dem Sie wissen, wo und wann welche Fische auf welchen Köder gehen, stehen die Chancen auf einen Fang ungleich höher als im Atlantik.

270 Sobald Sie Ihre **Zielgruppe** kennen, ist es ein Leichtes, deren **Ökosystem** zu erforschen: Welche Branchenmagazine liest die Zielgruppe? Welche Messen werden besucht? Wer sind die Entscheider? Mit wem müssen Sie sprechen, um mehr über die Probleme der Zielgruppe zu erfahren? Welche Institutionen und Organisationen prägen Ihre Zielgruppe? Wer ist dort Ansprechpartner? Etc. etc.

Steuerberater beklagen sich oft, dass Marketing und Auftragsgewinnung so schwierig sind. Das ist richtig, wenn man den **Gesamtmarkt** im Blick hat. Die Konzentration auf das Ökosystem bestimmter **Teilmärkte** reduziert die Komplexität entscheidend. Dann geht es schwerpunktmäßig um diese beiden Kernfragen:

▶ Mit welchen Innovationen kann ich dieser Zielgruppe einen höheren Nutzen bringen?

▶ Wie kann ich in Bezug auf diese Zielgruppe die Produktivität erhöhen?

Hierauf lassen sich relativ schnell die passenden Antworten finden. Die hieraus folgende Stärke im Zielmarkt hat **gesundes Wachstum** zur Folge.

d) Existenzgründer und Kanzleiwachstum

271 Für eine Steuerberatungskanzlei ohne Spezialisierung, Nische oder besonderer Stärke[1] haben Existenzgründer bzw. Jungunternehmer eine große Bedeutung. Mit Existenzgründer bezeichne ich echte Unternehmensgründer, nicht jene Mandanten, die scheinselbständig sind oder Existenzgründungen lediglich als notwendige Voraussetzung für die Inanspruchnahme von Fördermitteln betreiben.

Existenzgründer sind für Steuerberatungskanzleien deshalb so **wichtig, weil**

▶ sie die Mandantengruppe mit der höchsten Weiterempfehlungsquote sind;

▶ wachsende Jungunternehmer automatisches Wachstum für die Kanzlei bedeuten;

▶ sie mit Ihren speziellen Bedürfnissen für „frische Ideen" in der Kanzlei sorgen;

▶ junge Mandanten junge Mitarbeiter anziehen (natürlich auch umgekehrt) und damit die Attraktivität der Kanzlei für junge zielstrebige Mitarbeiter steigt;

---

1 Zur Macht des Unterschieds siehe oben Rn. 160 ff.

4. Wachstum durch Marktstellung

▶ sie insgesamt die Eigendynamik einer Kanzlei positiv beeinflussen, z. B. dadurch, dass sie neuen Prozessen, dem Einsatz der IT und innovativen Kommunikationswegen aufgeschlossen gegenüberstehen.

Auch Existenzgründer bewegen sich in einem eigenen Ökosystem.[1] Relativ schnell lassen sich die konkreten Bedürfnisse von Existenzgründern herausfiltern und daraus eine Fülle von **Angeboten** ableiten:

▶ Unterschiedliche **Dienstleistungspakete** zum Start des Unternehmens: von der rein administrativen Unterstützung bis zur umfassenden Beratung inkl. Businessplan und Finanzierung.

▶ Eine für den Gründer angepasste **Honorargestaltung:** Mit abnehmenden Boni auf die Beratungshonorare in den ersten drei Jahren kommunizieren Sie zum einen die üblichen Honorarsätze und demonstrieren zum anderen Ihre Unterstützung in der Anlaufphase des jungen Unternehmens.

▶ Die Organisation eines Existenzgründer-Wettbewerbs oder **Jungunternehmer-Veranstaltungen.**

▶ Die Vergabe eines **Gütesiegels** durch Ihre Kanzlei, das ausgewählten Jungunternehmern bescheinigt, die ersten fünf Jahre zu meistern. Ein solches „Siegel" können Sie allerdings nur vergeben, wenn das Jungunternehmen alle Vergabe-Voraussetzungen erfüllt, Sie den Businessplan auf alle Eventualitäten geprüft haben und den Existenzgründer während der ersten fünf Jahre vollumfänglich betreuen. Das erfordert ein hohes Engagement des Beraters, belegt allerdings auch Ihre hohe Kompetenz zum Thema Existenzgründung und wird sich – verlässlich – unter Existenzgründern herumsprechen. Ihr Ziel erreicht haben Sie mit der Vergabe des Gütesiegels dann, wenn Existenzgründer von Ihrer Kanzlei betreut werden wollen, weil so das Risiko des Scheiterns gegen null geht.

▶ Ohne klar definierte Zielgruppe ist es für kleinere und mittlere Kanzleien fast unmöglich, eine hervorgehobene Marktstellung zu erlangen, die – wegen ihrer Größe – aus sich selbst heraus Wachstum schafft. Wenn der **Mandantenstamm** der Kanzlei dann auch noch **überaltert,** weil keine Jungunternehmer nachrücken, ist Gefahr im Verzug. Gefährlich ist diese Situation vor allem deshalb, weil die negative Entwicklung schleichend vor sich geht und deshalb häufig zu spät entdeckt wird. Spätestens beim Kanzleiverkauf werden die Versäumnisse aufgedeckt – und dann ist der Schaden nicht mehr gutzumachen.

---

1 Zum Begriff „Ökosystem" siehe oben Rn. 269 f.

Falls Sie Inhaber oder Partner einer kleinen oder mittleren Kanzlei sind und sich für keine Zielgruppe entscheiden wollen, behalten Sie die Existenzgründer im Auge. Überprüfen Sie alle Möglichkeiten, wie Ihre Kanzlei dieses Marktsegment besetzen kann. Wachsen Sie mit wachsenden Unternehmen!

e) Zehn Grundsätze des Marketing

274 Im täglichen Kanzleileben geraten die tragenden Grundsätze des Marketing leider oft in Vergessenheit. Für gesundes Wachstum sind sie – unabhängig von der gewählten Zielgruppe – erfolgsentscheidend:

▶ **Verbessern Sie die bestehenden Dienstleistungen**

Perfektionieren Sie Ihre Dienstleistungen. Geben Sie sich nicht mit einem „O.K." der Mandanten zufrieden. Weiterempfehlungen werden nicht bei gewöhnlichen und durchschnittlichen Leistungen ausgesprochen!

▶ **Nicht jeder neue Auftrag ist ein guter Auftrag**

Es ist verführerisch, jeden Auftrag anzunehmen. In wirtschaftlich schwierigen Zeiten ist man geneigt, auch Aufträge anzunehmen, die keine Gewinne versprechen. Seien Sie trotzdem kritisch. Vermeiden Sie verlustbringende Aufträge. Keine Regel ohne Ausnahme: Sollte der neue Auftrag dazu dienen, ein neues Geschäftsfeld zu eröffnen, einen wichtigen Mandanten zu gewinnen oder unternehmenswichtiges Know-how aufzubauen, sollte dieser eine – erste – Auftrag auch dann angenommen werden, wenn er sich nicht rechnet. Die Folgeaufträge müssen dann aber Gewinne abwerfen.

▶ **Konzentrieren Sie sich auf die richtigen Aufträge**

Mit „richtigen" Aufträgen sind die Aufträge gemeint, die zu Ihrer Strategie passen. Es ist jedenfalls besser, Aufträge, für die Sie keine ausreichende Kompetenz, Erfahrung, Routine oder Kapazität haben, mit Kooperationspartnern abzuwickeln.

▶ **Konzentrieren Sie sich auf die richtigen Mandanten**

A-Mandanten bieten das höchste Wachstumspotenzial.

▶ **Definieren Sie Ihr Dienstleistungsangebot im Detail**

275 Ein klar strukturiertes Dienstleistungsangebot ist für klar strukturierte und zielführende Vermarktungsgespräche mit den Mandanten unverzichtbar. Marketing kann nur gelingen, wenn – aus der Sicht des Mandanten – klar ist, welche Dienstleistungen „vermarktet" werden sollen.

▶ **Es entscheidet die Fähigkeit, den Mandanten zu verstehen**

Je mehr Sie von Ihrem Mandanten wissen, desto leichter fällt es Ihnen, individuell zugeschnittene Leistungen und Lösungen anzubieten.

▶ **Jeder Mitarbeiter muss seinen Teil beitragen**

Die Tatsache, dass das Marketing von Wissensdienstleistungen nicht von der Person des Leistungserbringers getrennt werden kann, bedeutet, dass jeder Mitarbeiter zum Marketing beitragen muss. Marketing ist keine Abteilung, sondern eine innere Einstellung.

▶ **Gehen Sie die Extra-Meile**

Denken Sie bei einem Mandantengespräch über Beratungsleistungen nicht zuerst an den „Verkauf" dieser Dienstleistungen und das damit verbundene Honorar, sondern daran, den Mandanten zu verstehen und ihm tatsächlich zu helfen.[1] Ihre innere Einstellung entscheidet darüber, ob Ihre Marketingaktivitäten langfristig Früchte tragen.

▶ **Wissen zahlt sich aus**

Spezialkenntnisse in Form von Branchenwissen, Fachwissen (z. B. für besondere Steuerrechtsgebiete), Prozesswissen (z. B. Coaching oder Mediation) oder Zusatzwissen (z. B. betriebswirtschaftliche Beratung) sind ein entscheidender Wettbewerbsvorteil, der auch das Marketing enorm erleichtert, weil sie die Aktivitäten auf bestimmte Themen fokussieren.

▶ **Bauen Sie weiter Vertrauen auf**

Vertrauen ist der entscheidende Erfolgsfaktor für ein erfolgreiches Marketing und für den „Verkauf" von Beratungsdienstleistungen. Mandanten durchlaufen in ihrem Entscheidungsprozess bei der Auswahl eines Steuerberaters zwei Phasen: In der ersten Phase überprüfen sie die Kompetenz des Steuerberaters: Ist er in ihren Augen kompetent? Fachlich können sie das regelmäßig nicht beurteilen, sie verwenden daher Ersatzkriterien, die auf Sachkenntnis schließen lassen, wie z. B. die Inhalte der Homepage, Vorträge, Publikationen oder Funktionen in Verbänden oder Kammern. Danach folgt die zweite Phase des Entscheidungsprozesses, in der die Mandanten den rationalen Bereich verlassen und ihre Beraterwahl emotional untermauern. Die wesentliche Frage lautet: „Kann ich dem Steuerberater vertrauen?" Gemeint ist damit: „Kann ich mich ihm anvertrauen?" Diese Frage zielt auf die vertrauensbildenden Aspekte der geplanten Zusammenarbeit.

276

---

1 Siehe dazu oben Rn. 47 ff.

f) Wachstum durch Kanzleikauf, Fusion oder Partnerschaft

277 Kanzleikäufe, Fusionen oder Partnerschaften versprechen Größenwachstum, führen jedoch nur selten zu Stärke im beschriebenen Sinn.[1] Lediglich ausgezeichnet vorbereitete und professionell abgewickelte Käufe und Fusionen bringen den Beteiligten einen Mehrwert. Häufig wird bei derartigen Transaktionen allerdings Geld verbrannt. Noch bescheidener ist die Erfolgsbilanz bei den **Partnerschaften: die Hälfte** dieser beruflichen Zusammenschlüsse **scheitern.**

aa) Vorteile einer Partnerschaft

278 ▶ **Spezialisierung auf Fachgebiete**

Eine Partnerschaft ermöglicht unterschiedliche Spezialisierungen innerhalb einer Kanzlei. Die einzelnen Partner können sich auf ihre Fachgebiete konzentrieren, dort ihre Stärken ausbauen und gemeinsam von diesem Wissen profitieren.

▶ **Aufgabenverteilung – Berater oder Manager**

Neben der Spezialisierung auf ein Fachgebiet eröffnet sich für die Partner die Chance, sich – entsprechend ihren Neigungen und Fähigkeiten – auf die Rolle im Beratungsbereich oder im Kanzleimanagement zu konzentrieren.

▶ **One-Stop-Shopping**

Die Mandanten profitieren von der Spezialisierung der Partner durch ein breites Dienstleistungsangebot, das weit über den Kernbereich der steuerberatenden Tätigkeit hinausgeht. Durch die Kombinationsmöglichkeiten der Spezialisierungen steigt häufig die Wettbewerbsfähigkeit der Kanzlei, die so auch für eine gehobene Mandantschaft mit speziellen Beratungsbedürfnissen attraktiv wird.

▶ **Realisierung von Synergien**

Die zunehmenden Kosten für Technologie, Marketing und die immer schwieriger werdende Suche nach guten Mitarbeitern wird Einzelkanzleien auf Dauer im Wettbewerb unter Druck setzen.

Den genannten Vorteilen stehen allerdings Risiken gegenüber, mit denen viele Partnerschaften zu kämpfen haben. Die Ursachen für hohe Misserfolgsquoten bei Partnerschaften liegen hauptsächlich in der **Missachtung** der „**weichen Faktoren**", was ich im Folgenden zeige.

---

1 Siehe oben Rn. 230.

bb) Tücken einer Partnerschaft

▶ **Die „Chemie" unter den Partnern stimmt nicht** 279

Den richtigen Partner zu finden, ist eine der größten Herausforderungen (nicht nur) im Berufsleben, denn schließlich soll eine Partnerschaft – möglichst lange – Bestand haben. Was immer man von einem Partner an Qualitäten erwartet, erfolgsentscheidend ist die Fähigkeit, sich in eine Partnerschaft einbringen zu können, der Wille, als Einzelperson in einem größeren Ganzen aufzugehen. Auch muss die „Chemie" zwischen den Partnern stimmen, und zwar in zwei Richtungen: zwischenmenschlich und mit Blick auf die Erfordernisse einer kollektiven Kanzleiführung. Letzteres erfordert ein gemeinsames Verständnis von Führungsstil und Führungsgrundsätzen.

▶ **Jeder Partner will über alles mitbestimmen**

Es liegt auf der Hand, dass es für sturmerprobte Einzelkämpfer, die es gewohnt waren, alle Entscheidungen in eigener Verantwortung zu treffen, schwierig ist, in einer Partnerschaft plötzlich Machtverzicht zu leisten – von nicht wenigen wird das jedenfalls so empfunden. Faule Kompromisse führen dann häufig zu diffusen Verantwortungsstrukturen, etwa dergestalt, dass in Wohlfühlbereichen alle, für Problemzonen hingegen niemand verantwortlich sein will.

Um einem unausweichlichen Stillstand bei der Kanzleientwicklung entgegenzuwirken, empfehle ich eine klare Aufgaben- und Rollenverteilung, verbunden mit einer eindeutigen Beschreibung der Verantwortlichkeiten.

▶ **Unterschiedlich ausgeprägte Veränderungsbereitschaft**

Eine Ursache für das Scheitern von Partnerschaften liegt oft auch in der völlig unterschiedlich ausgeprägten Veränderungsbereitschaft der beteiligten Personen in Bezug auf das Geschäftsmodell. Wenn es richtig ist, das nichts so gewiss ist, wie der ständige Wandel, müssen die „Spielregeln" zur Zielanpassung schon beim Start der Partnerschaft möglichst konkret festgelegt werden.

Selbstverständlich ist ein detaillierter Gesellschaftsvertrag inkl. optimaler Rechtsformgestaltung wesentliche Grundlage für eine Partnerschaft. Die genannten Gefahrenquellen zeigen aber, dass ein „guter" Vertrag niemals alleiniger Garant für eine erfolgreiche Partnerschaft sein kann. Nicht einzelne Vertragspunkte, sondern der Geist des Vertragswerkes ist entscheidend. Die 280

Grundlage für eine Partnerschaft sind immer **gemeinsame Wertvorstellungen**,[1] gemeinsame **Ziele** und die gegenseitige **Akzeptanz** der verantwortlich Handelnden.

cc) Erfolgskriterien einer Partnerschaft

281 Aus meiner Sicht entscheiden bei Käufen, Fusionen und Partnerschaften die folgenden Kriterien über den Erfolg des Vorhabens:

- ▶ Der **Mandant** muss den **Mehrwert** des Kaufes, der Fusion oder der Partnerschaft erkennen. Der Fokus auf den sich ergebenden Mandantennutzen entscheidet. Ihm gilt so früh wie möglich die volle Konzentration.
- ▶ Dieser Mehrwert muss sich aus der **Dienstleistungsqualität** und nicht aus dem Marketing ergeben, d. h. es kommt entscheidend auf die – für den Mandanten spürbare – Einhaltung des Mehrwertversprechens an.
- ▶ Ohne die **Einbeziehung** der **Mitarbeiter** der zu übernehmenden oder fusionierenden Kanzlei(en) läuft gar nichts. Widmen Sie in der Phase des Kaufs bzw. der Fusion dem zu integrierenden Team die volle Konzentration.
- ▶ Bei Partnerschaften darf die „**Chemie**" zwischen den **Partnern** nicht dem Zufall überlassen, sondern muss **systematisch erarbeitet** werden, z. B. durch regelmäßige Partnerbesprechungen, Aktivitäten außerhalb der Kanzlei, mehrtägige Strategie-Meetings und regelmäßigen Abgleich der gegenseitigen Erwartungen.

282 Ein Kauf, eine Fusion oder eine Partnerschaft funktioniert, wenn die **Beteiligten genau wissen**,

- ▶ welche Mandanten/Mitarbeiter davon profitieren.
- ▶ welche Vorteile das sein werden.
- ▶ dass die Mandanten/Mitarbeiter diese Vorteile schätzen.
- ▶ wie der Aktionsplan konkret gestaltet ist, der diesen Zusatznutzen hervorbringen soll.

Fehlt eines dieser Merkmale, ist Wachstum durch eigene Stärke, d. h. Produktivität,[2] Innovation[3] und Marktstellung,[4] jedem Kauf, jeder Fusion und jeder Partnerschaft vorzuziehen.

---

1 Siehe oben Rn. 72.
2 Siehe oben Rn. 233 ff.
3 Siehe oben Rn. 259 ff.
4 Siehe oben Rn. 265 ff.

In letzter Konsequenz ist die – auf welchem der gezeigten Wege auch immer – erreichte **Marktposition** immer wieder **in Frage** zu **stellen**. Nie kann gesagt werden, man habe es am Markt endgültig geschafft. „*Selbst mit einem sehr hohen Marktanteil gibt es keinen Weg, einfach (nur) seine Position zu behaupten. Entweder man baut seinen Marktanteil aus, oder er beginnt zu schrumpfen.*"[1] Dem ist nichts hinzuzufügen.

283

5. Wachstum bewältigen

Um einen dauerhaften gesunden Wachstumsprozess zu gewährleisten, muss die Kanzleileitung die Fähigkeit entwickeln, die Kanzlei permanent an die verschiedenen Wachstumsstadien anzupassen. Dies bedeutet konkret, die **Kommunikations-** und **Steuerungssysteme** neu zu kalibrieren, wenn die nächste Entwicklungsstufe erreicht ist. Unzureichend ausgebildete oder gar fehlende Managementfähigkeiten sind für wachsende Kanzleien gefährlich. Schnell wandelt sich gesundes in ungesundes Wachstum, wenn etwa durch eine mangelhafte Kanzleiorganisation die Qualität leidet und die Mandantenzufriedenheit sinkt.

284

a) Wachstum durch etwas zu große Aufgaben

Wachstum entsteht durch ein mit Augenmaß betriebenes Fordern der Mitarbeiter in Bezug auf ein erhöhtes und/oder qualitativ anspruchsvolleres Arbeitspensum im Rahmen des vom Mitarbeiter verantwortungsbewusst verfolgten persönlichen Entwicklungsplans.

285

Für die tägliche Praxis bedeutet das, dass **Aufgaben** frühzeitig **delegiert** werden müssen. Zum einen, um eine produktivitätshemmende Unterdelegation zu vermeiden,[2] zum anderen, um die Kompetenzen der Mitarbeiter schneller zu entwickeln. Die Übertragung höherwertiger Tätigkeiten erfordert einen **Vertrauensvorschuss** der Kanzleiführung für die Mitarbeiter. Das Vertrauen sollte durch regelmäßige Entwicklungs- und Unterstützungsgespräche voraus- und nachsorgend abgesichert bzw. immer wieder überprüft werden. Sie werden schnell merken: Menschen lernen, wenn sie gefordert werden. Aber Achtung: Sie lernen nicht, wenn sie in Panik geraten.

Unzweifelhaft hat jeder Mensch **Leistungsgrenzen**. Auch ich gehe davon aus, dass nicht jeder alles erreichen kann. Ich bin aber davon überzeugt, dass Men-

286

---

1 Kay Rex Whitmore, CEO Kodak.
2 Siehe dazu oben Rn. 244.

schen deutlich mehr leisten können als sie sich selbst oder andere ihnen zutrauen. Es ist möglich, Menschen zu überfordern, aber das ist deutlich schwieriger, als es auf den ersten Blick vielleicht scheinen mag. Und so vollbringen Menschen immer wieder Dinge, die keiner für möglich gehalten hat.[1]

Das Management der Kanzlei muss die **Balance** zwischen den beiden Polen Fordern und Überfordern halten. Die gestellten Aufgaben dürfen die Mitarbeiter gerade ein stückweit mehr fordern als es ihrem bisherigen Leistungsvermögen entspricht, jedoch nie überfordert.[2]

b) Mitarbeiter schneller einstellen

287 Die immer noch weit verbreitete Vorgehensweise, einen neuen Mitarbeiter erst dann einzustellen, wenn sichergestellt ist, dass er bereits **am ersten Tag** voll **ausgelastet** werden kann, verhindert Wachstum. Gleichzeitig klagen die Inhaber, Partner und Führungskräfte, die nach diesem Grundsatz verfahren, über konstant hohen Zeitdruck und ihr immenses Arbeitspensum.

Rekrutieren Sie neue Mitarbeiter nicht erst dann, wenn die Arbeitsbelastung unerträglich wird. Suchen Sie permanent nach Mitarbeiter und stellen Sie einen guten Kandidaten selbst dann ein, wenn Sie befürchten, im Moment keine Arbeit für ihn zu haben.[3] Die Erfahrung zeigt nämlich, dass sich für einen guten Mitarbeiter immer eine **unbearbeitet brachliegende Nische** findet, die er ausfüllen kann. Denken Sie an Ihre (Führungs-)Aufgaben und erinnern Sie sich an die bereits gestellte Frage nach dem Umfang Ihrer **delegierbaren Tätigkeiten**.[4] Und Sie meinen tatsächlich immer noch, „den Neuen" nicht sinnvoll beschäftigen zu können?

288 Immer wieder stelle ich in meinen Seminaren die Frage nach dem aktuellen Erledigungsstand der Jahresabschlüsse und Steuererklärungen. Die Antworten sind bezeichnend für die ganze Branche: Nahezu alle Kanzleien „hecheln" den Fristen hinterher. Zeitreserven für **(pro-)aktive Tätigkeiten** sind die absolute Ausnahme. Das ist unter Wachstumsgesichtspunkten widersinnig und hat zur Folge, dass die **größte** „**Umsatzposition**" einer Steuerberatungskanzlei die Summe der **nicht erkannten Aufträge** ist. Das Arbeiten unter Zeitdruck führt dazu, dass die lukrativen, spannenden, herausfordernden und weiterempfeh-

---

1 Zu persönlichen Leistungsgrenzen und dazu, wie man diese verschiebt, siehe bereits oben Rn. 120 ff.
2 Dem Thema „Mitarbeiterführung" ist ein ganzes Kapitel gewidmet, siehe unten Rn. 367 ff.
3 Zu den drei Grundregeln der Mitarbeitersuche siehe unten Rn. 421.
4 Siehe dazu oben Rn. 244.

lungsträchtigen Aufträge nicht einmal gesehen werden! Das ist eine wirklich bedrückende Tatsache. Nur durch ein gewisses Maß an personeller Überkapazität – eben durch schnelleres Einstellen guter Mitarbeiter – haben Sie die Chance, dieses hochattraktive Wachstumspotenzial für Ihre Kanzlei zu erschließen.

c) Die Managementfunktion verstärken

In meinen Seminaren zu dem Thema „Wachstum" bitte ich Inhaber und Partner der Kanzleien, eine Liste ihrer derzeit offenen **Aufgaben** zu folgenden Themenfeldern des **Kanzleimanagements** anzufertigen:

▶ Mitarbeiterführung und -entwicklung
▶ Qualitätsmanagement, Prozesse und Kanzleistandards
▶ Marketing und Mandantenbeziehung
▶ EDV und Technologie
▶ Honorargestaltung
▶ Sonstige administrative Aufgaben

Üblicherweise ergibt sich eine **lange Liste:** Mitarbeitergespräche sind vorzubereiten und zu führen, die Kanzlei-Homepage braucht seit Langem ein Update, das Kanzlei-Handbuch sollte aktualisiert werden, eine Mandantenveranstaltung steht auf der Agenda, Leistungsangebote und Honorarmodelle sollten erstellt werden etc. etc.

Schnell wird aber auch klar, dass diese wichtigen Managementaufgaben erst dann erledigt werden, wenn Zeit „übrig" bleibt, was leider nur äußerst selten der Fall ist. Denn der operativen Arbeit zum Nutzen der Mandanten, dem Alltagsgeschäft, wird regelmäßig höchste Priorität eingeräumt. Bewusst ist dabei den Chefs allerdings, dass der professionellen Erledigung der genannten Managementaufgaben für das **Kanzleiwachstum** eine **entscheidende Bedeutung** zukommt. Was sie zögern lässt, ist das damit verbundene Zeitinvestment und die Einsicht, dass diese Aufgaben zum Kernbereich des Managements gehören und deshalb wegen ihrer Bedeutung und des erforderlichen Know-how nicht an Mitarbeiter delegierbar erscheinen. Denn fachlich exzellente Mitarbeiter sind nur selten Managementspezialisten.

Inhaber, die sich nach dieser Analyse entschlossen haben, eine Stelle „**Assistenz der Geschäftsleitung**" in der Kanzlei zu installieren und diese mit einem kompetenten und engagierten Mitarbeiter zu besetzen, erzielten Wachstumssprünge bisher nicht gekannten Ausmaßes. In kleineren Kanzleien wird es ausreichen, diese Stelle halbtags zu besetzen. In mittleren und größeren Kanzleien rechnet sich ein Vollzeitmitarbeiter. Alle jene Aufgaben, die Inhaber und Partner oft wochen- und monatelang vor sich herschieben – und damit Wachstum ausbremsen – werden nun stetig und professionell erledigt. Es hat sich durchaus bewährt, branchenfremde Mitarbeiter für die Stelle einer Geschäftsleitungsassistenz einzustellen. Wichtig ist, dass sie ihr Handwerk verstehen. Die für Steuerberatungskanzleien zu beachtenden Besonderheiten können sie sich im laufenden Arbeitsprozess aneignen.

d) Wachstum durch eine geringfügig zu groß bemessene Kanzleistruktur

291 Unter dem Motto „Zieh Dir größere Schuhe an, dann wächst Du schneller hinein", sollten sich bereits mittelgroße Kanzleien überlegen, ihre Organisationsstruktur mit einer **zweiten Führungsebene** größer zu bemessen als dies nach den aktuellen Anforderungen zwingend notwenig ist. Trotz der allerorten spürbaren Arbeitsüberlastung wird diese Entscheidung aber hinausgeschoben. Die typischen Gründe für dieses **Zögern** sind:

▶ Aufgaben, Verantwortung und Kompetenzen tatsächlich abzugeben, fällt Inhabern bzw. Partnern nicht leicht.

▶ Die Angst, „nicht mehr alles im Griff zu haben".

▶ Die ungeklärte Frage, welche Mitarbeiter zum Teamleiter gemacht werden sollen.

Im Folgenden sollten die grundlegenden Probleme sowie die häufigsten Fehler bei der Einführung einer zweiten Führungsebene dargestellt werden. Zu betonen ist, dass es trotz allgemein gültiger Erkenntnisse zur Struktur dieses Führungsinstruments keine Patentlösung gibt, sondern **für jede Kanzlei** die individuell **passende Variante** gesucht werden muss. Zu verschieden sind die Ziele, die handelnden Personen und die Historie der Steuerberatungskanzleien, als dass man sie über einen Leisten schlagen könnte.

aa) Eine zweite Führungsebene – ab welcher Kanzleigröße?

292 Die Übertragung von Führungsverantwortung an Mitarbeiter ist nach meiner Erfahrung schon in einem recht frühen Stadium des Kanzleiwachstums notwendig, jedenfalls früher als gemeinhin angenommen wird. Im Regelfall kann in einer herkömmlich strukturierten Einzelkanzlei schon ab einer Größe von acht Mitarbeitern an eine Aufteilung der Führungsaufgaben gedacht werden. Als Idealtypus stelle ich hier **beispielhaft** eine **Zehn-Mitarbeiter-Kanzlei** vor.

Das Organigramm lässt sofort erkennen, dass sich der Flaschenhals zum Kanzleiinhaber hin dramatisch verengt.

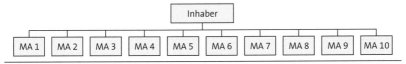

Trotzdem, würde sich der Kanzleiinhaber voll und ganz auf seine Führungsaufgaben konzentrieren (können), erforderte eine Kanzleigröße von zehn Mitarbeitern die Einführung einer zweiten Führungsebene noch nicht zwingend. Die Realität sieht allerdings anders aus. Denn im Regelfall ist der Kanzleiinhaber aus den unterschiedlichsten Gründen **schwerpunktmäßig** in der **Mandantenbetreuung** engagiert und kann daher seiner Führungsverantwortung als Kanzleimanager nicht in vollem Umfang gerecht werden.

Das permanente Führungsdefizit frustriert und demotiviert alle Beteiligten – mit negativen Folgen für die Kanzleientwicklung, die meist stagniert, sich aber zumindest verlangsamt. Alle Initiativen, den Negativtrend zu stoppen und umzukehren, kommen nicht über das Stadium „gute Absichten" hinaus; sie verlaufen im Sand, da der Kanzleiinhaber durch seine vielfältigen **Aufgaben** als **Spieler und Trainer** schlicht **überfordert** ist. Er allein kann also das Ruder nicht herumreißen.

Als Ausweg aus der Misere bietet es sich an, eine **zweite Führungsebene** zu schaffen, die die Führungsverantwortung auf mehrere Schultern, nämlich die des Inhabers und zweier **Teamleiter**, verteilt. Das Organigramm dieser Kanzlei sähe dann so aus:

293

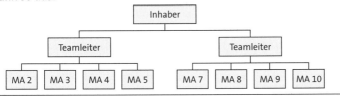

Diese – idealtypische – Darstellung macht den Unterschied sofort deutlich: Der Kanzleiinhaber hat Führungsverantwortung für zwei **Teamleiter,** die wiederum jeweils ein **Vier-Mitarbeiter-Team** führen. Wachstum und Kanzleientwicklung sind so leichter möglich, da die Teams ohne größere Schwierigkeiten wachsen können und der Inhaber durch die Delegation von Führungsverantwortung an die beiden Teamleiter wieder mehr Zeit hat, sich seinen Managementaufgaben zu widmen.

Die **Faustregel** zur zweiten Führungsebene bei **Einzelkanzleien** lautet: Ab zehn Mitarbeitern sollte die Situation genau analysiert werden. In einer typischen Kanzlei kann mindestens ein Teamleiter installiert werden (z. B. für Finanzbuchhaltung und/oder Lohnverrechnung).

Bei **Partnerschaften** gilt diese Regel proportional mit einem Faktor von 75 %, d. h. bei einer Zweier-Partnerschaft empfehle ich, bereits ab 15 Mitarbeitern die Möglichkeiten einer zweiten Führungsebene genau zu prüfen. Zwei Teamleiter wären im typischen Fall ideal, wobei aber auch einer der Partner zugleich Teamleiter sein kann.

294 Die Neugliederung wird aber nur dann die erhofften Effekte zeigen, wenn der Inhaber bzw. die Partner und die Teamleiter ihre **Führungsverantwortung** auch tatsächlich **wahrnehmen**. Eine wichtige Erkenntnis des Kanzleimanagements sollten sie dabei nicht aus den Augen verlieren: Führungsdefizite können nicht allein durch eine Änderung der Organisationsstruktur, ein schickes Organigramm, beseitigt werden. Die neue Organisationsstruktur muss auch zielorientiert gelebt werden; hier ist von allen verantwortlich Handelnden **Konsequenz** gefragt.

bb) Aufgaben der Inhaber und Partner definieren

295 Bevor nun die Teamleiter benannt und deren Aufgaben definiert werden können, ist es notwendig, in einem ersten Schritt die Führungsaufgaben der Kanzleiinhaber bzw. Partner zu beschreiben. Das kann auch in einer Einzelkanzlei recht schwirig sein.

Die entscheidende Frage lautet: Worin liegen die **Stärken** des Kanzleiinhabers bzw. der Partner? Diese scheinbar triviale Frage ist bei näherer Betrachtung schwer zu beantworten. Das liegt daran, dass dem Inhaber bzw. Partner die eigenen Stärken durchaus verborgen bleiben können, weil er einige seiner – bei objektiver Betrachtung durch einen Dritten als außergewöhnlich positiv einzustufenden – Fähigkeiten und Fertigkeiten für selbstverständlich hält. Schließlich hat er sie jahrelang, vielleicht sogar jahrzehntelang eingeübt. Eine objektiv richtige **Selbsteinschätzung** wird dem Inhaber einer Einzelkanzlei deshalb nur dann gelingen, wenn er bei seiner Nabelschau eine kritische Distanz zu sich selbst wahren kann.

Die richtige Beantwortung dieser Frage nach den Stärken hat weitreichende Auswirkungen auf die Kanzlei. Nur dann, wenn Inhaber bzw. Partner dort eingesetzt sind, wo sie ihre Stärken und Fähigkeiten am besten ausspielen können, und dort durch Partner oder Mitarbeiter **unterstützt** werden, **wo** sie **Schwächen** haben, ist dauerhaft ein wirtschaftlich erfolgreiches Handeln möglich. Ein dafür typisches Beispiel ist der akquisitionsstarke, aber organisationsschwache Kanzleiinhaber: Erkennt er seine Stärken (bzw. Schwächen) und ist er bereit, sich für die organisatorischen Aufgaben eine „rechte Hand" (Assistenz der Geschäftsleitung) aufzubauen, dann werden seine Erfolge bei der Mandantengewinnung auch belohnt. Denn dem Organisationstalent seines Assistenten wird es gelingen, die erfolgreich akquirierten Neumandanten perfekt in Kanzlei zu integrieren.

Die Aufgabenteilung in **Partnerschaften** ist eines der Erfolgskriterien schlechthin. Immer häufiger wechseln auch mittlere Kanzleien vom bekannten Partnermodell, in dem jeder Partner eine oder mehrere Managementaufgaben zu erledigen hat, zum „**Corporate Modell**" mit einem Managing Partner, der allein für das Management der Kanzlei verantwortlich ist. Der Managing Partner gibt – in der Reinform des Modells – seine Fach- bzw. Mandantenaufgaben vollständig ab und konzentriert sich ausschließlich auf die Tätigkeit als Manager. In einer abgeschwächten Form des Corporate Modells ist der Managing Partner nur noch in einem klar abgegrenzten Fachgebiet oder mit einem kleinen, klar abgegrenzten Mandantenstamm aktiv mit der operativen Arbeit befasst. 296

So oder so, die Aufgaben der Inhaber bzw. Partner müssen klar definiert werden, damit sie nicht in Konflikt mit den Tätigkeitsbereichen der zweiten Führungsebene kommen können.

cc) Welche Organisationsstruktur?

Sind die Aufgaben für den Inhaber bzw. Partner festgelegt, muss die „richtige" Organisationsstruktur gefunden werden. Erst danach können die Teamleiter benannt und die für sie bestehenden Aufgaben definiert werden. Zur Auswahl stehen zwei Organisationsformen, die folgendermaßen zu charakterisieren sind: 297

- ▶ **Funktionale Organisation:** Im Vordergrund steht die jeweilige Aufgabe/Funktion (Lohnabrechnung, Buchführung, Jahresabschluss, Steuererklärung, Wirtschaftsprüfung, Unternehmensberatung etc.).
- ▶ **Divisionale Organisation:** Die Kanzlei besteht aus Teams, die jeweils einen bestimmten Mandantenstamm umfassend, also auf allen steuerrechtlich relevanten Feldern betreuen.

Beide Organisationsformen bieten Vorteile, haben aber auch Nachteile, die im Hinblick auf die kanzleiindividuell passende Organisationsstruktur[1] sorgfältig abzuwägen sind. Denn für die erfolgreiche Implementierung einer zweiten Führungsebene spielt die Organisationsstruktur eine wichtige Rolle.

dd) Aufgaben eines Teamleiters

298 Stehen die Aufgaben für den Inhaber bzw. die Partner[2] sowie die Organisationsstruktur[3] fest, können die Aufgaben für die Teamleiter definiert werden. Ausgangspunkt aller Überlegungen sind die – hier sehr weit gefassten – **allgemeinen Aufgaben** eines Teamleiters, die bei Bedarf durch kanzleispezifische Anforderungen zu ergänzen sind:

- ▶ Mandanten begeistern
- ▶ Führung und Beurteilung der Mitarbeiter des Teams
- ▶ Permanente Fortbildung der Mitarbeiter des Teams
- ▶ Koordinierung der Urlaube und der Erreichbarkeit
- ▶ Einhaltung des selbst erstellten Arbeitsplans
- ▶ Honorarabrechnung
- ▶ Durchführung der Teambesprechungen
- ▶ Führung des Teams unter Einhaltung der allgemeinen Kanzleistandards
- ▶ Überwachung des Teambudgets
- ▶ Für ein gutes Betriebsklima sorgen
- ▶ Verantwortung für die Zusammensetzung des Teams in Absprache mit dem Inhaber bzw. den Partnern
- ▶ Schnittstelle zum Inhaber bzw. zu den Partnern

Streichen Sie Aufgaben, wenn Sie meinen, dass sie – jedenfalls zunächst – über das Ziel hinausschießen, und **spezifizieren** Sie die **Aufgabenliste** entsprechend den bereits getroffenen Entscheidungen in Bezug auf die Inhaber- bzw. Partneraufgaben und Organisationsstruktur **Ihrer Kanzlei**.

299 Zwei Anmerkungen zu den Aufgaben eines Teamleiters möchte ich an dieser Stelle machen:

- ▶ Zum Punkt „**Mandanten begeistern**": Teamleiter dürfen neben ihren Führungsaufgaben den intensiven Mandantenkontakt nicht vernachlässigen.

---

1 Siehe oben Rn. 291.
2 Siehe oben Rn. 295 ff.
3 Siehe oben Rn. 297.

Die Kunst besteht darin, sich auf die richtigen Mandanten zu konzentrieren.

▶ Zum Punkt „**Für ein gutes Betriebsklima sorgen**": Diese Aufgabe hat jeder Mitarbeiter in der Kanzlei. Die Führung ist nicht allein verantwortlich für die gute Stimmung, hier sind alle gefordert!

Der umfangreiche Aufgabenkatalog eines Teamleiters zeigt die enorme Herausforderung, die in der Übernahme dieser Funktion liegt. Einerseits mag dies Kandidaten auf den ersten Blick abschrecken, weil die Bedenken, diesen hohen Anforderungen nicht gerecht zu werden, durchaus berechtigt sind. Andererseits müssen in diesem Punkt von der **Kanzleileitung klare Erwartungen** formuliert werden, denn das konkrete Anforderungsprofil ist das Ergebnis der vorgeschalteten Überlegungen zur Aufgabenzuordnung auf den Inhaber bzw. die Partner und zur Organisationsstruktur. Und noch ein weiterer Gesichtspunkt spricht für eine klare Zielansage: Die aus der Mandantenbeziehung bekannte Einschätzung, „Hohe Erwartungen zu erfüllen, die man kennt, ist schwierig genug. Erwartungen zu übertreffen, die man nicht kennt, ist unmöglich", gilt uneingeschränkt auch für Teamleiter.

ee) Wer wird Teamleiter?

Die Inhaber- bzw. Partneraufgaben sind abgestimmt,[1] die Entscheidungen für die passende Organisationsstruktur sind getroffen[2] und die Teamleiteraufgaben wurden daraus zwingend abgeleitet.[3] Jetzt steht die wichtige und schwierige Entscheidung an, wer Teamleiter werden soll. Offensichtlich ist, dass nicht viele Mitarbeiter für diese Position in Frage kommen. Weniger offensichtlich ist, dass man bei dieser Entscheidung wirklich grobe Fehler machen kann.

(1) Fehler bei der Auswahl des Teamleiters

Die Kanzleileitung muss die drei typischen Fehler vermeiden, die immer wieder bei der Besetzung der Teamleiterposition gemacht werden.

Fehler Nr. 1: Der Teamleiter wurde zu schnell eingesetzt!

Eine Fehlbesetzung auf der Position des Teamleiters rückgängig zu machen, ist eine der unangenehmsten und undankbarsten Aufgaben für die Kanzleiführung. Prüfen Sie daher äußerst sorgfältig Ihre Personalentscheidung und über-

---

1 Siehe oben Rn. 295 f.
2 Siehe oben Rn. 297.
3 Siehe oben Rn. 298 ff.

nehmen Sie im **Zweifelsfall** als Inhaber oder Partner selbst die Teamleiterfunktion auf Zeit. Eine solche Interimslösung mit dem Ziel, während dieser Zeit einen Teamleiter aus dem Team zu entwickeln, ist die deutlich bessere Option als zu schnell den falschen Teamleiter einzusetzen.

Fehler Nr. 2: Fachkompetenz vor Führungskompetenz!

304 Ich beobachte immer wieder, dass der Teamleiter ausschließlich anhand fachlicher Kriterien ausgewählt wird – ganz nach dem Motto: „Der beste Buchhalter wird Leiter der Buchhaltung" oder „Der kompetenteste Bilanzbuchhalter wird Teamleiter". Diese Vorgehensweise kann sich in Einzelfällen als richtig erweisen, aber – und das möchte ich betonen – meist ist sie falsch! Operativ exzellente und fachlich qualifizierte Mitarbeiter haben ihre Stärken meist genau in diesen operativen Bereichen und weniger in der Führung anderer Mitarbeiter. Ob ein Teamleiter seine spezielle Aufgabenstellung erfüllt, hängt letztlich davon ab, ob es ihm gelingt, ein **effizientes Team** zu **formen** und nicht davon, ob er selbst höchst produktiv ist.

Mit einer Personalentscheidung, die diesen Gesichtspunkt nicht berücksichtigt, machen Sie alle Beteiligten unglücklich: erstens den Teamleiter, der viel lieber operativ arbeitete, als sich um die Mitarbeiterführung zu kümmern, zweitens die Mitarbeiter des Teams, die die Führungsschwäche des Teamleiters monieren, und drittens sich selbst, da Sie immer wieder das Vakuum auf der Führungsebene ausfüllen müssen. Damit aber bringt die Einführung einer zweiten Führungsebene nicht den erhofften Entlastungseffekt, sondern schafft vielmehr neue, bisher unbekannte Probleme.

Fehler Nr. 3: Der Teamleiterposten wurde politisch besetzt!

305 Unter dem Begriff „politische Besetzung" ist eine Personalentscheidung für den Teamleiterposten zu verstehen, die auf der Grundlage von **Alter, Betriebszugehörigkeit,** Verdiensten um die Kanzlei oder abgelegten Prüfungen getroffen wird. Zu erkennen sind die Auswahlentscheidungen daran, dass in folgender Art und Weise argumentiert wird:

- ▶ „A können wir als Teamleiter einfach nicht übergehen, weil er schon so lange bei uns ist."
- ▶ „B muss Teamleiter werden, weil er älter ist als der Rest der Mannschaft und sich niemals von einem jüngeren Kollegen führen lassen würde."
- ▶ „C kommt als Einziger für den Teamleiterposten in Frage, weil er Steuerberater ist, und D (kein Steuerberater) als seinen Vorgesetzten nicht akzeptieren würde."

Politische Besetzungen mögen kurzfristig folgerichtig erscheinen, mittel- und langfristig verbauen sie aber große Entwicklungschancen. Ein übertriebenes Harmoniebedürfnis und fehlende Kenntnisse in Strategien zur Konfliktbewältigung sind die Hauptgründe dafür, dass der Teamleiterposten immer wieder politisch besetzt wird.

(2) Auswahlkriterien

Die Frage „Wer wird Teamleiter?" sollte über die Auswahlkriterien **Führungsintelligenz** und **-kompetenz** beantwortet werden. Neben der Grundvoraussetzung einer positiven Grundhaltung, sind es im Wesentlichen drei Bereiche, in denen Führungskräfte glänzen müssen:

306

▶ Sie erledigen Aufgaben.

▶ Sie arbeiten gut (mit ihrem Team) zusammen.

▶ Sie können sich selbst gut einschätzen.

Fokussiert man diese allgemeinen Aussagen auf **Situationen**, in denen **Führungsqualität** gefragt ist, lassen sich aussagekräftige Charakteristika für die Eignung eines Mitarbeiters als Teamleiter finden.[1]

---

[1] Justin Menkes Executive Intelligence – HarperCollins World 2005; Harvard Business Manager 2/2006.

V. Wachstum! Fluch oder Segen?

Sie erledigen Aufgaben	Sie arbeiten gut mit ihrem Team zusammen	Sie können sich selbst gut einschätzen
Dazu gehört: - Probleme angemessen definieren; wesentliche Ziele von weniger wichtigen Belangen unterscheiden. - Mögliche Hindernisse voraussehen, die das Erreichen von Zielen erschweren; angemessene Maßnahmen festlegen, um sie zu umgehen. - Die Richtigkeit von Annahmen, die einem Vorhaben zugrunde liegen, kritisch überprüfen. - Stärken und Schwächen von Vorschlägen oder Argumenten deutlich zur Sprache bringen. - Erkennen, was über ein Problem bekannt ist, welche relevanten Informationen noch fehlen und wie diese am besten beschafft werden. - Alternative Aktionspläne aus mehreren Blickwinkeln betrachten, um mögliche unerwünschte Folgen zu erkennen.	Dazu gehört: - Die richtigen Schlussfolgerungen aus einem Gespräch ziehen. - Verdeckte Absichten und Motivationen der verschiedenen beteiligten Personen und Gruppen erkennen. - Mögliche Reaktionen von Personen auf Handlungen oder Ankündigungen vorhersehen. - Zentrale Probleme und Perspektiven identifizieren, die für einen Konflikt ausschlaggebend sind. - Mögliche Folgen und unbeabsichtigte Konsequenzen, die sich aus bestimmten Handlungen ergeben können, angemessen berücksichtigen. - Unterschiedliche Bedürfnisse aller wichtigen Interessensgruppen beachten und ausbalancieren.	Dazu gehört: - Sich um Rückmeldungen bemühen, die Fehler im eigenen Urteil aufdecken könnten, und angemessen reagieren. - Sich der eigenen Voreingenommenheit und des beschränkten Blickwinkels bewusst sein; Denken und Handeln entsprechend anpassen. - Schwer wiegende Mängel eigener Ideen oder Handlungen erkennen; diese, wenn nötig, sofort öffentlich eingestehen und einen Richtungswechsel vornehmen. - Wichtige Schwächen der von anderen vorgebrachten Argumente benennen und immer wieder auf die Stärke des eigenen Standpunkts verweisen. - Die Einwände anderer, falls angebracht, zurückweisen und einem vernünftigen Aktionskurs treu bleiben.

307 **Beobachten** Sie Ihre **Mitarbeiter** und **bewerten** Sie ihre **Eignung** anhand der genannten Kriterien. Je mehr Sie über die Kandidaten für die Teamleiterposition wissen, desto größer ist die Wahrscheinlichkeit, dass die von Ihnen getroffene Personalauswahl halten wird. Berücksichtigen Sie dabei auch das Rollenverhalten im Privatbereich, das z. B. dann auf ein vorhandenes Führungspotenzial hinweisen kann, wenn der Mitarbeiter

- ▶ in Vereinen Funktionen innehat,
- ▶ schon in der Schule Klassensprecher war,
- ▶ Mannschaftssport betreibt oder betrieben hat oder
- ▶ Freude an Erfolgen anderer zeigt.

Vor der Bestellung zum Teamleiter sind eingehende **Gespräche** mit den Kandidaten zu führen. Scheuen Sie nicht den dafür notwendigen Zeitaufwand. Denn schließlich geht es um die Besetzung einer Führungsposition in Ihrer Kanzlei.

ff) Wie Teamleiter ihren Aufgaben gerecht werden können

„Teamleiter werden ist nicht schwer, Teamleiter sein dagegen sehr!" So könnte man in Abwandlung eines bekannten Zitats von Wilhelm Busch die Situation am besten beschreiben, d. h. die Herausforderung beginnt erst mit der Übernahme der Teamleiterfunktion.

308

Sie besteht darin, dass der Teamleiter **vom Kollegen zum Vorgesetzten** aufsteigt und sich für ihn aus diesem Grund die Beziehung zu seinen ehemaligen Kollegen radikal ändert. Führung bedeutet, Entscheidungen zu treffen, Standpunkte zu vertreten, deshalb angreifbar zu sein, Unangenehmes zur Sprache zu bringen etc. Das Verhältnis zu den ehemaligen Kollegen kann also nie mehr so sein, wie es einmal war. Mit diesem **Rollenwechsel** haben Teamleiter und auch Teammitglieder zu kämpfen. Man kann diese Tatsache auch nicht klein- oder schönreden.

Teamleiter befinden sich in einer für sie unangenehmen **Sandwichposition** zwischen Chef und Team. Sie erhalten sowohl Druck von oben (Kanzleiinhaber oder Partner), z. B. unangenehme Aufgaben zu erledigen, als auch von unten (Team), z. B. die Interessen des Teams zu vertreten. Sollen sie ihre Aufgaben in krisenhaften Situationen erfüllen, benötigen sie deshalb Rückendeckung durch die jeweilige Gruppe, deren Interessen sie vertreten.

Und noch eines muss von der Kanzleileitung klar gesehen werden. Die mit der Position verbundenen Pflichten können dem neuen Teamleiter nicht einfach auf seine bisherigen Aufgaben draufgesattelt werden. Er muss vielmehr **Fachaufgaben abgeben**, um Führungsaufgaben übernehmen zu können. Geschieht das nicht, wird der Teamleiter wegen Arbeitsüberlastung scheitern.

Teamleiter brauchen vor allem zu Beginn ihrer Tätigkeit Unterstützung in dem für sie neuen Aufgabenbereich. Einen **Teamleiter** zu **coachen**, verlangt Inhabern bzw. Partnern viel ab, da sie sich intensiv mit ihrem eigenen Führungsverständnis auseinandersetzen müssen, um als Coach wertvoll zu sein. Natürlich ist „Training-on-the-Job" die wirkungsvollste Methode für die Entwicklung eines Teamleiters. Sie ist dann besonders effizient, wenn sie über Fortbildungsmaßnahmen, die zumindest ein Basistraining in Führungskompetenz beinhalten sollten, begleitet wird.

309

Ein auf Steuerberatungskanzleien abgestimmtes **Teamleitertraining** muss folgende Lerninhalte umfassen:

- **Selbstmanagement**
  - Persönliche Ziele und Karriereplanung
  - Persönliche Arbeitsmethodik – Zeitmanagement
  - Veränderungen erfolgreich bewältigen
  - Aufbau eines beruflichen Netzwerks
- **Mitarbeiterführung**
  - Führungsaufgaben wahrnehmen – vom Kollegen zum Vorgesetzten
  - Für Teamziele sorgen
  - Mitarbeitergespräche wirksam durchführen
  - Teambesprechungen professionell gestalten
- **Kanzleimanagement**
  - Strategische Planung
  - Teambudgets, Auftragssteuerung und -durchführung
  - Auftragsgewinnung und Cross-Selling
  - Mandantenbesprechungen professionell gestalten
- **Kommunikation**
  - Grundlagen der Kommunikation
  - Gesprächsführung
  - Präsentationstechniken

310 Ob das Training in einem Gesamtkonzept durchgeführt wird (intern oder extern) oder sich der Teamleiter einzelne Führungskompetenzen in Tagesseminaren aneignet, ist nicht entscheidend. Wichtig ist, dass **Führungstraining** überhaupt **im Fortbildungsplan** des neuen Teamleiters steht! Denn richtiges Führungsverhalten ist lehr- und lernbar.

Lassen Sie den Teamleiter in der wichtigen Startphase nicht alleine. Er braucht jegliche Form der Unterstützung für seine herausfordernden Aufgaben.

gg) Welcher Mitarbeiter in welches Team?

311 Die Einführung einer zweiten Führungsebene bedeutet im Regelfall, dass sich für alle Mitarbeiter etwas ändern wird – und nicht nur für die Kanzleiinhaber, Partner und Teamleiter. So führt die Implementierung einer zweiten Führungsebene dazu, dass der **unmittelbare Vorgesetzte wechselt** (vom Inhaber bzw.

Partner zum Teamleiter). Selbstverständlich stellen sich Mitarbeiter sofort die Frage: „Und welchem Team werde ich angehören?".

Aus diesem Grund ist es zu empfehlen, die **Einführung** einer **zweiten Führungsebene** von Beginn an **offen** innerhalb der Kanzlei zu **kommunizieren**, damit erst gar keine Gerüchte entstehen. Hierbei hat es sich als zielführend erwiesen, die Aufgaben für den Inhaber bzw. die Partner und die Organisationsstruktur allen Kanzleimitarbeitern zu einem Zeitpunkt vorzustellen, zu dem die Entscheidung für den Teamleiter noch nicht getroffen wurde. Alle Mitarbeiter der Kanzlei sollten die – vorerst – abstrakte neue Organisationsform kennenlernen und deren Nutzen sehen.

In **Einzelgesprächen** mit den Mitarbeitern stellt sich dann meist schnell heraus, welcher Mitarbeiter sich in welchem Team sieht, auch wenn der Teamleiter noch nicht bekannt ist. In der Mehrzahl der Fälle wird sich diese Einschätzung – dies zeigt jedenfalls die Beratungspraxis – mit Ihrer Vorstellung decken. Falls das nicht der Fall ist, müssen Sie Ihre Erwartungen mit denen des Mitarbeiters abstimmen.

Die Einführung einer zweiten Führungsebene in einer Steuerberatungskanzlei ist eine tief greifende und umfassende Maßnahme der Kanzleientwicklung. Sie hat gravierende Auswirkungen auf nahezu alle Bereiche der Kanzleiführung. Die gelungene Implementierung der zweiten Führungsebene bedeutet einen echten Durchbruch in der Kanzleientwicklung und eröffnet vollkommen neue Chancen. Sie spielen ab sofort in einer anderen Liga!

6. Kann David Goliath nochmals besiegen?

Der Inhalt dieses Kapitels ließe den Schluss zu, dass kleine Steuerberatungskanzleien am Markt keine Chance mehr hätten. Dem ist nicht so. Sie können weiterhin erfolgreich bestehen, wenn sie die folgenden zehn **Tipps** beherzigen.

312

- ▶ Fühle dich nicht zu sicher, auch wenn du derzeit Erfolg hast!
- ▶ Kümmere dich um deine Bestandsmandanten!
- ▶ Gewinne neue Aufträge von deinen Bestandsmandanten!
- ▶ Organisiere Produktivität!
- ▶ Fokussiere dich auf deine Stärken!
- ▶ Arbeite an der „richtigen" Kanzleikultur!
- ▶ Professionalisiere dein Marketing!
- ▶ Fordere dich selbst immer wieder!
- ▶ Hör nie auf zu lernen!

▶ Sei immer ein bisschen besser als die Konkurrenz!
Und wenn Sie das tun, wird Ihre Kanzlei stärker ... und größer!

VI. Mit Service verdienen

Die **Entscheidung** für oder gegen einen **Steuerberater** wird extrem stark von der **Servicequalität** der Kanzlei beeinflusst. Dies bestätigen Mandantenbefragungen immer wieder aufs Neue. Die fachliche Qualität der Dienstleistungen kann der Mandant selten bis gar nicht beurteilen, so dass er sich an Ersatzkriterien orientieren muss. Eine ausgezeichnete Servicequalität hat zur Folge, dass der Mandant die Honorare gerne bezahlt, Sie immer wieder beauftragt und Ihre Kanzlei weiterempfiehlt. Daher lohnt es sich, alles Notwendige dafür zu tun, dass die Qualität des Service genauso großartig ist wie die Qualität Ihrer Arbeit.

313

Der Servicegedanke in der Steuerberatung ist während der letzten Jahre immer stärker ins Bewusstsein aller Beteiligten gerückt. Es sind deutliche Fortschritte festzustellen. Meine persönliche Wahrnehmung ist allerdings differenziert: Einerseits stelle ich fest, dass das Niveau bei **einfachen Servicefragen,** wie z. B. der Begrüßung, dem Telefonkontakt oder beim Angebot an Getränken im Besprechungszimmer durchweg gut ist. Diese Servicemaßnahmen wurden in vielen Kanzleien professionell umgesetzt und von Mandanten daher entsprechend gut benotet. Andererseits erkenne ich zum Teil gravierende Defizite, wenn es um das Thema „**Beratung**" geht. Und zwar Beratung wörtlichen Sinn: Dort, wo der Mandant erwartet, dass der Steuerberater von sich aus Vorschläge macht, mit Ideen auf ihn zukommt, die unmittelbare Zusammenarbeit erleichtert, mehr und verständlicher kommuniziert etc. – ihn eben als Mandanten exzellent betreut.

314

Zufriedenheit ist das Verhältnis zwischen erlebter zu erwarteter Leistung. **Referenzwerte** in Sachen Service erhält der Mandant nicht aus der Steuerberaterbranche, sondern aus dem allgemeinen Wirtschaftsleben. Hier werden die Maßstäbe definiert und täglich weiter nach oben verschoben. Von der Spitzenhotellerie und Systemgastronomie über Technologieführer wie Amazon bis hin zu perfekt organisierten Automarken bzw. -häusern.

315

Eine alte Dienstleistungsweisheit – gleich in welcher Branche – lautet: Schlechter Service passiert von selbst. Guter Service muss gemanagt werden. Sie alle kennen sicher Hunderte dazu passende Beispiele aus Ihren persönlichen Erfahrungen mit Hotels, Restaurants, Banken, Versicherungen, Ärzten und anderen Unternehmen. **Schärfen** Sie Ihre **Wahrnehmungen** als **Kunden,** allein dadurch werden Sie zu einem Profi in Sachen Service.

1. Service heißt dienen

316 Steuerberatungskanzleien verdienen durch dienen. Nicht jedem Steuerberater oder Mitarbeiter fällt es auf Anhieb leicht, diese **Tatsache** zu **akzeptieren.** Die eigene berufliche Stellung als Experte wird extrem hoch bewertet; von anderen Dienstleistungsbranchen zu lernen (z. B. Taxiunternehmen oder Restaurantbetriebe), fällt naturgemäß schwer, wenn das eigene Selbstwertgefühl dem im Weg steht. Bekanntermaßen sieht man nicht, was man nicht sieht. Ich schlage in diesem Zusammenhang in Beratungsprojekten oder Seminaren oft eine Übung vor, die einen Perspektivwechsel einleiten soll: Denken Sie ein paar Minuten darüber nach, was Sie an Ärzten stört. Diese Frage ist ein ausgezeichneter Startpunkt, um den Servicebemühungen in Ihrer Kanzlei neues Leben einzuhauchen.

Die für die **Ärztebranche** aufgestellte **Mängelliste** umfasst regelmäßig ca. 20 Positionen, z. B. Wartezeit, Ärzte hören nicht zu, sie geben wenig Erklärungen, reden in ihrer Fachsprache, es gibt keine Nachbehandlung, sie sind schwer erreichbar, die Praxis hat einen unattraktiven Wartebereich, unfreundliche Arzthelferin, Gespräche werden nicht auf Augenhöhe geführt etc.

Die gerade beschriebene Übung fördert mehrere Erkenntnisse zu Tage: Erstens – und offensichtlich – kommen jedem die folgenden **Fragen** in den Sinn: Und wie denken Mandanten über uns Steuerberater? Bestehen zwischen Ärzten und Steuerberatern bzw. zwischen Patienten und Mandanten Parallelen? Zweitens – allerdings nicht sofort – erkennt man, dass sich die Einzelpositionen der Mängelliste in zwei große Gruppen aufteilen lassen: Zum einen grundsätzliche, vom Arztberuf unabhängige Kundenbedürfnisse, die relativ leicht mit Freundlichkeit und einer guten Organisation zu erfüllen sind. Auf der anderen Seite arztspezifische Anforderungen, die untrennbar mit dem Kern der Berufsausübung verbunden sind und deren professionelle Bewältigung eine größere Herausforderung darstellt.

a) Exzellenter Service – die Pflicht

317 Großartiger Mandantenservice ist wahrlich keine Wissenschaft. Kein Studium, kein Doktortitel ist notwendig, um Mandanten durch Service zu begeistern. Service ist vielmehr eine **Grundhaltung,** die von allen in der Kanzlei – vom Auszubildenden bis zum Inhaber – **gelebt** werden muss. Ein begeisternder Service hat **sechs Erfolgsfaktoren:**

▶ **Sensibilität,** die zumindest dazu führt, den Mandanten so zu behandeln, wie man selbst gern behandelt werden würde. Noch zielführender ist es freilich, den Mandanten so zu behandeln, wie er behandelt werden möchte. Was man als Inhaber, Partner oder Mitarbeiter einer Steuerberatungskanzlei erwartet, wird sich oft deutlich von den Erwartungen des Mandanten unterscheiden. So wird beispielsweise ein vermögender Mandant eine ganz andere Vorstellung von Service und dem Wert einer Leistung haben als ein typischer Mitarbeiter in einer Steuerberatungskanzlei.

► **Freundlichkeit** im dem Sinne, sich für den Mandanten als Menschen zu interessieren. Keine aufgesetzte Freundlichkeit, sondern eine aufrichtige Herzlichkeit. Diese Service-Zutat kann nur bedingt gelehrt und gelernt werden. Daher sollten Sie nach Möglichkeit nur solche Menschen in Ihrer Kanzlei einstellen, die sich gern anderen Menschen zuwenden. Ein Lächeln kann man nicht kaufen.

► **Beweglichkeit** im Hinblick darauf, vorgegebene Service-Standards der Kanzlei auch einmal beiseitezuschieben, um im Einzelfall eine für den Mandanten passendere Vorgehensweise zu wählen. Ich beschreibe damit keine Dienstleistungsbereitschaft bis zur Selbstaufgabe, sondern jene Flexibilität, die den Mandanten erkennen lässt, dass alles im Rahmen des Möglichen für ihn getan wird. Diese Kompetenz kann geschult und trainiert werden.

► **Hilfsbereitschaft** nicht nur bei der Erfüllung der berufstypischen Auftragserfüllung, sondern die aus Überzeugung fließende innere Einstellung, dem Mandanten auch außerhalb der mit dem Kernbereich der Tätigkeiten zusammenhängenden Probleme behilflich zu sein. Wer trägt denn die Kiste mit den Unterlagen zum Auto des Mandanten auf dem Parkplatz vor der Kanzlei?

► **Gastfreundschaft**, die den Mandanten als Gast der der Kanzlei in den Mittelpunkt rückt. Das bedeutet konkret, dem „Gast" die volle Aufmerksamkeit zu schenken, für sein Wohlgefühl zu sorgen – vom Moment des Betretens bis zum Verlassen der Kanzlei.

► **Großzügigkeit,** wenn es darum geht, Fehler wiedergutzumachen. In jeder Arbeitsbeziehung, auch wenn sie über Jahre ausgezeichnet funktioniert, kommt einmal der Moment, in dem etwas danebengeht. Und in dieser Situation müssen Sie nicht nur den Fehler beheben, sondern mehr tun, als von Ihnen erwartet wird. Gelingt Ihnen das, wird die Mandantenbeziehung weiter gefestigt.

Aus diesen Erfolgsfaktoren lassen sich in jedem Unternehmen Hunderte frischer, den Mandanten begeisternder Ideen für Serviceleistungen ableiten. Sie dienen ferner als Checkliste, mit der Sie täglich überprüfen können, ob Sie die **Pflichtaufgaben** im Servicebereich erfüllen. Diese sechs Elemente werden von

Kunden ganz einfach erwartet, sie sind die Eintrittskarte, um überhaupt im Wettbewerb um serviceorientierte Mandanten mitspielen zu können. Fehlt einer der genannten Bausteine, so ist es übrigens schwierig, ihn durch außergewöhnliche Leistungen in anderen Bereichen zu ersetzen.

b) Exzellenter Service – die Kür

320 Spitzenleistungen im Servicebereich können jedoch nie Defizite bei der Erledigung der Kernaufgaben des Steuerberaters ausgleichen. Angenommen, Sie buchen einen Flug, mit welcher Fluglinie auch immer, wie beantworten Sie die folgenden Fragen?

▶ Möchten Sie ein paar Zentimeter mehr Fußraum oder wäre Ihnen wichtiger, dass Sie pünktlich ankommen?

▶ Wären Ihnen ein gutes Essen und große Getränkeauswahl wichtiger als die Tatsache, dass Ihr Gepäck unbeschädigt mit Ihnen am Ziel ankommt?

Wie auch immer Ihre persönliche Präferenz ist, Umfragen belegen, dass die überwiegende Mehrheit der Fluggäste pünktlich ankommen und das Gepäck unbeschädigt vom Band nehmen will. Die kleinen und großen Aufmerksamkeiten der Fluglinie werden zwar als „nice to have" gesehen, aber letztlich zählt die **Kernleistung**. Eine noch so freundliche Stewardess kann eine signifikante Flugverspätung nicht wettmachen und professionelles Beschwerdemanagement beim Lost-Baggage-Schalter kann einen Urlaub oder eine Geschäftsreise ohne Gepäck nicht retten.

321 Bei Seminaren zeige ich **Steuerberatern** das folgende **Bild:**

1. Service heißt dienen

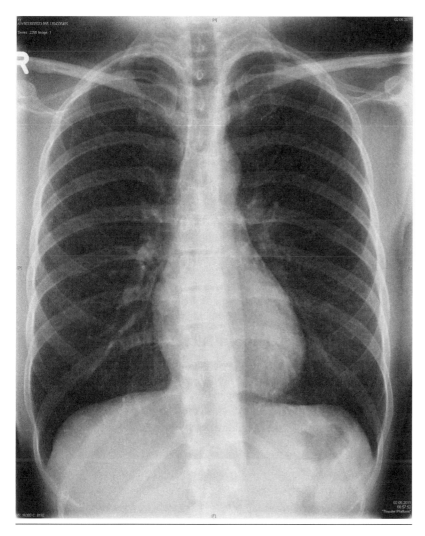

In der Diskussion, welcher Körperteil dargestellt ist, wird fast immer die Frage gestellt, ob das Röntgenbild überhaupt einen Menschen zeige. Nur in Ausnahmefällen kann sich die Gruppe einigen und nur selten kommt sie zum richtigen Ergebnis. Würde ich dieses Röntgenbild einer Gruppe von **Ärzten** zeigen, erhielte ich sofort eine treffsichere Einschätzung über den Gesundheitszustand der Lungenflügel, die hier seitenverkehrt dargestellt werden.

Auf diesem Weg will ich Steuerberatern greif- und nachfühlbar machen, in welcher Situation sich **Mandanten** bei der Lektüre von betriebswirtschaftlichen Auswertungen und Jahresabschlussberichten befinden. Denn erst wenn man einmal selbst in eine vergleichbare Lage versetzt wird, kann man die **Sichtweise** des Gegenübers – des Mandanten – nachvollziehen.

322 Gleichzeitig zeigt dieses Beispiel auch, dass es relativ leicht ist, den Kunden **mit Serviceleistungen** zu **überraschen**, etwa einem wohlschmeckenden Kaffee in durchgestylten Tassen, dass die große Herausforderung und Kunst eines Dienstleisters aber darin besteht, im Bereich der Kernleistungen nicht nur zufriedenzustellen, sondern dauerhaft zu überzeugen.

Das Ziel eines Unternehmens ist es nicht, Umsatz oder Gewinn zu erzielen. Hohe Erträge sind nur die Folgen richtigen Handelns. Das Ziel des Unternehmens ist, attraktive Kunden zu gewinnen und zu halten. Das gelingt auf Dauer nur durch **Spitzenleistungen** im Bereich der **Kernaufgaben**. Sei es als Flugpassagier, als Hotelgast, als Bankkunde und natürlich auch als Mandant eines Steuerberaters. Der Königsweg für Dienstleister besteht also darin, auf der Grundlage der genannten Erfolgskriterien für einen großartigen Service die Kernanliegen des Mandanten zu erfüllen.

2. Systeme für exzellenten Service

323 Systeme sind die Grundlage für professionelles Arbeiten. Über deren Wirkungspotenzial habe ich bereits an anderer Stelle ausführlich geschrieben.[1] Systeme sorgen dafür, dass großartiger Service sich nicht in Einmalaktionen verbraucht, sondern konzeptionell verstetigt, wenn man so will: in eine Kanzlei als unverzichtbares Element implementiert wird. Zu unterscheiden ist zwischen **harten** und **weichen Systemen**. Der Unterschied zwischen den Spielarten lässt sich an einem **Beispiel** darstellen:

> Für Reisen reserviere ich den Mietwagen stets bei einem bestimmten Anbieter über das Internet. Mittels Kundenlogin und bereits fest hinterlegten Kundendaten dauert die Buchung nur wenige Augenblicke und schon liegt mir die Bestätigung vor. Auf vielen US-amerikanischen sowie ausgewählten europäischen Flughäfen steht bei diesem Unternehmen das gemietete Auto für mich mit dem Schlüssel im Zündschloss bereit. Der Mietwagen steht auf einem extra ausgewiesenen Parkplatz, ich muss an keinen Schalter, sondern nur beim Verlassen des Parkhauses meinen Führerschein vorweisen. Das ist Service der Extraklasse.
>
> Regelmäßig bin ich auch in Südamerika unterwegs. Dort gibt es diesen Service nicht. Ich muss am Flughafen in Santiago de Chile daher zum Schalter des Autovermieters.

---

1 Lami, Klientenwünsche systematisch erkennen und erfüllen, 2007.

Dort werden meine Dokumente überprüft und alle Daten nochmals aufgenommen. Das geschieht, obwohl mich die Mitarbeiter am Schalter inzwischen schon persönlich kennen. Es ist eine extrem zeitaufwändige Prozedur, die nach einem 17-stündigen Flug fast unerträglich ist. Die stets freundlichen Mitarbeiter füllen den Mietvertrag per Hand aus und berechnen den Preis mit ihrem Taschenrechner, obwohl bereits alle Details fix und fertig in meiner Buchungsbestätigung stehen! Dieser **Mangel**, der seine Ursache in einem fehlenden **harten System** hat, eine Zugriffsmöglichkeit auf die Datenverarbeitung gibt es nämlich am Schalter des Autovermieters nicht, kann durch noch so freundliche Mitarbeiter, das **weiche System, nicht ausgeglichen** werden.

a) Harte Systeme – die Zusammenarbeit erleichtern

Kunden wünschen sich **Einfachheit, Schnelligkeit** und **Bequemlichkeit** in der Zusammenarbeit mit Unternehmen. Harte Systeme können genau das bieten – wenn sie kundenorientiert gestaltet sind.

324

Steuerberater wundern sich oft, warum ihr Angebot für die Online-Anmeldung eines neuen Arbeitnehmers von den Mandanten nicht angenommen wird. Obwohl auf ihrer **Kanzlei-Homepage** ein **Muster** zum **Download** oder eine Eingabemaske bereitgehalten wird, rufen die Mandanten weiterhin in der Kanzlei an und geben die Daten des neuen Mitarbeiters per Telefon bekannt. Beim genauen Hinsehen ist das allerdings nicht überraschend: Der **Anruf** in der **Kanzlei** ist nämlich **einfacher** als das Ausfüllen des Online-Formulars. Besonders, wenn dort alle – also auch die in der Kanzlei bereits vorliegenden – Daten (wieder und wieder) eingetragen werden müssen (*Pflichtfeld)! Spätestens beim Feld „Dienstgebernummer" kapituliert dann der Mandant, weil er sie schlichtweg nicht weiß, in den Unterlagen nachschauen müsste oder einfach keine Lust verspürt, längst Bekanntes gebetsmühlenartig immer wieder zu reproduzieren.

Für derartige Systeme gibt es viele weitere Beispiele in der Steuerberaterbranche. Solange diese Systeme nur die Arbeit des Steuerberaters erleichtern, werden sie sich nicht durchsetzen. Die große Herausforderung der Digitalisierung und **Automatisierung** von Leistungen im **Rechnungswesen** ist die Kundenfreundlichkeit und **Serviceorientierung**.

325

Die **Top-Unternehmen** geben die Service-Standards vor und zeigen, wie einfach, schnell und bequem es geht. Amazon macht es seinen Kunden leicht, eine Bestellung aufzugeben und bietet ihnen gleichzeitig interessante Produktempfehlungen zum gesuchten Themenfeld an. Bei Spitzen-Unternehmen können Sie mit wenigen Klicks ein Hotelzimmer buchen. Einige Fluglinien haben eine extrem schlanke und einfach zu bedienende Navigation für die Buchung inklusive Sitzplatzauswahl und Web-Check-In.

b) Weiche Systeme – als Grundhaltung und immer wieder trainiert

326 „*We are Ladies and Gentlemen serving Ladies and Gentlemen.*" So lautet das Motto aus dem Leitbild der Ritz Carlton Hotels. Außergewöhnlicher Service ist in der Philosophie dieses Unternehmens fest verankert.[1] Schöner kann man Service kaum definieren.

Die Mandanten- und damit Serviceorientierung gehört zu den festen Grundprinzipien jeder Kanzlei und ist damit **Bestandteil** des **Kanzleileitbildes**.[2] Das allein reicht allerdings nicht aus. Service-Standards (d. h. weiche Systeme) für die Begrüßung, Telefongespräche, Mandantenbesprechungen etc. müssen klar definiert und deren Umsetzung immer wieder hart trainiert werden. Dabei ist das Erstellen der Standards der leichtere Teil. Sie können auf vorhandenen Muster- und Vorlagen aufsetzen.[3] Die **Umsetzung** der vereinbarten Verhaltensregeln ist **Schwerstarbeit** für das Management.

Die Anstrengungen lohnen sich, denn bei Kunden kommt echte Begeisterung auf, wenn sowohl harte als auch weiche Systeme perfekt funktionieren und passgenau ineinandergreifen. So erlebe ich es immer wieder, dass in manchen Hotels nicht nur die Zimmerbuchung in Sekundenschnelle erledigt war, sondern ich auch an der Rezeption herzlich empfangen und mit großer Zuvorkommenheit bedient wurde.

---

1 Auszüge aus den Gold Standards von Ritz Carlton (http://corporate.ritzcarlton.com/en/About/GoldStandards.htm): Three Steps Of Service: 1. A warm and sincere greeting. Use the guest's name. 2. Anticipation and fulfillment of each guest's needs. 3. Fond farewell. Give a warm goodbye and use the guest's name. Service Values: …I am always responsive to the expressed and unexpressed wishes and needs of our guests. I am empowered to create unique, memorable and personal experiences for our guests. I own and immediately resolve guest problems. I create a work environment of teamwork and lateral service so that the needs of our guests and each other are met. …

2 Siehe dazu oben Rn. 75 ff.

3 Siehe z. B. zum Verhalten bei einer Mandantenbeschwerde den Beitrag „Von der Beschwerde zum begeisterten Mandanten" auf www.stefanlami.com.

3. Magische Momente

Jan Carlzon, erfolgreicher CEO von SAS Airlines, prägte den Begriff „**Moment der Wahrheit**":[1] Wann immer ein Kunde, in welcher Form auch immer, in Kontakt mit dem Unternehmen kommt, besteht die Chance, daraus eine außergewöhnliche Erfahrung für den Kunden zu kreieren.

327

Von einem magischen Moment („Moments of Magic") spricht man, wenn in diesem Moment der Wahrheit die Erwartungen des Kunden übertroffen werden. Nicht nur der Vollständigkeit halber möchte ich erwähnen, dass es auch „Moments of Misery" gibt. Aber selbst diese Momente bieten Chancen – perfektes Beschwerdemanagement vorausgesetzt.[2]

a) Kontaktpunktanalyse

Damit Ihre Mandanten mehr magische als miserable Momente erleben, sollten Sie die Kontaktpunkte Ihrer Kanzlei mit den Mandanten bei der **Serviceorientierung** überprüfen. Das Wissen über harte und weiche Systeme hilft Ihnen dabei.[3] Lassen Sie sich bei Ihrem Check durch das Beispiel für den Kontakt mit einem neuen Mandanten[4] inspirieren:

328

Kontaktpunkt des Mandanten	System der Kanzlei – Verbesserungsansätze
Homepage	- Suchmaschinenoptimierung - Anwenderfreundlichkeit - Terminvereinbarung online - Nutzen der Homepage - …
Erstanruf	- Telefonjingle - Begrüßung - Erkennen der Wünsche des Mandanten - …
Terminvereinbarung	- Schnelligkeit - Auswahl von mehreren Terminen - …

---

1 „A Moment of Truth is any time a customer comes into contact with any aspect of the business in some way, however remote, and has an opportunity to form an impression."
2 Siehe dazu unten Rn. 358.
3 Siehe oben Rn. 323 ff.
4 Siehe dazu auch oben Rn. 190.

Brief/E-Mail – Terminbestätigung	- Musterbrief - Anfahrtsplan - Fragebogen Erstgespräch - Weitere Hinweise zur Kanzlei - ...
Begrüßung/Empfang	- Persönliche Begrüßung mit Namen - Erste menschliche Brücke bauen - Hilfe mit der Garderobe - Gestaltung des Wartebereiches - ...
Besprechungszimmer	- Begleitung in das Besprechungszimmer - Vorbereitung des Besprechungszimmers - Getränkeangebot - ...
Begrüßung/Berater	- Begrüßung mit Namen - Zweite menschliche Brücke bauen - Einstieg in das Gespräch - ...
Besprechung	- Vorbereitung der Besprechung (Recherche etc.) - Klare Besprechungsstruktur - Anliegen erfahren – aktives Zuhören - Vereinbarungen treffen ...
Willkommensbrief	- Musterbrief „neuer Mandant" - Nachfass-Telefonat - ...

329 Die Logik bzw. Methode der Kontaktpunktanalyse lässt sich auf **alle Vorgänge** in der **Kanzlei** anwenden, z. B. Durchführung der monatlichen Finanzbuchhaltung, Erstellung des Jahresabschlusses, Betreuung des Mandanten während der Betriebsprüfung, Durchführung einer Mandantenveranstaltung etc.

b) Fast keine Grenzen für das Service-Management

330 Über das Qualitätsmanagement in Steuerberatungskanzleien, insbesondere über dessen Grenzen, habe ich mich bereits geäußert: zu detailverliebt und dokumentationsorientiert.[1]

---

1 Siehe dazu oben Rn. 174 ff.

Ganz anders sehe ich die Situation in Bezug auf die Serviceorientierung. Hier ist noch **enormes Potenzial** vorhanden. Zum einen bei den **harten** Systemen, dort insbesondere bei der Reduzierung von Komplexität in der Zusammenarbeit mit den Mandanten und bei der Abwicklung der Leistungen in der Kanzlei. Zum anderen im Rahmen der **weichen Systeme** bei der Grundeinstellung der Chefs und Mitarbeiter bzw. dem Training serviceorientierten Verhaltens. Sowohl in Bezug auf den Umfang als auch hinsichtlich der Intensität der Aus- und Fortbildung von kundenorientiertem Verhalten trennen die Steuerberaterbranche von den besten Dienstleistungsbranchen in der Wirtschaft noch Welten.

If you can dream it, you can do it (wenn du es dir vorstellen kannst, kannst du es auch machen) – ein bekanntes Zitat von Walt Disney. Gönnen Sie sich – und Ihren Kindern, Neffen, Nichten oder Enkelkindern – einen Aufenthalt in einem der Disney-Resorts. Inspiriert durch diese Erfahrung werden Sie mit größter Wahrscheinlichkeit Ihre Grenzen zum Punkt Servicequalität neu definieren.

4. Mitarbeiter für begeisternden Service gewinnen

Selbst in einer kleinen Steuerberatungskanzlei liegt die **Summe** der **Mandantenkontakte** durch Mitarbeiter um ein Vielfaches höher als die des Kanzleiinhabers. Wer mit Service verdienen möchte, muss daher das ganze Team für diese Idee gewinnen.

331

a) Vorbild sein

Wann und wo auch immer Führungskräfte eine Verhaltensänderung ihres Teams einleiten wollen, steht das eigene Verhalten auf dem Prüfstand.[1]

332

Die **erste Grundregel** in Sachen Servicequalität lautet: Behandle als Inhaber, Partner oder Teamleiter deine Mitarbeiter so, wie du deine Mandanten behandelt sehen willst – und sogar noch etwas besser! Reagieren Sie deshalb unverzüglich und unterstützend auf die Anliegen Ihrer Mitarbeiter. Seien Sie hilfsbereit und zuvorkommend. Mitarbeiterorientierung kommt vor Mandantenorientierung![2] Rufen Sie sich das Motto von Ritz Carlton in Erinnerung: „*We are Ladies and Gentlemen serving Ladies and Gentlemen.*"[3]

---

1 Siehe dazu oben Rn. 92 – zur Umsetzung von Kanzleileitbildern.
2 Siehe dazu oben Rn. 16 ff.
3 Siehe oben Rn. 326.

Die **zweite Grundregel** ist eine logische Folge des bisher Gesagten:[1] Behandle als Inhaber, Partner oder Teamleiter deine Mandanten so, wie sie behandelt werden möchten. Die Mitarbeiter sollen Sie als Führungskraft erleben, die auch insoweit in Ihrer Paraderolle aufgeht: Ein Vorgesetzter, der die Wünsche und Anliegen der Mandanten ernst nimmt. Der die Erwartungen des Mandanten erforscht und klärt.[2] Der nicht hinter dem Rücken der Mandanten bei seinen Mitarbeitern jammert und sich beklagt. Der die Service-Standards der Kanzlei nicht nur einfordert, sondern selbst lebt. Der täglich an sich arbeitet, um die eigene Serviceorientierung zu verbessern.

Das Ausfüllen der Vorbildfunktion ist der schwierige Teil, wenn es darum geht, zusammen mit den Mitarbeitern die Idee eines großartigen Service zu leben. Den anderen Teil der Aufgabe zu erledigen, fällt Mitgliedern des Führungsteams regelmäßig leichter.

b) Start einer Serviceinitiative

333 Lassen Sie Ihre Mitarbeiter **begeisternden Service** hautnah **erleben.** Besuchen Sie mit Ihrem Team Unternehmen, die für ihren exzellenten Service bekannt sind. Es muss nicht Disney-World sein. Buchen Sie für den Betriebsausflug ein Top-Hotel. Besuchen Sie Konzerte, Theater und Events solcher Veranstalter, die für ihre Kundenorientierung bekannt sind. Nutzen Sie den Besuch eines McDonalds-Restaurants, um harte und weiche Systeme der Kundenorientierung[3] z. B. in der Fast-Food-Branche kennen zu lernen. Die Welt ist voll von großartigen Serviceideen, die man für die Steuerberaterbranche nutzbar machen kann.

Die vorgeschlagenen Maßnahmen bieten einen **zweifachen Nutzen** für Ihre Kanzlei. Erstens, Sie stärken den Zusammenhalt im Team. Gemeinsame Aktivitäten außerhalb der Kanzlei fördern das Wir-Gefühl – ein angenehmer Nebeneffekt. Zweitens schaffen Sie durch den Besuch von serviceorientierten Unternehmen die Grundlage für den Start einer Serviceinitiative in Ihrer Kanzlei.

Neben dem Spaß und dem Erlebnis im Team sollte das Augenmerk darauf liegen, wachsam, also mit „ausgefahrenen Antennen", alle für das Funktionieren der besuchten Unternehmen wichtigen Details wahrzunehmen. Wenn Sie die Mitarbeiter über das **Ziel** Ihrer **Aktivitäten aufklären,** nämlich Ideen für die ei-

---

1 Siehe dazu oben Rn. 317.
2 Im Buch „Honorargestaltung gegen alle Regeln" (gemeinsam mit Gunther Hübner) gibt es ein ausführliches Kapitel über das Führen eines Erwartungsgesprächs.
3 Siehe oben Rn. 323 ff.

gene Serviceinitiative zu sammeln, werden Sie nach der Rückkehr in die Kanzlei zahlreiche Anregungen für eine Serviceoptimierung bekommen.

In einem anschließenden **Kanzleimeeting** sollen Sie dann die gemachten Kundenerlebnisse reflektieren:[1]

334

- „Wie haben wir uns als Kunden gefühlt?"
- „Was hat uns gefallen und begeistert? Was hat uns gestört?"
- „Welche Ideen gewinnen wir daraus für unsere Kanzlei?"
- „Was bedeutet das für unsere harten und weichen Systeme in der Kanzlei?"
- „Wie können wir die Kontaktpunkte mit unseren Mandanten verbessern?"

Ein externer Dienstleister kann unterstützend diesen Workshop moderieren. Die Überzeugungskraft seiner Thesen oder die der Inhaber und Partner, die täglich Serviceorientierung „predigen", bleibt allerdings weit hinter den eigenen – selbst gemachten – Erfahrungen der Teammitglieder als Kunde eines anderen Unternehmens zurück. Der Rollenwechsel, das **hautnahen Kundenerlebnis** bringt eindeutig den **größten Erkenntnisgewinn**.

c) Ware ist, was wahrgenommen wird

Fritz B. Simon prägte einen Satz, mit dem er eine der großen Herausforderungen für Dienstleistungsunternehmen auf den Punkt bringt: Was nicht wahrgenommen wird bzw. werden kann, ist keine Ware, mit der gehandelt werden kann. Eine Sache oder eine Leistung wird erst dann zu einer „marktfähigen" Ware, für die ein „Preis" festgesetzt und die „getauscht" werden kann, wenn sie wahrgenommen wird.[2]

335

Die Steuerberatungsbranche sollte dieser Aussage besondere Beachtung schenken. Denn ein großer Teil der inhaltlich-fachlichen **Leistungen** einer Steuerberatungskanzlei ist nicht oder nur sehr schwer für den **Mandanten** registrierbar. Was er **wahrnimmt** ist lediglich:

336

- die Begrüßung am Telefon
- die persönliche Begrüßung bei einem Treffen
- die Parkmöglichkeiten
- den Weg vom Parkplatz zur Kanzlei

---

1 Falls Sie die Frage „Was stört uns an Ärzten?" (siehe oben Rn. 316) nicht bereits mit Ihrem Team besprochen haben, kann sie ein guter Ausgangspunkt für dieses Meeting sein.
2 Fritz B. Simon, Radikale Marktwirtschaft – Grundlagen des systemischen Managements, 2005.

- ▶ wie es in der Kanzlei aussieht (Empfangsbereich, Büros, Besprechungsraum, Toiletten etc.)
- ▶ wie sich die Kanzlei „anfühlt" (Ambiente, Temperatur, Geruch, Lichtverhältnisse etc.)
- ▶ wie mit seinen Unterlagen umgegangen wird
- ▶ wie ein Gespräch mit ihm geführt wird
- ▶ den Stil der Briefe, Faxe und E-Mails
- ▶ wie er verabschiedet wird.

Diese Liste erhebt keinen Anspruch auf Vollständigkeit. Ihnen werden sicher noch weitere Punkte einfallen, die einen wesentlichen Einfluss darauf haben, wie der Mandant Ihre Kanzlei bewertet.

337 Aus der Erkenntnis, dass der Mandant einerseits mit den wesentlichen Teilen der Dienstleistungen zur Steuerberatung nicht in Kontakt kommt, andererseits jedoch eine Fülle von Merkmalen an der Peripherie dieser Dienstleistung wahrnimmt und bewertet, ergibt sich für das Kanzleimanagement im Rahmen der **Serviceinitiative** die klare **Aufgabenstellung**

- ▶ mehr von dem wahrnehmbar machen, was der Mandant nicht sieht, und
- ▶ alles zu optimieren, was der Mandant wahrnimmt.

d) Mäßig, aber regelmäßig

338 Kontinuität und Beharrlichkeit sind die Schlüssel zum Erfolg der Serviceinitiative. Die Gefahr ist groß, dass Sie zu Beginn ein Feuerwerk zünden und Begeisterung entfachen, beides aber schnell verpufft.

Planen Sie daher in kleinen Schritten, indem Sie das **Thema „Service"** zum **Dauerbrenner** machen. In Ihren regelmäßigen Kanzleibesprechungen, durch wiederkehrende Teamaktivitäten wie beim Start des Projekts,[1] durch das kontinuierliche Sammeln von besonderen Kundenerlebnissen (positive wie negative). Rufen Sie ein Service-Motto des Jahres aus. Stellen Sie im Team die Frage „Warum machen wir das so?"[2] auch in Bezug auf die vorhandenen und anzustrebende Servicequalität.

---

1 Siehe oben Rn. 333.
2 Siehe dazu oben Rn. 186 ff. und die dortigen Beispiele.

e) Zwei Optionen

Eine Kanzlei hat letztlich nur zwei Optionen, sich **serviceorientiert auszurichten**: 339

- Die erste ist, ausschließlich Mitarbeiter einzustellen, die bereits über ein ausgeprägtes Serviceverständnis verfügen. Das ist bei wohlwollender Betrachtung des Problems eine große Herausforderung, bei realistischer Einschätzung aber eher reines Wunschdenken.

- Die meisten Kanzleien müssen deshalb die zweite Option ziehen, bei der mit den Erfolgsfaktoren Vorbildfunktion, hartes Training, Start einer Serviceinitiative und kontinuierlicher Fokussierung auf das Thema die notwendige Begeisterung im existierenden Mitarbeiterstamm erzeugt und aufrechterhalten wird.

Gehen Sie als Kanzleiinhaber dabei voran. Oder wie Mahatma Gandhi es ausdrückte: *„Du musst selbst die Veränderung sein, die Du in der Welt sehen willst"*.

5. Vom Mandanten zum Fan

„Dieser Weg wird kein leichter sein – dieser Weg wird steinig und schwer ..." 340
Schnell kommen fußballbegeisterten Steuerberatern beim Lesen der Überschrift diese Zeilen aus Xavier Naidoos bekanntem Song in den Sinn.[1] Die Vorstellung, um beim Bild des Fußballs zu bleiben, dass Mandanten Schals in den Kanzleifarben tragen, fest an ihren Steuerberater glauben, ihm zujubeln und ihn mit Schlachtgesängen feiern, ist gewöhnungsbedürftig. Aber irgendwie auch eine **reizvolle Vision**.

Tatsächlich ist es ein mühevoller und langer Prozess, Mandanten zu Fans zu machen, die sich **emotional** ihrem Steuerberater **eng verbunden** fühlen und ihn bei jeder sich bietenden Gelegenheit weiterempfehlen. Voraussetzung für diese tiefe, unverbrüchliche Verbundenheit ist ein großartiger Service.

a) 75 große und kleine Service-Ideen von A-Z

Ihr Team wird durch die beschriebene Service-Initiative sicher eine Fülle von 341
Ideen sammeln.[2] Die nun folgenden 75 Service-Ideen von A-Z sollen diese

---

[1] Der Song erlebte seine Blüte während der Fußballweltmeisterschaft 2006 in Deutschland.
[2] Siehe oben Rn. 331 ff.

Sammlung ergänzen. Sie können allerdings nicht die selbst erlebten Erfahrungen Ihrer Mitarbeiter in der Kundenrolle ersetzen:[1]

- ▶ Aktive Anrufe bei A-Mandanten
- ▶ Anfragenbestätigung
- ▶ Infos zum Arbeitsfortschritt auf der Kanzlei-Homepage
- ▶ Autowäsche während der Besprechung
- ▶ Begriffserklärungen für die BWA
- ▶ (Perfekte) Beschwerdebehandlung
- ▶ Besprechungspunkte und Tagesordnung erhält der Mandant bereits vor der Besprechung
- ▶ Betriebsbesichtigung – mit einem Check zum Ersteindruck des Unternehmens
- ▶ Betriebsprüfungs-Informationen an den Mandanten vor der Betriebsprüfung, u. a. auch in Form eines Hörbuchs
- ▶ Bilanzpräsentation bei der Bank
- ▶ Bilanzpräsentations-CD
- ▶ Branchenzeitungen der Mandanten
- ▶ Checkliste Unterlagenvorbereitung für den Jahresabschluss
- ▶ (ASP – 24h-)Datenservice
- ▶ Einkommensteuer-Ordner mit Erklärungen
- ▶ Einzugsermächtigung
- ▶ Erinnerungsservice für Fristen
- ▶ Erinnerungsservice Steuerzahlung
- ▶ Evidenz von Verbraucherpreisindex und Zinsvereinbarungen
- ▶ Express-Service – Erledigung in 24 oder 48 Stunden
- ▶ FiBu-Coaching
- ▶ FiBu-Ordner mit Erklärung und Hilfen für den Mandanten
- ▶ Fixhonorarvereinbarungen
- ▶ Follow-Up-Anrufe nach der Besprechung
- ▶ (Beobachtung der) Fremdwährungskurse
- ▶ Geburtstagsanruf
- ▶ Getränkeservice

---

[1] Siehe hierzu oben Rn. 333.

- (Kleine) Geschenke erhalten die Freundschaft
- Glückwunschkarten
- Herbstgespräch
- Hol- und Bringservice
- (24 h-)Hotline
- Infos über Mandanten am Empfang
- Infos über Mandanten im Kanzlei-Newsletter
- (Büroinfrastruktur für) Jungunternehmer zur Verfügung stellen
- Kostenlose Mandantenveranstaltungen
- Leistungsbündel – strukturiertes Dienstleistungsangebot
- Logo des Mandanten auf JA-Einband
- Lohnordner – mit umfangreichen Infos zur Lohnabrechnung
- Lohnsupport vor Ort
- (Übernahme des) Mahnwesens
- Mandantenbeirat
- (FiBu-)Mobil – Buchen beim Mandanten
- Netzwerkveranstaltung für Mandanten
- (Branchenspezifische E-Mail-)Newsletter
- Online-Rechner
- Online-Terminvereinbarung
- (Aufgabenliste mit Übernahme in) Outlook
- Parkservice
- Quick Check Steueroptimierung
- Rechtsform-Check
- Rückrufgarantie bei fehlgeschlagener Kontaktaufnahme des Mandanten
- Schriftgrößenanpassung auf der Kanzlei-Homepage
- (FiBu-)Selfservice in der Kanzlei
- Seminarraum für Meetings und Veranstaltungen der Mandanten
- Sicherheiten-Check
- Steuer-Hotline
- Steuer- und Unternehmerblog mit RSS-Feed-Funktion
- Steuer- und Unternehmerforum – online
- (Business-)Talk – spannende Themen für Unternehmer, kurz und bündig als Kanzleiveranstaltung

- ▶ Terminbestätigung mit automatischer Übernahme in Outlook
- ▶ Termingarantie
- ▶ Testamentsoptimierung
- ▶ Umsatz-, Gewinn- und Steuerszenario
- ▶ Ungewöhnlicher Empfangs- und Wartebereich
  - Ersatzbrille und Brillenputztücher
  - Frische Blumen im Empfang
  - Frisches Obst und Süßigkeiten
  - Getränkeauswahl wie in einem Kleincafé bis hin zum frisch gepressten Orangensaft (im Sommer mit Eiswürfeln)
  - iPad im Empfangsbereich
  - Playstation für Kinder im Wartebereich
  - Polaroidkamera, wenn es etwas zu feiern gibt
  - Regenschirme etc.
  - Schuhputzautomat beim Hinausgehen
  - Trinkwasserspeicher
- ▶ Unternehmensgründerbonus
- ▶ Vermögensbilanz
- ▶ Videokonferenz
- ▶ Vorauszahlungsplan für Steuern
- ▶ Vorweginfo an den Mandanten über Abwesenheit in der Kanzlei
- ▶ (Erinnerung bei gravierenden persönlichen) Veränderungen, z. B. Volljährigkeit der Kinder oder Beendigung des Studiums der Kinder
- ▶ Verstehen und Verstanden werden – gelungene Kommunikation mit dem Mandanten
- ▶ Willkommens-Überraschung für neue Mandanten
- ▶ Zins-Check – Konditionen-Check
- ▶ Übernahme Zahlungsverkehr

342 Die Service-Welt ist bunt und vielfältig. Ganz und gar nicht sinnvoll ist es, alle Ideen umsetzen zu wollen. Ein paar wenige, die aber perfekt realisiert, reichen aus, um am Markt zu punkten. Die Kunst besteht darin, die **individuellen Erwartungen** des jeweiligen Mandanten durch großartigen Service zu erfüllen.

b) Selbstverständlichkeiten?

An anderer Stelle habe ich bereits ausführlich beschrieben, dass „Alles einfach gut zu machen" bereits ein Unterscheidungsmerkmal sein kann, sich gegenüber dem Gros der Steuerberatungskanzleien wirkungsvoll zu positionieren.[1] Vier weitere – scheinbare – Selbstverständlichkeiten für den Servicebereich möchte ich an dieser Stelle vorstellen:

343

aa) Berichte und Besprechungen wertvoller gestalten

Der Mandant erhält Informationen vom Steuerberater entweder in gedruckter oder mündlicher Form. Serviceoptimierung muss daher auf die **Professionalisierung** dieser beiden **Kommunikationsformen** zielen.

344

Bei den schriftlichen Berichten ist **Verständlichkeit** das entscheidende Erfolgskriterium. Überprüfen Sie deshalb Ihre Briefe, Analysen, Newsletter, Mandanteninformationen etc. auf eine verständliche Ausdrucksweise. Dies gelingt am besten, wenn sie von jemandem gelesen werden, der kein Experte in steuerrechtlichen Fragen ist. Und befragen Sie Ihre Mandanten, ob und inwieweit sie Ihre schriftlichen Informationen verstehen. Sie erinnern sich an das Röntgenbild?[2]

Verwenden Sie **Management-Summaries,** um komplexe Themen kurz, prägnant und damit verständlich zusammenzufassen. Bieten Sie dem Mandanten den Jahresabschluss in mehreren Formaten an (gedruckt, als PDF-Datei oder als PowerPoint-Präsentation). Dadurch kann er diese Informationen mühelos an andere Endabnehmer weitergeben. Zum Beispiel schickt er die PDF-Version des Jahresabschlusses an seine Hausbank und präsentiert seinen Führungsmitarbeitern das Ergebnis des letzten Jahres mittels PowerPoint.

Bei **Besprechungen** besteht in vielen Kanzleien ein enormes Optimierungspotenzial. Besprechungen bieten eine ausgezeichnete Chance, alles zu zeigen, was man kann. Ihre Bedeutung wird leider oft unterschätzt. Mandanten beurteilen die Servicequalität – und damit die Qualität insgesamt – anhand ihrer Erlebnisse in Besprechungen.[3]

345

---

1 Siehe dazu oben Rn. 173 ff. und die dort angeführten Beispiele.
2 Siehe dazu oben Rn. 321.
3 Lesen Sie dazu die fünf Besprechungsregeln oben bei Rn. 188.

bb) Erreichbar sein

346 Mandanten beschweren sich häufig darüber, dass sie ihren Steuerberater einfach nicht erreichen können und wechseln zur Konkurrenz. Es ist doch eine irritierende Vorstellung, einerseits ausgezeichnete fachliche Arbeit zu leisten und andererseits allein durch die Tatsache, nicht erreichbar zu sein, Mandanten zu verlieren.

Dem Mandanten geht es dabei nicht darum, dass er seinen Steuerberater jederzeit erreichen kann. Die Erreichbarkeit ist für ihn keine Frage der Schnelligkeit, sondern der Sicherheit. Er muss auf einen terminlich fixierten **Rückruf vertrauen** können. Jeder Mandant akzeptiert es, dass der Ansprechpartner in der Kanzlei im Zeitpunkt seines Anrufs wegen der Erledigung anderer Aufgaben nicht erreichbar ist. Er erwartet allerdings zu Recht, darüber informiert zu werden, wie lange sein Ansprechpartner verhindert ist und wann der Rückruf erfolgt. **Maßnahmen,** um das sicherzustellen, könnten sein:

- ▶ Sorgfältige und vollständige Bearbeitung des Chef-Kalenders mit Zugriffsmöglichkeit der Sekretärin auf den Kalender.
- ▶ Aktivierter Abwesenheitsassistent für E-Mails oder Weiterleiten der E-Mails an die Vertretung, die diese E-Mails bearbeitet.
- ▶ Telefontraining für gekonntes Abklären der Rückrufwünsche und -möglichkeiten.

347 Noch wirkungsvoller ist es, wenn Sie Ihre Mandanten vorab über **Phasen längerer Abwesenheit informieren.**[1] Etwa in Form einer E-Mail, in der Sie dem Mandanten anbieten, wichtige offene Fragen noch vor Ihrer Abwesenheit zu klären: „Lieber Mandant, in zwei Wochen bin ich für zehn Tage nicht in der Kanzlei. Gibt es wichtige Fragen Ihrerseits, die wir vorher noch klären sollten? Ab ... (genaues Datum) bin ich wieder für Sie erreichbar." Bei Top-Mandanten bietet sich auch ein Telefonat an.

Erlebt der Mandant das aktive Bemühen des Steuerberaters, seine Erreichbarkeit zu gewährleisten, wird er dies als außergewöhnliche Servicequalität zu schätzen wissen.

cc) Zuverlässigkeit

348 Wie wertvoll ist es doch, sich auf jemanden verlassen zu können! Ich meine damit nicht die Form von Zuverlässigkeit, die die Abgabe einer Umsatzsteuer-

---

[1] Siehe schon oben Rn. 341 die Service-Idee „Vorweginfo an den Mandanten über die Abwesenheit in der Kanzlei".

voranmeldung zum Gegenstand hat, sondern das Gefühl, dass **ein anderer Mensch** im Interesse eines Dritten nicht nur **mit-**, sondern auch **vorausdenkt**. Die folgenden Beispiele mögen banal erscheinen, zeigen aber – hoffentlich deutlich – was den entscheidenden Unterschied ausmacht:

▶ Dem Mandanten **vor Besprechungen Unterlagen** zuschicken, damit er sie in Ruhe durchsehen kann und gut vorbereitet zum Termin erscheint. Das erspart kostbare Besprechungszeit, die in problematische Punkte der Tagesordnung investiert werden kann.

▶ Mit dem Mandanten bei Beginn eines Telefongesprächs oder einer Besprechung die **Tagesordnung klären** und ihn fragen, ob er noch weitere Punkte hinzufügen möchte. Dadurch weiß der Mandant, was ihn erwartet; er wird vom Objekt gleichsam zum (handelnden) Subjekt.

▶ Sich in Darstellungsweise, Terminologie, Stil und zeitlichen Aspekten den **Gepflogenheiten** des **Mandanten** anpassen.

▶ Im Anschluss an **Besprechungen** dem Mandanten unaufgefordert ein **Protokoll** über das Ergebnis schicken. Kurz und prägnant mit den Besprechungspunkten, für die konkrete (Erledigungs-)Termine und Verantwortlichkeiten festgelegt wurden.

▶ Jede sich ergebende **Änderung** einer vereinbarten **Vorgehensweise** (z. B. von Terminen) den Mandanten sofort mitteilen.

Die Beispiele sollen zeigen, dass es im Kern um die kleine Extras geht, die keine fachliche Ausbildung voraussetzen, aber die **innere Einstellung,** den Mandanten als **gleichberechtigten Partner** zu sehen, dessen Wünsche nicht erst auf Anforderung, sondern proaktiv erfüllt werden.

349

dd) Proaktiv sein

Proaktivität, das vorausschauende, vorausgreifende Handeln also, ist **Service in Reinkultur.** Was so offensichtlich ist, bestätigen auch alle Mandantenumfragen: Mandanten erwarten (erhoffen) sich von Ihrem Steuerberater eine aktive Beratung, mit der der Steuerberater unaufgefordert auf sie zukommt. **Mandanten** drücken diesen **Wunsch** in etwa so aus:

350

▶ „Geben Sie mir von sich aus Tipps, wie ich mein Unternehmen verbessern und Steuern sparen kann. Warten Sie nicht, bis ich Sie anrufe."

▶ „Investieren Sie mehr Zeit, um mein Geschäft (meine Branche) besser zu verstehen. Nur wenn Sie verstehen, wie es bei uns abläuft, können Sie uns tatsächlich wertvolle Unterstützung geben."

- ▶ „Sagen Sie mir, wie es unsere besten Konkurrenten machen. Versorgen Sie mich mit branchenspezifischen Kennzahlen (am besten Benchmarks)."
- ▶ „Helfen Sie mir, schon frühzeitig Probleme zu erkennen – z. B. im Bereich der Finanzierung oder bei bevorstehenden Übergaben."
- ▶ „Steuerzahlungen sind unangenehm. Wenn man sie allerdings schon einige Zeit im Voraus weiß und einplanen kann, wird es etwas leichter für mich."
- ▶ „Machen Sie auch während des Jahres Hochrechnungen auf das zu erwartende Ergebnis. Und diskutieren Sie mit mir, welche Möglichkeiten ich im verbleibenden Jahr dann noch habe."

351 Diese Aussagen sind eindeutig. Die darin ausgedrückten Erwartungen zu erfüllen, ist – was die dahinterstehende intellektuelle Umsetzungsleistung betrifft – nicht besonders schwierig. Es müsste daher selbstverständlich sein, dass Steuerberatungskanzleien der Erwartungshaltung eines **proaktiven Beratungsansatzes** entsprechen.

352 Die Realität sieht – aus meiner Sicht – allerdings meist anders aus. Der Grund liegt vielleicht darin, dass viele Steuerberater es immer allen recht machen wollen und auf einem **niedrigen Serviceniveau** (zu) **viele Mandanten versorgen.** Dies wiederum führt dazu, dass die Mandanten nicht bereit sind, für dieses niedrige Serviceniveau ein hohes Honorar zu zahlen. Und den Mandanten, die bereit wären, für mehr Service (und die Erfüllung ihrer Erwartungen) etwas mehr zu zahlen, kann sich der Steuerberater nicht zuwenden, weil er sich um alle Mandanten kümmern muss, um ein halbwegs passables Betriebsergebnis zu erzielen. Ein Teufelskreis.

c) Der Mandant als Fan Ihrer Kanzlei

353 Mandanten durchlaufen **mehrere Phasen** in ihrer Zusammenarbeit mit dem Steuerberater. Zu Fans werden sie dann, wenn der Steuerberater auf hohem Niveau ihre Erwartungen erfüllt und sie immer wieder mit Leistungen, die sie nicht erwarten, sondern nur erhoffen, überrascht. Die bisher dargestellten Grundlagen und Ideen für einen begeisternden Service sind durchaus ausreichend, um eine Fangemeinde aufzubauen. Eine Herausforderung ist es allerdings, die Fangemeinde dauerhaft zufriedenzustellen.

Der Weg zum Fan lässt sich wie folgt darstellen:[1]

---

[1] In Anlehnung an Shep Hyken, The Cult of the Customer.

Unsicherheit
Mandanten sagen/fühlen/denken: „Was wird wohl passieren?"
Erwartung
„Okay, ich höre, was Sie versprechen. Nun beweisen Sie es mir!"
Erfahrung
„Ich hatte eine tolle Erfahrung! Was wird wohl nächstes Mal passieren?
Zugehörigkeit
„Wow! Ich hatte eine tolle Erfahrung ... und noch eine. Es ist vorhersebar. Ich mag diese Kanzlei!"
Begeisterung
„Die Kanzlei ist toll! Man muss sie als Steuerberater haben!"

Damit der Mandant das Stadium der Unsicherheit so schnell wie möglich verlässt, braucht es beständig solide Leistungen Ihrer Kanzlei. Kennt der Mandant Ihr Leistungsversprechen und erfährt er einen außergewöhnlichen Service, wechselt er von der Phase der Erwartung in jene der Erfahrung. Wenn sich die positiven Erfahrungen mit Ihrer Kanzlei verstetigen, bildet sich langsam Vertrauen. Werden diese Erfahrungen vorhersehbar und erwartet, verlässt der Mandant die Phase der Erfahrung und fühlt sich der Kanzlei zugehörig. Schafft die Kanzlei, dieses hohe Serviceniveau auf Dauer zu halten, erzeugt sie Begeisterung beim Mandanten. Das ist eine echte Herausforderung, denn leicht passieren Fehler, die den Mandanten verunsichern. Wenn Mandanten dann allerdings wissen, dass sie auf Sie zählen können, selbst wenn es Probleme gibt, werden sie Ihnen gegenüber loyal bleiben. Ein **großartiger Service** ergänzt um **Vertrauen,** d. h. Beständigkeit, schafft Treue. Aus **Loyalität** kann **Verehrung** werden. Und damit haben Sie für Ihre Kanzlei einen Fan gewonnen.

354

Übrigens, auch **Mitarbeiter** erleben die beschriebenen Phasen. Der Weg des Mandanten zum Fan setzt Mitarbeiter voraus, die die Fahnen der Kanzlei hochhalten, die also selbst Fans der Kanzlei sind!

355

d) Weiterempfehlungen – ein weit verbreitetes Wunschdenken

Die Hoffnung von Steuerberatern auf hohe Weiterempfehlungsquoten ihrer Mandanten ist groß. Es entscheiden sich immerhin rund **zwei Drittel** der **Neumandanten** aufgrund von Empfehlungen für einen bestimmten Steuerberater. Studien bestätigen dieses Bild. Informationen aus dem Internet fließen zuneh-

356

mend in den Entscheidungsprozess ein. Sie dienen allerdings überwiegend der Überprüfung der von Bestandsmandanten ausgesprochenen Empfehlung.

Mindestens genauso groß wie die Hoffnung auf eine Weiterempfehlung ist in vielen Fällen die Enttäuschung der Steuerberater darüber, dass sie längst nicht so oft empfohlen werden, wie dies nach ihrer Selbsteinschätzung eigentlich angezeigt wäre. Hinter dieser frustrierenden Tatsache steht die – äußerst unangenehme – Erkenntnis, dass die angebotenen Leistungen im Fach- und Servicebereich – aus der Sicht der Mandanten – doch nur als durchschnittlich zu bewerten sind. Mit üblichen und **durchschnittlichen Leistungen** lassen sich aber Bestandsmandanten nicht dazu motivieren, ihren Steuerberater weiterzuempfehlen. Eine solide unterjährige Betreuungsleistung ist für den Mandanten noch lange kein Anlass, den eigenen Steuerberater Dritten gegenüber auch nur zu erwähnen. Worin also liegt das Erfolgsgeheimnis für hohe Weiterempfehlungsquoten?

357 Steuerberatungskanzleien mit hohen **Empfehlungsquoten** beachten nach meinen langjährigen Beobachtungen diese **fünf Erfolgsfaktoren**:

▶ Sie verfügen über ein konstant hohes Leistungsniveau – maßgeschneidert für den Mandanten.

▶ Sie verstehen es, das Thema Weiterempfehlung als Top-Priorität in der Kanzlei zu behandeln.

▶ Sie wissen, dass es vor allem zwei Situationen sind, in denen Weiterempfehlungen am ehesten generiert werden können, und zwar bei Neumandanten und Bestandsmandanten in bestimmten Phasen ihrer Unternehmensentwicklung (z. B. Betriebsprüfung, Nachfolge, Finanzierung).

▶ Sie konzentrieren sich darauf, in genau diesen Situationen die Erwartungen des Mandanten zu übertreffen.

▶ Sie lassen es den Mandanten spüren, wenn er sie weiterempfohlen hat.

Um es auf den Punkt zu bringen: Bei Vorliegen aller fünf Kriterien ist die Hoffnung auf Weiterempfehlungen berechtigt. Fehlt eines der Erfolgsfaktoren, bleiben Empfehlungen der Mandanten Wunschdenken oder sie beruhen auf Zufall.

„Wir lösen die Probleme unserer Zielgruppen, bevor diese überhaupt merkt, dass die Probleme bestehen." Dieses beherzigenswerte Motto steht nicht nur für die Befestigungstechnik von Fischer, sondern ist auch einer guter Slogan für jeden Steuerberater, der aus (bloß) zufriedenen Mandanten begeisterte Fans machen will.

6. Mandantenwünsche und Betriebsergebnis

Wollen Mandanten aber überhaupt eine derartig ausgeprägte Serviceorientierung? Und rechnet sich die Serviceoptimierung für die Kanzlei in Euro und Cent? Diese beiden Fragen müssen in diesem Kapitel noch beantwortet werden, sonst wäre es unvollständig. Die erste Frage verlangt eine differenzierte, mandantenorientierte Antwort, die Beantwortung der zweiten Frage ist, weil mehrfach empirisch untersucht, deutlich einfacher.

a) Maßstab der Servicequalität

Die einzige Person, die die Qualität Ihres Services wirklich beurteilen kann, ist der Mandant. Ihre Initiative zur Optimierung der Servicequalität muss daher die **Meinung** Ihrer **Mandanten** abfragen. Ohne diese Rückkoppelung wissen Sie nicht, ob und in welchem Ausmaß die Maßnahmen wirken. Die Durchführung einer Mandantenbefragung und das Einrichten einer sog. Focus-Group (Mandantenbeirat) sind Instrumente, um die Zufriedenheit der Mandanten zu testen. Durch eine schriftliche Mandantenbefragung erhalten Sie ein allgemeines Stimmungsbild, während sich über eine Diskussion im (repräsentativ zusammengesetzten) Mandantenbeirat schon tiefergehende Erkenntnisse gewinnen lassen.

Die effizienteste und wirksamste Methode besteht allerdings darin, den Mandanten im **Einzelgespräch** zu befragen, wenn der Kontakt zu ihm sowieso schon hergestellt ist: zum Abschluss der Bilanzbesprechung, nach Abwicklung der Betriebsprüfung, bei Fertigstellung eines Beratungsprojekts, in einem regelmäßigen Abstand nach der Erledigung der Finanzbuchhaltung etc. Ein **Feedback-Fragebogen** hat sich dabei als wirkungsvolles Werkzeug erwiesen. Es werden dabei nur zwei Fragen gestellt:

▶ Waren Sie mit unseren Leistungen zufrieden?
▶ Was können wir für Sie noch besser machen?

Nützliche Antworten werden Sie im Gespräch mit dem Mandanten nur dann erhalten, wenn Sie die **Bedeutung** des Feedback-**Fragebogens hervorheben,** z. B. dadurch, dass Sie das Papier in die Hand nehmen und sich an den Mandanten mit den Worten wenden: „Lieber Mandant, jetzt kommt die für uns wichtigste Frage." Gleichzeitig ergreifen Sie den Kugelschreiber, um zu signalisieren, dass Sie die Antwort auf jeden Fall notieren wollen. Denn nicht der Mandant soll den Feedback-Fragebogen ausfüllen, sondern der Steuerberater. Sprechen Sie ganz ruhig die erste Frage aus: „Waren Sie mit unseren Leistungen zufrieden?" Stellen Sie keine Suggestivfragen und betreiben Sie auch kein

„Fishing for Compliments" („Sie waren doch zufrieden mit uns ..."). Stellen Sie die Frage in einem aufrichtigen Tonfall, der erkennen lässt, dass Sie an einer ehrlichen Antwort interessiert sind, und geben Sie dem Mandanten Zeit für die Antwort.

Ich weiß aus der Erfahrung ungezählter Mandantengespräche, dass Sie wenig aussagekräftige Antworten, wie „jetzt bin ich schon zehn Jahre bei Ihnen, aber das wurde ich nie gefragt" oder „ja, ja, alles O. K." erhalten. Der Mandant wird im ersten Moment reflexhaft der **Frage** nach seiner Zufriedenheit eher **ausweichen** wollen. Geben Sie ihm Zeit, seine Antwort zu formulieren und ermuntern Sie ihn, diffuse Antworten zu präzisieren. Nur wenn Sie das Gefühl haben, eine ehrliche Antwort erhalten zu haben, gehen Sie zur zweiten Frage über.

361   Ich gehe einmal davon aus, dass der größte Teil der Mandanten auf die erste Frage mit „Ja" antworten wird. Bitte bedanken Sie sich dafür. Sollte der Mandant mit „Nein" antworten, wird die zweite Frage „Was können wir für Sie noch besser machen?" umso wichtiger. Falls Sie sich scheuen, einem bestimmten Mandanten Fragen nach der Zufriedenheit zu stellen, weil Sie ihn als kritisch einschätzen und unangenehme Antworten erwarten, sollten Sie unbedingt gerade diesen Mandanten befragen. Nur so kann dieser **unzufriedene Mandant** seine Beschwerde in einer – noch relativ – angenehmen Situation anbringen. Negative Erfahrungen werden deutlich öfter weitererzählt als positive. Durch die Möglichkeit, seinen negativen Eindruck als Beschwerde abzuladen, verringert sich diese Gefahr. Vor allem, wenn Sie auf seine Beschwerde professionell reagieren.

362   Auch für die Beantwortung der **zweiten Frage** „Was können wir für Sie noch besser machen?" braucht der Mandant Zeit. Erfahrungsgemäß versucht er zunächst auszuweichen, z. B. durch Antworten wie: „Nein, nein es war alles in Ordnung ..." Bitte betonen Sie, dass diese Frage für Sie wichtig ist. Solchermaßen ermutigt passiert es dann immer wieder, dass der Mandant seine Geschichte erzählt: „Ja, wenn Sie mich schon so fragen, möchte ich Ihnen etwas sagen ..." Er wird vielleicht über Terminprobleme bei der Lohnabrechnung, nicht erhaltene Rückrufe oder andere Dinge reden. Nehmen Sie wie ein Dokumentar alles auf und starten Sie in diesem Moment keine Rechtfertigungsversuche, denn sonst versäumen Sie die Chance, mehr über die tatsächlichen oder vermeintlichen Defizite zu erfahren.

363   Der Feedback-Fragebogen eröffnet Ihnen die Möglichkeit, die negative Erfahrung des Mandanten in ein für ihn positives Erlebnis zu verwandeln. Selbstverständlich sind Sie nun gefordert, auf die Schwachstellen zu reagieren und alles zu unternehmen, den Mangel zu beseitigen, damit Ihr Mandant zufrieden ist.

Denn eine **professionell behandelte Beschwerde** erhöht die Mandantentreue um ein Vielfaches.

Dokumentieren Sie alle **Feedback-Fragebögen,** denn sie sind ein ideales Führungsinstrument. In der nächsten **Mitarbeiterbesprechung** diskutieren Sie die Aussagen der Mandanten mit Ihren Mitarbeitern. So gelingt es leichter, den Mitarbeitern Verbesserungsmöglichkeiten aufzuzeigen und ihnen die Bedeutung der Servicequalität bewusst zu machen.

b) Kanzleigewinn und Servicequalität

Der Zusammenhang zwischen Servicequalität und Betriebsergebnis ist empirisch nachgewiesen.[1] Hochspannend dabei ist, dass nicht die Zufriedenheit der Kunden der entscheidende **Gewinntreiber** ist, sondern die **Kundentreue.** Kundentreue baut natürlich auf der Zufriedenheit auf. Zufriedenheit allein ist zu wenig, sie ist kein signifikanter Indikator für höhere Gewinne. Erst die ausgeprägte Loyalität sorgt für hohe Gewinne. Die Fans[2] Ihrer Kanzlei sind es, die Sie immer wieder beauftragen, ohne das Honorar in Frage zu stellen. Die Fans sind es, die Sie weiterempfehlen und Ihnen Neumandanten zuführen, die deutlich weniger preisempfindlich sind als die Bestandskunden. Die Fans lassen Ihren Umsatz und Gewinn in die Höhe schnellen.

Die dieser Aussage zugrunde liegende Kausalkette verblüfft durch ihre einfache Struktur: Die Mandantentreue wird durch die Zufriedenheit bestimmt. Diese hängt von der Servicequalität, vom Mehrwert der Leistungen Ihrer Kanzlei, ab. Und – dies zu erkennen ist extrem wichtig – diesen Mehrwert erzeugen Ihre Mitarbeiter. Also ist letztlich die gekonnte und zielgerichtete **Mitarbeiterführung** der entscheidende Erfolgsfaktor für hohe Gewinne in der Steuerberatungsbranche, ja, nach meiner Einschätzung im gesamten Dienstleistungsbereich. Mitarbeiterorientierung kommt vor Mandantenorientierung.[3] Die konsequente Optimierung der Kernprozesse,[4] Spezialisierung,[5] produktives Arbeiten[6] und innovative Leistungen[7] kombiniert mit einem hohen Qualitäts-

---

1 James L. Heskett, W. Earl Sasser Jr., Leonard A. Schlesinger, The Service Profit Chain; David Maister, Practice What You Preach; siehe auch oben Rn. 76 ff.
2 Zum Begriff siehe oben Rn. 353.
3 Siehe hierzu schon oben Rn. 332.
4 Siehe dazu oben Rn. 176 ff. – Alles einfach gut machen.
5 Siehe dazu oben Rn. 194 ff. – Etwas besser machen.
6 Siehe dazu oben Rn. 233 ff.
7 Siehe dazu oben Rn. 259 ff.

standard im Servicebereich lässt aus zufriedenen Mandanten begeisterte Fans werden.

Bitte gestatten Sie mir als Resümee für dieses Kapitel ein kleines Wortspiel: Steuerberatungskanzleien verdienen durch dienen. Mandanten verdienen das. Steuerberater verdienen dann mehr.

VII. Mitarbeiterführung – was wirklich funktioniert

Die Überschrift zu diesem Kapitel klingt vermessen. In jeder auch nur halbwegs gut sortierten Buchhandlung können Sie aus mehreren laufenden Metern „Mitarbeiterführungsliteratur" den für Sie passenden Ratgeber auswählen. Im Internet verlieren Sie sich bei der Recherche zur Mitarbeiterführung in Abertausenden Treffern. Mit Blick auf diese Fakten mutet der Zusatz „was wirklich funktioniert" wie ein uneinlösbares Versprechen, ja sogar wie eine Provokation an.

Sollte und wird dieses Kapitel also neue Erkenntnisse zum Thema Mitarbeiterführung ans Licht bringen? Nein! Werden Sie bereits Bekanntes wiederentdecken? Ja! Und genau darum geht es. Es braucht keinen weiteren Führungsratgeber. Was nottut ist, **vorhandenes Wissen** kritisch zu durchdenken, den **gesunden Menschenverstand** einzusetzen, bei sich selbst zu beginnen und damit Klarheit in Fragen der Mitarbeiterführung für sich und andere zu schaffen.

Motivation ist der alles beherrschende Begriff zum Thema „Mitarbeiterführung". „Wie motiviere ich meine Mitarbeiter?" ist wahrscheinlich die Kardinal-Frage in Führungsseminaren. Wird sie an mich gerichtet, antworte ich, dass die Frage vollkommen falsch gestellt ist. Denn es gibt nicht die eine richtige Antwort, die allein selig machende Patentlösung, den einen Königsweg, der verlässlich zum Ziel führt. Für eine Führungskraft ist es deshalb absolut irrelevant zu wissen, wie „man" Mitarbeiter im Allgemeinen motiviert. Entscheidend ist, wie die Führungskraft die ihr anvertrauten fünf, sieben oder zehn Mitarbeiter in der Situation motiviert, in die sie hineingestellt sind. Das zu wissen, reicht vollkommen aus. Durchdenkt man daraufhin die Frage weiter, kommt man schnell zu dem Schluss, dass **jeder Mitarbeiter** eine **individuelle Motivstruktur** hat: Der eine braucht Anerkennung, der andere wird angetrieben durch größere Aufgaben, den dritten motiviert mehr Freiraum, für den vierten ist Geld der größte Anreiz und beim fünften Mitarbeiter ist es eine Kombination aus den genannten und weiteren Motiven. Die motivationsspendenden Beweggründe für engagiertes, lustvolles Arbeiten sind so vielschichtig wie die Menschen unterschiedlich sind.

Aufgabe einer Führungskraft ist es herauszufinden, durch welche **externen Faktoren** der einzelne Mitarbeiter – neben seiner intrinsischen Motivation, der Selbstmotivation also – angetrieben wird. Das auszumachen ist schwierig genug. Viele Gespräche und genaue Beobachtungen sind dazu notwendig. Erst dann kann die Führungskraft jeden einzelnen Mitarbeiter entsprechend seinen individuellen Motiven zu höheren Leistungen führen. So funktioniert Motivation![1]

370 Das Thema „Mitarbeiterführung" zieht sich als roter Faden durch alle Kapitel meines Buches. Auch wenn die einzelnen Kapitel andere Überschriften tragen, letztlich geht es immer um die **handelnden Personen** in der Kanzlei und damit – aus der Sicht des Kanzleiinhabers oder der Führungskraft – um Mitarbeiterführung. Steuerberatung ist „people business". Nichts, aber auch gar nichts, läuft ohne die Menschen, die in der Steuerberatungskanzlei arbeiten.[2] Nur der solo-agierende Steuerberater muss sich nicht mit Führungsfragen beschäftigen. Ab dem Tag aber, an dem der erste Mitarbeiter eingestellt wird, ist (Mitarbeiter-)Führung eine Top-Priorität in der Kanzlei, wenn man Spitzenleistungen erzielen möchte.

371 Der Erfolg einer Steuerberatungskanzlei hängt damit entscheidend von den **Führungskompetenzen** der Inhaber, Partner und Teamleiter ab. Führung „funktioniert" nur dann, wenn man am Menschen interessiert ist. Werden Führungsinstrumente funktionalisiert eingesetzt, d. h. um mit ihnen unmittelbar eine kalkulierte Wirkung zu erreichen, wird diese Art der Führung nicht weit tragen. Nur echtes **Interesse am** einzelnen **Menschen,** seiner Persönlichkeit, seinen Motiven, seinen Stärken und seinen Schwächen lässt Führung gelingen. Führung ist emotional herausfordernd, bringt immer mehr Enttäuschungen als Erfolgserlebnisse mit sich, Führung erfordert harte Gespräche, braucht genaues Hinschauen u. v. m. Mehr als einmal passiert es, dass Steuerberater in meinen Seminaren daraufhin anmerken, Führung wäre extrem anstrengend und interessiert fragen, ob es nicht auch andere Optionen gäbe. Meine lapidare Antwort darauf lautet: „Herzlich Willkommen in der Welt des Managements!"

1. Lieben Sie Mitarbeiterführung?

372 Bei Veranstaltungen zum Thema Mitarbeiterführung bitte ich die Teilnehmer immer wieder um ihre Einschätzung zur folgenden Aussage:

„Ich liebe es, meine Mitarbeiter zu führen. Es gibt nichts Schöneres für mich."

Ich habe zwar noch keine statistisch aufbereiteten Daten zu dieser Fragestellung, die Antworten lassen aber folgendes Muster erkennen:

---

[1] Siehe dazu auch oben Rn. 239 – Arbeitsfortschritt ist für die meisten Mitarbeiter eine große Motivation.
[2] Zur „Quelle Mensch" siehe oben Rn. 1 ff.

Stimme stark zu	< 5 %
Stimme zu	5-15 %
Stimme einigermaßen zu	ca. 50 %
Widerspreche einigermaßen	ca. 30 %
Widerspreche	< 10 %
Widerspreche stark	< 5 %

Steuerberater müssen Mitarbeiterführung nicht lieben. Nur dürfen sie sich dann auch nicht über die Resultate ihrer Führungsarbeit beklagen. Eine der schmerzlichsten Erkenntnisse im Zusammenhang mit der Ausübung von Führungsverantwortung ist, dass jedes **Lamento** über **Schlecht-** oder **Minderleistungen** von Mitarbeitern regelmäßig das **Eingeständnis** des **eigenen Führungsversagens** einschließt. Denn dann sind Fehler gemacht worden: Sei es bei der Auswahl des Mitarbeiters, im Prozess der Einarbeitung, durch Defizite beim Beobachten der Entwicklung oder zu langem Zögern bei kritikwürdigem Verhalten, durch das Aufschieben unvermeidbarer Mitarbeitergespräche etc.

373

Bitte machen Sie sich klar, dass Spitzenleistungen nur dann möglich sind, wenn Sie Führung lieben, es Ihnen ein echtes **Anliegen** ist, **Menschen** zu **fordern** und zu **fördern,** sie zu Bestleistungen zu coachen. Fehlt diese ausgeprägt positive Einstellung zur Mitarbeiterführung, werden die Arbeitsergebnisse maximal durchschnittlich sein!

a) Führung ist lehr- und lernbar

In der Ausbildung zum Steuerberater kommt „Mitarbeiterführung" als Prüfungsgegenstand nicht vor. Der Fokus liegt ausschließlich auf der Vermittlung fachlichen Wissens.

374

Nur wenige Menschen besitzen die angeborene Begabung, andere erfolgreich führen zu können. Abgesehen von diesen Naturtalenten müssen sich alle anderen diese **Fähigkeit erarbeiten.** Das ist eigentlich eine gute Nachricht, denn implizit sage ich damit, dass Führung gelehrt und gelernt werden kann, und zwar unaufwändiger als Sie vielleicht denken. Wirkungsvolle Führungsarbeit basiert nämlich im Kern auf der Beachtung einiger **fundamentaler Grundsätze,** der konsequenten Umsetzung der damit verbundenen Führungsaufgaben und der Beherrschung der zu ihrer Durchsetzung erforderlichen Werkzeuge.[1] Führung ist also kein mystisch beladener Begriff. Auch müssen weder Geheimco-

---

[1] Lesen Sie dazu: Führen Leisten Leben von Fredmund Malik – eine Pflichtlektüre für jede Führungskraft.

des entschlüsselt noch muss verborgenes Wissen dem Schlaf des Vergessens entrissen werden.

b) Freiwilligkeit ist der Startpunkt des Managements

375 „Ich kann verhindern, dass jemand tut, was er will, aber ich kann ihn nicht dazu bewegen, zu tun, was ich will".

Das Lesen dieses Satzes macht bewusst, wie eingeschränkt die Einflussmöglichkeiten des Vorgesetzten sind. Sie als Kanzleiinhaber, Partner oder Teamleiter können keinen **Mitarbeiter** dazu zwingen, genau das zu tun, was Sie wollen. Sie können zwar gewisse Dinge verhindern, aber Sie können das gewünschte Verhalten aber nicht „par ordre du mufti" durchsetzen. Es ist wichtig zu erkennen, dass Führung nicht auf von oben herab erlassenen Anordnungen, sondern auf dem Prinzip der Freiwilligkeit aufbaut. Jeder Mitarbeiter entscheidet sich freiwillig immer wieder jeden Morgen, ob er zur Arbeit in die Kanzlei kommt oder nicht. Übrigens, auch jeder **Mandant** entscheidet sich täglich freiwillig für oder gegen Ihre Kanzlei!

376 Akzeptiert man das Prinzip der Freiwilligkeit als Ausgangspunkt des Führungsverhaltens stellt sich die Frage, aus welchen Gründen Ihnen Mitarbeiter (als Inhaber, Partner oder Teamleiter) folgen, warum sie Ihre Absichten teilen sollten? Es sind im Wesentlichen **vier „Tests",** die Sie – aus dem Blickwinkel Ihrer Mitarbeiter – zu bestehen haben, um Ihrer Führungsrolle gerecht zu werden:

1. **Ihre Motive:**

   ▶ Sind Ihre Motive auf den Erfolg des ganzen Teams ausgerichtet? Oder geht es nur um Ihren persönlichen Erfolg?

   ▶ Wie haben Sie bisher dem Team auf dem Weg zum gemeinsamen Erfolg geholfen?

   ▶ Gibt es Beispiele dafür, dass Sie das Wohl der Kanzlei über Ihre eigenen Interessen gestellt haben?

   ▶ Haben Sie sich Zeit genommen, um das Team zu führen und zu coachen?

2. **Ihre Werte:**

   ▶ Für welche Werte stehen Sie?

   ▶ Handeln Sie auch danach?

   ▶ Welche Beispielsfälle aus der Vergangenheit machen Ihren Wertekanon den Mitarbeitern erkennbar?

3. **Ihre Kompetenz:**
- ▶ Welche konstruktiven Vorschläge für Sach- und Managementfragen haben Sie?
- ▶ Welche neuen und begeisternden Ideen zu Mandantenorientierung und Kanzleistrategie (aber auch zu Fachthemen) kamen von Ihnen?
- ▶ Wie reden die anderen Teammitglieder in diesem Zusammenhang von Ihnen?

4. **Ihr Stil:**
- ▶ Wie gehen Sie vor, um das Team zu Höchstleistungen zu führen?
- ▶ Wie gehen Sie mit Kritik um?
- ▶ Welche Methoden verwenden Sie, um das Team zu fördern aber auch zu fordern?

Die Antworten auf diese Fragen entscheiden darüber, ob Mitarbeiter Ihnen – freiwillig – bei der Umsetzung Ihrer Vorhaben folgen werden. Es gibt für die Testfragen keine Standardantworten. Auch ist es weder möglich noch notwendig, es allen Menschen recht machen zu wollen. Dies gilt nicht zuletzt schon deshalb, weil derjenige, der es allen recht machen will, es letztlich keinem recht macht. Um die richtigen Antworten zu finden, nehmen Sie nur die **Mitarbeiter** in den Blick, mit denen Sie unmittelbar **zusammenarbeiten**.

c) Lohnt sich Mitarbeiterführung?

Die Frage, ob sich die Befassung mit dem Thema „Mitarbeiterführung" lohnt, ist mit einem eindeutigen „Ja" zu beantworten. Die **Entwicklung,** das **Wachstum** und die **Profitabilität** der Kanzlei sowie die eigene **Lebensqualität** hängen zu einem wesentlichen Teil davon ab, wie gut es Ihnen gelingt, die Mitarbeiter zu führen.

Trotz der unabweisbaren Notwendigkeit, sich des Themas professionell anzunehmen, sieht die Realität leider oft ganz anders aus: Mitarbeiterführung geschieht selten systematisch, die Aufgaben werden nur dann wahrgenommen, wenn das operative Geschäft dafür Platz lässt. Das ist betriebswirtschaftlich betrachtet ein Fiasko, wie schon ein simples **Rechenbeispiel** zeigt. Stellen Sie sich eine Kanzlei (oder ein Team) mit zehn Mitarbeitern und einem Inhaber (bzw. einem Teamleiter) vor. Dieses Team erzielt einen Umsatz von 1 Mio. €. Unter „produktiver", d. h. verrechenbarer, Mithilfe des Inhabers/Teamleiters. Bitte passen Sie diese Zahlen den Gegebenheiten in Ihrer Kanzlei an. Stellen

Sie sich nun weiter vor, der Inhaber/Teamleiter dieses zehnköpfigen Teams entscheidet sich, **einen Tag** (mehr) pro Woche den Fragen der **Mitarbeiterführung** zu widmen, also z. B.

▶ Mitarbeiter zu entwickeln,

▶ Mitarbeiter einem zu ihnen passende Arbeitsbereich zuzuordnen,

▶ Mitarbeiter, wenn notwendig, anzuleiten und zu fördern,

▶ Mitarbeitern klare Leistungsziele zu setzen und deren Leistung kontinuierlich zu beurteilen,

▶ sein Team zu motivieren etc.

Dieses Zeitinvestment in die Personalentwicklung hat selbstverständlich unmittelbare Auswirkungen auf die honorarelevante Größe der **verrechenbaren Zeit** des Inhabers/Teamleiters. Ich unterstelle das schlimmste Negativszenario, das überhaupt denkbar ist, nämlich, dass der in die Mitarbeiterführung investierte Tag zur Gänze auf die verrechenbare Zeit des Inhabers/Teamleiters durchschlägt. Unter der Annahme von einem Tag pro Woche (neun Stunden) und 45 Wochen im Jahr bedeutet das im Gesamtergebnis eine Verringerung der verrechenbaren Stunden des Inhabers/Teamleiters um rund 400 Stunden. Bei einem Stundensatz von 100 € erzielt der Inhaber/Teamleiter damit **40.000 € weniger Umsatz** pro Jahr.

380 Das ist eine beachtliche Umsatzeinbuße, aber, um es deutlich zu sagen: Wenn es einem Inhaber/Teamleiter durch den zielgerichteten Einsatz von jährlich 400 Stunden nicht gelingt, ein Team von **zehn Mitarbeitern um** mehr als **4 % produktiver** zu machen (nämlich 40.000 € bezogen auf 1 Mio. €), ist er eine glatte Fehlbesetzung. Er sollte seine Führungsfunktion niederlegen[1].

Sie wollen bzw. können nicht „zurücktreten"? Dann handeln Sie konsequent, widmen Sie mehr Zeit der Mitarbeiterführung und verbessern Sie kontinuierlich Ihre Führungskompetenzen. Vielleicht gehen Sie das **Projekt** „Mitarbeiterführung" ganz **pragmatisch** so an: Nehmen Sie sich doch einfach einmal zwei Stunden Zeit und notieren Sie, welche Verbesserungsmöglichkeiten es aus Ihrer Sicht in der Kanzlei derzeit noch gibt. Und investieren Sie nochmals zwei Stunden, um die Meinung Ihres Teams zu diesem Thema zu erfragen. Ich garantiere Ihnen, dass Sie nach Abschluss Ihres persönlichen Brainstormings und der Teambesprechung eine umfangreiche To-do-Liste in den Händen halten werden.

---

1 Siehe dazu auch oben Rn. 109 – Gedankenexperiment des Rücktritts im Zusammenhang mit der Bedeutung gelebter Werte und Prinzipien.

2. Trainer und Spieler

Auch wenn die genannten betriebswirtschaftlichen Überlegungen eindeutig für eine professionelle Mitarbeiterführung sprechen, ist es schwierig, den Spagat zwischen Manager- und Beraterrolle zu schaffen. Inhaber, Partner und Führungsmitarbeiter in freiberuflichen Unternehmen müssen sich nämlich – im Gegensatz zu Führungskräften in anderen Branchen – einer besonderen Herausforderung stellen: Sie müssen nicht nur Ihre **Mitarbeiter führen,** sondern sind gleichzeitig auch als **Fachexperten** in der operativen Arbeit gefordert. Beide Aufgaben „unter einen Hut" zu bekommen, ist ein entscheidender Erfolgsfaktor für die Kanzleientwicklung.

381

a) Aufgaben als „Trainer" und „Spieler"

Inhaber, Partner oder Teamleiter einer Steuerberatungskanzlei sind mit einer Reihe von Aufgaben konfrontiert, die sich über die gesamte Bandbreite des operativen Geschäfts, kanzleiorganisatorischer und -strategischer **Aufgaben** erstrecken:

382

- Lösung von Fachfragen
- Mandantenbetreuung
- Kanzleientwicklung
- Projektleitung
- Organisation und Führung
- Verwaltung
- Coaching der Mitarbeiter
- andere unternehmensbezogenen Aufgaben

Die vielfältigen Tätigkeiten lassen sich zwei grundsätzlich unterschiedlichen **Aufgabenbereichen** zuordnen, was vielleicht nicht sofort ins Auge fällt. Nämlich einerseits dem komplexen Aufgabenspektrum als **„Trainer",** das in erster Linie Führungs- und Leitungsaufgaben beinhaltet, und andererseits den Tätigkeiten, die dem Steuerberater arbeitsteilig als **„Spieler"** zufallen, also solche Arbeiten, die eng an die Lösung von Fachfragen angebunden sind oder etwa die Mandantenbetreuung betreffen.

Betrachtet man die beiden Aufgabenbereiche bzw. Rollen des Steuerberaters, deren Anforderungen und Auswirkungen auf den Arbeitsalltag, so stellt man fest, dass es zwischen ihnen signifikante Unterschiede gibt. Die Unterschiede zwischen der Trainer- und der Spieler-Rolle sind so gravierend, dass sie den Steuerberater tendenziell dazu verleiten können, den **leichteren Weg** zu gehen

383

und die Spieler-Rolle in den Mittelpunkt zu rücken. Die Gefahr, sich so zu verhalten, ist jedenfalls dann groß, wenn der emotionale Gesichtspunkt der persönlichen **Arbeitszufriedenheit** das Rollenverhalten bestimmt. Verstärkt wird diese Tendenz durch den Aspekt des **eingeübten Rollenverhaltens,** das – jedenfalls nach herkömmlichem Verständnis – den Steuerberater auf seine Beraterrolle reduziert.

b) Konflikte und Optionen

384 Aus den unterschiedlichen Rollen bzw. Aufgaben ergeben sich beträchtliche Konfliktpotenziale für einen Inhaber, Partner oder Teamleiter:

Trainer-Rolle	Spieler-Rolle
Kernaufgabe ist die Mitarbeiterführung und -entwicklung	Kernaufgabe ist die Lösung von Mandantenaufträgen
Überwiegend nach innen gerichtet	Überwiegend nach außen gerichtet
Mittel- bis langfristig orientiert	Kurzfristig orientiert
Geringe Dringlichkeit	Hohe Dringlichkeit
Strategische Unternehmensentwicklung	Operatives Handeln
Ergebnisse nur schwer messbar	Ergebnisse sofort und leicht messbar
Wenig bis kein Feedback über den Erfolg	Unmittelbares Feedback durch den Mandanten
Emotional herausfordernd	Intellektuell herausfordernd
Menschen im Vordergrund	Sachverhalt im Vordergrund
Keine eindeutigen Lösungen	Eindeutige Lösungen (meist)

Die beiden **Handlungsbereiche** als Trainer und Spieler **kollidieren** im Arbeitsalltag permanent miteinander. Führungskräfte in Steuerberatungskanzleien spüren das Konfliktpotenzial täglich:

- ▶ Gefahr, eine Rolle zu vernachlässigen
- ▶ Spielerrolle erscheint attraktiver
- ▶ Ständiger Zeitkonflikt
- ▶ Ständiges Gefühl, zu wenig Zeit zu haben
- ▶ Ständiges Schuldgefühl (entweder gegenüber den Mitarbeitern oder gegenüber den Mandanten)
- ▶ Gefahr, dass die Kanzleientwicklung insgesamt verzögert wird
- ▶ Gefahr, dass wichtige und erfolgsentscheidende Faktoren zu wenig beachtet werden

Den ersten Schritt, um diese unbefriedigende Situation zu verbessern, machen Sie, indem Sie das eigene Problembewusstsein schärfen, klarer die unterschiedlichen Anforderungen erkennen, sich selbst genauer beobachten und daraus die ersten Schlüsse ziehen. Es stehen Ihnen **drei Modelle** zur Verfügung, die Herausforderung zu meistern, und zwar als:

385

- „**Nur-Trainer**" mit der Delegation von Fachaufgaben
- „**Nur-Spieler**" mit der Delegation von Führungsaufgaben
- „**Spieler-Trainer**" mit einer klaren Vorstellung darüber, wie beide Aufgaben im Verbund miteinander professionell gelöst werden können.

Die beiden ersten Varianten liegen Steuerberatern nach meinen Erfahrungen nicht. Nur in Ausnahmefällen oder besonderen Partner-Konstellationen findet sich ein Weg, eine dieser Optionen in Reinform umzusetzen.

c) Lösungswege für „Trainer", „Spieler" und „Spieler-Trainer"

Leider kann ich Ihnen kein Patentrezept anbieten, wie das Dilemma, Führungs- und Fachaufgaben unter einen Hut zu bringen, beseitigt werden kann. Es gibt allerdings einige **Faktoren,** die Sie berücksichtigen sollten, wenn Sie das auf Ihre Kanzlei zugeschnittene **Rollenverständnis** definieren:

386

- die persönlichen Stärken des Inhabers, der Partner und/oder der Teamleiter
- die bereits vorhandenen Stärken im Team
- Berufsausübung in einer Einzelkanzlei oder einer Partnerschaft
- derzeitige und angestrebte Größe der Kanzlei
- derzeitige und gewünschte Kanzleikultur in Bezug auf den Führungsaspekt

Die im Folgenden vorgestellten Lösungsansätze stellen denkbare Erfolgsstrategien für die jeweilige Rolle dar, auf denen Sie weitere Überlegungen aufsetzen können.

aa) „Nur-Trainer"

Fällt Ihre Entscheidung dahin aus, sich in Zukunft verstärkt Führungsaufgaben zuzuwenden, sind folgende **Voraussetzungen** zu schaffen:

387

- saubere Delegation von Fachaufgaben auf Ihr bestehendes Team;
- sukzessives Überführen der Mandatsverantwortung auf Mitarbeiter;
- Aufbau eines persönlichen Assistenten („rechte Hand") für fachlich schwierige Aufgaben;
- kontinuierlicher Rückzug aus Mandantenbesprechungen und Übergabe der Verantwortung an Mitarbeiter;

- Verstärkung der Führungskompetenzen z. B. durch Managementtrainings; Implementierung von Führungswerkzeugen in Ihrer Kanzlei;
- Umstellung Ihrer persönlichen Arbeitsmethodik unter Berücksichtigung der Änderungen, die sich aus der Konzentration auf Führungsaufgaben ergeben;
- steuerfachliche Fokussierung auf ein kleines, aber feines Spezialgebiet – für Ihr Ego als Steuerberater!

Viele Steuerberater scheuen diese Vorgangsweise in der hier klar dargestellten Form. Sie stellen sich die Frage „... und warum habe ich die Steuerberaterprüfung dann gemacht?"

bb) „Nur-Spieler"

388 Die meisten Steuerberater haben den Beruf gewählt, weil sie die intellektuelle Auseinandersetzung mit steuerfachlichen Herausforderungen schätzen. Insofern ist eine „Rückkehr" zur Rolle als Spieler für Inhaber, Partner und Teamleiter wegen der damit verbundenen Konzentration auf Fachaufgaben nicht besonders schwierig. Die größten **Herausforderungen** bei einer Konzentration auf diese Rolle sehe ich in:

- der Delegation von Führungsaufgaben – das ist die größte Herausforderung;
- dem Aufbau eines persönlichen Assistenten („rechte Hand") für Führungsaufgaben. Ich möchte hierzu an das gängige Kanzleimodell mit einer „Kanzleileiterin" mit Berufserfahrung erinnern, die die Kanzlei „schaukelt" hat;
- dem Aufbau einer zweiten starken Führungsebene (Teamleiter, Abteilungsleiter) – abhängig von der Kanzleigröße;
- der Stärkung von Führungspositionen, die durch Mitarbeiter wahrgenommen werden.

Auch diese Eindeutigkeit lehnen die meisten Steuerberater ab. Meist ist es der wahrgenommene – aber auch vorhandene – Machtverlust, der Inhaber und Partner daran hindert, sich ausschließlich Spieleraufgaben zu widmen.

cc) „Spieler-Trainer"

389 In der Praxis ist der „Spieler-Trainer" das Modell, für das sich die meisten Steuerberater letztendlich entscheiden. Es kann das Idealmodell sein; für eine erfolgreiche Umsetzung muss aber klar erkannt werden, dass eine Bewältigung

der vielfältigen Aufgabenbereiche nur durch **höchste Professionalität in beiden Sphären** möglich ist. Dazu zähle ich u. a.:

- Die richtige persönliche Arbeitsmethodik; ein Betätigungsfeld mit großem Verbesserungspotenzial;
- eine klare Karriereplanung, aus der hervorgeht, welche Tätigkeitsbereichen priorisiert werden;
- die Konzentration auf das Wesentliche; klingt einfach ist jedoch enorm schwierig[1]
- eindeutige Kanzleiwerte und -prinzipien für die Mitarbeiterführung[2]
- den Mut zu einer klaren Strategie;
- das Prinzip des „work smart" umsetzen, also Trainer- und Spieleraufgaben intelligent verknüpfen (z. B. Mandantenbesprechungen als „Trainingseinheiten" für Mitarbeiter gestalten, Marketingaktivitäten auch für die Gewinnung von Mitarbeitern nutzen etc.);
- die grundsätzliche Einstellung, Gegensätze nicht nur auszuhalten, sondern sie sogar zu forcieren, d. h. immer eher das „Und" als das „Oder" zu sehen.

Ab dem Zeitpunkt, in dem Sie Ihren Fokus auf das Problem „Trainer" und „Spieler" legen, entwickeln Sie eine **selektive Wahrnehmung** für die damit verbundenen Informationen und Problembereiche – eine grundlegende Erkenntnis der Gehirnforschung. Die strukturierte Auseinandersetzung mit den aufgenommenen Informationen führt Sie dann fast automatisch zu einer individuellen Lösung für Ihre Kanzlei.

Für die weitaus überwiegende Mehrzahl der Steuerberater wird auch in Zukunft die „Spieler-Trainer-Rolle" das bevorzugte Modell sein. Das erfordert, wie gezeigt, ein professionelles Vorgehen in beiden Aufgabengebieten, um negative Konsequenzen aus der Vernachlässigung eines Aufgabenbereichs zu vermeiden. Diejenigen Steuerberater, die diese Herausforderung meistern, werden auch zukünftig deutlich erfolgreicher sein als Ihre Mitbewerber. Nachdenklich stimmt allerdings der gedankliche **Brückenschlag** zum **Sport**. Zwar gibt es dort auch „Spielertrainer" – allerdings nur auf der Ebene der Kreis-, Bezirks- oder Regionalliga. Im Spitzensport wäre es undenkbar, dass beispielsweise beim Elfmeterschießen der Trainer auf das Spielfeld läuft oder im Tiebreak der Coach den Tennisprofi ersetzt!

---

[1] Siehe dazu oben Rn. 138 ff.
[2] Siehe dazu oben Rn. 51 ff.

3. Aller Anfang...

390 Nur der lupenreine Solo-Steuerberater, der gänzlich ohne Mitarbeiter auskommt, also der reine „Spielertyp" im zuvor definierten Sinn,[1] muss sich nicht mit Führungsfragen auseinandersetzen. Für all jene Steuerberater aber, die sich für die Trainerrolle[2] entschieden haben, ist die Befassung mit Führungsfragen enorm wichtig. Und für „Spieler-Trainer"[3] ist sie sogar entscheidend, da sie den in Ihrer Person angelegten „Dr. Jekyll-Mr. Hyde-Konflikt" bewältigen müssen und ihnen für die Lösung des Problems kein Zaubertrank zur Verfügung steht, auf den ihr von Robert Louis Stevenson geschaffenes literarisches Vorbild zurückgreifen konnte.

a) Sich selbst führen

391 Erfolgreiche Mitarbeiterführung beginnt bei der eigenen Person. Nur wer sich selbst führt, kann auf Dauer andere führen. Nur wer sich selbst bewegt, wird andere in Bewegung setzen und sie in Bewegung halten können. Meine Beobachtungen in Sachen Kanzleientwicklung sind eindeutig und bestätigen sich bei jedem Kanzleiberatungsprojekt aufs Neue: Jene Kanzleien, deren Führungskräfte hart an sich selbst arbeiten, die ihre eigene Situation immer wieder auf den Prüfstand stellen, die nichts unversucht lassen, **sich selbst weiterzuentwickeln** – und dies tatsächlich auch schaffen –, erzielen Spitzenleistungen. Wer meint, erst einmal müssten sich die „anderen" bewegen, bleibt im Mittelmaß stecken.

Stellen Sie Ihre **Selbstmotivation** auf die Probe: Inwieweit sind Sie bereit, seit Langem bekanntes Führungswissen, z. B. die „Liste Christine"[4], nicht nur zu akzeptieren, sondern Ihr Verhalten auch konkret danach auszurichten?

b) Selbst-Test mit der wöchentlichen Führungs-Checkliste

392 Testen Sie Ihre Disziplin in Sachen Führung: Stellen Sie sich vor, Sie würden sich jeden Freitag ca. 15 bis 30 Minuten Zeit nehmen, um die folgenden **zehn Kernfragen** zu Ihrer Kanzlei durchzugehen:

▶ Gibt es jemanden, der sich nicht an unsere Minimum-Standards hält?

▶ Gibt es jemanden, der Schwierigkeiten hat?

---

1 Siehe oben Rn. 388.
2 Siehe oben Rn. 387.
3 Siehe oben Rn. 389.
4 Siehe oben Rn. 20.

- ▶ Wer braucht Hilfe, auch wenn er noch keine Schwierigkeiten hat?
- ▶ Wer braucht mehr Energie?
- ▶ Wer braucht Aufmerksamkeit und Anerkennung?
- ▶ Gibt es jemanden, mit dem ich diese Woche nicht Kaffee getrunken (zu Mittag gegessen oder ein informelles Gespräch geführt) habe?
- ▶ Gibt es jemanden, der das Team behindert?
- ▶ Mit wem habe ich die am schwächsten ausgeprägte Beziehung?
- ▶ Kümmert sich jemand um die Lehrlinge, Azubis und Sekretärinnen?
- ▶ Gibt es Konflikte innerhalb des Teams?

Mit diesen zehn simplen Fragen decken Sie die meisten Themenfelder einer effizienten Mitarbeiterführung ab. Gelingt es Ihnen, in den Bereichen regulierend einzugreifen, in denen Sie Defizite feststellen, dann sind Sie auf dem richtigen Weg.

Es ist grundsätzlich auch simpel, die **Voraussetzungen** dafür zu schaffen, sich jede Woche mit dem **Fragenkatalog auseinanderzusetzen.** Ein Eintrag mit Wochenwiederholung in Ihren (elektronischen) Kalender ist alles, was dazu notwendig ist. Und es ist schließlich auch gar nicht kompliziert, sich in der nächsten Woche genau um jene Mitarbeiter zu kümmern, die Ihnen bei der Beantwortung der Fragen in den Sinn gekommen sind. Dazu braucht es kein Studium, keine Management-Ausbildung und auch keine Steuerberaterprüfung.

Es gibt allerdings ein **Umsetzungsproblem,** das zwei Aspekte hat, nämlich

- ▶ erstens, entsprechend der eigenen Einsicht in die Notwendigkeit dieser Maßnahme zu **handeln** und
- ▶ zweitens, den Fragenkatalog als Teil eines kontinuierlichen Verbesserungsprozesses zu begreifen, also **durchzuhalten,** sich ständig mit ihm auseinanderzusetzen.

Gefragt sind also in erster Linie die Führungstugenden Konsequenz und Ausdauer. Das Erfolgsrezept besteht darin, sich für jede Woche **nur eine Maßnahme** vorzunehmen, sie zu erledigen und am nächsten Freitag die Liste wieder durchzugehen, um dann einen neuen Punkt auf die Agenda zu setzen usw. Wenn Sie dann noch die Arbeit mit der Führungs-Checkliste als wöchentliche Routine in Ihrem Terminkalender verankern, werden Sie das Projekt bald vollkommen verinnerlicht haben und dem nächsten „Mitarbeiter-Tag" mit Freude entgegensehen.

Die wöchentliche Auseinandersetzung mit den zehn Führungsfragen hat außerdem zur Folge, dass Sie eine **selektive Wahrnehmung** entwickeln. Sie werden Zusammenhänge erkennen, die Sie bisher nicht gesehen haben. Ihre Aufmerksamkeit wird geschärft und Ihre Mitarbeiter werden das spüren. Vielleicht nicht gleich zu Beginn, aber sicher, sobald Sie regelmäßig (jede Woche) einen wichtigen Punkt zur Mitarbeiterführung bearbeiten.

Natürlich könnte man endlos über die Zusammensetzung der Fragen diskutieren. Falls Sie meinen, dass die von mir gelisteten Fragen nicht passen oder wichtige fehlen, dann streichen und ergänzen Sie die Checkliste. Es ist im Grunde nicht wichtig, wie umfangreich die Checkliste ist. Der entscheidende Punkt ist, dass Sie sich wöchentlich ca. 15 bis 30 Minuten Zeit nehmen, um Ihr Führungsverhalten zu testen und dann in der nächsten Woche an einer konkreten Verbesserung arbeiten. Das ist simpel, wegen des genannten Umsetzungsproblems nicht einfach, aber höchst wirkungsvoll!

c) Wer führt, braucht Feedback

396 „Wer fragt, der führt!" ist ein Merksatz in der Technik der Gesprächsführung. Für die Mitarbeiterführung kann man den Satz umkehren: **„Wer führt, der fragt!"** – und zwar seine Mitarbeiter, wie sie die Führungsqualitäten des Chefs beurteilen.

Erfolgreiche Führungskräfte unterscheiden sich von anderen dadurch, dass sie die Mitarbeiter regelmäßig zu ihrem Führungsverhalten befragen. Die Rückkoppelung muss von den Mitarbeitern kommen, die von ihrer Führung direkt betroffen sind. Nun ist es für Mitarbeiter aus naheliegenden Gründen nicht leicht, ihren unmittelbaren Vorgesetzten kritisch zu bewerten. Immer schwingt hier die Sorge um **berufliche Benachteiligungen** mit, vielleicht sogar die Angst vor einem Karriereende, Mobbing oder einer schleichenden Entfremdung, die in eine Kündigung mündet. Solange aber ein **offenes Feedback** unterbleibt, kann keine Führungskraft wissen, wie die Mitarbeiter sie wahrnehmen. Dies wiederum bedeutet, dass Fehlverhalten nicht überdacht und verändert werden kann. Im Ergebnis verfestigen sich dann die Führungsdefizite.

397 In dieser Situation bietet es sich an, ein offenes Feedback zum Führungsverhalten durch regelmäßige **anonyme Mitarbeiterbefragungen** einzuholen[1]. Viel wichtiger als die Fragen ist hierbei die Tatsache, dass Sie damit echtes Interesse an der Meinung Ihrer Mitarbeiter dokumentieren, die Ergebnisse vorstellen und besprechen, Ihr Führungsverhalten – dort wo es sinnvoll und notwendig

---

1 Einen Kurz-Check zum Führungsverhalten finden Sie auf www.stefanlami.com „Wie gut führe ich meine Mitarbeiter?"

ist – ändern, den Führungs-Check in regelmäßigen Abständen wiederholen und – hoffentlich – Verbesserungen feststellen.

Das eigene Führungsverhalten regelmäßig hinterfragen zu lassen, hat neben dem offensichtlichen Vorteil, Ansätze für Optimierungsmöglichkeiten zu finden, einen weiteren extrem positiven Aspekt, der häufig übersehen wird: Sie erreichen damit eine außergewöhnlich **starke Legitimation,** Ihre eigenen Erwartungen an die Mitarbeiter zu formulieren, Defizite offen anzusprechen und abzustellen.

d) Kommunikation als Führungskompetenz

398 Exzellente Führungskräfte wissen um die Wirkung der Kommunikation. Sie trainieren kontinuierlich Ihr Kommunikationsverhalten. Sei es die Gesprächsführung in komplexen Situationen, z. B. Kritikgespräche, Teambesprechungen und Überzeugungspräsentationen, aber auch ihr Verhalten beim Zuhören sowie die Rückkoppelung mit den Mitarbeitern. Es gibt **keine Mitarbeiterführung ohne Kommunikation.** Ob ein Führungswerkzeug (Teambesprechungen, Mitarbeitergespräche, Leistungsbeurteilung etc.) die erhoffte Wirkung hat, hängt entscheidend von der Qualität der Kommunikation ab.

Kommunikation ist etwas, das wir en passant lernen wie beispielsweise das Laufen. Dieses Basiskönnen macht uns aber noch nicht zu einem Marathon- oder Hürdenläufer. Ohne **Training** werden wir bestenfalls durchschnittliche Leistungen erbringen. Genauso ist es mit der Fähigkeit zur Kommunikation. Professionell kommunizieren wir nur dann, wenn wir die naturgegebenen und instinktgeprägten Anlagen mit dem Ziel trainieren, unsere Fähigkeiten ständig zu verbessern. Wer meint, in Sachen Kommunikation ausgelernt zu haben, hat nicht verstanden, worum es hier geht.

Sich selbst führen, Mitarbeiterführung als Dauerthema erkennen und im Kalender verankern, sich systematisches Feedback von den Mitarbeitern holen und das eigene Kommunikationsverhalten trainieren – das ist das Fundament einer gelungenen Mitarbeiterführung. Ein Studium oder einen akademischen Grad brauchen Sie nicht, um hier richtig gut zu werden, aber jede Menge Disziplin. Wer **Disziplin** üben muss, ist (noch) nicht richtig motiviert. Denn Disziplin ist die Antwort auf die Frage: „Wie wichtig ist mir das, was ich wirklich erreichen will?"

Und wie wichtig ist Ihnen Mitarbeiterführung?

4. Was wirklich funktioniert

399 Im letzten Abschnitt dieses Kapitels komme ich zurück auf meine Eingangsbemerkung, denn ich möchte den Beweis für meine Behauptung antreten, dass zum Thema „Mitarbeiterführung" alle wesentlichen Entdeckungen bereits gemacht worden sind und wir in der Summe aller Erkenntnisse wissen, „was wirklich funktioniert".[1]

Immer wieder habe ich mit Menschen in Führungspositionen zu tun, denen Mitarbeiterführung ausgezeichnet gelingt. Sie sind nicht cleverer und intelligenter als Personen in vergleichbaren Positionen in anderen Kanzleien. Sie haben auch keine besondere Ausbildung in Fragen des Personalmanagement oder außergewöhnliche Extraqualifikationen, die Ihnen den Zugang zur Materie erleichtern. Gemeinsam ist ihnen, dass Sie ein paar wenige – allseits bekannte – Führungsgrundsätze berücksichtigen, zu denen auch die Bereitschaft zählt, kontinuierlich die eigenen Fähigkeiten zur Führung und Kommunikation zu verbessern. Und – das ist aus meiner Sicht das Entscheidende – sie nehmen sich selbst nicht so wichtig, stellen ihr **Ego** in den **Dienst der gemeinsamen Sache** und setzen für die Kanzlei ihre gesamte Kraft ein. Insoweit sind sie allerdings außergewöhnlich, denn sie haben verstanden, dass ihr Verhalten als Vorgesetzte die Zufriedenheit und Leistung der Mitarbeiter am stärksten beeinflusst.

Zu erkennen ist gelungene Mitarbeiterführung daran, dass die Kanzlei mehr **Bewerbungen** von Top-Kandidaten erhält als sie offene Stellen anzubieten hat. Dass Bewerber wegen der Kanzlei kommen, sie aber häufig wegen Ihrer Chefs verlassen, belegt die enorme Bedeutung des Führungsverhaltens für die Attraktivität und letztlich den wirtschaftlichen Erfolg der Kanzlei.

a) Vorbild sein

400 Über die Kraft der Vorbildfunktion habe ich im Zusammenhang mit der Umsetzung von Kanzleileitbildern bereits geschrieben[2]. Tatsächlich ist die Vorbildfunktion der Führungskraft unverzichtbar. Welches Vorhaben Sie auch immer in Ihrer Kanzlei oder mit Ihrem Team umsetzen wollen, **leben** Sie die zur Zielerreichung maßgeblichen **Werte vor**.[3]

---

1 Siehe oben Rn. 367.
2 Siehe dazu oben Rn. 92 ff.
3 Siehe hierzu auch Gunther Hübner, Rudern Sie noch oder steuern Sie schon?, 2009, Rn. 74 ff.

Sie wollen stärkere Mandantenorientierung? Handeln Sie mandantenorientiert. Sie möchten mehr Vertrauen im Team? Schenken Sie Vertrauen. Sie möchten mehr Energie und Engagement in Ihren Teambesprechungen? Bereiten Sie sich exzellent auf die Besprechungen vor und stecken Sie Ihre ganze Energie in das Teammeeting. Sie wollen mehr Kritikfähigkeit? Fordern Sie Kritik zu Ihrer eigenen Person und rechtfertigen Sie sich nicht. Diese Liste lässt sich endlos erweitern. Sie ist übrigens meine Standardantwort, wenn Inhaber, Partner oder Teamleiter eine Frage an mich richten, die mit „Ich möchte, dass meine Mitarbeiter …" beginnt und mit „ … was muss ich tun?" endet.

Als Vorbild sollten Sie immer das tun, was Sie sagen. Überlegen Sie daher genau, was Sie sagen. Denn Sie werden an Ihren Aussagen gemessen.

b) Nichts neu erfinden

Gelungene Mitarbeiterführung setzt auf Bekanntem und Bewährtem auf. Es ist nicht notwendig, das Rad neu zu erfinden. Die Erkenntnisse sind offensichtlich. Ein Beispiel dafür ist die weltweit durchgeführte **Studie** des **Gallup-Instituts**.[1]

401

Zwölf Fragen blieben bei Gallup übrig, mit denen sich die Stärke bzw. **Qualität** eines **Arbeitsplatzes** bestimmen lässt. Diese zwölf Fragen „messen" jene Kernelemente, die unverzichtbar sind, wenn das Unternehmen erstklassige Mitarbeiter gewinnen, an sich binden und produktiv beschäftigen will:

- ▶ Weiß ich, was bei der Arbeit von mir erwartet wird?
- ▶ Habe ich die Materialien und Arbeitsmittel, um meine Arbeit richtig zu machen?
- ▶ Habe ich bei der Arbeit jeden Tag die Gelegenheit, das zu tun, was ich am besten kann?
- ▶ Habe ich in den letzten sieben Tagen für gute Arbeit Anerkennung und Lob bekommen?
- ▶ Interessiert sich mein/e Vorgesetzte/r oder eine andere Person bei der Arbeit für mich als Mensch?
- ▶ Gibt es bei der Arbeit jemanden, der mich in meiner Entwicklung unterstützt und fördert?
- ▶ Habe ich den Eindruck, dass bei der Arbeit meine Meinungen und Vorstellungen zählen?

---

[1] Buckingham Marcus/Coffman Curt, Erfolgreiche Führung gegen alle Regeln, 2002.

- ▶ Geben mir die Ziele und die Unternehmensphilosophie meiner Firma das Gefühl, dass meine Arbeit wichtig ist?
- ▶ Sind meine Kollegen bestrebt, Arbeit von hoher Qualität zu leisten?
- ▶ Habe ich innerhalb der Firma einen sehr guten Freund?
- ▶ Hat in den letzten sechs Monaten jemand in der Firma mit mir über meine Fortschritte gesprochen?
- ▶ Hatte ich bei der Arbeit bisher die Gelegenheit, Neues zu lernen und mich weiterzuentwickeln?

Diese zwölf Fragen stellen die einfachste und zugleich beste Möglichkeit dar, die Qualität und Vitalität eines Arbeitsumfelds zu messen.

402 Lassen Sie regelmäßig, z. B. alle vier bis sechs Monate, Ihre Mitarbeiter diese **Aussagen anonym bewerten**. Besprechen Sie die Ergebnisse im Team und vereinbaren Sie Maßnahmen, um die Bewertung zu verbessern. Erfolgreiche Führungskräfte sehen die Ergebnisse dieser Diskussionen als Auftrag für die Optimierung ihres Führungsverhaltens. Und – ganz wichtig – sie ändern ihr Verhalten und testen die Wirkung ihres geänderten Verhaltens.

c) Managementfunktion „Personal" ernst nehmen

403 Das Trainer-Spieler-Dilemma[1] hat eine offensichtliche Konsequenz: Im Alltagsgeschäft geht im Zweifelsfall der Mandant vor und die Mitarbeiterführung bzw. -entwicklung steht an zweiter Stelle. Exzellente Kanzleien ändern das, indem sie die Managementfunktion „Personal" mit einem Profi besetzen. Schon bei einer Kanzleigröße ab zehn Mitarbeitern lohnt sich eine **Teilzeitstelle** für die Funktionen Mitarbeitersuche, -einarbeitung, -ausbildung und -entwicklung.

Viele Kanzleien scheuen die damit zusammenhängenden **Kosten.** Diese Sichtweise ändert sich, wenn man die Kosten von Fehlentscheidungen bei der Einstellung, von mangelnder Mitarbeiterentwicklung, von zu hoher Fluktuation, einem schlechten Image am Mitarbeitermarkt etc. den Personalkosten gegenüberstellt, die diese Stelle verursacht. Steuerberatung ist „people business".[2] Dies erfordert Professionalität im Personalmanagement.

---

1 Siehe oben Rn. 389 f.
2 Siehe hierzu schon oben Rn. 370.

d) Interne Kommunikation forcieren

Effizient arbeitende Führungskräfte kennen die Macht der kanzleiinternen Kommunikation. Sie wissen, dass Mitarbeiter nur dann Verantwortung übernehmen können, wenn Sie über die für ihren Arbeitsplatz **notwendigen Informationen** zur Erreichung der strategischen und operativen Ziele verfügen. Das ist der Grund, warum sie viel Zeit und Energie darauf verwenden, 404

- die informelle interne Kommunikation zu pflegen, d. h. den bekannten kurzen Plausch an der Kaffeemaschine nutzen;
- kanzleiinterne Newsletter zu veröffentlichen, die für die Teammitglieder wöchentlich über alles Wissenswerte berichten;
- Teammeetings mit äußerster Sorgfalt vorzubereiten, weil sie damit die Ernsthaftigkeit ihres Führungswillens unterstreichen;
- zielgerichtete Fach-Jour-Fixe einzurichten, damit kanzleiinternes Wissen dokumentiert und verknüpft wird;
- mindestens einmal jährlich das gesamte Team zusammenzuholen, um alle auf die Kanzleiziele einzuschwören.

Die Vorbereitung auf diese Aktivitäten hat mindestens jene Qualität, wie sie für Projekte mit dem Topmandanten gefordert wird.

Bei aller Bedeutung der internen Kommunikation ist den ausgezeichneten Führungskräften klar, dass sie den ihnen anvertrauten Menschen letztlich nur durch gezielte **Einzelgespräche** gerecht werden und sie positiv beeinflussen können. Sie nehmen jeden Menschen als Persönlichkeit wahr – und verhalten sich auch dementsprechend! 405

e) Mit Feedback nicht warten – Kritikgespräche führen

Spitzenleistungen erfordern „Feedback-just-in-time". **Zeitversetzte Kritik ist nutzlos**, genauso wie verspätetes Lob. Alle guten Trainer im Spitzensport kennen diesen Grundsatz. Deshalb leiten sie die Korrekturphase unmittelbar nach der Trainingseinheit ein. Nur dadurch lernt der Sportler. Ein tage- oder gar wochenlang hinausgeschobenes Gespräch über Bewegungsabläufe würde beim Sportler keine Verhaltensänderung bewirken. 406

Neben „Motivation" ist „**Lob**" das meistdiskutierte Thema auf Führungsseminaren. Das Meinungsspektrum ist weit gespannt und beinhaltet auch kernige Stellungnahmen wie „… nicht geschimpft ist genug gelobt …" oder „… ich kann meine Mitarbeiter wohl nicht für die Arbeit loben, für die ich sie bezahle …". 407

Ich empfehle allen Führungskräften, das Thema sensibel, selbstkritisch und mit einer guten Portion gesunden Menschenverstands anzugehen. Denn eins ist doch wohl sicher: Solange man mit Menschen nur spricht, wenn etwas nicht in Ordnung ist, sie also kritisiert, ohne auch die positiven Aspekte ihres Tuns (zeitnah) zu würdigen, wird jedes Kritikgespräch zum Problem. Sie sind hingegen dann leicht zu führen, wenn die Führungskraft dem Mitarbeiter – vorher über einen längeren Zeitraum – auch regelmäßig neutrales oder positives Feedback (Lob) für seine Arbeit gegeben hat. So betrachtet wird klar, dass Lob keinem Selbstzweck dient, kein Werkzeug ist, um das Harmoniebedürfnis des Mitarbeiters zu befriedigen, sondern eine vollständige andere Wertigkeit bekommt. Lob ermöglicht es, **Kritik schneller** und einfacher **auszusprechen** und erhöht enorm die Wahrscheinlichkeit, dass sie auch angenommen wird.

408   Bitte beachten Sie die folgenden **zehn Grundsätze** für **Kritikgespräche**. Damit sie von einer ungeliebten Übung zum dem werden, was sie sein sollten, nämlich konstruktive Feedback-Veranstaltungen für Ihre Mitarbeiter.

▶ **Konstruktive Kritik ist zeitnah**

Je schneller Sie eine kritische Rückmeldung geben, umso wirkungsvoller ist sie. Das ist die Maxime der Sport-Coaches. Eine Ausnahme gilt für Lernsituationen. Stellen Sich vor, Sie möchten Klavierspielen lernen und die Töne würden zeitverzögert zu hören sein. Wie wäre es so möglich, Ihr Können zu verbessern?

▶ **Kritik wird unter vier Augen ausgesprochen**

Kritikgespräche sind am wirkungsvollsten in einem Vier-Augen-Gespräch. Kritik vor Teamkollegen, ist beschämend und respektlos. Niemand wird gerne vor anderen bloßgestellt.

▶ **Kritik ermöglicht es, aus Fehlern zu lernen**

409   Wer Fehler oder Fehlverhalten kritisiert, hilft das Handeln und Verhalten zu verbessern. Wer die Person kritisiert („… Sie sind faul, nachlässig, …"), verletzt oder entmutigt, erzeugt Angst, Demotivation, Ärger oder Widerstand. Die Maxime lautet also: beschreiben, nicht bewerten.

▶ **Kritik ist konkret, sachlich und präzise**

Der Sachverhalt muss im Kritikgespräch möglichst exakt und klar verständlich angesprochen werden. Wer nur sagt, dass „etwas" falsch gemacht wurde, ohne Fakten und Beispiele zu nennen, verbaut dem Mitarbeiter die Möglichkeit, aus seinen Fehlern zu lernen.

▶ Kritik ist begleitet von Emotionen

Wer Ärger, Enttäuschung, Wut verspürt, tut gut daran, das auch seinem Gesprächspartner zu sagen. All unsere Gefühle sind real vorhanden und wollen auch zur Sprache kommen. Aber Vorsicht: Emotionen haben ihre Berechtigung, ja – aber lassen Sie den ersten Zorn verrauchen.

▶ Kritik enthält keine Verallgemeinerungen, Unter- und Übertreibungen

Kein immer, nie, ständig, alles, jedes Mal, manchmal, ein bisschen, eigentlich, ein wenig etc.[1]

410

▶ Kritik braucht ein Gespräch

Warum ein Mitarbeiter so handelt, wie er handelt, welche Hintergründe, Ursachen und Motive es dafür gibt, erfahren Sie nur, wenn der Betreffende die Möglichkeit hat, es Ihnen zu sagen. Nur wer im Gespräch mit dem anderen ist und bleibt, der kann auch verstehen.

▶ Kritik bietet Hilfe an

Es geht darum, eine Veränderung zum Positiven zu bewirken und nicht darum, den andern zu entwerten. Im Kritikgespräch wird gemeinsam nach Lösungen gesucht. Beide Teilnehmer sind aufgefordert, ihren Beitrag zu leisten. Konstruktive Kritik enthält Verbesserungsvorschläge.

▶ Kritik fordert Verbindlichkeiten

Gemeinsam vereinbarte Lösungen oder Ziele bedürfen einer verbindlichen Festschreibung. Dabei geht es weniger darum, sie später einer Überprüfung im Sinne einer Nachprüfung zu unterziehen, sondern darum, den Mitarbeiter loben zu können, sobald er sein Fehlverhalten abgestellt hat. Lob und Kritik müssen in einem ausgewogenen Verhältnis zueinander stehen. Wer mit Lob geizt, aber mit Kritik schnell zur Stelle ist, kann nicht auf positive Effekte hoffen.[2]

▶ Vermiedene Kritik ist eine vergebene Chance

Wer – aus welchen Gründen auch immer – auf Kritik verzichtet, verhindert, dass Mitarbeiter sich verbessern können. Ohne Feedback – positiv wie negativ – sind Spitzenleistungen nicht möglich. Gute Führungsarbeit ist auf Rückkoppelung zum Mitarbeiter angelegt – am besten just in time!

---

1 Siehe hierzu schon oben Rn. 1.
2 Siehe hierzu bereits oben Rn. 407.

f) Mitarbeitergespräche – die Ziele für die Mitarbeiter im Kopf haben

411 Immer wieder höre ich von Steuerberatern, dass sie mit der **Wirkung** von Mitarbeitergesprächen **unzufrieden** sind, trotz akribischer Vorbereitung, eines eng an den Themen orientierten Gesprächsverlaufs und eines durchaus positiven Gesamteindrucks. Eigentlich habe man doch alles „richtig" gemacht. Doch die Wirkung sei gleich null und beim nächsten Mitarbeitergespräch müssten dieselben Themen angesprochen werden – und wieder und wieder. Man fühle sich mittlerweile wie in einer Zeitschleife gefangen und werde an die Hollywood-Kommödie „Und täglich grüßt das Murmeltier" erinnert. Woran liegt es nun, dass Jahres- bzw. Zielgespräche nicht jene Wirkung entfalten, die Führungskräfte erwarten?

412 Bevor ich auf die beiden Hauptursachen für diese unbefriedigende Situation eingehe, möchte ich betonen, dass die **Verantwortung** für effiziente Mitarbeitergespräche nicht bei den Mitarbeitern liegt, sondern bei der **Kanzleiführung**. Stellen Sie sich doch bitte diese – vielleicht unangenehmen – Fragen:

▶ Übernehmen Sie die Verantwortung dafür, falls Ihre Mitarbeiter die Ziele nicht erreichen oder schieben Sie die Verantwortung ab?

▶ Wo liegen Ihre Führungsdefizite, die dafür ursächlich sind, dass beschlossene Maßnahmen nicht umgesetzt und vereinbarte Ziele nicht erreicht wurden?

Diesen selbstkritischen Fragen sollten Sie nicht ausweichen, denn sie sind der Ausgangspunkt für die Analyse wirkungsloser Mitarbeitergespräche.

413 Die beiden – aus meiner Sicht – größten Fehler bei Mitarbeitergesprächen sind, dass erstens Ziele nicht eindeutig definiert werden und dass zweitens keine kontinuierliche Leistungsbeurteilung erfolgt. Beide Defizite, **unklare Ziele** und **mangelnde Leistungsbeurteilung,** bedingen sich gegenseitig! Jegliches Management läuft ins Leere, wenn Ziele fehlen[1]. Die Aufgabe des Managements ist es ja, von Zielen zu Resultaten zu gelangen. Wenn es keine Ziele gibt, was und wie soll da Management funktionieren?

414 Eine **Zielvereinbarung** mit dem Mitarbeiter kann also sinnvollerweise erst getroffen werden, wenn die (strategischen) Ziele der Kanzlei festgelegt sind. Erst dann kann definiert werden, welchen Beitrag der einzelne Mitarbeiter zur Zielerreichung leisten soll. Jedoch selbst bei klar ersichtlichen Vorgaben für die

---

1 Siehe dazu oben Rn. 15.

Kanzleiziele fällt es häufig schwer, die individuellen Mitarbeiterziele festzuschreiben.

Zwar sind die **quantitativen Ziele** wie Umsatz oder Deckungsbeitrag schnell gefunden, Schwierigkeiten bereitet hingegen die Konkretisierung der **„weichen" Ziele**: Teamverhalten, Umgang mit Mandanten, Erlernen neuer Fähigkeiten etc. Dies liegt schlicht in der Natur der Sache, denn diese Ziele sind nicht so leicht zu quantifizieren. Sie entziehen sich einer Bewertung in Euro und Cent. Es bedarf größerer Anstrengungen der Führungskraft, sie messbar zu machen, und zwar vor allem durch das genaue Beobachten der Fähigkeiten, Fertigkeiten und der Entwicklung des Mitarbeiters. Damit ist der Zusammenhang zwischen unklaren Zielen und mangelhafter Leistungsbeurteilung aufgedeckt. Ohne kontinuierliche Beobachtung des Mitarbeiters – und ständigem Feedback an ihn – können keine weichen Ziele konkretisiert werden.

Erfolgreiche Führungskräfte beobachten deshalb ihre Mitarbeiter sehr genau. Sie folgen der Empfehlung von Fredmund Malik[1], dafür ein „kleines schwarzes Büchlein" einzusetzen, in dem sie laufend (am besten täglich oder wöchentlich) ihre positiven und negativen **Beobachtungen festhalten.** Das funktioniert natürlich nur, wenn sie an ihren Mitarbeitern „nahe dran" sind.[2] Sind sie das nicht, vernachlässigen sie eine wichtige Führungsaufgabe, denn sie führen nicht! Im negativsten – in der Praxis leider weit verbreiteten – Fall werden Mitarbeitergespräche von den Ereignissen der letzten zwei bis drei Wochen vor dem Gespräch geprägt. Alles andere ist in Vergessenheit geraten. Durch das kontinuierliche Beobachten und Dokumentieren – verbunden mit einem ständigen Feedback an die Mitarbeiter – kann das Mitarbeitergespräch effizient vorbereitet und auf das Erreichen der weichen Ziele lenkend hingearbeitet werden.

415

Selbstverständlich wird es ein **Protokoll** über das Mitarbeitergespräch geben, das die Ziele verbindlich zusammenfasst. Das allein wäre jedoch zu wenig. Damit das Mitarbeitergespräch im Arbeitsalltag seine volle Wirkung entfalten kann, müssen Sie die **Ziele in Ihrem Gedächtnis** jederzeit abrufbereit gespeichert haben, um Zielabweichungen sofort feststellen und ansprechen zu können. Die positiven Auswirkungen dieser Methode auf den Grad der Zielerreichung werden Sie begeistern.

416

---

1 Fredmund Malik, Führen Leisten Leben, 2006.
2 Gunther Hübner spricht in seinem Buch „Rudern Sie noch oder steuern Sie schon?", 2009, Rn. 30 ff., in diesem Zusammenhang in Anlehnung an das bekannte Volkslied „Das Wandern ist des Müllers Lust" anschaulich von der „Müller-Technik" und fordert von den Führungskräften, durch die Kanzlei „zu wandern" und mit den Menschen zu sprechen.

g) Gute Mitarbeiter nicht verlieren

417 Gute Mitarbeiter sind eher bereit, die Kanzlei zu verlassen als schlechte. In Zeiten, in denen der **Mitarbeitermarkt** härter **umkämpft** ist als der Mandantenmarkt, ist es notwendig, bereits auf die ersten erkennbaren (noch schwachen) Signale zu achten, die darauf hindeuten, dass der Mitarbeiter beabsichtigt, den Arbeitgeber zu wechseln. Fahren Sie also Ihre Antennen aus, um sich die Chance zu erhalten, noch gegensteuern zu können.

418 Folgende **Indizien** weisen auf einen möglicherweise bevorstehenden **Arbeitsplatzwechsel** des Mitarbeiters hin:

▶ Der Mitarbeiter spricht öfter positiv über andere Unternehmen (z. B. über deren Unternehmenskultur, Gehälter, Produkte und Dienstleistungen etc.).

▶ Es häufen sich Gespräche über die hohe Arbeitsbelastung kombiniert mit Aussagen, dass „hier alles so mühsam ist".

▶ Der Kontakt zu den Arbeitskollegen wird schrittweise reduziert; sinkende Teilnahmequote bei Besprechungen, gemeinsamen Aktivitäten und Kanzleiveranstaltungen.

▶ Veränderung oder Verringerung der Arbeitszeit.

▶ Der Mitarbeiter zeigt ungewöhnliche Änderungen seiner bisherigen Verhaltensmuster, z. B. in der Art der Kleidung – sehr förmlich oder äußerst „casual" –, geänderte (meist längere) Mittagspausen, Anzeigenteil der Tageszeitung wird mit in die Kanzlei gebracht etc.

▶ Der Mitarbeiter interessiert sich während der Arbeitszeit mehr und mehr für andere Angelegenheiten (die nichts mit seiner eigentlichen Arbeitsaufgabe zu tun haben). Er besucht z. B. Seminare zu nicht berufsspezifischen Themen.

▶ Oft reagiert der Mitarbeiter nahezu apathisch auf übertragene Aufgaben. Er interessiert sich immer weniger für neue Aufgaben. Seine Produktivität nimmt ab.

▶ Es werden vom Mitarbeiter wiederholt immer wieder die gleichen – bereits längst erledigten – Probleme und Beschwerden angesprochen.

Doch Vorsicht, nicht jede der genannten Verhaltensweisen ist ein Indiz dafür, dass der Mitarbeiter bereits auf dem Absprung ist. Sie müssen den **Sachverhalt wertend betrachten**. Sind z. B. derartige Verhaltensmuster bei ihm seit seiner Einstellung gang und gäbe, dann bedeutet das in Bezug auf ein mögliches Ausscheiden gar nichts. Allerdings müssen Sie sich in diesem Fall fragen, warum Sie den Mitarbeiter überhaupt weiterbeschäftigen sollten.

Meist sind es **Kombinationen** aus den geschilderten Verhaltensweisen und zum Teil schleichende, aber gelegentlich auch signifikante Verhaltensänderungen, die auf einen Perspektivwechsel des Mitarbeiters hindeuten. Im ersten Schritt ist es wichtig, einfach nur den eigenen Blick für dieses Thema zu schärfen. Aus Momentaufnahmen lässt sich die Wechselabsicht nicht ableiten. Auch ermöglicht nur das **kontinuierliche Beobachten**[1] der Situation und der eingetretenen Veränderungen verlässlichere Prognosen.

419

Stellen Sie bei Ihren Beobachtungen fest, dass der eine oder andere (Top-)Mitarbeiter „gefährdet" ist, sollten Sie handeln. Suchen Sie das **Gespräch**. Es ist auf jeden Fall besser, den Mitarbeiter anzusprechen, als weiter zuzuwarten und eine Kündigung zu riskieren. In vielen Situationen hilft es (schon), mit dem Mitarbeiter über seine derzeitige berufliche Situation zu sprechen. Auch ein klärendes Gespräch über die weitere Karriere des Mitarbeiters kann einiges bewirken. Selbst in dem – negativen – Fall, wenn der Mitarbeiter durch das Gespräch nicht umgestimmt werden kann und er kündigt, hat das Gespräch positive Effekte. Es ist befreiend, wenn die Dinge ausgesprochen sind und Klarheit für beide Parteien herrscht. Und bitte nicht vergessen: Bei einer Kündigung durch den Mitarbeiter ist es empfehlenswert, die „Türen offen zu lassen". Es könnte ja leicht sein, dass der dem Lockruf der Konkurrenz erlegene Mitarbeiter wieder zurückkehren möchte, weil er feststellen musste, dass nicht alles Gold ist, was glänzt.

420

h) Die drei goldenen Regeln der Mitarbeitersuche beachten

Das Finden und Halten von guten Mitarbeitern ist ohne Zweifel ein entscheidender Erfolgsfaktor für jede Steuerberatungskanzlei. Gelingt es, die besten Mitarbeiter für sich zu gewinnen, dann verfügt die Kanzlei über einen entscheidenden Wettbewerbsvorteil. Beachten Sie also bitte die drei goldenen Regeln der Mitarbeitersuche:

421

- ▶ „Suchen Sie immer Mitarbeiter",

    lautet die erste Regel. Halten Sie Ausschau nach Talenten, auch wenn Sie unmittelbar niemanden einstellen wollen. Mitarbeitersuche unter Druck liefert nur mittelmäßige bis schlechte Ergebnisse.

- ▶ „Stellen Sie echte Talente ein",

    auch wenn Sie keine oder zu wenig Arbeit für diesen Mitarbeiter haben" – so lautet die zweite Regel. Top-Mitarbeiter schaffen sich ihre Arbeit selbst.

---

[1] Siehe hierzu schon oben den Hinweis auf Malik bei Rn. 415.

Diese Personalstrategie verringert außerdem die Gefahr, die Ihnen durch den Produktivitätskiller der Unterdelegation droht, d. h. die Erledigung einfacher Arbeiten durch für diese Tätigkeit überqualifizierte Mitarbeiter bzw. den Kanzleiinhaber.[1] Außerdem erhöhen Sie mit der Einstellung eines Talents Ihre Chancen, die Kanzleientwicklung gezielt voranzutreiben und damit einen Vorteil gegenüber der Konkurrenz zu gewinnen. Denn in vielen Kanzleien wird ein neuer Mitarbeiter erst dann eingestellt, wenn sicher ist, dass er schon am ersten Tag zu 80 % verrechenbar ist. Diese Vorgehensweise verhindert eine erfolgreiche Kanzleientwicklung.

- „Wenn Sie Zweifel haben, stellen Sie den Kandidaten nicht ein",

  ist die dritte goldene Regel. Ja, es gibt auch die Ausnahme zu dieser Regel, wenn Zweifel sich plötzlich in Luft auflösen. Üblicherweise folgen die Schwierigkeiten jedoch auf dem Fuße. Wenn Sie die ersten beiden Regeln beachten, werden sich die Fälle verringern, in denen der Einstellungsprozess mit Zweifeln belastet ist.

i) 15 Grundsätze der Führung beachten

422 Mit den abschließenden Aussagen möchte ich Sie zum weiteren Nachdenken über das Thema „Mitarbeiterführung" anregen. Seien Sie bitte kritisch mit sich selbst, wenn Sie die nachfolgenden Führungsgrundsätze **aus** Ihrer **persönlichen Sicht bewerten**. Der Grad der Übereinstimmung zeigt Ihnen an, ob Sie auf dem richtigen Weg sind:

- Teamwork ist das Ergebnis von Konflikt und Konfrontation und nicht das Ergebnis von Konsens und Übereinstimmung.
- Es gibt keine großen Chancen ohne große Risiken. Sie erhalten nicht das eine ohne das andere.
- Feedback ist konstruktiv, wenn sein Ziel ist, Mitarbeitern Informationen zu geben, die Ihnen helfen zu lernen, zu wachsen und sich zu verändern. Ohne Feedback treffen Mitarbeiter Entscheidungen, ohne zu wissen, ob diese richtig oder falsch sind.
- Klarheit erzeugt Feinde und Verteidiger.
- Jede Information erzeugt unweigerlich einen neuen Konflikt.
- Ihre Mitarbeiter sind der größte Wert der Kanzlei, aber auch das größte Risiko.
- Der Schmerz der Veränderung ist nichts im Vergleich zur Alternative.

---

1 Siehe hierzu oben Rn. 244.

- Mitarbeiterführung ist eine immerwährende Übung im Umgang mit Konflikten.
- Mittelmäßigkeit bedeutet, ein Leben mit Enttäuschungen gewählt zu haben.
- Jedes Geschäft ist persönlich.
- Alle Beziehungen sind im Laufe der Zeit an einem Punkt enttäuschend.
- Wenn Sie tun, was Sie immer taten, bekommen Sie (auf Dauer) weniger als Sie bisher bekamen.
- Die unausgesprochene Wahrheit zu sagen und das Verdeckte aufzuzeigen, kann befreiend sein.
- Wenn Sie nicht urteilen, dann kümmern Sie sich zu wenig. Menschen brauchen für ihre Entwicklung ständige Rückkoppelung.
- Umso leichter Mitarbeiter Sie verstehen, desto eher haben Sie die Fähigkeit voranzugehen.

Hat dieses Kapitel vollständig neue Erkenntnisse ans Licht gebracht? Nein! Entdeckten Sie seit langem Bekanntes wieder? Ja! Das ist doch eine äußerst angenehme Erkenntnis. Mitarbeiterführung „funktioniert" ganz einfach, wenn Sie all das tun, wovon Sie schon seit geraumer Zeit wissen, es tun zu müssen!

„Es gibt nichts Gutes, außer man tut es!" Diese Volksweisheit ist der Slogan einer funktionierenden Mitarbeiterführung.

VIII. Vom Reden zum Handeln

An Wirtshaustischen werden die höchsten Berge bestiegen, die trockensten Wüsten durchquert, die mühsamsten Beziehungen – endlich – aufgekündigt, gigantisch dimensionierte Abspeckvorhaben angeschoben und, und, und … Die Welt wird aber nicht nur an diesen Tischen aus den Angeln gehoben, auch Schreibtische in Steuerberatungspraxen müssen gelegentlich als Kanzel für Prediger mit von Euphorie befeuerten Kanzleioptimierungsstrategien herhalten. Hinter den Schreibtischen werden **Visionen** in den buntesten Farben geträumt und im unverbindlichen Plausch mit Kollegen oder Mitarbeitern über das neueste Kanzleiprojekt verschmelzen in den Köpfen der Beteiligten Wunsch und Wirklichkeit zu einem harmonischen Ganzen und werden – jedenfalls für einen kurzen Augenblick – Realität. Ja, so könnte es sein! 423

Bleiben allerdings exotische Freizeitaktivitäten, das geträumte Idealgewicht und Kanzleioptimierungsstrategien im Status eines Gedankenspiels stecken, haben Sie ein Problem: ein **Umsetzungsproblem.** Wir wissen, welche Ausrüstungsgegenstände wir für eine Tour in den Himalaya brauchen, wir haben längst die Outdoor-Bekleidungsgeschäfte in der Umgebung nach der passenden Kleidung, Kompass und sogar der Expeditionsnahrung durchforstet. Wir wissen auch genau, welche Fähigkeiten wir uns noch aneignen müssen, wo die einschlägigen Seminar- und Fortbildungsveranstaltungen mit qualifizierten Referenten stattfinden, die uns dem Kanzleierfolg ein gutes Stück näher bringen. Vielleicht haben wir diese Seminare sogar besucht – und sind trotz des aufgehäuften Wissens so gut wie keinen Schritt weitergekommen. Wir erzählen Mitarbeitern, Freunden und der Familie von unseren Ideen und verbrauchen damit jene Energie, die nötig ist, um endlich ins Handeln zu kommen. 424

Eine übertriebene Darstellung der Realität oder doch eher eine Verharmlosung? Wie beurteilen Sie die Lage? Fest steht für mich, dass wir alle kein Defizit an Ideen haben. Wir haben aber ein Defizit beim Umsetzen von Ideen. Ich muss gestehen, dass ich für viele der in diesem Kapitel aufgeworfenen Fragen keine Antworten habe, jedenfalls keine allgemeingültigen. Eines kann ich Ihnen allerdings versprechen, ich werde die ein oder andere wichtige Frage stellen, die Ihnen helfen wird, Ihr Umsetzungsproblem zu lösen.

Ein Quantum Trost[1]

425 Es ist für den einzelnen Betroffenen zwar kein allzu großer Trost, doch die Zahl derer, die das Reden an die Stelle des Handelns setzen, ist riesig. Richtig ist, dass das Denken die Voraussetzung für das Handeln sein muss und auch das Reden insoweit unverzichtbar ist, als es die Einbeziehung Dritter in die eigenen Pläne ermöglicht. Sehr oft allerdings erfüllt das Reden die Funktion einer Ersatzhandlung, die eine Umsetzungsphase entbehrlich macht. Manchmal hat es den Anschein, dass die durch eine gebetsmühlenartig erfolgte **Verbalisierung** einer **Idee** ausgelösten autosuggestiven Effekte eine **Ersatz-Realität** erzeugen, die manchem genügt.

Wie befriedigend müsste es allerdings sein, wenn das Reden den Beginn des Handelns markierte? Wie erfolgreich könnte eine Kanzlei sein, wenn es gelänge, das **Reden** auch zum **Startpunkt** für das **Handeln** aller anderen zu machen, die Mitarbeiter, die Teams, die mit Ihnen gemeinsam am Erfolg der Kanzlei arbeiten? Wo stünde Ihre Kanzlei heute, wenn sie die letzten fünf Jahre alles umgesetzt hätte, was auf der Agenda stand?

Die Verringerung – oder besser noch – die Bewältigung des „Knowing-Doing-Gaps"[2], die Lösung des Umsetzungsproblems, ist der finale Schritt zu Spitzenleistungen in der Steuerberatung. Alles bisher Gelesene, alle Ideen, Konzepte, Vorschläge und Maßnahmen sind vollständig wirkungslos, wenn Sie sie nur in Ihrem Kopf hin und her bewegen, aber nicht ins Handeln kommen.[3]

Medizinisch und nicht psychologisch

426 Lesen Sie die folgenden Seiten bitte wie einen **medizinischen Fachtext.** Denn die Beschreibung einer Krankheit – und tiefsitzende Umsetzungsprobleme haben durchaus einen Krankheitswert – löst beim Leser reflexartig das Nachdenken darüber aus, ob die beschriebenen Symptome auch bei ihm anzutreffen sind. Anders bei psychologisch-basierten Texten. Auch hier gibt es einen Reflex, der geht allerdings in eine vollkommen andere Richtung und stellt die Frage: „Wer um mich herum hat eigentlich diese Macke?"

---

[1] A Quantum of Solace: Wenn in jedem von uns nur ein Bruchteil von James Bond stecken würde, wäre dieses Kapitel überflüssig.

[2] Jeffrey Pfeffer, Robert Sutton, Wie aus Wissen Taten werden (im englischen Original „The Knowing-Doing-Gap").

[3] In jedem der bisherigen sieben Kapitel finden Sie eine Fülle konkreter Handlungsanweisungen.

Wie dem auch sei. Beginnen Sie bei sich selbst. Sie sind der einzige Mensch, den Sie tatsächlich ändern können. Sie schulden es sich, denn heute beginnt der Rest Ihres Lebens.

1. Zwischen dem Reden und dem Handeln ...

... liegt der große, weite Ozean. So ein italienisches Sprichwort. Blumiger und zugleich treffender könnte die Tatsache nicht beschrieben werden, dass wir Wissensriesen, aber Realisierungszwerge sind.[1]

a) Der Versuch einer Analyse – Warum wir es nicht tun?

Jeder kennt diese Situation: Verbindlich beschlossene Maßnahmen werden nicht umgesetzt. Alle wissen, dass die geplante Maßnahme eigentlich gut und richtig wäre, aber es geschieht einfach nichts. Diese Situation ist unangenehm für alle Beteiligten (Kanzleiinhaber, Partner, Mitarbeiter). Geradezu frustrierend wird die Situation allerdings dann, wenn es nur einen verantwortlich Handelnden gibt, der einsam im Rampenlicht steht. Auch das hat wahrscheinlich jeder schon einmal erlebt.

Mit der folgenden Betrachtung zum Phänomen des gescheiterten Umsetzens versuche ich, dem Problem mit einem analytischen Ansatz beizukommen. Möglicherweise reicht dieser **Impuls** schon dazu aus, den einen oder anderen Leser von der Notwendigkeit der Umsetzung eines Aktivitätenplans für eine seiner Ideen zu überzeugen. Allerdings, das gestehe ich, lassen mich meine Beobachtungen aus vielen Beratungsprojekten an der durchschlagenden Wirkung einer rein analytisch begründeten Lösung zweifeln.

Um ins Umsetzen zu kommen, hilft es, in einem ersten Schritt die **Ursachen** dafür zu finden, dass wir Dinge einfach nicht tun.[2] Hat man den **wahren Grund** identifiziert – die Berufung auf fehlende Zeit ist eine Ausrede und gehört deshalb nicht zu den erfolgshindernden wahren Ursachen, die ich meine –, kann man einen Ausweg aus der Umsetzungskrise finden. Bei der Suche nach den Ursachen für Ihre Untätigkeit können Ihnen die in der nachfolgenden Tabelle enthaltenen Aussagen eine wertvolle Hilfestellung geben. Sie bilden einige typische, meist kombiniert auftretende Störfaktoren für erfolgreiches Umsetzungshandeln ab. Überprüfen Sie anhand der Aussagen, welche der genannten Gründe Ihre Aktivitäten blockieren:

427

428

429

---

[1] Wie ein Buchtitel von Helmut Fuchs „Wir sind Wissensriesen, aber Realisierungszwerge" so treffend lautet.
[2] Siehe dazu auch oben Rn. 134 ff.

VIII. Vom Reden zum Handeln

Ich weiß, dass ich eigentlich _____, aber ...	Trifft bei mir zu	Trifft bei mir nicht zu
Ich habe es nie gelernt und auch nie trainiert.		
Ich sehe nicht die Bedeutung der Maßnahme.		
Ich weiß nicht genau, wie ich es angehen soll.		
Ich will es nicht, weil ich meine fachlichen Tätigkeiten bevorzuge.		
Ich erhalte nicht die notwendige Unterstützung und es fehlen mir die entsprechenden Werkzeuge für eine Umsetzung.		
Ich glaube, dass produktive Stunden wichtiger sind als nicht direkt verrechenbare Tätigkeiten.		
Es wird als „freiwillig" angesehen. Die Nichterfüllung hat keine Konsequenzen.		
Es wird als langfristige Initiative angesehen und ich bin mit den täglichen Aufgaben zu beschäftigt.		
Es wird nicht ausreichend geschätzt. Die Kanzleikultur unterstützt es zu wenig.		
Es wird als individuelle Maßnahme angesehen und man erkennt nicht, welche Bedeutung es für die gesamte Kanzlei hat.		
Ich habe Angst, bei der Umsetzung Fehler zu machen.		
Mir fehlt das Grundvertrauen zu mir selbst, das mich beherrschende Denkmustern lautet: „ich kann nicht".		
Ich bin einfach nicht risikobereit, mir fehlt der Mut.		
Im Grund liebe ich es bequem und bleibe gern in der Komfortzone.		
Mein berufliches Umfeld in der Kanzlei; es herrschte eine Entmutigungs- statt einer Ermutigungskultur.		

Den wahren Grund für Ihre Umsetzungsblockade zu identifizieren, gibt Ihnen die Möglichkeit, sich in das Problem einzuarbeiten, mehr darüber zu erfahren, sich zu informieren und – schließlich – die **individuell** passende **Gegenstrategie** zu entwickeln.

b) Die Folgen

Die Analyse Ihres Umsetzungsdefizits hat in Ihnen – so meine Einschätzung – noch keinen starken Impuls zum Handeln ausgelöst. Vielleicht ändert sich das aber bei einem Blick auf die **negativen Folgen** der Untätigkeit für die **Entwicklung** Ihrer **Kanzlei**:

430

- ▶ Höhere Kosten in der Kanzlei
- ▶ Große interne Reibungsverluste dadurch, dass sich niemand mehr veranlasst sieht, Aufgaben zu übernehmen
- ▶ Extreme Verlangsamung der Kanzleientwicklung durch das Verpassen von Chancen und fehlender Umsetzung von Ideen
- ▶ Wettbewerbsnachteile
- ▶ Gefahr einer Frustrations- und Demotivationsspirale für Sie und Ihre Mitarbeiter
- ▶ Im besten Fall Stillstand

Wie denken Sie jetzt? Reicht der durch das Aufzeigen der negativen Folgen für die Kanzleientwicklung erzeugte Handlungsdruck aus, um jetzt entschlossen den inneren Schweinehund zu bekämpfen?[1]

c) Braucht es eine Krise?

Trotz Analyse des Umsetzungsdefizits und geschärftem Bewusstsein für die negativen Folgen des Zögerns schiebt, das zeigt die Erfahrung, die Mehrzahl der Betroffenen das Problem erstaunlicherweise weiter vor sich her. Ziehen wir also die Daumenschrauben an. **Lernen** Menschen besser **durch Schmerz** als durch Einsicht? Wie eindringlich wurden wir als Kind gewarnt, nicht die heiße Herdplatte zu berühren. Würde der Lernprozess durch Einsicht gesteuert, hätten wir auf die Erfahrung der Erwachsenen gehört und uns nicht die Finger verbrannt. Gelernt haben wir aber erst durch die eigene schmerzhafte Erfahrung.

431

Heute als Kanzleiinhaber, Partner oder Führungskraft können Sie die Augen vor dem Unvermeidlichen nicht mehr einfach schließen, wie ein Kind dies tut. Brauchen Sie tatsächlich erst eine **handfeste Krise,** um aktiv zu werden? Die Kündigung von Leistungsträgern, um endlich Zeit für professionelle Mitarbeiterführung zu haben? Den Wegfall eines guten Mandats, der sich seit Langem

---

1 Besiegen kann man den inneren Schweinehund bekanntlich auf Dauer nicht – das Buch dazu: „So zähmen Sie Ihren inneren Schweinehund! – Vom ärgsten Feind zum besten Freund" von Marco von Münchhausen und Gisela Aulfes.

abgezeichnet hat, um die aktive Beratung in Ihrer Kanzlei zu forcieren? Ständige Honorarbeschwerden, um das Konzept einer mandantenorientierten Honorargestaltung fertig zu stellen? Einen physischen Zusammenbruch, um längst anstehende Aufgaben an Ihre Mitarbeiter zu delegieren? Den unschönen Zusammenbruch einer Kanzleipartnerschaft, um regelmäßige Partnermeetings zu veranstalten?

Ich kenne genügend Beispiele, in denen derartige krisenähnliche Situationen die Initialzündung für einen Aufbruch zu echten Spitzenleistungen waren. Allerdings kenne ich noch mehr Kanzleien, die jahrelang mit deren Folgen ihres Umsetzungsdefizits zu kämpfen hatten. Musste es soweit kommen? Ich weiß es nicht! Wäre es zu verhindern gewesen? Sicher ja! Lassen Sie es niemals dazu kommen. Handeln Sie jetzt. Zögern Sie nicht: Just Do It![1]

2. Sich selbst vom Reden zum Handel bringen

432 Die Umsetzungsbremse im Kopf zu lösen, ins Rollen zu kommen und Aufgeschobenes endlich kraftvoll anzupacken, das ist auf bloßen **Knopfdruck** nicht möglich – es bedarf dazu gehöriger Anstrengungen. Auch kann ich Ihnen kein Patenrezept oder einen für alle verbindlichen Masterplan geben, der das leistet.

Was ich Ihnen aber anbieten kann, sind meine persönlichen **Beobachtungen** über außergewöhnliche **Menschen**. Menschen, die ihr Potenzial zu großen Teilen ausschöpfen und es sich nicht – wie die Mehrheit – innerhalb des Reservats ihrer Komfortzone bequem gemacht haben. Wenn Sie die folgenden Erfahrungsberichte wie einen medizinischen Fachtext lesen, also die geschilderten Handlungsmaximen kritisch mit Ihrem eigenen Status Quo vergleichen, mag Sie das dazu inspirieren, Ihren eigenen Erfolgsweg zu finden. Denn mit dem Anfang ist die Hälfte schon geschafft.[2]

a) Mit klaren Prioritäten zu eiserner Disziplin

433 Die meisten Menschen sagen, ihr Hauptfehler sei ein Mangel an Disziplin. Bei genauerem Hinsehen zeigt sich dann meist, dass es nicht ein Mangel an Disziplin ist, der sie daran hindert ihre Ziele zu erreichen, sondern eine nur **halbherzig** vorgenommene **Ausrichtung** von Herz und Verstand auf diese **Ziele**. Disziplin muss man eigentlich nicht üben. Für die als wirklich wichtig bewerte-

---

1 Einer der genialsten Werbeslogans. Es ist nicht notwendig, die damit zusammenhängende Marke zu nennen.
2 Griechisches Sprichwort.

ten Dinge ist sie bereits vorhanden. Menschen in Steuerberatungskanzleien sind typischerweise enorm diszipliniert, und zwar in allen Fragen des Umgangs mit den Mandanten, weil sie (mit Herz und Verstand) darauf fokussiert sind.[1]

Die Spitzenleute in der Branche beklagen sich dementsprechend nicht über ihre mangelnde Disziplin, wenn es einmal nicht so gut läuft. Sie wissen, dass sie in dieser Situation ihre **Prioritäten neu justieren** müssen. Das Herausschälen jener wenigen wichtigen – und erfolgsentscheidenden – Aufgaben[2] ist eines ihrer Erfolgsgeheimnisse. Sie machen diese wichtigen Aufgaben auch dringlich, indem sie dafür enge Termine setzen bzw. konkrete Zusagen machen. Ihre persönliche Arbeitsmethodik ist auf die priorisierten Aufgaben fokussiert. Sei es durch sich wiederholende Fixtermine, gebündelte Zeitblöcke, regelmäßige Besprechungen mit den richtigen Leuten etc.

Die **aufgewendete Zeit** ist der genauste Indikator für die Antwort auf die Frage, was einem wirklich wichtig ist. Womit verbringen Sie Ihre Zeit?

b) Energie gewinnen, um Gewohnheiten dauerhaft zu ändern

Gewohnheiten sind ungemein nützlich. Ohne Routinen, sei es beim Zähneputzen, Autofahren, Verbuchen von Geschäftsvorgängen, Überprüfen von Berichten, Ausfüllen von Steuererklärungen etc., wäre das Leben extrem anstrengend, fast nicht zu bewältigen. Allerdings verhindern Routinen auch Entwicklungsprozesse. Nur durch das Verlassen der sog. Komfortzone, in der man seine Gewohnheiten pflegt, ist **Fortschritt** möglich. Die Änderung von vertrauten und nützlichen Gewohnheiten erfordert eine Kraftanstrengung. Jeder, der einmal versucht hat, seine Essgewohnheiten zu ändern, weiß, dass dies einen hohen Energieaufwand erfordert.

434

Die echten Profis in der Steuerberatung beziehen ihre Energie aus unterschiedlichen Quellen: aus der Begegnung mit den „richtigen" Menschen[3], durch regelmäßigen Sport, mittels gesunder Ernährung, aus Kunst und Kultur u. v. m. Eine **Energiequelle** teilen die Topleute allerdings miteinander, nicht aber mit dem Rest der Welt, nämlich die Einstellung: „Ich kann mein Leben exakt so gestalten, wie ich es will, in jeder Hinsicht – Beruf, Familie, Beziehungen, Ge-

435

---

1 An anderer Stelle habe ich bereits ausführlich dargestellt, was es bedeuten würde, wenn Partner und Inhaber ihr eigenes Unternehmen mindestens genauso wichtig nähmen wie die Unternehmen ihrer besten Mandanten (siehe oben Rn. 18 f.).
2 Siehe dazu oben Rn. 137 ff.
3 Siehe dazu oben Rn. 9.

meinschaft und größere Welt". Hinter dieser Aussage stehen sie uneingeschränkt. Sie begeben sich nie in eine Opferrolle. Nie sind es die äußeren Umstände, die eine Entwicklung bewirkt haben, immer herrscht das Bewusstsein, es selbst tun, etwas selbst verändern zu können. Sie schöpfen Kraft aus der Tatsache, **Entscheidungen** zu treffen. Diese innere Energiequelle ist es, die sie dazu befähigt, überholte Muster zu verändern und Neues anzustoßen. Diese Verhaltensweise kombiniert mit der aus der Priorisierung einer Aufgabe fließenden Disziplin, sie mit Herz und Verstand zu verfolgen,[1] bringt sie einen Schritt weiter auf ihrem Erfolgsweg.

„Wir sind das, was wir wiederholt tun. Vorzüglichkeit ist daher keine Handlung, sondern eine Gewohnheit", sagte schon Aristoteles. Spitzenkönner machen sich die Suche nach der nächsten Herausforderung zur Gewohnheit.

c) Mit Mut die Angst besiegen

436 Angst ist kein typisches Managementthema. Schon gar nicht in Steuerberatungskanzleien. Allerdings bin ich in meiner Beratungstätigkeit fast täglich damit konfrontiert. Denn jeder Mensch hat Angst. **Angst** ist eine extrem starke Emotion. Sie ist ein **Schutzprogramm** für das **Überleben**. Ohne eine gesunde Portion Grundskepsis wäre das Leben einfach zu riskant.

So wertvoll Angst einerseits für das physische Überleben des Menschen ist, so sehr wirkt sie andererseits als **Fortschrittsbremse**. Für den Steuerberater ist das besonders beachtlich, da der Berufsstand per se auf Risikominimierung und, wenn eben möglich, -vermeidung ausgerichtet ist. Berufsbedingt sehen Menschen, die in der Steuerberatung tätig sind, zuerst die Schwierigkeiten und dann erst die Chancen. Was für die kritische Einschätzung eines steuerlichen Sachverhalts von unschätzbarem Vorteil ist, bremst allerdings Managementaktivitäten ein, manchmal sogar aus.

Wenn ich Inhaber oder Partner mit dem Thema „Angst" konfrontiere, ernte ich zunächst oft nur verständnislose Blicke. Erst bei näherer Betrachtung wird klar, dass Angst viele Gesichter hat, z. B.: **Perfektion** aus Angst vor Fehlern, **Misstrauen** aus Angst vor Benachteiligungen und Betrug oder **Entscheidungsschwäche** aus Angst vor Fehlentscheidungen.

437 Spätestens, wenn man sich die **negativen Folgen** eines durch Angst (mit-)bestimmten (Berufs-)Lebens vor Augen führt, wird klar, dass man eine Gegenstrategie entwickeln muss:

---

[1] Siehe oben Rn. 433.

- ▶ Angst verhindert, dass Wissen in die Tat umgesetzt wird: Angst ist die Ursache vieler Umsetzungsprobleme bei der Entwicklung von Kanzleistrategien und Produktinnovationen.
- ▶ Angst trübt den Blick für die Zukunft: Der Zweck dieser genetischen Disposition, in bedrohlichen Situationen ein Handlungsprogramm reflexartig zu aktivieren, wirkt in anderer Beziehung nachteilig auf unser Leben ein. Indem wir nämlich unsere Energie auf das Aufspüren von Bedrohungslagen in der unmittelbaren Gegenwart konzentrieren, verlieren wir die Fähigkeit, den Blick auf die Zukunft zu richten.
- ▶ Angst behindert das Denken in größeren Zusammenhängen: Angst bündelt und verbraucht unsere Energie für einen einzigen Zweck. Sie verhindert das Denken von komplexen Zusammenhängen und dynamischen Entwicklungen, weil das Ziel der Existenzsicherung alle anderen Aktivitäten blockiert.
- ▶ Angst zerstört alle Brücken zum Mitmenschen: Sie sind abhängig von unserer individuellen Bewertung. Ganz im Sinne von „Jeder ist sich selbst der Nächste". Teamarbeit wird dadurch konfliktreich und schwierig.
- ▶ Angst lässt kein Lernen zu: Versteht man unter Lernen, sich von einer Entwicklungsstufe zur nächst höheren zu bewegen, um zusätzliche Handlungsoptionen zu gewinnen, so verhindert die Angst vor dem Risiko diesen Entwicklungsschritt.

Die besten Führungskräfte sind sich ihrer Ängste bewusst. Sie rufen sich in schwierigen Situationen immer eine **Erkenntnis** in Erinnerung: *„Die Angst vor etwas ist immer um ein Vielfaches größer als das Schlimmste, das jemals eintreten wird."* Mut ist Widerstand gegen die Angst, Sieg über die Angst, aber nicht Abwesenheit von Angst[1]. Gehen Sie auf Ihre Ängste zu, nehmen Sie sie an. Das ist die einzige Möglichkeit, sie zu besiegen. Dieses Verhalten kann trainiert werden. Sie können Ihren Mut entwickeln. Probieren Sie Dinge aus, vor denen Sie Angst haben. Starten Sie mit unbedeutenden Aktivitäten. Testen Sie sich selbst. Ich gehe davon aus, dass Sie den von mir angeregten Selbsttest nicht missverstehen und nun versuchen, in einem ersten Schritt Ihre Angst vor dem Klippenspringen zu überwinden.

438

Schöpfen Sie Selbstbewusstsein aus diesen kleinen Erfolgserlebnissen, um mit Seneca sagen zu können: „Nicht weil es schwierig ist, wagen wir es nicht. Sondern weil wir es nicht wagen, ist es schwierig".

---

1 Zum Mut als Führungstugend siehe auch oben Rn. 94.

d) Den Wert der unproduktiven Stunden erkennen

439 Die Frage „Wie viele produktive Stunden erzielen Sie im Jahr?" beantworten die meisten Steuerberater mit einem gewissen Stolz, wenn sie das Gefühl haben, die Zahl sei überdurchschnittlich hoch. Damit möchten die Kollegen zeigen, wie gut, effizient und erfolgreich sie arbeiten. Außerdem erlebe ich es häufig, dass Steuerberater, die – nach herkömmlichem Verständnis – nicht über eine hohe persönliche „Produktivität"[1] verfügen, diese Frage nur zögerlich, sozusagen hinter vorgehaltener Hand beantworten. Eine Ursache für diese Zurückhaltung mag darin liegen, dass die in diesem Zusammenhang verwendeten Begriffe fast schon diskriminierenden Charakter haben. Anstelle der Begriffe „produktiv" und „unproduktiv" schlage ich deshalb vor, **„verrechenbar"** und **„nicht verrechenbar"** zu verwenden.

Die Begrifflichkeiten sind aber nur der kleinere Teil eines Missverständnisses, das entscheidende Bedeutung für die wirtschaftliche Entwicklung der Kanzlei hat. Nicht die verrechenbaren Stunden des Kanzleiinhabers/Partners bringen die Kanzlei voran, sondern die nicht verrechenbaren Stunden – richtig eingesetzt – entscheiden über den **langfristigen Erfolg** der Kanzlei. Um es auf den Punkt zu bringen:

▶ Die **verrechenbaren Stunden** bestimmen Ihr **derzeitiges Einkommen**.

▶ Die **nicht verrechenbaren Stunden** bestimmen Ihr **zukünftiges Einkommen**.

440 Bitte verstehen Sie mich richtig. Selbstverständlich müssen Sie als Kanzleiinhaber/Partner verrechenbar arbeiten. Ich plädiere aber dafür, auf ein **ausgewogenes Verhältnis** der verrechenbaren zu den nicht verrechenbaren Stunden zu achten. Je kleiner die Kanzlei ist, desto größer muss der Anteil der verrechenbaren Stunden sein, um auch einen entsprechenden Gewinn erzielen zu können. Je größer die Kanzlei ist, desto geringer sollten die verrechenbaren Stunden sein, um dadurch ausreichend Zeit für Entwicklungsarbeiten zu haben. Nehmen Sie als **Faustregel** ein Verhältnis von 70 (verrechenbar) zu 30 (nicht verrechenbar) für eine Kanzlei bis zu drei Mitarbeitern, und 30 zu 70 für eine typische Kanzlei mit mehr als zehn Mitarbeitern. Keine Regel ohne Ausnahmen: Verfügen Sie als Kanzleiinhaber/Partner einer größeren Kanzlei über **Spezialwissen,** dann rechtfertigt diese Spezialisierung höhere verrechenbare Stunden in diesem Bereich.

Nicht verrechenbare Zeit, sorgfältig geplant und investiert, ermöglicht es Ihnen, Ihre Aufgaben als **Kanzleimanager** wahrzunehmen, z. B. Mandantenbezie-

---

[1] Zur Definition von „Produktivität" siehe oben Rn. 233.

hungen zu verbessern, innovative Dienstleistungen zu entwickeln, neue Märkte zu erschließen und Mitarbeiter zu coachen. Den Wert nicht verrechenbarer Stunden zu unterschätzen, bedeutet: die Zukunft der Kanzlei durch Ignoranz zu gefährden.

Immer wieder sehe ich, dass die erfolgreichsten Steuerberater ihre nicht verrechenbare Zeit mindestens genauso wichtig nehmen wie die für Mandantenaufträge eingesetzten Stunden. Sie planen und strukturieren diese auf die Entwicklung der Kanzlei ausgerichteten Zeitintervalle akribisch und schreiben für die notwendigen Maßnahmen klare Ziele und Zeitlinien fest. Falls Sie sich nun die Frage stellen, in welche Bereiche nicht verrechenbare Zeit investiert werden soll, so hoffe ich, Ihnen mit diesem Buch einige vielversprechende Ansatzpunkte geliefert zu haben.

e) Mit einem Spiegel schneller ans Ziel kommen

Jeder, der ernsthaft an seiner persönlichen Entwicklung interessiert ist, organisiert sich Feedback. Er lässt sich ungeschminkt, ehrlich, schonungslos und regelmäßig den Spiegel vorhalten. Wann auch immer sich die Gelegenheit bietet, wird das **Selbstbild** mit dem **Fremdbild** verglichen. Ziel ist nicht das „Fishing-for-Compliments", sondern aufrichtige – positive wie negative – Kritik.

Ob ein beruflicher Partner, der Lebenspartner, ein sehr guter Freund, ein langjähriger Mitarbeiter oder ein professioneller Coach Ihr Spiegel ist, hängt von den vorhandenen Möglichkeiten ab. Wichtig ist, dass Sie einem Menschen Ihres Vertrauens in **regelmäßigen Abständen** nach seiner Sicht auf Ihr Verhalten fragen. Räumen Sie Ihrem Spiegel auch das Recht ein, Sie zu kritisieren, wenn Sie Ihre Vorhaben nicht konsequent verfolgen, also ein Umsetzungsproblem haben. Was im Spitzensport unverzichtbar ist, die Rückkoppelung mit dem Trainer, gilt gleichermaßen für Sie als Inhaber, Partner oder Teamleiter im unternehmerischen Kontext.

f) Ihr Ansatz?

Die in den vorhergehenden fünf Abschnitten dargestellten Beobachtungen sind – schon jede für sich betrachtet – ein guter Ausgangspunkt für Ihr weiteres Vorgehen. Es ist ganz und gar nicht notwendig, dass Sie auf allen **fünf Handlungsfeldern** gleichzeitig aktiv werden, um den entscheidenden Schritt vom Reden zum Handeln zu machen. Schon die konsequente Umsetzung, die Verinnerlichung eines der Erfolgsfaktoren kann Ihr Umsetzungsproblem lösen. Das ist die gute Nachricht. Die schlechte ist, dass Sie Ihr Umsetzungsproblem nicht lösen werden, wenn Sie keiner der angebotenen Optionen für akzeptabel halten. Dann wird der im italienischen Sprichwort beschriebene Ozean[1] für Sie auf Dauer ein unüberwindliches Hindernis bleiben. Also, setzen Sie Ihre Segel – und bleiben Sie auf Kurs!

„Fang heute an, kühn zu sein. In dem Moment, wo du dich einer Sache wirklich verschreibst, rückt der Himmel in Reichweite" (Johann Wolfgang Goethe).

3. Andere vom Reden zum Handeln führen

443 Den schwierigsten Part des sog. Change-Managements in Ihrer Kanzlei haben Sie erledigt, wenn Sie Ihre eigenen Verhaltensmuster dauerhaft geändert haben.[2] Denn die bereits mehrmals betonte Vorbildfunktion[3] ist die entscheidende Voraussetzung dafür, Ihr Team ins Handeln zu bringen.

Erfolgreiche Kanzleientwicklung zu Spitzenleistungen bedeutet immer, zielgerichtet Veränderungen umzusetzen. Es gibt **keine Verbesserung ohne Veränderung!** Jedes Kapitel dieses Buches enthält dazu Tipps, nennt die **Erfolgsfaktoren.** Denken Sie nur an den Startpunkt unserer Überlegungen: Wenn Sie im Leben „mehr" (von was auch immer) erhalten möchten, müssen Sie anderen Menschen mehr von dem geben, was sie wollen, damit sie Ihnen mehr von dem geben, was Sie wollen.[4] All das beruht auf dem Prinzip der Freiwilligkeit, denn sie ist der Ausgangspunkt für erfolgreiches Management.[5] Im Kapitel „Leistung aus Leidenschaft" ist ausführlich beschrieben, wie Sie die bei Ihren Mitarbeitern bestehenden Ängste überwinden können, nämlich indem Sie eine Ermutigungskultur schaffen.[6] Der Teamworkshop zur Erstellung eines Kanzleileitbildes[7] und die wöchentliche Führungs-Checkliste[8] sind weitere Beispiele für die Vielzahl an **Werkzeugen,** die Ihnen zur Verfügung stehen, um andere vom Reden ins Handeln zu bringen.

Insofern können die folgenden Gedanken und Konzepte das bisher Dargestellte lediglich verstärken. Das Ziel des folgenden Abschnittes ist es, Ihnen den letzten, bisher fehlenden und entscheidenden Hinweis zu geben, um nicht in der Umsetzungsphase Ihrer Ideen zu scheitern.

---

1 Siehe oben Rn. 427.
2 Siehe oben Rn. 432.
3 Siehe oben Rn. 92 und Rn. 400.
4 Siehe oben Rn. 6.
5 Siehe oben Rn. 375 ff.
6 Siehe oben Rn. 148.
7 Siehe oben Rn. 82 ff.
8 Siehe oben Rn. 390 ff.

Zuvor möchte ich jedoch noch einmal kurz abschweifen und ein Thema ansprechen, das für das Gelingen von Veränderungsinitiativen eine wesentliche Rolle spielt. Es hat bisher jedes meiner Beratungsprojekte, die ja alle – große oder kleine – Change-Management-Projekte sind, entscheidend beeinflusst. Ich meine damit die unterschiedlichen **„Vorgeschichten"** der Kanzleien bei Veränderungsinitiativen. Verliefen bisherige **Kanzleientwicklungsprojekte** nach einem starken Start schnell im Sand und hat sich dieses Muster mehrmals wiederholt, dann bedarf es einer extrem großen Anstrengung, die negative Einschätzung des Teams zu widerlegen, mit dem aktuellen Projekt drohe ein neuer Fehlschlag. Es braucht dann ein besonderes Engagement bei der Projektplanung und schnelle Anfangserfolge, um die negative Grundstimmung schrittweise zu korrigieren. Ein einziges gescheitertes Veränderungsprojekt erschwert bereits den Zugang zu diesem Thema. Mehrere schlecht oder nicht umgesetzte Projekte bewirken einen Vertrauensverlust für Folgeprojekte, der nur durch härteste Kärrnerarbeit wettgemacht werden kann. Hat dagegen die Kanzlei eine „Bilderbuch-Vorgeschichte", die von erfolgreich durchgeführten Projekten erzählt, sind alle von Beginn an mit Begeisterung bei der Sache und die Angelegenheit wird fast zu einem Selbstläufer.

444

a) Ein Rezept aus den 30-er Jahren

Dale Carnegies Buch „Wie man Freunde gewinnt" kann eigentlich nicht als Standardwerk des Change-Managements bezeichnet werden, jedenfalls kannte diesen Begriff im Jahr 1936, als das Werk entstand, noch niemand. Für mich ist dieser Klassiker eines der besten Business-Bücher, das auch für unser Thema wertvolle Aussagen bereithält.[1] Die im Buch beschriebenen **neun Möglichkeiten, die Menschen zu ändern,** ohne sie zu beleidigen oder zu verstimmen, sollte sich jede Führungskraft als tägliches Mantra in Erinnerung rufen:

445

▶ Beginne mit Lob und aufrichtiger Anerkennung.

▶ Mache den andern nur indirekt auf seine Fehler aufmerksam.

▶ Sprich zuerst von eigenen Fehlern, ehe du den andern kritisierst.

▶ Mache Vorschläge, anstatt Befehle zu erteilen.

▶ Gib dem andern die Möglichkeit, das Gesicht zu wahren.

▶ Lobe jeden Erfolg, auch den geringsten. Sei herzlich in deiner Anerkennung und großzügig mit Lob.

---

1 Siehe bereits oben Rn. 49.

- ▶ Zeige dem andern, dass du eine gute Meinung von ihm hast, und er wird sich entsprechend benehmen.
- ▶ Ermutige den andern! Gib ihm das Gefühl, dass er seine Fehler spielend abstellen kann.
- ▶ Es muss dem anderen ein Vergnügen sein, deine Wünsche zu erfüllen.

Einfach zu lesen. Schwierig danach zu leben. Äußerst wirkungsvoll, wenn es gelingt, diese Grundsätze im Kanzleialltag zu leben. Messen Sie sich daran!

b) Für ein Klima des Vertrauens sorgen

446 Vertrauen erleichtert, vereinfacht und beschleunigt das Zusammenleben und -arbeiten von Menschen. Die **bremsende Wirkung** von **Misstrauen** hat jeder schon mehrfach erlebt – ob im Beruf oder im Privatleben, etwa als Kunde: Aufwendige Routinen, zermürbende Überprüfung von bereits bekannten Fakten, Doppel- und Dreifach-Checks von Informationen etc. lassen beispielsweise das Einchecken bei amerikanischen Fluglinien auf Flügen in die USA zu einem Spießrutenlauf werden, der auch hartgesottene Globetrotter mit viel Flugerfahrung an den Rand der Verzweiflung bringt.

Welch wohltuenden Kontrast bietet dagegen eine von **Vertrauen** geprägte Umgebung? Menschen ergreifen die Initiative, sie engagieren sich, sprechen offen über mögliche Verbesserungen, akzeptieren Feedback u. v. m. Vertrauen zu schaffen, ist daher lohnenswert. An vielen Stellen habe ich bereits in unterschiedlichsten Zusammenhängen über den Wert des Vertrauens berichtet. Drei Aspekte des Themas möchte ich an dieser Stelle ergänzen. Ich betrachte sie als wesentlich, um ein **Kanzleiklima** zu erzeugen, das Veränderungen nicht nur ermöglicht, sondern sie geradezu herausfordert, zumindest aber anregt.

- ▶ **Vertrauen ist eine riskante Mehrleistung im Vorhinein**

447 Vertrauen kann nur geschenkt werden. Es zu schenken, ist immer eine Investition in eine unsichere Aktie. Wenn man davon ausgehen könnte, dass die Dinge sich so entwickeln, wie man es plant, bräuchte man kein Vertrauen. Wer Vertrauen erwerben will, indem er einem anderen Menschen Vertrauen schenkt, muss daher eine riskante Vorleistung erbringen (einen Vertrauensvorschuss leisten). Das bedeutet, dass man auf fremde Erwartungen, eben jene der Mitarbeiter, eingeht, sie besser erfüllt oder auch anders erfüllt, als eigentlich erwartet wurde.

- ▶ **Vertrauen ist nur in bereits vertrauter Beziehung möglich**

448 Vertrauen basiert immer auf den mit einer Beziehung verbundenen Erfahrungen. Beziehungen entstehen nicht punktuell im Hier und Jetzt, sondern

setzen eine bestimmte Dauer, einen Verlauf und Begegnungsmöglichkeiten voraus. Sind diese Berührungspunkte immer nur anlassbezogen, so wird Vertrauen günstigstenfalls nur sehr langsam entstehen. Schaffen Sie deshalb für sich und Ihre Team Begegnungsmöglichkeiten außerhalb der täglichen Routine, z. B. durch gemeinsame Aktivitäten, um dem Vertrauen eine gesunde Wachstumsbasis zu geben.

▶ **Vertrauen bleibt immer ein Wagnis!**

Vertrauen ist immer in die Zukunft gerichtet. Vertrauen benötigt daher die Bereitschaft, Risiko zu übernehmen. Selbst wenn es gelänge, sämtliche Informationen und relevanten Daten zu einem Problem in Erfahrung zu bringen, würde immer noch das „Restrisiko" verbleiben, ob die prognostizierte Entwicklung tatsächlich eintritt. Erst Vertrauen ermöglicht es, aus einer Vielzahl von Wahrscheinlichkeiten eine Auswahl zu treffen. Man nimmt dadurch gewissermaßen die Zukunft vorweg, indem man vertrauensvoll bestimmte Entwicklungsmöglichkeiten ausschließt.

449

Menschen in Steuerberatungskanzleien wissen üblicherweise präzise, wie man das **Vertrauen** anderer Menschen **gewinnen** kann, nämlich jenes der Mandanten: Indem man echtes Interesse an ihren Anliegen zeigt, ihnen gute Fragen stellt, ihnen engagiert zuhört, Termintreue praktiziert, eine offene Kommunikation betreibt etc. Dieselben Verhaltensweisen, kombiniert mit dem dargestellten Rezept von Dale Carnegie,[1] sind auch ein Garant für ein Klima des Vertrauens bei der Zusammenarbeit im Kanzleiteam.

Sie müssen jetzt „nur" noch bereit sein, das Risiko einzugehen, (auch einmal) enttäuscht zu werden. Dafür gibt es keine Versicherung.

c) Das große Bild malen

Welches sind die ein bis drei großen Ziele, die die Kanzlei in den nächsten sechs bis zwölf Monaten erreichen möchte? Die **Ziele** müssen sich aus dem **Kanzleileitbild**[2] ableiten lassen. Welcher entscheidende Durchbruch, welche besondere Wirkung und welcher Nutzen werden für den Mandanten mit der Zielerreichung verbunden sein?

450

Man muss nicht Extrembergsteiger im Himalaya sein, um die positiven Wirkungen eines **klar definierten** und **herausfordernden Ziels** zu erkennen. Kennt Ihr Team den zu erklimmenden Berg? Und weiß es, warum genau diese Gipfel-

---

1 Siehe oben Rn. 445.
2 Siehe oben Rn. 81 ff.

besteigung in den nächsten Monaten wichtig für die Kanzlei ist? Erst wenn diese beiden Fragen für alle klar beantwortet sind, wird die dadurch freigesetzte Energie den entscheidenden Schub für die Erreichung des Ziels bewirken.

Sprechen Sie mit Ihren Mitarbeitern darüber, wie es sein wird, auf dem Gipfel zu stehen. Welche **Gefühle** das auslösen wird. Sie können niemanden mit bloßen Argumenten oder Überredungskünsten zur Teilnahme zu einer kräftezehrenden Expedition motivieren. Sie können Ihr Team nur dazu einladen. Es wird dabei sein, wenn die Attraktivität des Ziels die Kraftanstrengungen vergessen macht.

d) Sich auf den nächsten entscheidenden Schritt konzentrieren

451 Welche Maßnahme kann **jeder Einzelne** in der Kanzlei in der **nächsten Woche** umsetzen, um dem Ziel ein kleines Stück näher zu kommen?

Bei der Umsetzung von Veränderungsprojekten wird in vielen Fällen vergessen, diese Frage sauber – und in standardisierter Form in den kontinuierlichen Verbesserungsprozess eingebunden – zu stellen. Häufig ist es so, dass zwar die großen **(strategischen) Ziele** gefunden und in der Kanzlei auch ausführlich kommuniziert wurden, jedoch nicht auf den Beitrag **heruntergebrochen** wurden, den das einzelne Teammitglied zur Erreichung des Gesamtziels leisten muss. Jeder, ich betone, jeder Mitarbeiter in der Kanzlei muss wissen, welchen –kleinen – Beitrag er in jeder Woche leisten kann, um das gemeinsame große Ziel zu erreichen.

452 Die Umsetzung von **Zielkaskaden** – vom Kanzleiziel auf Teamziele und persönliche Ziele in Verbindung mit den sich daraus für jede Person ergebenden wöchentlichen Maßnahmen – sind **harte Führungsarbeit**. Sie erfordern viele Einzelgespräche und mindestens wöchentliche Treffen, in denen über die Fortschritte gesprochen wird. Denn verliert man die Bedeutung und Dringlichkeit des Einzelbeitrags für den Gesamterfolg aus den Augen, ist die Realisierung des Veränderungsprojekts in Gefahr.

Machen Sie als Führungskraft nicht den **Fehler,** die für den Umsetzungserfolg notwendigen **Schritte** Ihrem Mitarbeiter **vorzugeben.** Hören Sie ihm genau zu, welche Vorstellungen er hat. Stellen Sie jedem Ihrer Mitarbeiter die Frage, welche persönlichen Aktivitäten in der nächsten Woche für das Erreichen des gemeinsamen Ziel aus seiner Sicht die größte Bedeutung und Wirkung haben.

e) Feedbackschleifen einsetzen

Die bisher beschriebene Vorgehensweise – aus den großen Zielen die kleinen abzuleiten – verpufft nahezu wirkungslos, wenn Menschen keine **Resonanz** auf die **Ergebnisse** ihres **Handelns** erhalten. Ohne Rückkoppelung sinkt das Engagement gegen null.

453

Getan wird, was gemessen wird[1]. Messen Sie daher genau jene Indikatoren, die die Umsetzung der kleinen Schritte belegen und damit zum Erreichung des großen Ziels beitragen. Oft sind die Indikatoren nicht einfach zu finden bzw. anzumessen. Letztendlich gibt es aber für jedes Ziel und jede Maßnahme eine Messlatte. Wenn Sie keine finden, überprüfen Sie die Zielsetzung. Hierzu möchte ich Ihnen folgende **Beispiele** geben:

▶ Die **Mandantenzufriedenheit** kann gemessen werden, z. B. mittels einer Frage nach dem Zufriedenheitsstatus auf einer Skala von 1 bis 10 beim Abschluss eines Projekts. Die Ergebnisse können team- und kanzleiweit zusammengefasst werden. Als konkretes Wochenziel eines jeden Mitarbeiters kann hierzu eine bestimmte Anzahl von Mandanteninterviews mit einer Dokumentationspflicht vorgegeben werden. Ohne Konkretisierung der Maßnahmen und Würdigung der Ergebnisse im Gespräch mit der Führungskraft gerät das Thema „Mandantenzufriedenheit" im Kanzleialltag wieder schnell aus den Augen und wird durch die bisherigen Routinen ersetzt.[2]

▶ Ist der **Auf- und Ausbau** eines weiteren **Geschäftsfeldes** eines der großen Kanzleiziele, dann ist das Messen des in diesem Geschäftsfeld erzielten Umsatzes durchaus ein erster Schritt. Allerdings reicht diese Kennzahl noch nicht aus, um die Ausbaupläne auf ein verlässliches Fundament zu stellen. Zielführender ist, wenn Mitarbeiter sich bereit erklären, mit einer bestimmten Anzahl von Mandanten innerhalb der nächsten Woche Gespräche über das neue Leistungsangebot zu führen und das Ergebnis dieser Gespräche in aussagefähigen Messgrößen dokumentieren.

Je mehr Sie mit den Mitarbeitern sprechen, umso wahrscheinlicher ist es, dass die beschlossenen Maßnahmen auch umgesetzt werden. „Woran arbeitest du gerade?" „Wie geht es dir dabei?" „Was ist der nächste wichtige Schritt?" „Was fehlt dir dabei?" „Wie kann ich dich dabei unterstützen?" Das sind die für eine Führungskraft angezeigten **Fragen**, um andere vom Reden zum Handeln zu bringen. Erhält der Mitarbeiter neben Messkriterien zu seinem Verhal-

454

---

[1] Siehe dazu oben Rn. 221 ff.
[2] Siehe dazu auch oben Rn. 359 ff. – zur Messung von Servicequalität.

ten auch noch **konstruktive Resonanz** zu seinen Maßnahmen, ist die Umsetzung von Veränderungsinitiativen so gut wie garantiert.

f) Die Wirkung einer Pilotgruppe nützen

455 Erfahrene Change-Manager wissen, dass es so gut wie unmöglich ist, alle Mitarbeiter für Veränderungen zu gewinnen. Für den Start ist es ausreichend, eine sog. **kritische Masse** für das Projekt zu interessieren[1]. Diese wird den dem Projekt – vorerst – reserviert gegenüberstehenden Rest des Teams auf Dauer mitziehen.

Nützen Sie diese Erkenntnis, indem Sie für Veränderungsprojekte Pilotgruppen bilden, die im kleinen Rahmen die **Umsetzungspläne testen.** Laufen die Prozesse innerhalb des Projektteams reibungslos, wurden die – zu Beginn immer auftretenden – Schwierigkeiten beseitigt und haben Mandanten die Veränderung positiv aufgenommen, ist es um ein Vielfaches leichter, die Änderung kanzleiweit umzusetzen. Typische Beispiele für den sinnvollen Einsatz einer Pilotgruppe sind

- ▶ Einführung einer mandantenorientierten Honorargestaltung
- ▶ Professionalisierung der Bilanzbesprechungen
- ▶ Digitalisierung und Automatisierung der Rechnungswesenleistungen
- ▶ Einführung neuer Leistungsangebote
- ▶ etc.

Für teamförmig organisierte Kanzleien ist das Pilot-Modell perfekt geeignet. Es erzeugt nach meinen Erfahrungen auch eine **positive Spannung** innerhalb der Kanzlei, und zwar dadurch, dass die Teams, die neben Pilotgruppe business as usual machen, voller Spannung auf die neuen Erkenntnissen warten, um ebenfalls davon zu profitieren. Nichts ist überzeugender als Dinge, die funktionieren.

g) Niemals aufgeben

456 Veränderungen dauerhaft umsetzen, Change-Management, ist eine **Marathondisziplin.** Ausdauer ist notwendig. Enttäuschungen und Rückschläge wird es geben. Immer wieder stellt sich die Sinnfrage. Wenn Sie einmal ein Tal durchschreiten müssen, dann denken Sie bitte daran, dass die Erfolgreichen je-

---

1 Siehe dazu oben Rn. 87.

der Branche nach einer Niederlage einmal öfter aufstehen als der Rest. Das zeichnet sie aus. „Moral" ist die Fähigkeit bei Schwierigkeiten durchzuhalten.

Mit einem chinesischen Sprichwort möchte ich diesen Abschnitt schließen: *„Der Frosch, der im Brunnen sitzt, beurteilt das Ausmaß des Himmels nach den Abmessungen des Brunnenrandes."* Laden Sie Ihr Team ein, sich **auf den Brunnenrand** zu setzen, erst dann wird es die weite Welt mit all ihren Möglichkeiten und Zielen erkennen können. Fordern und fördern Sie Ihre Mitarbeiter bei den ersten Schritten in die richtige Richtung. Sie werden mehr handeln und weniger reden!

4. Los!
Sind Sie bereit für eine Änderung Ihrer Lebens- und Arbeitsweise?[1]

Wir wissen genau, was wir tun sollten. Privat wie beruflich ist uns, wenn wir ehrlich sind, meist uneingeschränkt und eindeutig klar, **was** wir tun sollten, **wie** wir dabei vorgehen müssten und **warum** wir so vorgehen sollten. Mit diesem Buch halten Sie vielfältige Möglichkeiten zu Spitzenleistungen in Ihren Händen. Niemandem muss erklärt werden, dass gesünderes Essen, mehr Bewegung, weniger Alkohol und der Verzicht auf Zigaretten gut für die Gesundheit ist. Genauso wenig muss einem Steuerberater erklärt werden, dass sich die Intensivierung der Mandantenbeziehungen, Förderung der Mitarbeiter, klare Zielvereinbarungen, Delegieren von Aufgaben, exzellente interne Kommunikation etc. äußerst positiv auf die Kanzleientwicklung auswirken.

Bei diesem Befund denkt man unwillkürlich, es müsste genügen, den Menschen zu erklären, dass ihr Leben bzw. ihr Unternehmen besser sein könnte, wie man dabei vorgehen sollte, und dass sich ihre Anstrengungen lohnen werden. Aber diese Auffassung ist, wie wir alle wissen, erwiesenermaßen falsch. Wenn es nämlich so einfach wäre, **entsprechend** der besseren **eigenen Einsicht** zu **handeln,** gäbe es keine Übergewichtigen, keine Alkoholiker, keine Unternehmen in Schwierigkeiten und keine gescheiterten Beziehungen. „Oh, ich verstehe, das schadet mir. Okay, dann werde ich damit aufhören und mein Verhalten selbstverständlich ändern!"

---

[1] Vielen Dank an David Maister für alles, was er mit seinen Büchern, Artikeln und Vorträgen bei mir ausgelöst hat. Die hier dargestellten Gedanken beruhen auf „Strategy and The Fat Smoker: Doing What's Obvious But Not Easy".

a) Menschen sind anders „gestrickt"

458 Die wesentlichste Ursache dafür, dass wir nicht an den Dingen arbeiten, von denen wir wissen, dass wir sie verbessern sollten, liegt darin, dass uns die **positiven Ergebnisse** unseres Handelns erst in der **Zukunft** erwarten, **Anstrengungen** und **Disziplin** aber **sofort** von uns eingefordert werden, sobald wir uns auf den Weg zu neuen Ufern machen. Die Leistungsbilanz unserer Initiative sieht in der Startphase in der Tat entmutigend aus. Denn um unsere Ziele zu erreichen, müssen wir zunächst beträchtliche Vorleistungen erbringen: Unsere Lebensgewohnheiten (Arbeitsweisen) ändern, Mut und Energie aufbringen, die neuen Verhaltensweisen beizubehalten und einen Rückfall in vertraute Gewohnheiten vermeiden. Schon das kann Motivationsprobleme verursachen, zur Zumutung wird die Verbesserungsinitiative dann dadurch, dass – jedenfalls bei komplexeren Projekten – keine schnellen Erfolge erreichbar sind, die Gegenleistung also zunächst ausbleibt.

Wie oft sind wir schon mit den besten Absichten gestartet, um uns durch ein (privates oder berufliches) „Fitnessprogramm" voranzubringen? Blieb der kurzfristige Erfolg aus oder bot sich ein „guter Grund", verstanden wir das nur zu gern als Angebot, mit Bedauern auszusteigen. Das ist übrigens ein **typisches Verhaltensmuster** für **gescheiterte Verbesserungsinitiativen** aller Art: Sich (zu) viel vornehmen, ein wenig ausprobieren, nicht sofort den gewünschten Erfolg haben, bei den ersten Ablenkungen oder Schwierigkeiten aufgeben, den nächsten Versuch starten, wieder (zögerlich) ausprobieren, sich wieder ablenken lassen und frustriert enden. Menschen, die aus diesem Verhaltensmuster ausbrechen können und hochmotiviert die **Selbstdisziplin** aufbringen, eine Sache beharrlich weiterzuverfolgen, gehören – nach meiner Erfahrung – zu einer eher seltenen Spezies.

459 Individuelle Verhaltensänderungen sind aufgrund der beschriebenen Mechanismen schon schwierig genug. Für einen Veränderungsprozess in einer **Gruppe** potenzieren sich die Herausforderungen.

b) Welche Strategie? Welche Diät?

460 Die erfolgreichste Diät ist die, die man beibehält. Es ist belanglos, für welche Diät man sich entscheidet. Genauso ist es bei der Frage nach der Top-Kanzleistrategie. Die erfolgreichste Kanzleistrategie ist die, die man beibehält. **Der Weg zu Spitzenleistungen ist der, den man durchhält.**

Dazu allerdings eine kleine Einschränkung: Sie kennen sicher den Jojo-Effekt bei Diäten. Das Gewicht, das man schnell verliert, hat man genauso schnell –

und dann meist mit ein paar zusätzlichen Kilos – wieder auf den Rippen. Eine Diät funktioniert also niemals in einem Schnellverfahren. Die bekannten Modediäten erzeugen lediglich den Markt für weitere Modediäten. Nur die kontinuierliche Gewichtsabnahme über einen längeren Zeitraum führt zu einem dauerhaften Erfolg. Dafür bedarf es aber immer einer Umstellung der gesamten Lebensgewohnheiten, nicht nur der Ernährungsseite. Auch diese Erkenntnis lässt sich uneingeschränkt auf den Umgang mit einer Unternehmensstrategie übertragen. Eine Strategie, die unmittelbar oder jedenfalls kurzfristig zum Erfolg führen soll, ist ein Widerspruch in sich. Strategie und Kurzfristigkeit sind Begriffe, die sich ausschließen. Entscheidend für die erfolgreiche Umsetzung einer **Kanzleistrategie** sind die **kontinuierlich** über einen längeren Zeitraum **durchgeführten Verhaltensänderungen** im gesamten Team. Vertraute Gewohnheiten, eingeübte Verhaltensweisen werden nicht einfach von heute auf morgen durch Knopfdruck abgelegt, sie sind in den Arbeitsroutinen und Köpfen der Mitarbeiter zunächst noch fest verankert. Sie dort herauszulösen und durch ein neues „Programm" zu ersetzen, muss täglich trainiert werden.

Es wird häufig versucht, die Frage nach der richtigen Strategie durch aufwändige Analysen zu beantworten. Es ist in Ordnung, sich z. B. mit den eigenen Stärken und Schwächen zu befassen. Das **Ziel** einer **strategischen Planung** liegt aber nicht darin, analytische Erkenntnisse zu produzieren und sie engagiert zu diskutieren, sondern in der Entwicklung von **Problemlösungen** und der **Umsetzung** der zur Zielerreichung vereinbarten Maßnahmen. Daher lauten die entscheidenden Fragen:

▶ Welche unsere Vorgehensweisen wollen wir wirklich dauerhaft verändern?

▶ Welche Themen wollen wir wirklich bearbeiten?

▶ Welche Kompetenzen wollen wir wirklich aufbauen?

Diese Art der **Fragestellung** ist **ergebnisorientiert** und **fordernd**. Ziele auf der Grundlage einer Stärken-Schwächen-Analyse engagiert zu diskutieren, ist intellektuell durchaus anregend und macht sogar eine Menge Spaß. Doch darum geht es nicht bei der Entwicklung einer Kanzleistrategie. Konzentrieren Sie sich also auf die wichtigen Themen, stellen Sie die unangenehmen Fragen, werden Sie konkret und weisen Sie darauf hin, dass der Weg zu Spitzenleistungen klare Zielvorgaben voraussetzt und Anstrengungen und Disziplin von allen Mitarbeitern fordert.

c) Erfolgskriterien für Strategie und Diät

462 Mit dem folgenden Punktekatalog können Sie überprüfen, ob Sie bereit sind, für das Ziel mit Ihrer Kanzlei Spitzenleistungen zu erbringen, Ihre Lebensweise zu ändern:

- ▶ **Einbau in die tägliche Routine**

  Sie möchten laufen? Laufen Sie täglich. Laufen muss zu einem festen Bestandteil Ihres Tagesablaufs werden. Ähnlich ist es im Unternehmen. Ihre Ziele müssen in das tägliche Kanzleigeschäft integriert werden. Strategie und Kanzleientwicklung sind keine „Projekte". Ihre strategischen Ziele müssen Inhalt jeder Kanzleibesprechung sein; berichten Sie wöchentlich über die Fortschritte; verwenden Sie und Ihre leitenden Mitarbeiter täglich 15 Minuten darauf, diese Ziele zu erreichen.

- ▶ **Große Ziele in kleine Schritte zerlegen**

  Das Ziel, 25 kg abzunehmen, kann äußerst frustrierend sein, weil man es sich einfach nicht vorstellen kann. Jede Woche ein halbes Kilo dürfte aber für die meisten möglich sein. In einem Jahr haben Sie es geschafft. Bei der Umsetzung von strategischen Maßnahmen geht es immer um eine relative Verbesserung. Sobald man sich verbessert, auch wenn es nur kleine Schritte sind, ist man auf dem richtigen Weg.

- ▶ **Maßeinheiten anpassen**

  Messen Sie das, was Sie verbessern möchten. Ob z. B. die Mandantenzufriedenheit steigt, erfährt man nur, wenn man sie misst.

- ▶ **Freiwilligkeit**

  Diäten funktionieren, wenn man sie macht, um sich selbst etwas Gutes zu tun. Unterwirft man sich dieser Tortur aus Rücksicht auf einen Dritten, gelingt das Vorhaben erwiesenermaßen nur selten. Der hinter der selbstbestimmten Entscheidung stehende freie Wille trägt weiter als das Motiv, es anderen recht machen zu wollen. Inhaber, Partner, Teamleiter, Mitarbeiter – alle Menschen im Unternehmen – müssen auf freiwilliger Basis, aus eigener Überzeugung die selbstgesetzten Ziele erreichen wollen.

- ▶ **Prinzipien und Werte**

463 Über Techniken, Maßnahmen und Geschäftspraktiken lässt sich leicht streiten. Über Prinzipien und Werte kann man nicht diskutieren. Unternehmen, die über Werte und Prinzipien verfügen, tun sich leichter bei der Umsetzung von Maßnahmen.[1]

---

1 Siehe hierzu oben Rn. 51 ff.

4. Los!

- **Trainer und Coach**

  Alle Fakten zu diesem Begriffspaar sind aus dem Spitzensport bekannt. Gerade die Weltklasse-Athleten (gleich in welcher Sportart) wissen um die Vorzüge eines Trainers.[1]

- **Die „richtigen" Menschen**

  Stellen Sie sich vor, Sie möchten abnehmen, aber Ihr Lebenspartner nimmt Ihren Vorsatz nicht ernst. Er bietet keine Unterstützung, im Gegenteil, wöchentlich lädt er Sie zu einem opulenten Dinner ein… Nur wenn Sie Menschen um sich haben, die hinter Ihren Zielen stehen und Sie dabei unterstützen, die Ziele zu erreichen, werden Sie Erfolg haben. Sind Ihre Mitarbeiter bereit, ihren Teil zur Erreichung der Ziele beizutragen? Solange das nicht der Fall ist, werden Sie scheitern. Finden Sie Mitarbeiter, die die Unternehmensziele tragen, und trennen sie sich von allen, die das nicht tun.[2]

- **Sich selbst „überlisten"**

  Wir alle wenden in schwierigen Situationen manchmal Psychotricks gegen uns selbst an: „Nur noch eine Runde, dann habe ich mir eine Pause verdient!" „Jetzt sage ich allen Freunden, dass ich aufhören möchte zu rauchen, dann ist es mir zu peinlich, wenn ich es nicht schaffe." Suchen Sie in der Kanzlei nach Möglichkeiten, z. B. kleine Erfolge zu feiern, spielerisch Fortschritte darzustellen oder nach Anlässen, um bewusst Selbstverpflichtungen einzugehen.

464

Schenken Sie bei Ihrem Weg zu Spitzenleistungen der Analyse nicht zu viel Bedeutung. Legen Sie Ihren Fokus auf die genannten Erfolgskriterien. Welche „Diät" wollen Sie wirklich einhalten? Falls Sie zu keiner „Diät" bereit sind, ist das auch in Ordnung. Hören Sie dann aber auch auf, so zu tun als ob.

„Die größte Herausforderung ist die Arbeit am eigenen Leben." [3]

---

1 Zur Trainer-Spieler-Rolle siehe oben Rn. 381 ff.
2 Zur „Quelle Mensch" siehe oben Rn. 1 ff.
3 Pablo Picasso.

STICHWORTVERZEICHNIS

Die Ziffern verweisen auf die Randnummern.

A

ABC-Analyse, Bestandsmandanten   269
– Mandanten   20
Akzeptanz, Kanzleileitbild   89
Alleinstellungsmerkmal, Differenzierungsstrategie   164 ff.
A-Mandant, Wachstum   267
A-Mitarbeiter, Kanzlei   151
Angst, Umsetzungsblockade   436 ff.
Arbeit, Störung, Produktivitätskiller   235
– Vergnügen   118 f.
Arbeitgeber, Attraktivität, Faktoren   218
Arbeitsablauf, Störung, Produktivitätskiller   235
Arbeitsmethodik, Produktivitätssteigerung   236 ff.
Arbeitsplatz, Attraktivität   21 ff.
– Qualität, Mitarbeiterführung   401 f.
– strategisches Ziel, Herunterbrechen   451 f.
Arbeitsplatzwechsel, Mitarbeiterführung   417 ff.
Arbeitsroutine, Kanzleileitbild, Einbau   96 f.
Arbeitsweise, Änderung   456 ff.
Aufgabenpriorisierung, Höchstleistung   138 f.
Auftrag, Auswahl   274
Ausdauer, Innovation   260
Außenwirkung, Kanzleileitbild   101
Auswahlentscheidung, Höchstleistung   144

B

Bearbeitungsroutine, Betreuerwechsel   253
Benchmarking, Steuerberaterbranche   130
Berufsleben, Privatleben, Konflikt   12
Berufspartnerschaft, s. a. Partnerschaft
– gemeinsame Grundüberzeugung   17
Besprechung, Mandant, Servicegedanke   345
Bestandsmandant, Wachstum   267
– Zufriedenheit   32
Betreuerwechsel, Bearbeitungsroutinen   253
– Mandant   245 ff.
– Tipps   251 f.
Betriebsprüfung, mandantenorientierte Arbeitsweise   192
Bilanzbesprechung, mandantenorientierte Arbeitsweise   189
B-Mitarbeiter, Kanzlei   151
Branchenvergleiche, Top-Kanzleien   130
Buchführung, laufende Betreuung   187

C

Causal-Model, Höchstleistung, Basis   128
– wirtschaftlicher Erfolg   127 f.
Change-Management, Umsetzungsphase   443 ff.
C-Mandant, Trennung   10

D

Dienstleistungsangebot, Definition   275
Differenzierungsstrategie, Alleinstellungsmerkmal   164 ff.

VERZEICHNIS — Stichwörter

- alles einfach gut machen 173 ff.
- Dokumentation 198 ff.
- Erklärungsmodell 171 ff.
- etwas besser machen 194 ff.
- fachliche Qualität 173
- grundsätzliche Leistungskriterien 168
- Kernkompetenzen 169
- Kontrollfragen 224
- mittelgroße Kanzleien 208
- Nein-Sagen 195 ff.
- Personalmanagement 212 ff.
- schrittweise Annäherung 171
- Spezialisierung 201 f.
- Spitzenleistung, Kanzleiklima 209
- – kleinere Kanzleien 207
- – Mehrwert erzeugen 203
- – Professionalität 210 f.
- Spitzenleistungen, klar definierte Bereiche 194 ff.
- Steuerberatung 162 ff.
- Unternehmensziele, Messgrößen 221 ff.
- zukunftsorientierte Geschäftsfelder 170

Disziplin, Innovation 260
- Umsetzung, Idee 458
- Umsetzungsproblem 433

Divisionale Organisation, Wachstum 297

Dokumentation, Differenzierungsstrategie 198 ff.

Durchschnittlichkeit, Kanzlei, Folgen 151 f.

E

Einsatzstruktur, Höchstleistungen 149

Einsicht, Umsetzung 457 ff.

Einstellung, Mitarbeiter 152

Energie, positiver Mensch 9
- Quelle Mensch 9

Erfolgskriterien, Kanzleistrategie 462 f.

Ermutigungskultur, Mitarbeiter, Höchstleistungen 148

Erreichbarkeit, Servicequalität 346 f.

Erwartungen, Mandant 34

Existenzgründermandat, Kanzleiwachstum 271 ff.

Expertenstatus, Innovation 262

F

Fachliche Qualität, Differenzierungsstrategie 173

Fairness, Arbeitsplatz, Attraktivität 23

Fan, Mandant, Entwicklungsphasen 353 ff.
– – Service 340 ff.

Feedback, Handlung, Umsetzung 453
- Mitarbeiterführung 396 f.

Feedbackschleife, Geschäftsfeld, Ausbau 453

Flüchtigkeitsfehler, Mitarbeiter 184

Focused Factory, Differenzierungsstrategie 196

Fokussierung, Differenzierungsstrategie 206

Fragebogen, Servicequalität 358 ff.

Freiwilligkeit, Prinzip, Mitarbeiterführung 375 ff.

Fremdbild, Wertefindung 70 f.

Führungs-Checkliste, Mitarbeiterführung 392 ff.

Führungskompetenz, Kommunikation 398
- Mitarbeiterführung 371

Führungstugend, Mut 94 f.

Funktionale Organisation, Wachstum 297

G

Gebühr, Höchstleistung 131 f.

Geld, Mitarbeiterzufriedenheit 29

Geschäftsfeld, Ausbau, Feedbackschleife 453
- Zukunftsorientierung, Differenzierungsstrategie 170

Gewohnheit, Umsetzungsbremse 434 f.

Glaubwürdigkeit, Arbeitsplatz, Attraktivität 23

Grundsatzentscheidung, Kanzleileitbild 54 ff.

Stichwörter VERZEICHNIS

H

Hochleistungskanzlei, Erfolgsfaktoren   150
Höchstleistung, Aufgabenpriorisierung   138 f.
- Ausgangssituation   135
- Auswahlentscheidung   144
- Beruf, Arbeit als Vergnügen   118 ff.
- Causal-Model   127 ff.
- Erfolgsfaktoren   125
- Fokussierung, Ziele   140 f.
- Honorar   131 f.
- Leidenschaft   126 ff.
- Messverfahren   120
- persönliche Wunschvorstellungen   142 ff.
- Schlüsselaufgaben, Definition   137
- Spaß   124
- Vorsätze   134
- wirtschaftlicher Erfolg, Causal Model   127
Höchstleistungsteams, Gemeinsamkeiten   149
Honorar, Höchstleistung   131 f.
Honorargespräch, Wachstum   267
Honorargestaltung, Mandantenorientierung   191
- Produktivitätssteigerung   254 f.
Honorarobergrenze, Preisfindung   256 f.

I

Idee, Umsetzung   423 ff.
- - Pilotgruppe   455
- Umsetzungsproblem, Ursachen   429
Innovation, Ausdauer   260
- Expertenstatus   262
- neue Ideen   260
- Service   264
- Wachstumstreiber   259 ff.
Interne Kommunikation, Mitarbeiterführung   404 f.
Internet, Mitarbeitersuche   217

K

Kanzlei, Durchschnittlichkeit, Folgen   151 f.
- energetische Aufladung   157 f.
- - Ideen   158
- Profitabilität   225
- relativer Marktanteil   266
- Servicequalität   313 ff.
Kanzleierfolg, Partner, gemeinsame Grundüberzeugung   17
Kanzleigewinn, Servicequalität   365 f.
Kanzlei-Homepage, Kanzleileitbild   102
- Mitarbeitersuche   217
Kanzleikauf, Wachstum   277 ff.
Kanzleiklima, Differenzierungsstrategie, Spitzenleistung   209
Kanzleileitbild, Akzeptanz   89
- Arbeitsroutinen, Einbau   96 f.
- Aufbruchstimmung   89
- Außenwirkung   101
- Begriffe, Klärung   83
- Formulierung   88 f.
- Homepage   102
- Kanzleiführung   93
- Kommunikation, Mitarbeiter   81 ff.
- kontinuierlicher Verbesserungsprozess   91
- Mandantenbefragung   106
- Mandatsannahme   104
- Mut, Führungstugend   94 f
- positive Grundhaltung, Mitarbeiter   87
- Prinzipien   59 f.
- Studie   99
- Symbolkraft   98
- Umsetzung   90 ff., 450
- Unsicherheitsfaktoren, Reduzierung   54 ff.
- Unternehmenskultur   106
- Unverwechselbarkeit   142
- Veränderungsprojekt   82
- Vorbildfunktion   92
- Vorteile, Zusammenfassung   107 ff.
- Werte und Prinzipien   51 ff.
- Wertequadrat   84 ff.
Kanzleimanagement, Mandanteneingriffe   182 f.

– Mitarbeiter, Höchstleistungen   145 ff.
– Qualitätsdefizit, Flüchtigkeitsfehler   184
Kanzleimarketing, Grundsätze   274 ff.
Kanzleimitarbeiter, Motivation   239 f.
Kanzleiphilosophie, s. Kanzleileitbild
Kanzleistrategie, Analyse   461
– Erfolgskriterien   462 ff.
– ergebnisorientierte Lösung   461
– Konzept, Fortschreibung   38
– Kunst des Nein-Sagens   36
– Mitarbeiterauswahl   41
– Positionierung, Spitzenleistung   197
– Quelle Mensch   3, 40
– Umsetzung   423 ff.
– Wachstum   225 ff.
Kanzleiwachstum, Innovation   259 ff.
– Prozesse, Steuerung   231
– Strategie   225 ff.
Kanzleiwerte, Paradoxon   100
Kanzleiziele, Messgrößen   221 ff.
Kernkompetenzen, Differenzierungsstrategie   169
Kernleistung, Service   320
Kommunikation, Führungskompetenz   398
– Mandanten   44 ff.
– Mitarbeiter   43
– Quelle Mensch   8, 42 ff.
– Service, Professionalisierung   344
Kontaktpunktanalyse, Service   328
Kontinuierlicher Verbesserungsprozess, Kanzleileitbild   91
Krise, Umsetzungsproblem   431
Kritikgespräch, Mitarbeiterführung   406 ff.
Kundenerwartung, Quelle Mensch   7
Kundenwahrnehmung, Service   335 ff.

L

Leidenschaft, Höchstleistung   126 ff.
– Leistung, Zusammenhang   111 ff.
– Vernunft, Zusammenspiel   112 ff.

– Wirkungen   115 ff.
Leistung, Leidenschaft, Zusammenhang   111 ff.
– relativer Leistungsbegriff   121
Leistungsfähigkeit, Grenzen   121
Leistungsgrenze, verschieben   122
– Wachstum   286
Leistungsschwäche, leistungshemmende Faktoren   155
– Mitarbeiter   153 ff.
– – Coaching   155
Leistungsträger, Mitarbeiterzufriedenheit   27
Leistungsvermögen, innere Einstellung   116
Liebe, Mitarbeiterführung   372 f.
Liste Christine, Mitarbeiterzufriedenheit   26

M

Managementfunktion, Stärkung, Wachstum   289 f.
Managementgrundsätze, Quelle Mensch   13 ff.
Managementkompetenzen, Ziel   15
Mandant, ABC-Analyse   20, 269
– Beteiligung, Produktionsprozess   175
– Betreuerwechsel   245 ff.
– Fan   353 ff.
– – Service   340 ff.
– individuelle Erwartungen, Service   342
– Servicequalität, Maßstab   359 ff.
– Störfaktor   182
– Wahrnehmung, Servicequalität   315
– Zufriedenheit, Servicequalität   313 ff.
Mandantenbefragung, Kanzleileitbild   106
Mandantenbesprechung, Optimierung   188
Mandantenbeziehung, ethische Dimension   49
– Quelle Mensch   44 ff.
– Vertrauen   46
Mandanteneingriff, Management   182 f.

Stichwörter

Mandantengespräch, kommunikative Fähigkeiten 35
Mandantenorientierung, Grundsatz 18
Mandantenstruktur, Analyse 266
– – Spezialisierung 202
Mandantenzufriedenheit, elementare Bedürfnisse 33
– Feedbackschleife 453
– Grundsätze 30 ff.
– laufende Zusammenarbeit 32
– persönliches Gespräch, Erwartungen 34
– Studien 31
Mandatsannahme, Kanzleileitbild 104
Marketing, Grundsätze 274 ff.
– Quelle Mensch 47
Marktführerschaft, Wachstumstreiber 265 ff.
Mehrwert, Spitzenleistung, Differenzierungsstrategie 203
Mensch, Quelle des Lebens 1 ff.
Misstrauen, Umsetzungsblockade 446 ff.
Mitarbeiter, Arbeitsplatzwechsel, Mitarbeiterführung 417 ff.
– Begeisterung, Serviceleistungen 331 ff.
– Einstellung 152
– – Wachstum 287 ff.
– Erwartungen, Quelle Mensch 7
– Höchstleistungen, Ermutigungskultur 148
– – Kunst des Führens 146
– Kommunikation 43
– Leistungsschwäche 153 ff.
– Motivationsstruktur 28
Mitarbeiterauswahl, Kanzleistrategie 41
Mitarbeiterbefragung, Mitarbeiterführung 397
Mitarbeiterbeobachtung, Eignung, Bewertung 307
Mitarbeiterführung, Arbeitsplatzwechsel 417 ff.
– Aufgaben, Trainer und Spieler 382 ff.
– Beobachtungen 411 ff.
– – Dokumentation 415

– Checkliste 177 ff.
– Fähigkeiten erarbeiten 374
– Feedback 396 f.
– Führungsgrundsätze 422
– Führungskompetenz 371
– Führungstugenden 394
– Grundsätze 367 ff.
– interne Kommunikation 404 f.
– Kanzlei, Profitabilität 378 ff.
– Kanzleimanagement, Einstellung 214
– Kommunikation, Führungskompetenz 398
– Kritikgespräch 406 ff.
– Protokoll 416
– – Umsetzung 411 ff.
– Liebe 372 f.
– Managementfunktion Personal 403
– mangelnde Leistungsbeurteilung 413
– Mitarbeitersuche, Regeln 421
– Modelle 381 ff.
– Motivation 239 f., 368
– – externe Faktoren 369
– Nur-Spieler 388
– Nur-Trainer 387
– Prinzip der Freiwilligkeit 375 ff.
– Qualität des Arbeitsplatzes 401 f.
– Qualitätsdefizit 180
– quantitative Ziele 414
– Rollenverständnis 381 ff.
– Selbst-Test 392 ff.
– selektive Wahrnehmung 389
– Spieler-Trainer 389
– Testfragen 376
– unklare Ziele 413
– Vorbildfunktion 400
– Zielvereinbarung 414
Mitarbeiterorientierung, Grundsatz 18
Mitarbeitersuche, Alternativen 215
– Kanzlei, Attraktivität 216
– Kanzlei-Homepage 217
Mitarbeiterzufriedenheit, direkter Vorgesetzter 24
– Geld 29
– Grundsätze 21 ff.
– Leistungsträger 27

- Liste Christine   26
- Motivationsstruktur   28
Motivation, Höchstleistungen   149
- Mitarbeiter   239 f.
- Mitarbeiterführung   368
Mut, Führungstugend   94 f.

N

Nachhaltiges Wachstum, Kanzlei   230
Naturgesetz, Wachstum   227 ff.
Neuer Mandant, Betreuung   190
Nicht verrechenbare Stunde, verrechenbare Stunde, ausgewogenes Verhältnis   440
- Wert   439 f.
- zukünftiges Einkommen   439
Nischenstrategie, Differenzierung   206
Nur-Spieler, Mitarbeiterführung   388
Nur-Trainer, Mitarbeiterführung   387

P

Partnerschaft, Erfolgskriterien   281 f.
- gemeinsame Grundüberzeugung   17
- Organisationsstruktur   297
- Problemlagen   279 f.
- Wachstum   278 ff.
- Wertefindung   72 ff.
-- Zeitpunkt   73
- Wertehaltung, Abweichung   74
Persönliche Leistungsgrenzen, verschieben   123
Personalmanagement, Differenzierungsstrategie   212 ff.
Personalpolitik, Wachstum   287 f.
Pilotgruppe, Idee, Umsetzung   455
Positiver Mensch, Energie   9
Preisfindung, Vorgehensweise   257
Prinzipien, Definition   59
- existenzielle Bedeutung   60
- Kanzleileitbild   51 ff.

Prinzipienfindung, empirische Ermittlung   76 f.
- Musterbeispiel   79
- Professionalität   78
- Vorgehensweise   75 ff.
Prinzipienkanon, Verstöße, Ahndung   62
Priorisierung, Aufgaben, Höchstleistung   138 f.
Privatleben, Berufsleben, Konflikt   12
Proaktives Handeln, Servicebereich   350 ff.
Produkt Lebenszyklus, Wachstum   228
Produktionsprozess, Mandant, Beteiligung   175
Produktivität, Erfolgsfaktor, Wachstum   234 f.
- technologische Verbesserungen   241
- Unterdelegation   244 ff.
- Wachstum   233 ff.
Produktivitätskiller, Unterbrechungen, Arbeitsablauf   235
Produktivitätssteigerung, Arbeitsmethodik   236 ff.
- Honorargestaltung   254 f.
- Qualitätsmanagement   242
Professionalität, Prinzipienfindung   78
Profitabilität, Kanzlei, Mitarbeiterführung   378 ff.
Prozesssteuerung, Kanzleiwachstum   231

Q

Qualitätsdefizit, Flüchtigkeitsfehler   184
- Mitarbeiter   180
Qualitätsmanagement, angemessene Dimensionierung   185
- Aufgabe   179
- Führung, Gegensatzpaar   177
- Produktivitätssteigerung   242
- Servicebereich   330
- Wirkung   176
Qualitatives Wachstum, Kanzleistrategie   230

Quelle Mensch, attraktiver Arbeitsplatz 21 ff.
– Energie 9
– Erwartungen, Kunden und Mitarbeiter 7
– Kanzleistrategie 40
– Kommunikation 8, 42 ff.
– Konsequenz, Kanzleistrategie 3
– Konsequenzen, berufliches Handeln 5 ff.
– Mandantenbeziehung 44 ff.
– Mitarbeiterauswahl 41
– Mitarbeiterzufriedenheit 21 ff.
– Selbstaufgabe 11
– Team, Entwicklung 20
– These 2
– Unternehmensentwicklung 8
– Zahl 4

R

Reden, ins Handeln kommen 423 ff.
– Startpunkt, Handeln 425
Reflektion, Höchstleistungen 149
Relativer Marktanteil, Kanzlei 266
Respekt, Arbeitsplatz, Attraktivität 23
Rollenkonzept, Höchstleistungen 149

S

Schlüsselaufgaben, Definition, Höchstleistungen 137
Selbstaufgabe, Quelle Mensch 11
Selbstbild, Fremdbild, Abgleich 441
– Wertefindung 70 f.
Selektive Wahrnehmung, Mitarbeiterführung 389
Service, dienende Funktion 316
– Erreichbarkeit 346 f.
– gelebte Grundhaltung 317
– Ideen-ABC 341
– Inhaltselemente 317
– Innovation 264
– Kernleistungen 320

– Kommunikationsformen, Professionalisierung 344
– Kontaktpunktanalyse 328
– Kontinuität 338
– Kundenwahrnehmung 335 ff.
– Mandant, erleichterte Zusammenarbeit 324 f.
– – Fan 340 ff.
– – individuelle Erwartungen 342
– Mandanten überraschen 322
– Mitarbeiter gewinnen 331 ff.
– Optionen 339
– Pflichtaufgaben 319
– proaktives Handeln 350 ff.
– Qualität, Maßstab 359 ff.
– Qualitätsmanagement 330
– Selbstverständlichkeit 343 ff.
– Systeme, exzellente Leistungen 323 ff.
– Vorbildfunktion 332
– weiche Systeme 326
– Weiterempfehlungen 356 f.
– Zuverlässigkeit 348 f.
Serviceinitiative, Start 333
Servicequalität, Auswahl, Steuerberater 313 ff.
– Umsatz 365 f.
Spaß, Höchstleistung 124
Spezialisierung, Expertenstatus 263
– Mandantenstruktur, Analyse 202
– Risiken 201
– Spektrum 201
Spezialisierungsstrategie, Umsetzung 206 ff.
Spieler-Rolle, Konflikte und Optionen 384
Spieler-Trainer, Mitarbeiterführung 389
Standardleistungen, Optimierung, Beispiele 187 ff.
Stellenanzeige, Mitarbeitersuche 213
Steuerberatungskanzlei, s. Kanzlei
Stimmungslage, Leistungsvermögen 116
Störung, Arbeitsablauf, Produktivitätskiller 235

Strategisches Ziel, Herunterbrechen, Einzelarbeitsplatz   451 f.
Studie, Brennpunkt Steuerberatung, Differenzierungsstrategie   167
– How Clients Buy, Differenzierungsstrategie   165
– Kanzleileitbild   99
– Umfrage der Kammer der Wirtschaftstreuhänder, Differenzierungsstrategie   169
Symbolkraft, Kanzleileitbild   98

T

Team, Entwicklung   20
Teamleiter, Aufgaben, Wachstum   298 f.
– Aufgabenwahrnehmung   308 f.
– Auswahl   301 ff.
– Auswahlkriterien   306
– Mitarbeiter, Zuordnung   311
– Stellenbesetzung, Fehlertypik   302 ff.
Teamorientierung, Arbeitsplatz, Attraktivität   23
Trainer-Rolle, Konflikte und Optionen   384

U

Umsatz, Mitarbeiterführung   378 ff.
– Servicequalität   365 f.
Umsetzung, Kanzleistrategie   423 ff.
Umsetzungsproblem, Angst   436 ff.
– Feedbackschleifen   453 f.
– Folgen   430
– Gewohnheiten   434 f.
– Handlungsfelder   442
– klare Prioritäten   433
– Krise   431
– Misstrauen   446 ff.
– Pilotgruppe   455
– Selbstbild, Fremdbild   441
– strategisches Ziel, Herunterbrechen   451 f.
– Ursachen   429
– Verhaltensänderung, dritte   445

Unproduktive Stunde, Wert   439 f.
Unterbrechung, Arbeitsablauf, Produktivitätskiller   235
Unterdelegation, Produktivitätskiller   244 ff.
Unternehmensentwicklung, Quelle Mensch   8
Unternehmenskultur, Kanzleileitbild   106
Unternehmenswachstum, Strategie   225 ff.

V

Veränderung, Erfolgsfaktoren   443
Veränderungsprojekt, Kanzleileitbild   82
Vergnügen, Arbeit   118 f.
Vernunft, Leidenschaft, Zusammenspiel   112 ff.
Verrechenbare Stunde, derzeitiges Einkommen   439
Vertrauen, Aufbau   276
– Mandantenbeziehung   46
Vorbildfunktion, Kanzleileitbild   92
– Mitarbeiterführung   400

W

Wachstum, attraktive Zielgruppen   269
– Aufgaben, Delegation   285
– – Inhaber und Partner   295 f.
– Bestandsmandanten   267
– Ergebnis, Strategie   229
– Existenzgründer   271 ff.
– Innovation   259 ff.
– Kanzleikauf   277 ff.
– Kanzleistruktur, Überdimensionierung   291 ff.
– Kanzleiwachstum   225 ff.
– Leistungsgrenzen   286
– Managementfunktion, Stärkung   289 f.
– Marktführerschaft   265 ff.
– Naturgesetz   227 ff.
– Partnerschaft   278 ff.
– Personalpolitik   287 f.

Stichwörter · VERZEICHNIS

- Produktivität   233 ff.
- Steuerungssysteme   284 ff.
- Teamleiter, Aufgaben   298 f.
- Theorie, Kritik   226
- zweite Führungsebene   292 f.

Wahrnehmungskompetenz, Höchstleistungen   149

Weiterempfehlung, Empfehlungsquoten, Erfolgsfaktoren   357
- Mandant, Servicequalität   356 f.

Werte, Definition   58
- Kanzleileitbild   51 ff.
- Prinzipien, Definition   57 ff.

Wertefindung, Konkretisierungsphase   71
- Muster, eigener Wertekanon   68 f.
- Partnerschaft   72 ff.
- Persönlichkeitstest   65
- Selbstbild, Fremdbild   70 f.
- Vorgehensweise   63 ff.
- Werteliste   67

Wertekanon, Verstöße, Ahndung   62
Wertequadrat, Kanzleileitbild   84 ff.
Wirtschaftlicher Erfolg, Causal-Modell   127
Work-Life-Balance, Problemsituation   12
- überlebtes Modell   50

Z

Zahl, Quelle Mensch   4
Ziel, Fokussierung, Höchstleistung   140 f.
- Herunterbrechen, Einzelarbeitsplatz   451 f.
Zielgruppe, Auswahl, Wachstum   269
Zielkaskade, Kanzleistrategie, Umsetzung   452
Zielorientierung, Höchstleistungen   149
Zielvereinbarung, Mitarbeiterführung   414
Zuverlässigkeit, Service   348 f.
Zweite Führungsebene, Wachstum   292 f.